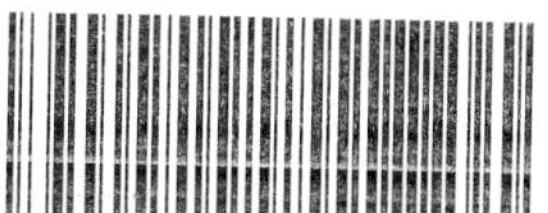

Hermelinda Guardiola Dunagan, J.D.
New Mexico Bankers Association

Creative Designs, Inc.
Albuquerque, New Mexico

Disclaimer

Published by
Creative Designs, Inc.
11024 Montgomery NE #311
Albuquerque, New Mexico 87111

Library of Congress #95-083670

ISBN 1-880047-36-5

ABOUT THE REFERENCE GUIDE

Our goals in preparing this reference guide were to include entries that were clear, comprehensive, convenient to look-up, and more importantly, professional.

Two years in research and development make this text accurate, authoritative and versatile. This reference guide is not a "literal translation" of English to Spanish and Spanish to English for the sole reason that "literal translations" do not make for proper, formal and professional Spanish or English.

This one-volume book allows the user to easily reference it while at home or at work and is the most comprehensive Spanish/English, English/Spanish reference guide of financial and legal terms on the market today.

The text includes the financial and legal terminology in use in the United States, South America, Central America, Latin America, and Europe.

In addition to the terminology, this text includes an introduction into the history of one of our neighbors, Mexico, to give the user important background and a better understanding of the history of the country.

It is our strong belief that understanding the nuances, mannerisms and beliefs in the different cultures is even more important than speaking the language. Regardless of what language is spoken, it makes good personal and professional sense to understand and appreciate the various cultures around the world.

ACKNOWLEDGMENTS

I am grateful to the staff at the New Mexico Bankers Association: Sarah P. Knee, Karen I. Novak, Julia Platero, Stella M. Sandoval, and Dan Watkins.

A special thanks goes to Linda D. Burdick, Barbara Daugherty, Denise Kull, and John W. Anderson who were pivotal in getting this reference guide started, seeing it through and getting it published.

I am also grateful to the attorneys, accountants, business professionals, and professors whose input and suggestions in compiling the text proved to be invaluable, thank you.

Finally, my very special thanks and gratitude to the person who worked with me from start to finish and keyed in a great portion of the text, my love and partner in life, my husband, Howard Paul Dunagan.

Hermelinda Guardiola Dunagan, J.D.
Albuquerque, New Mexico
January, 1996

ABOUT THE AUTHOR

HERMELINDA GUARDIOLA DUNAGAN, B.A., J.D., is a law graduate of the University of New Mexico School of Law in Albuquerque, NM. She earned a bachelor's degree in broadcast and print journalism from New Mexico State University in Las Cruces, NM. Born and raised in Lordsburg, NM, Ms. Guardiola Dunagan has worked for IBM as a communications specialist and editor and was an associate at the public relations and lobbying firm of Robinson, Lerer, Sawyer, Miller in Washington, D.C. She is an intercultural business consultant, professional mediator and translator/interpreter. She is employed by the New Mexico Bankers Association and also teaches business conversational Spanish.

Grammar Guide

Many Spanish letters are pronounced more or less the way they are in English. Some, however, are very different. When in doubt, refer to this key for a guide since the sounds of the Spanish letters will always be the same.

PRONUNCIATION

Vowels

a	ah	Pronounced like the English A in yacht.
e	ay, eh	Pronounced like a long A sound as in the English word day.
i	ee	Pronounced like a long E as in the English word feet.
o	oh	Pronounced like a long O as in the English word over
u	oo	Pronounced like the double O in the English word booth

Common Vowel Combinations

ai	ahy	The Combined AI is like the sound in the English word
au	ow	AU is pronounced like the sound in the English word cow.
ei	ay	EI is pronounced like the sound in the English word say.
ia	yah	IA is similar to the YAH sound in the English word
ie	yeh	EI sound like the YEH sound in the English word yet.
io	yoh	IO is similar to the YOH sound in the English word yoke.
ua	wah	UA is pronounced like the WAH sound in the English word water.
ue	way	UE sounds like th English W followed by a long A as in the word way.

Consonants

c	k	Before a, o, or u, pronounce the hard English K sound as in cat.
c	s	Before e or i, pronounce the English S sound as in the word cent.
cc	ks	Pronounced like the English word accept.
ch	ch	Pronounced as in the English word chew.
g	g	Before a, o and u; pronounce with a hard G sound as in the English word go.
h	always silent	H is always silent.
j	h	Pronounced like the letter H in the English word house.
l	l	Pronounced as in the English word love.
ll	y	Pronounced like the letter Y as in the English word yard.
n	ny	Pronounced like NY sound in the English word canyon.
qu	k	Pronounced like the letter K in the English word keep.
r	r	Pronounced with a trill as in the English word three.
rr	rr	Pronounced with a strong trill.
s	s	Pronounced as in the English word say.
v	b	Pronounced as a soft English letter B as in the word vine.
x	s	Before a consonant, pronounced like the letter S in the English word see.
x	ks	Before a vowel, pronounced like the KS in the English word looks.
y	y, e	When within a word, pronounced as the letter Y in the English word yes.
z	s	Pronounced as in the English word say.

Days of the week and months

English	*Spanish*
Monday	lunes (loo-nays)
Tuesday	martes (mahr-tays)
Wednesday	miercoles (myehr-koh-lays)
Thursday	jueves (hway-bays)
Friday	viernes (byehr-nays)
Saturday	sabado (sah-bah-doh)
Sunday	domingo (doh-meen-goh)

Months of the Year

English	*Spanish*
January	enero (ay-neh-roh)
February	febrero (fay-breh-roh)
March	marzo (mahr-soh)
April	abril (ah-breel)
May	mayo (mah-yoh)
June	junio (hoo-nyoh)
July	julio (hoo-lyoh)
August	agosto (ah-gohs-toh)
September	septiembre (sehp-tyehm-bray)
October	octubre (ohk-too-bray)
November	noviembre (noh-byehm-bray)
December	diciembre (dee-syehm-bray)

Seasons

English	*Spanish*
Winter	el invierno (eem-byehr-noh)
Spring	la primavera (pree-mah-beh-rah)
Summer	el verano (beh-rah-noh)
Autumn	el otoño (oh-toh-nyoh)

Numbers

1. uno (a) (OO-noh) (nah)
2. dos (dohs)
3. tres (trays)
4. cuatro (KWAH-troh)
5. cinco (SEEN-koh)
6. seis (says)
7. siete (SYAY-tay)
8. ocho (OH-choh)
9. nueve (NWAY-bay)
10. diez (dyehs)
11. once (OHN-say)
12. doce (DOH-say)
13. trece (TRAY-say)
14. catorce (kah-TOHR-say)
15. quince (KEEN-say)
16. dieciséis (dyay-see-SAYS)
17. diecesiete (dyay-see-SYAY-tay)
18. dieciocho (dyay-see-OH-choh)
19. diecinueve (dyay-see-NWAY-bay)
20. veinte (BAYN-tay)

Articles

There are four forms of the definite article (the) in Spanish.

	Singular	*Plural*
Masculine	el	los
Feminine	la	las

A definite article agrees in gender and number with the noun it modifies.

Noun	*Article*
m.singular	el
m.plural	los
f.singular	la
f.plural	las

In direct address with the rank, profession, title of the person to whom you are talking or writing:

Buenos dias, señora Martinez./Good morning, Mrs. Martinez.

After the verb hablar when the name of a language is right after a form of hablar:

Hablo español/I speak Spanish.

After the prepositions en and de with the name of a language or a subject matter:

Estoy escribiendo en ingles./I am writing in English.

La señora Smith es profesora de ingles./Mrs. Smith is a teacher of English.

With a proper noun to show possession when using de:

los libros de Maria/Maria's books

With an infinitive if the infinitive does not begin the sentence:

Es bueno caminar./It is good to walk.

Me gusta trabajar./I like to work.

With names of some countries and continents:

Mexico/Mexico; Estados Unidos/United States

Mini Diagnostic Test

Choose the correct answer by circling the letter.

1. The vowel "a" in the Spanish word "la" is pronounced similarly as in the English word?

   a. fate
   b. father
   c. say
   d. April

2. The vowel "e" in the Spanish word "le" is pronounced similarly as in the English word?

   a. seek
   b. fate
   c. me
   d. father

3. The vowel "u" in the Spanish word "tu" is pronounced similarly as in the English word?

   a. cup
   b. mute
   c. too
   d. cuddling

4. In Spanish, the letter "g" in front of the vowels "e" or "I" is pronounced similarly as in the English word?

   a. help
   b. jet
   c. go
   d. argue

5. In Spanish, the letter "g" in front of the vowels "a", "o", or "u" is pronounced similarly as in the English word?

   a. game
   b. garage
   c. juice
   d. gem

6. The letter h in a Spanish word, as in "hermana", is?

   a. always pronounced
   b. sometimes pronounced
   c. rarely pronounced
   d. not pronounced

7. Two vowels together, as in the Spanish word "Europa" are pronounced separately and they are considered to be a ?

   a. pure vowel
   b. diphthong
   c. triphthong
   d. consonant

8. The letter "n" in a Spanish word, as in "niño", is pronounced similarly as in the English word?

   a. no
   b. banner
   c. onion
   d. knowledge

9. The double "ll" in a Spanish word, as in "llamo," is pronounced similarly as in the English word?

   a. hello
   b. lace
   c. yes
   d. trillion

10. The letter "d" in a Spanish word, as in "dar", is pronounced similarly as in the English word?

   a. dare
   b. think
   c. cad
   d. the

Syllable Emphasis

If a Spanish word ends in a vowel, the letter n or s, emphasize the second-to-last syllable of the word.

If a Spanish word ends in a letter other than a vowel, n or s, emphasize the last syllable.

Sometimes, a written accent [´] is placed over the vowel that must be stressed, indicating an exception to the rule. The accent mark tells the reader which vowel to stress.

An Introduction to Hispanic Culture in America

Facts:

1. Spanish is among the most widely spoken languages in the world. Its more than 325 million speakers live in Spain, Latin America, and the United States.

2. There are more than 29 million Spanish-speaking people in the United States.

3. Mexico and the United States have a common border touching Texas, New Mexico, Arizona and California.

4. Mexico is the 5th largest country in the western hemisphere with a territory of about one quarter that of the United States.

5. Mexico is a populous country. There are about 84 million people living there making it one of world's largest. Its capital, Mexico City, with over 20 million inhabitants, is the largest city in Latin American and the largest Spanish-speaking city in the world.

6. Mexico reflects a mixture of European and Indian cultures. Unexpected remains of the former Aztec Empire are seen from the northern border cities to Mexico's central valley. In the southeastern Yucatan Peninsula are stone monuments of Maya Indian heritage.

The Capital/La Capital - Mexico City

1. Mexico City - Mexico, D.F. (Distrito Federal) - rests on the remains of the ancient Indian capital, Tenochtitlan, built by the Aztec Indians on Lake Texcoco. This underlying lake has proved to be an unsure foundation for many of Mexico City's modern buildings and has often delayed the construction of both a new subway system and the largest skyscraper in Latin America.

2. Parque Chapultepec is a center of amusement for the people of Mexico City, who take their children to its zoo, its museums, and its famous castle built by the Emperor Maximilian.

3. Paseo de la Reforma is the broad and beautiful tree-lined avenue that leads from Chapultepec Park past the elegant hotels and theaters of the city. The Paseo's large traffic circles bear statutes and monuments commemorating great moments and leaders in Mexican history.

4. Basilica de Guadalupe is the church of the patron saint of Mexico. Worshipers crawl on their knees at the entrance of the church of the Virgin de Guadalupe as an act of faith and to ask for her help.

5. El Zocalo or Plaza Mayor is the enormous square containing several municipal and government buildings.

6. Palacio de Bellas Artes is both a museum and a theater for dance, opera, and concerts for both Mexican and international performances and exhibits.

7. Xochimilco, often called the "floating gardens" of the city, gives us some small idea of what life might have been like in the days of old Tenochtitlan, when Cortes first saw "the Venice of America."

8. The climate of Mexico includes warm coastal area, cold mountain ranges, and temperate interior mesetas (tableland). These climate dictate whether woolen or cotton clothing is worn in the various parts of the country. The long afternoon rest or nap (siesta) is a Mexican custom that originated in Spain and other warm lands, where all midday activity pauses for relief from the day's heat.

Products

1. Petroleum production is state-owned and -operated industry.

2. Cattle raising is a major industry, separate from agriculture, because of the importance of the meat and hides.

3. Maiz (corn) is the basic food of the Mexican meal and is the major agricultural product that south-central Mexico produces in sufficient quantity.

4. Kidney beans, wheat and cotton are, after corn, the most widely planted crops.

5. Silver articles are stamped "9.25" to verify their content of "pure" or highest grade silver.

Geography/History

The complete name of our North-American neighbor, Mexico, is Los Estados Unidos de Mexico and includes 31 states.

Chronology

1. Discovery, conquest and colonization span the first 300 years (1519-1810). The Spaniard Hernan Cortez arrives in 1519, claims the land for Spain and captures the Aztec Emperor Moctezuma (Montezuma). Two years later, Cortez returns to finish the destruction of the Aztec Empire. The land becomes a colony of Spain and is called Nueva Espana (New Spain). Other Spaniards follow; they intermarry with Indians and establish a mestizo (Spanish and Indian) nation under Spain's control.

2. Independence from Spain is hard fought. In 1810 a little-known parish priest, Padre Miguel de Hidalgo, urges his townspeople to revolt against Spain's harsh rule, for liberty, farming land, and "La Virgen de Guadalupe." In 1821, the defeated Spanish armies leave Mexico free and independent. Miguel de Hidalgo is loved as the "George Washington" of his country and is credited as its founder.

3. Loss of Mexican territory to the United States begins with the secession and independence of Texas. Texas later becomes a territory and later a state of the United States. In 1845-48, years after the Mexican War under General Santa Ana, Mexico begins the loss of approximately one half of its territory, giving and later selling to the United States all its land north of the Rio Grande. This enormous Spanish-speaking area soon after becomes the present states of Arizona, California, Colorado, Nevada, and New Mexico.

4. The civil war (1857-1860), called the War of the Reform, is fought to protect the new Reform Constitution written by Mexico's president, Benito Juarez, born a poor Zapotec Indian. He wins the war and then fights again to rid Mexico of the foreign Emperor Maximillian I, sent by the French. Juarez wins again and unites the nation. Benito Juarez is the most revered name in Mexican history.

5. Troubled presidencies continue for the next 60 years, into the 1920s. The problem of stabilizing this smaller Mexico is the problem of the martyred President Francisco Madero, who dies in the attempt. His idealism is well remembered, as are his two very unlike supporters, Emiliano Zapata and Pancho Villa, the guerrilla fighter heroes of Mexico.

6. Today, Mexico is the fifth-largest Latin-American country and one of the world's major suppliers of oil and natural gas.

DEDICATION

To my husband Paul, eres todo un amor.

To my parents Dulces Nombres Guardiola and Maria Consuelo Guardiola.
Gracias por el amor, el apoyo y la fe. Es fácil seguir adelante teniendo padres tan grande y llenos de amor como ustedes dos.

English to Spanish Reference Guide

a contrario sensu - en sentido contrario
a mensa et thoro - separación en vez de disolución de matrimonio
ab initio - desde el principio, ab initio
ab intestat - intestado
ab intestato - de un intestado, ab intestato
ab irato - por alguien enfurecido, acaloradamente
abaction - llevarse a la fuerza
abalienate - enajenar, traspasar
abalienation - enajenacion, traspaso, transferencia de propiedad
abamita - una hermana de un tatarabuelo
abandon - abandonar, dejar, desamparar, evacuar, renunciar
abandoned - abandonado, evacuado
  property - propiedad abandonada
abandonee - beneficiario del abandono, persona a quien se abandona algo
abandonment - abandono, desamparo, dejación, desistimiento, deserción, renuncia
  and desertion - abandono y deserción
  of a contract - abandono de un contrato
  of action - abandono de acción *o* de la instancia, desistimiento de la demanda
  of appeal - abandono de recurso *o* de apelación, desistimiento del recurso
  of cargo - abandono de carga
  of children - desamparo de hijos, abandono de niños
  of claim - renuncia a una acción
  of copyright - abandono de derechos de autor
  of domicile - abandono del hogar *o* de domicilio
  of easement - abandono de servidumbre
  of goods - abandono de bienes
  of insured property - abandono de propiedad asegurada, abandono de cosas aseguradas
  of office - abandono de cargo
  of patents - abandono de patentes
  of property - abandono de propiedad
  of rights - abandono de derechos
  of ship and freight - abandono del buque y de los fletes
  of spouse - abandono del cónyuge
  of suit - desistimiento de la instancia, abandono de acción, abandono de litigio
  of trust - abandono de fideicomiso
abase - rebajar, humillar, envilecer
abatable - suprimible, abatible, abolible
  nuisance - estorbo que se puede eliminar, acto perjudicial que se puede eliminar
abatare - poner fin, reducir, disminuir
abate - abatir, mitigar, suprimir, anular, rebajar, reducir, disminuir
abatement - abolición, mitigación, supresión, anulación, rebaja, disminución, reducción, extinción en todo *o* en parte de una demanda
  and revival - suspensíón y restablecimiento
  of action - extinción de la acción
  of debts - disminución de deudas, rebaja de deudas
  of legacies - rebaja proporcional de legados
  of a nuisance - eliminación *o* supresión del perjuicio, eliminación de un estorbo, eliminación de un acto perjudicial
  of taxes - rebaja de impuestos
abater - mitigador, instancia de nulidad
abator - mitigador, intruso, aquel que elimina algo perjudicial
abavia - una tatarabuela
abavunculus - un hermano de una tatarabuela
abavus - un tatarabuelo
abbreviate - abreviar, resumir, compendiar
abbreviation - abreviación, resumen, compendio
abdicate - desheredar, abdicar, renunciar
abdication - abdicación, renuncia
abditorium - escondite
abduct - secuestrar, raptar
abduction - rapto, secuestro, abducción
abductor - raptor, secuestrador
abearance - conducta
aberemurder - asesinato
aberrance - aberración, anormalidad
aberration - aberración
abet - instigar, inducir, incitar, apoyar
abetment - instigación, incitación, apoyo
abettor - instigador, fautor, cómplice, incitador

abeyance - suspensión, espera, expectativa, pendiente, latente
, in - en suspensión, en espera, latente, pendiente
abeyant - en suspenso, en espera
abhor - aborrecer, odiar
abhorrent - aborrecible
abiaticus - un hijo de un hijo
abidance by - respeto de, ahesión a
abidance in - permanencia
abide - aceptar, atenerse, cumplir
abide by - atenerse a, cumplir con, sujetarse a, someterse a, atenerse a
abides - respeta, cumple
abiding - obediente
by - atenerse a, someterse a
conviction - convicción de culpabilidad con certidumbre
abigeus - abigeo
ability - habilidad, aptitud, capacidad
to act - capacidad de actuar
to pay debts - capacidad para pagar deudas
abishering - liberar de multas
abject - abyecto, despreciable
abjection - abyección, bajeza
abjuration - abjuración, renuncia
abjure - abjurar, renunciar, retractarse solemnemente
abjurer - quien abjura, quien renuncia
ablaze - en llamas, ardiendo, encendido
able - apto, hábil, habilidoso, competente, capaz
bodied - sin impedimentos físicos que eviten cumplir un cargo, fuerte y sano
to earn - capaz de obtener ingresos
to purchase - capaz de comprar
to work - capaz de trabajar
ablocate - arrendar
ablocatio - arrendamiento
ably - hábilmente, competentemente
abmatertera - una hermana de una tatarabuela
abnegate - renunciar, negar, rechazar
abnegation - abnegación, negación, rechazo
abnepos - un tataranieto
abneptis - una tararanieta
abnormal - anormal, irregular
risk - riesgo irregular
abnormality - anormalidad, irregularidad
aboardage - abordaje
abode - hogar, residencia, domicilio
abolish - suprimir, anular, derogar, abolir
abolishment - abolición, anulación, derogación
abolition - abolición, derogación
abomination - abominación
abort - abortar, fracasar, malparir
aborted - abortado, fracasado
abortion - aborto, malparto, terminación del embarazo
abortionist - abortador
abortive - abortivo, fracasado
trial - juicio abortivo *o* sin sentencia, juicio sin veredicto
abortus - producto del aborto
about - alrededor de, concerniente a, sobre, relacionado con
-face - cambio de parecer, media vuelta
the person - cerca de la persona, acerca de la persona
to - a punto de
above - sobre, superior, precedente, anterior
-cited - antemencionado, antes citado, anteriormente citado
described - descrito anteriormente
mentioned - susodicho, supradicho, antedicho, ya mencionado, antes citado, prenombrado, anteriormente mencionado
par - sobre la par
-written - antes escrito
abpatruus - un tío tatarabuelo
abreast - lado a lado, parejo, al tanto
abridge - abreviar, compendiar, resumir, reducir
abridged - abreviado, reducido
abridgement - abreviación, condensación, compendio, diminución, limitación
of damages - diminución por el tribunal del importe de daños y perjuicios, derecho del tribunal a reducir los daños y perjuicios
abroad - en el extranjero
abrogate - revocar, anular, abrogar, casar, derogar
abrogation - revocación, anulación, abrogación, abolición, derogación
abrogative - revocatorio, abrogativo
abrupt - abrupto, repentino
abruption - ruptura
abruptly - abruptamente, repentinamente
abscission - abscisión, separación

abscond - alzarse, esconderse, ocultarse, evadirse, fugarse
absconder - alzado, prófugo, fugitivo, contumaz
absconding debtor - deudor prófugo
absence - ausencia, inasistencia, falta, no comparecencia
absent - ausente, inasistente, faltante, no compareciente
  and absconding debtor - deudor ausente y prófugo
  creditor - acreedor ausente
  debtor - deudor ausente
  from - ausente de
  -minded - distraído
absented - ausentado
absentee - absentista, ausente, quien se ausenta
  ballot - voto ausente, voto por poder, papeleta para voto ausente
  landlord - arrendador ausente, propietario ausente
  voting - voto ausente
absenteeism - ausentismo, absentismo
absolute - absoluto, incondicional, definitivo
  acceptance - aceptación expresa *o* absoluta, aceptación incondicional
  assignment - cesión absoluta, traspaso absoluto
  bequest - legado incondicional, legado irrevocable
  certainty - certeza absoluta
  control - control absoluto
  conveyance - traspaso incondicional, cesión libre *o* sin condiciones
  covenant - estipulación incondicional, acuerdo incondicional
  deed - título incondicional
  delivery - tradición absoluta, entrega incondicional
  divorce - divorcio total *o* completo, divorcio incondicional
  endorsement - endoso absoluto
  estate - derechos y posesión incondicionales, título incondicional, propiedad absoluta, plena propiedad
  fee simple - título incondicional
  gift - donación entre vivos, donación irrevocable
  guaranty - garantía absoluta, garantía incondicional
  immunity - inmunidad completa, inmunidad total
  impediment - impedimento absoluto
  injuries - perjuicio absoluto, daños absolutos
  interest - interés fijado *o* establecido *o* absoluto, derecho absoluto
  law - ley absoluta
  legacy - legado incondicional, legado absoluto
  liability - responsabilidad objetiva, responsabilidad absoluta
  nullity - nulidad absoluta *o* manifiesta *o* de pleno derecho, inexistencia
  obligation - obligación incondicional, obligación absoluta, obligación total
  owner - dueño absoluto *o* sin restricciones
  ownership - propiedad absoluta
  pardon - amnistía incondicional, perdón incondicional, perdón absoluto
  presumption - presunción absoluta, indicio claro *o* grave *o* indubitable
  privilege - privilegio absoluto, gracia absoluta, inmunidad del proceso civil
  property - propiedad absoluta, plena propiedad, posesión y derecho absoluto
  right - derecho absoluto
  rights - derechos singulares
  rule - fallo definitivo
  sale - venta incondicional *o* para entrega inmediata, venta definitiva
  title - título absoluto
  total loss - pérdida total efectiva *o* absoluta
  warranty - garantía de título, garantía incondicional
absolutely - absolutamente, completamente, definitivamente, incondicionalmente
  and unconditionally - absoluta e incondicionalmente
  necessary - completamente necesario
  privileged - absolutamente privilegiado, inmune del proceso civil
  privileged communication - comunicación absolutamente privilegiada, comunicación con inmunidad de proceso civil
  void - totalmente nulo
absoluteness - carácter absoluto
absolution - sentencia absolutoria, absolución, perdón
absolutism - absolutismo

absolutist - absolutista
absolve - absolver, justificar, dispensar, exonerar, eximir
absorb - absorber, asimilar a fondo
absorption - absorción
absque hoc - sin esto
abstain - abstenerse, privarse
abstemious - abstemio, frugal
abstention - abstención, inhibición
 doctrine - doctrina de la abstención, doctrina de la inhibición
abstinence - abstinencia
abstract - sumario, resumen, extracto, resumir, separar, quitar, compendio
 idea - idea abstracta
 instruction - instrucción abstracta al jurado
 loss - pérdida no experimentada en concreto, pérdida abstracta
 of judgment - sumario de fallo, resumen de fallo
 of record - sinopsis de los autos, resumen breve del expediente
 of title - resumen de título
 question - cuestión abstracta, cuestión discutible, pregunta teórica *o* especulativa
 thing - cosa abstracta
abstracted - resumido, compendiado, abstraído
abstracter - preparador de resúmenes
abstraction - substracción, hurto, ratería, abstracción, separación
abstruseness - incomprensibilidad
absurd - absurdo, irracional
absurdity - disparate, contrasentido, absurdidad, absurdo, irracionalidad
abus de confiance - abuso de confianza
abuse - abuso, injuria, injuriar, estupro, abusar, violar
 of authority - abuso de autoridad
 of child - abuso de menor
 of civil law - abuso del derecho civil
 of discretion - abuso de discreción *o* de libre albedrío, decisión errónea de cuestión de derecho
 of drugs - abuso de drogas
 of power - abuso de poder
 of privilege - abuso de privilegio
 of process - abuso de proceso
 of trust - abuso de confianza
abused - abusado, injuriado
 and neglected - abusado y descuidado
abusive - abusivo, ofensivo, injurioso
 language - lenguaje abusivo *o* cruel
abusiveness - carácter de abusivo
abut - lindar, confinar, terminar en
abutment - linde, lindero, confín
abuttals - lindes, linderos, colindancias, límites, confines
abutter - dueño colindante, dueño de propiedad colindante
abutting - colindante, limítrofe
 owner - dueño de propiedad colindante
 property - propiedad limítrofe, terreno lindante, propiedad colindante
abysmal - abismal, profundo
ac etiam - y además
academic - teórico, especulativo, académico
 question - pregunta académica, pregunta hipotética
academy - academia
accede - acceder, consentir
acceding - accediendo, consintiendo
accelerant - acelerante
accelerate - acelerar
accelerated cost recovery system - sistema acelerado de recuperación de costos
accelerated depreciation - depreciación acelerada
acceleration - aceleración
 clause - cláusula *o* provisión para el vencimiento anticipado de una deuda, cláusula de aceleración
 note - pagaré con opción de pago adelantado
 of estate - aceleración de un legado, aceleración de una sucesión
accentuate - acentuar, intensificar
accept - recibir, acoger, reconocer, admitir, aceptar, aprobar
 conditionally - aceptar condicionalmente *o* con reserva
 for the account of - aceptar por cuenta de, recibir por la cuenta de
 provided that - aceptar siempre que
 service - recibir la notificación, darse por notificado
 subject to - aceptar a reserva de *o* sin perjuicio de *o* previa condición
 subject to an inventory (inheritance) - aceptar a beneficio de inventario
acceptable - aceptable, admisible

acceptance - recepción, aceptación, acogida, giro aceptado, aprobación, admisión
agreement - contrato de aceptación
bill - aceptación, letra aceptada
, constructive - aceptación implícita
credit - crédito de aceptación
of goods - aceptación de bienes
of offer - aceptación de oferta
of office - aceptación de cargo
for honor - aceptación por intervención *o* por honor
supra protest - aceptación por intervención *o* por honor
accepted - aceptado, aprobado, admitido
bill of exchange - aceptación cambiaria, letra aceptada
draft - letra aceptada, giro aceptado
acceptilation - finiquito gratuito, aceptilación, relevo de deuda
acceptor - aceptador, aceptante
access - acceso, entrada, paso
to courts - acceso a la justicia
accessibility - accesibilidad, asequibilidad
accessible - accesible, asequible, susceptible
accession - acrecencia, accesión, adhesión, asentamiento, toma de posesión, incremento
accessions - incorporación de un bien a otro
accessorial - accesorio, suplementario
accessory - fautor, correo, cómplice, encubridor, accesorio
action - acción incidental, accion accesoria, acto accesorio
after the fact - cómplice encubridor, cómplice después de los hechos
at the fact - cómplice que presencia el delito, cómplice presente, cómplice de los hechos
before the fact - cómplice instigador, cómplice instigador de crimen
building - edificación auxiliar
contract - contrato accesorio
during the fact - el que mirando el delito no presta ayuda, uno que presencia un delito sin prestar ayuda, cómplice en el acto
obligation - obligación accesoria
to adultery - el que procura adulterio
use - uso auxiliar
accident - accidente, desgracia, casualidad
benefits - beneficios por accidente
insurance - seguro contra accidentes
policy - póliza contra accidentes
-prone - propenso a sufrir accidentes
report - informe sobre accidente, memoria *o* denuncia de accidente, parte del accidente, reporte de accidente
accidental - accidental, fortuito, casual
cause - causa inevitable, causa accidental
damage - daño accidental
death - muerte accidental *o* por accidente
event - acontecimiento accidental
injury - lesión accidental
killing - homicidio accidental
means - medio *o* instrumento excepcional *o* inusitado *o* causa accidental de lesión
accidentally - accidentalmente
acclaim - aclamar, proclamar
acclamation - aclamación, voto unánime
acclamatory - aclamatorio
accola - quien vive cerca de algo
accomenda - contrato entre el comandante de una nave y el dueño de la carga
accommodate - acomodar, proveer, adaptar, facilitar
accommodated party - parte acomodada
accommodating - servicial, complaciente, flexible
party - parte acomodante *o* por acomodación, beneficiario de una firma de favor, beneficiario de una firma por acomodación
accommodation - favor, servicio, ajuste, arreglo, comodato, acomodamiento, garantía, crédito, préstamo
acceptance - aceptación de favor *o* por acomodamiento
bill or note - pagaré de favor *o* de cortesía, letra de acomodación, letra de deferencia, documento de favor, letra de favor
bill of lading - conocimiento de favor (mercadería no entregada)
endorsement - endoso de favor, aval, endoso por acomodamiento
endorser - avalista, endosante de favor
lands - tierras compradas para edificar y arrendar
line - pólizas de seguros aceptadas con deferencia al agente
maker - parte por acomodamiento, quien firma de favor

note - pagaré de favor
paper - documento de favor, documento para facilitar
party - parte por acomodación, quien firma de favor
road - camino de acceso
accompaniment - acompañamiento, accesorio
accompany - acompañar, escoltar
accompanying - que acompaña
accomplice - cómplice, correo
liability - responsabilidad de un cómplice
accomplish - efectuar, lograr, realizar
accomplished - realizado, ejecutado, acabado
accomplishments - logros, realizaciones
accord - acuerdo, convenio, conceder, ajustar
and satisfaction - transacción, arreglo de una disputa, aceptación como finiquito
, executory - convenio ejecutable
accordance - acuerdo, conformidad
accordant - conforme, en conformidad, de conformidad
according - conforme
to - de acuerdo a, conforme a
to law - precedente del derecho, conforme a derecho, de acuerdo al derecho
to the custom of the place - de acuerdo a las costumbres del lugar
accordingly - en conformidad
accost - dirigirse a, abordar
accouchement - parto
account - cuenta, dar cuenta y razón, informe
and risk of, for - por cuenta y riesgo de
balance - saldo de una cuenta
book - libro de cuentas
debtor - deudor en la cuenta
for - dar razón de, responder por
in trust - cuenta en fideicomiso
number - número de cuenta
of another - cuenta ajena
of whom it may concern - por cuenta de quien corresponda
, on - a cuenta, a buena cuenta
payable - cuenta por pagar
receivable - cuenta por cobrar
rendered - cuenta presentada al deudor
settled - cuenta liquidada, cuenta saldada
stated - cuenta convenida, acuerdo de balance para cancelación
accountability - responsabilidad
accountable - responsable, explicable
receipt - acuse de recibo con compromiso de dar razón a tercero, recibo de dinero *o* propiedad acompañado de una obligación
accountancy - contabilidad, contaduría
accountant - contador, contable
accounting - contabilidad, contaduría, estado de cuenta, rendición de cuenta
evidence - prueba *o* pruebas de contabilidad
period - período de contabilidad
standards - normas contables *o* de contabilidad
accounts - cuentas
payable - cuentas por pagar
receivable - cuentas por cobrar
accouple - unir, unir por matrimonio
accredit - acreditar, reconocer
accreditation - acreditación, identificación, certificación
accredited - acreditado, reconocido
agent - representante autorizado
law school - escuela de leyes acreditada
accrete - aumentar
accretion - acrecentamiento, acrecencia, avulsión, acumulación, adquisición gradual de tierra por causas de la naturaleza
accretive - acrecentador
accroach - usurpar, intrusarse, invadir
accrual - acrecimiento, incremento
basis - contabilidad por acumulaciones, base acumulativa *o* devengada
, clause of - cláusula otorgando el derecho de acrecer
accrue - devengar, acumular, resultar, ser otorgado
accrued - acumulado
alimony - pensión alimenticia acumulada, pensión tras el divorcio acumulada, alimentos acumulados
assets - activo acumulado
cause of action - acción ejercitable
compensation - compensación acumulada
depreciation - depreciación acumulada
income - ingreso acumulado, ingreso devengado
interest - interés acumulado
liability - pasivo acumulado

right - derecho de acción, autoridad legal para requerir reparación, derecho ejercitable
salary - salario acumulado
taxes - contribuciones acumuladas, impuestos acumulados, impuestos devengados
accruer - acrecencia, acrecimiento
accruing - incipiente
costs - costas luego del fallo
accumulate - acumular
accumulated judgment - fallo acumulado
legacy - legado acumulado
profits - ganancias acumuladas
sentence - sentencia acumulada
accumulation - acumulación
trust - fideicomiso de acumulación
accumulative - acumulativo
judgment - sentencia acumulativa, fallo acumulativo
legacy - legado adicional
sentence - condena acumulativa
accumulator - acumulador
accuracy - precisión, exactitud
accurate - preciso, exacto
accurately - con precisión, con exactitud
accusable - acusable
accusation - acusación, denuncia, delación, cargo
accusatory - acusador, acusatorio
procedure - sistema judicial donde el estado acusa y tiene responsabilidad de probar culpabilidad
process - proceso acusatorio
accuse - acusar, denunciar, sindicar, delatar
accused - acusado, sindicado
accuser - acusador, denunciante, delatante
accustomed - acostumbrado
acequia - acequia, zanja
acerbate - exasperar, exacerbar, irritar
acerbity - acerbidad, aspereza
achievable - alcanzable, factible
achieve - lograr, ejecutar, obtener
achievement - logro, realización
acid test - prueba de fuego, prueba decisiva
acknowledge - admitir, reconocer, atestar, certificar
receipt - acusar recibo, dar por recibido
acknowledged - reconocido
acknowledgment - confirmación, atestación, reconocimiento, acta *o* escritura notarial de reconocimiento, certificación
of an illegitimate child - reconocimiento de hijo natural
of paternity - reconocimiento de paternidad
of receipt - acuse *o* aviso de recibo
acme - cima, colmo, apogeo
acquaint - familiarizarse con, enterarse de
acquaintance - conocido, conocimiento
acquaintanceship - relación, trato
acquainted - con conocimiento de primera mano, familiarizado
acquest - propiedad adquirida (no heredada)
acquets - propiedad adquirida durante el matrimonio
acquiesce - consentir, asentir
acquiescence - aquiescencia, consentimiento, conformidad
, estoppel by - impedimento por aquiescencia
acquiescent - consentidor, condescendiente
acquirable - obtenible, asequible
acquire - adquirir
acquired - adquirido
allegiance - lealtad por naturalización
by - adquirido por
immune deficiency syndrome - síndrome de inmunodeficiencia adquirida
rights - derechos adquiridos
acquirement - adquisición
acquisition - adquisición, consecución
acquisitive - adquisitivo, codicioso
offenses - delitos de hurto, delitos de robo
acquit - absolver, exonerar, descargar, exculpar, relevar
acquitment - sentencia absolutoria, absolución
acquittal - absolución, descargo, sentencia absolutoria
in fact - absolución por veredicto de jurado, absolución de hecho
in law - absolución de derecho
acquittance - recibo, carta de pago, reconocimiento de pago, exoneración, descargo
acquitted - exonerado, descargado, absuelto
acre - acre
acreage - área en acres
across - a través, al otro lado

the board - incluyendo todo

act - acto, hecho, auto, sentencia, decreto, actuar, obrar, funcionar, acción, ley

in pais - acto fuera de corte

of aggression - acto de agresión

of bankruptcy - acto de quiebra *o* de insolvencia, acto que puede llevar a un procedimiento involuntario de quiebra

of commission - acto de comisión

of congress - ley del congreso, acto del congreso, acta del congreso

of God - fuerza mayor, casa fortuito, cosa de Dios, acto que ocurre inevitablemente por las fuerzas de la naturaleza, acto de Dios

of Grace - amnistía

of honor - acto de intervención, acto de honor

of hostility - acto de hostilida *o* de guerra

of indemnity - acto de indemnidad

of insolvency - acto de insolvencia, acto que demuestra insolvencia

of law - acto jurídico, efecto jurídico

of the legislature - ley de la legislatura

of nature - acto de la naturaleza, acto de fuerza mayor

of omission - acto de omisión

of ownership - acto de dominio

of parliament - ley del parlamento

of public enemies - acción enemiga *o* del enemigo, hecho de enemigos

of sale - registro oficial de venta de bienes raíces, escritura de compraventa

of state - acto del poder soberano el cual no está sujeto a procedimientos ante los tribunales, acto de dominio, acto de gobierno

of the parties - acto de las partes

of treason - traición

of war - acto bélico *o* de guerra, hecho de guerra

acting - interino, desempeñando, actuando, suplente

chairman - presidente interino *o* en ejercicio

executor - albacea interino

judge - juez interino

officer - funcionario interino

president - presidente interino, presidente actuante

secretary - secretario interino *o* provisorio

trustee - fiduciario interino

actio arbitraria - acción arbitraria

actio bonae fidei - acción de buena fe

actio civiles - acción civil

actio criminalis - acción criminal

actio damni injuria - acción por daños

actio ex contractu - acción por incumplimiento de contrato

actio in personam - acción personal

actio in rem - acción contra la cosa

actio personalis - acción personal

actio realis - acción real

actio rescissoria - acción de rescindir

acts of possession - actos de posesión

action - acción, proceso, acto, gestión, diligencia, actividad, obra, acción judicial

at law - acción judicial

brought - acción iniciada

commenced - acción comenzada

ex contractu - acción por incumplimiento de contrato, acción ex contractu, acción basada en un contrato

ex delicto - acción por daños y perjuicios, acción extracontractual

for accounting - acción para cuenta y razón *o* sobre rendición de cuentas

for damages - acción por daños y perjuicios

for libel - acción por difamación escrita, acción por libelo

in damages - acción de daños y perjuicios

in default - juicio en rebeldía

in equity - acción en equidad

in personam - acción personal

in rem - acción in rem *o* contra la cosa

in trespass - acción de transgresión

of account - acción para cuenta y razón

of assumpsit - acción por incumplimiento de contrato

of contract - acción contractual

of covenant - acción por incumplimiento de contrato

of debt - acción de apremio *o* en cobro de dinero, acción por cobro de deuda

of ejectment - acción de desahucio

of pledge - acción pignoratica

of replevin - acción de reivindicación

of trespass - acción de transgresión

on contract - acción contractual *o* proveniente de contrato, acción directa

on the case - acción civil proveniente de culpa, acción ex delicto, acción por daños y perjuicios

pending - acción pendiente
to quiet title - acción para fijar la validez de un título, acción para resolver reclamaciones opuestas en propiedad inmueble, acción para eliminar defectos en un título de propiedad
to recover damages - acción por daños y perjuicios
which does not lie - acción sin lugar
which lies - acción sostenible *o* con lugar
which may lie - acción a que hubiere lugar

actionable - procesable, justiciable, actuable, enjuiciable
fraud - fraude justiciable, fraude procesable
misrepresentation - falsedad justiciable, declaración falsa enjuiciable
negligence - negligencia procesable
nuisance - perjuicio procesable, estorbo procesable, acto perjudicial procesable
per quod - palabras accionables si causan un daño que se pueda demonstrar
per se - palabras de por sí calumniosas *o* difamantes, procesable en sí mismo
tort - daño legal accionable, agravio procesable
words - palabras difamantes *o* infamatorias *o* calumniosas
wrong - agravio procesable

actionary - accionista

activate - activar

active - activo, vigente
concealment - encubrimiento activo, ocultación activa
debt - deuda activa *o* que lleva interés
negligence - negligencia culpable *o* activa
participant - participante activo
partner - socio activo
trust - fideicomiso activo

actively - activamente

activism - activismo

activist - activista

activity - actividad

actor - actor, demandante

actress - actriz, demandante femenino

actrix - actriz, demandante femenino

actor sequitur forum rei - actor sigue foro del demandado *o* el foro de la cosa

actori incumbit onus probandi - el peso de la prueba corresponde al actor, actore incumbit probatio

acts of court - minutas de los tribunales marítimos en Inglaterra

actual - efectivo, real, verdadero, existente, actual
agency - agencia real, representación efectiva
allegiance - lealtad por residencia
authority - autorización real, autoridad efectiva
bailment - depósito efectivo
bias - predisposición efectiva
cash value - valor equitativo de venta, valor justo de mercado, valor realizable en efectivo, precio justo de venta, precio real de venta
change of possession - traspaso verdadero, cambio de posesión efectivo
controversy - controversia concreta
cost - precio de compra, costo de adquisición, costo real
damages - daños efectivos, daños y perjuicios efectivos, compensación real por daños y perjuicios
delivery - tradición efectiva *o* real, entrega efectiva
doubt - duda razonable
eviction - desalojo físico, evicción efectiva, desahucio efectivo
fraud - fraude positivo *o* flagrante *o* efectivo
knowledge - conocimiento real, conocimiento efectivo
loss - pérdida efectiva *o* real
malice - malicia expresa *o* de hecho *o* real
market value - valor en plaza, valor en el mercado actual, valor de mercado, valor real en el mercado, valor efectivo de mercado
notice - notificación efectiva
occupancy - ocupación efectiva
occupation - ocupación visible *o* física
ouster - desahucio efectivo
possession - posesión real *o* efectiva, posesión actual
practice - práctica efectiva
residence - residencia verdadera, residencia corriente
resident - residente verdadero, residente corriente

total loss - pérdida efectiva total
use - uso efectivo
value - valor en plaza *o* del mercado *o* actual *o* real
violence - violencia física, acometimiento con violencia
actually - efectivamente, en efecto
actuarial table - tabla actuarial
actuarius - notario
actuary - actuario
actuate - activar, accionar
acuity - agudeza, acuidad
acumen - cacumen, agudeza
ad - respecto a
comparendum - a comparecer
curiam - ante la corte
diem - al día
effectum - ad effectum, a efecto de que, al efecto
finem litis - al final del litigio
hoc - ad hoc, a esto, para esto, para el caso, tratándose de esto, a propósito
hoc officer - oficial del asunto a la mano
honorem - ad honorem, por el honor, gratuitamente
infinitum - infinitamente, sin fin, ad infinitum
interim - interino, provisionalmente, en el ínterin, mientras tanto
judicium - a la sentencia
litem - ad litem, para el proceso, para el litigio
nauseam - hasta nausear, hasta el punto del disgusto, ad nauseam
opus - por el trabajo
perpetuam - perpetuamente, para siempre
prosequendam - a enjuiciar
punctum temporis - en ese preciso momento
quem - al cual, para el cual
referendum - ad referendum, por aprobar
rem - ad rem, a la cosa
testari - testificar
tunc - entonces
valorem - de acuerdo al valor, según el valor
valorem contractus - al valor del contrato
vitam - por vida
voluntatem - sujeto a la voluntad, por voluntad
adamant - inflexible, obstinado
adapt - adaptar
adaptable - adaptable
adaptation - adaptación
adapted - adaptado
adavaunt - antes de
add - añadir, unir
added substance - sustancia añadida
addendum - apéndice, suplemento
addible - añadible
addict - adicto
addicted - adicto, enviciado
addiction - adicción
additament - aditamento, añadidura
additio - adición
addition - adición, suma
additional - adicional
instructions - instrucciones adicionales al jurado una vez empezada la deliberación
insured - asegurado adicional
legacy - legado adicional
security - garantía adicional
servitude - servidumbre adicional
work - trabajo adicional
additionales - condiciones a añadirse a un contrato existente
additionally - adicionalmente, además
additur - aumento a la indemnización mas allá de lo otorgado por el jurado
address - dirección, señas, sobrescrito, dirigir, dirigir la palabra, discurso
the court - dirigirse al tribunal
a meeting - hablar a la asamblea, hacer uso de la palabra
to the jury - informe al jurado
addressee - destinatario
addresser - remitente
adduce - aducir, alegar, citar
adeem - anular, revocar, resarcir, recompensar, retirar
adeemed - revocado, retirado
ademption - revocación de legado, anulación, resarcimiento
adept - experto, adepto
adequacy - suficiencia
adequate - adecuado, suficiente
care - cuidado razonable *o* adecuado, precaución adecuada
cause - motivo suficiente, causa suficiente
compensation - remuneración justa *o* equitativa, indemnización justa

consideration - causa adecuada, contraprestación razonable
notice - notificación suficiente
preparation - preparación adecuada
protection - protección adecuada
provocation - provocación justificante *o* suficiente
remedy - recurso justo *o* pleno, remedio adecuado, remedio adecuado en ley
adequately - adecuadamente
adeu - sin día
adherence - adherencia, adhesión, fidelidad
adherent - adherente, partidario, adhesivo
adhering - adhiriendo
adhesion - adhesión
contract - contrato de adhesión
adhibit - admitir, unir
adjacency - contigüidad, adyacencia
adjacent - adyacente, contiguo
adjective - adjetivo
law - derecho adjetivo, ley adjetiva, derecho procesal
provision - disposición procesal
adjoin - juntar, lindar con
adjoining - adyacente, contiguo
landowners - dueños de propiedades colindantes
property - propiedad limítrofe, terreno lindante, propiedades colindantes
adjourn - levantar *o* aplazar la sesión, suspender, diferir, clausurar
adjourned
causes - causas aplazadas
session - sesión aplazada, asamblea nueva de sesión aplazada
summons - emplazamiento por disputar ante el tribunal, citación llevada a cabo en el despacho del juez y luego llevada al tribunal a ser debatida entre abogados
term (court) - período continuado de sesiones, sesión continuada, sesión aplazada
adjournment - suspensión, aplazamiento
day - día para renovación del juicio, día de aplazamiento
sine die - suspensión por término indefinido, suspensión de cierre
adjudge - adjudicar, decidir, juzgar, dictar sentencia, fallar, decretar
adjudicate - adjudicar, juzgar, fallar, decretar
adjudicatee - comprador en venta judicial, adjudicatario
adjudicatio - adjudicación
adjudication - adjudicación, fallo, sentencia
of bankruptcy - adjudicación de quiebra
adjudicative - adjudicativo
facts - hechos adjudicativos en proceso administrativo, hechos reales concernientes a las partes en un proceso
power - poder adjudicativo
adjudicator - adjudicador
adjudicatory - adjudicatorio
authority - autoridad con capacidad para decidir
hearing - audiencia adjudicatoria
process - proceso adjudicatorio
adjudicature - adjudicación, fallo, sentencia
adjunct - adjunto, auxiliar, subordinado
account - cuenta adjunta
adjunction - adjunción, conjunción, añadidura
adjuration - juramento solemne
adjure - ordenar bajo juramento solemne, implorar
adjust - arreglar, poner en punto, regular, ajustar, concertar, componer, allanar, asesorar, dirimir, regularizar, tasar, conciliar
adjustable - ajustable
adjusted bias - base ajustada
adjuster - ajustador, arreglador, componedor, asesor, tasador, liquidador
adjustment - ajuste, arreglo, tasación, liquidación
adjuvant - ayudante, auxiliar
admeasurement - medición, repartimiento, repartición
adminicle - prueba corroborante
adminicular - auxiliar
evidence - prueba auxiliar, prueba corroborativa
adminiculate - corroborar, confirmar, dar evidencia auxiliar
administer - administrar
justice - administrar justicia
oaths - tomar *o* recibir *o* administrar juramentos
administrare - administrar
administration - administración
deviation - irregularidad administrativa
expenses - gastos de administración

of an estate - administración de la sucesión
of estates - administración de sucesión
of justice - administración de justicia
pendente lite - administración pendente lite
with will attached - administración con testamento anexo
administrative - administrativo, ejecutivo
act - acción administrativa
acts - actos administrativos
agency - agencia officina administrativa
authority - autoridad administrativa
board - junta administrativa
crime - crimen administrativo
discretion - libre albedrío del órgano administrativo, discreción administrativa
expenses - gastos administrativos
hearing - vista administrativa
interpretation - interpretación administrativa
law - derecho administrativo, jurisprudencia administrativa
law judge - juez administrador
officer - funcionario administrativo
order - orden administrativa
power - poder administrativo
procedure - procedimiento administrativo
proceeding - proceso administrativo
remedy - recurso administrativo, remedio administrativo
tribunal - tribunal administrativo
administrator - administrador, curador, albacea
de bonis non - albacea secundario para administración de bienes adicionales
pendente lite - administrador temporal
administratrix - administradora, albacea
admiralty - almirantazgo
bond - fianza por proceso en tribunal marítimo *o* de almirantazgo
court - tribunal marítimo, tribunal de almirantazgo, tribunal de derecho marítimo
jurisdiction - jurisdicción marítima *o* en almirantazgo, derecho de la navegación
lien - gravamen, maritimo
admissibility - admisibilidad, fundabilidad
admissible - admisible, aceptable, fundado
evidence - prueba admisible *o* aceptable *o* fundada
admission - admisión, confesión, recepción, entrada, reconocimiento
against interest - admisión desventajosa, admisión contra intereses propios
of evidence - recibimiento de prueba
of guilt - confesión de culpabilidad, admisión de culpabilidad, confesión
temporaire - admisión temporal
under duress - confesión bajo coacción
admissions - reconocimientos, confesiones, declaraciones
tax - impuesto sobre entradas *o* sobre espectáculos
admissive - concesivo
admit - admitir, conceder, reconocer, confesar, dar entrada, declarar
to bail - libertar bajo fianza
to partnership - admitir en consorcio
admittance - admisión
admitted
assets - activo aprobado *o* confirmado, active computable
to the bar, to be - recibirse de abogado, colegiado, autorizado a ejercer como abogado
admittere - admitir
admixture - mezcla
admonish - amonestar, prevenir, advertir, aconsejar
admonishment - amonestación, advertencia
admonition - amonestación, reprensión, apercibimiento, admonición, conminación, advertencia
admonitory - admonitivo, exhortativo
adnepos - un hijo de un tataranieto
adneptis - una hija de una tataranieta
adolescence - adolescencia
adolescent - adolescente
adopt - adoptar, aceptar
a child - adoptar un niño
the Constitution - adoptar la Constitución
a resolution - tomar *o* aceptar *o* acordar una resolución
adoptable - adoptable
adopted child - hijo adoptivo
adopter - adoptador, adoptante
adoption - adopción, prohijamiento

by estoppel - adopción basada en un impedimiento por actos propios
by reference - incorporación por referencia
of children - adopción de hijos
adoptive - adoptivo
act - ley que entra en vigor por consentimiento de los habitantes de la región donde aplica
child - hijo adoptivo
parent - padre adoptivo
adpromissor - fiador, garante
adrogation - arrogación, adopción
adscendentes - antepasados
adsessores - asesores, jueces auxiliares
adult - adulto
adulter - adúltero
adultera - adúltera
adulterant - adulterante
adulterate - adulterar, viciar, bastardear
adulteration - adulteración, falsificador, falsificación
adulterator - adulterador
adulterer - adúltero
adulteress - adúltera
adulterine - adulterino
adulterinus - adulterado
adulterous - adúltero
adultery - adulterio
adulthood - edad adulta
advance - adelanto, préstamo, adelantar
, in - por adelantado
payment - pago anticipado
advanced causes - causas adelantadas en la lista
advancement - anticipo
advancer - impulsor, promotor
advances - adelantos
advantage - ventaja
advantageous - ventajoso, beneficioso
advantageousness - ventaja, beneficio
adventitious - adventicio, accidental, imprevisto
adventitius - inesperado, fortuito
adventure - aventura, empresa
adventurer - aventurero
adventuress - aventurera
adventurous - aventurado, audaz, arriesgado
adversa fortuna - fortuna adversa, revés de fortuna
adversary - adversario, contrario
hearing - vista adversativa, vista contenciosa
proceeding or **suit** - juicio adversario *o* disputado, procedimiento adversativo procedimiento contencioso, proceso contrario
adverse - adverso, contrario, opuesto, hostil, desgraciado
claim - reclamación de tercero sobre bienes embargados, reclamación contraria
claimant - reclamante que no es el depositante, reclamante contrario
enjoyment - servidumbre contrario *o* hostil, posesión adversa contra los intereses de otro
interest - interés adverso
party - parte de interés adverso, parte adversa *o* contraria
possession - posesión de bienes raíces por quien no es el dueño en dominio absoluto, prescripción adquisitiva, posesión adversa,
title - título por prescripción adquisitiva, título adquirido mediante prescripción adquisitiva
use - uso sin derecho *o* permiso
user - uso contrario *o* hostil
verdict - sentencia desfavorable
witness - testigo desfavorable *o* hostil
adversity - adversidad, infortunio
adversus - en contra de
advertise - anunciar, publicar, divulgar, informar
advertised - anunciado
advertisement - anuncio, aviso
advertising - publicidad, propaganda
advice - aviso, anuncio, denuncia, notificación, carta de aviso, consejo, comunicación
and consent - consejo *o* consulta y aprobación *o* consentimiento, concurso y consentimiento
advisable - aconsejable, prudente
advisare - aconsejar
advisari - consultar, deliberar
advise - aconsejar, asesorar, amonestar, avisar, notificar, enterar, participar, informar
advisedly - intencionalmente, deliberadamente, prudentemente
advisement - consideración, deliberación, consulta

adviser, advisor - asesor, consejero, aconsejador, avisador, ordenante
advisory - consultivo, aconsejador, asesor, consultor
body - entidad asesora
committee - comité consultivo
council - consejo consultivo, consejo asesor
judgment - fallo que resuelve una diferencia pero no la controversia
jury - jurado consultivo
opinion - opinión consultiva *o* asesora, opinión de tribunal
verdict - veredicto consultivo del jurado
advocacy - abogacía, defensa
advocate (n) - abogado, defensor, apoyar, sostener, abogar por
advocate (v) - abogar, recomendar
advocati - abogado
advocatus - abogado
advocation - abogacía, apelación
advocator - abogado
aedes - residencia
ael - un abuelo
aequitas sequitur legem - la equidad sigue el derecho
affair - asunto, acción, juicio
affairs - negocios, trámites
affect - hipotecar, pignorar, afectar, influir
affected - afecto, afectado
with a public interest - de interés *o* de uso público
affecting - conmovedor, que afecta
commerce - concerniente a los negocios
affection - hipotecar *o* pignorar para asegurar el pago de dinero *o* la prestación de servicios, afecto
affectus - intención, disposición
affeer - tasar, liquidar
affiance - dar prenda, dar palabra de casamiento, prometerse
affiant - deponente, declarante, persona que ha hecho una declaración jurada
affidare - tomar juramento
affidavit - declaración jurada, testimonio, testificata, afidávit, atestiguación
for attachment - declaración jurada para providencia de secuestro
of defense - declaración jurada de los méritos de la defensa
of good faith - declaración de buena fe
of merits - declaración jurada de los méritos de la defensa
of notice - afidávit de notificación
of service - declaración jurada de la citación
of verification - declaración compendiada de los alegatos de un instrumento
on demurrer - declaración del mérito de la excepción
to hold to bail - declaración necesaria para detención del demandado en una acción civil, declaración jurada necesaria para arresto por una causa civil
affiliate - afiliado, asociado
affiliated company - compañia asociada, empresa afiliada
affiliated corporation - subsidiaria
affiliation - afiliación, asociación, filiación, determinación de paternidad
proceedings - juicio de paternidad
affines - parientes por matrimonio
affinitas - parentesco por matrimonio
affinitatis - parentesco lejano por matrimonio
affinity - afinidad, parentesco
affirm - afirmar, aseverar, alegar, asegurar, protestar, confirmar una decisión, convalidar
affirmance - afirmación, ratificación
of judgment - confirmación de sentencia
affirmant - afirmante, declarante
affirmation - afirmación, aseveración, deposición, declaración formal
of fact - declaración de un hecho
affirmative - afirmativa, afirmativo
action programs - programas diseñados para remediar prácticas discriminatorias
charge - instrucción al jurado que remueve un caso de su consideración
condition - condición afirmativa
covenant - convenio afirmativo, estipulación afirmativa
defense - defensa afirmativa
easement - servidumbre positiva
plea - defensa afirmativa
pregnant - afirmación que a su vez implica una negación favorable al adversario
proof - prueba positiva
relief - reparación positiva, compensación otorgada al demandado
servitude - servidumbre afirmativa

statute - ley afirmativa, ley que ordena una conducta en vez de prohibirla
warranty - garantía escrita *o* expresa
affix - adherir, agregar
the seal - adherir *o* poner el sello
affixed to the freehold - fijado al terreno
affixing - ligar firmemente
afflict - afligir, acongojar
affliction - aflicción, calamidad
afflictive - aflictivo, molesto
afforare - valuar
afforce - reforzar, aumentar, añadir, acrecentar
the assize - procedimiento para procurar un veredicto
afforest - convertir en bosque
afforestation - forestación
affranchise - liberar, manumitir
affray - riña, refriega
affreighter - fletador
affreightment - fletamiento
affront - insulto, insultar, agravio, ultraje, afrentar, confrontar
aforementioned - ya mencionado, susodicho, antes mencionado, antedicho, anteriormente mencionado, ya nombrado
aforenamed - ya mencionado, susodicho, antes mencionado, antedicho, anteriormente mencionado, ya nombrado
aforesaid - susodicho, antedicho, supradicho, ya dicho, prenombrado, anteriormente mencionado
aforethought - con premeditación, deliberado, premeditado
after - después de, tras, por
-acquired - de adquisición subsecuente, adquirido luego de
acquired property - propiedad adquirida luego de la transacción, propiedad adquirida luego de la declaración de quiebra
born child - hijo nacido después de un testamento
born heir - heredero póstumo
the fact - luego del hecho
afterclap - revés inesperado
aftereffect - efecto posterior
aftermath - consecuencias, secuelas
afternoon - tarde
afterthought - pensamiento posterior
afterwards - después, subsecuentemente, posteriormente
against - contra, en contra de
her will - en contra del consentimiento de ella
interest - contrario al interés propio
the evidence - contra la preponderancia de la prueba, contraevidente
the form of the statute - contrario a lo prescrito por ley
the peace - contra el orden público, perturbación de la paz pública
the will - sin el consentimiento, contra la voluntad
age - edad
discrimination act - ley contra discrimen por edad
of - mayor de edad
of consent - edad de consentimiento
of majority - mayoría de edad, edad en la que se puede contratar, edad legal
of reason - edad a la cual se considera a un niño responsable de sus acciones
under - menor de edad
aged - envejecido, maduro
person - persona de edad avanzada
agency - agencia, factoraje, órgano, entidad, mandato, representación
by estoppel - agencia por impedimiento, mandato por impedimento
by necessity - agencia establecida por circunstancias de necesidad, mandato establecido por circunstancias de necesidad
by operation of law - agencia por fuerza de la ley, mandato por fuerza de la ley
contract - contrato de agencia *o* de administración delegada
coupled with interest - agencia con interés en los negocios, agente con interés en la materia
relationship - relación de agencia, relación de mandato
to sell - autorización para vender, mandato para vender
agenda - agenda, orden del día, programa, temario, puntos de tratar
agent - agente, gestor, representante, encomendero, encargado, apoderado, mandatario
and patient - agente y paciente (la misma persona), agente y sujeto
bank - banco agente
of necessity - agente implícito *o* de necesidad

provocateur - espía, agente provocador
agent's actual authority - la autoridad para la cual se encargó al agente, las facultades del agente
agent's implied authority - facultades implícitas del agente
agent's lien - derecho de retener para obtener pago por los servicios de agente
aggravate - agravar
aggravated - agravado
assault - acometimiento grave, agresión agravada
assault and battery - acometimiento y agresión grave
battery - agresión física con agravantes
larceny - hurto con circunstancias agravantes, hurto agravado
robbery - robo agravado
aggravating circumstances - circunstancias agravantes
aggravation - agravante, circunstancia agravante
aggregate - totalidad, agregado
amount - monto total
aggregation - acumulación, agregación
aggression - agresión, acometida, asalto
aggressive - agresivo, emprendedor
aggressor - acometedor, agresor, injuriador
aggrieved - dañado, gravado, agraviado, perjudicado
party - parte agraviada, parte afectada
agitator - perturbador, incitador, alborotador, agitador
agnates - agnados
agnatic - agnático
agnatio - agnados
agnation - agnación, parentesco, parentesco por parte de padre
agnomination - apellido
agony - agonía, angustia
agrarian laws - leyes agrarias
agree - acordar, concertar, convenir, arreglarse, acordarse, avenirse, conformarse, contratar
agreeable - conforme, adaptable
agreed - convenido, concedido, de acuerdo, ajustado, acordado
case - acción por acuerdo de las partes, proceso en la cual se dicta una sentencia basada en los hechos acordados por las partes
price - precio convenido
statement of facts - estipulación de los hechos convenida entre las partes, declaración de hechos acordada por las partes
agreement - convenio, acuerdo, pacto, ajuste, concierto, avenimiento, avenencia, trato, conformidad, arreglo, contrato
for insurance - resguardo provisional (hasta entrega de la póliza), convenio para cobertura antes de la entrega de la póliza
in writing - acuerdo por escrito
to the contrary - pacto en contrario
to reach an - convenirse, llegar a un acuerdo
to sell - contrato de compraventa
agricultural - agrícola
commodities - mercancías agrícolas
labor - trabajo agrícola
lands - tierras agrícolas
lien - gravamen agrícola
product - producto agrícola
agriculture - agricultura
aid - asistir, ayudar, auxiliar
and abet - instigar *o* ayudar a cometer un delito
and comfort - ayuda, aliento, colaboración
prayer - petición para la suspensión de un acto judicial
aider - asistente, socorredor, auxiliador
and abettor - auxiliador e incitador, cómplice, accesorio
by verdict - remisión por el veredicto del jurado de errores en los alegatos, saneamiento de una sentencia
aiding an escape - asistiendo en una fuga
AIDS - síndrome de inmunodeficiencia adquirida, SIDA
aielesse - abuela
ailment - dolencia, enfermedad, malestar
aim (n) - propósito
aim (v) - apuntar, dirigir, aspirar
a weapon - apuntar un arma
air piracy - piratería aérea
air rights - derechos al espacio aéreo sobre una propiedad
air traffic rules - reglas del tráfico aéreo
air waybill - carta de porte aéreo
aircraft - aeronave
airspace - espacio aéreo
airway - ruta de navegación aérea

akin - consanguíneo, similar
alcohol - alcohol
alcoholic - alcohólico
beverage - bebida alcohólica
alcoholism - alcoholismo
alderman - concejal, regidor
aleatory contract - contrato aleatorio
aleatory promise - promesa aleatoria
aleatory transaction - transacción aleatoria
alia - otras cosas
alias - alias, nombre supuesto
dictus - alias, por otro nombre, también llamado
execution - segundo auto ejecutivo (el primero sin cumplirse)
subpeona - segunda citación
summons - emplazamiento que reemplaza otro
writ - auto suplementario
alibi - coartada, alibi, excusa
alien (n) - extranjero
alien (v) - transferir, transferir propiedad
amy - ciudadano de país amigo
corporation - sociedad anónima de otra nación, corporación extranjera
enemy - enemigo extranjero, ciudadano de país hostil
friend - amigo extranjero
immigrant - inmigrante no naturalizado
Alien Property Custodian - Administrador de Bienes de Enemigos
alienability - transferibilidad
alienable - enajenable, alienable, sujeto a transferencia
alienage - extranjería, condición de ser extranjero
alienate - enajenar, alienar, transferir, transferir título de propiedad
alienation - enajenación, enajenamiento, alienación, transferencia de título y posesión de propiedad
clause - cláusula contractual concerniente a la transferencia de la propiedad
of affections - enajenación de afectos, detrimento a la relación matrimonial
alienee - aquel a quien pasa la propiedad, beneficiario de la transferencia de propiedad
alieni juris - bajo la autoridad de otro
alienism - condición de extranjero
alienist - alienista
alienor - quien cede, enajenador
alignment - alineación
alike - similar, igualmente
aliment - alimento, sostén
alimenta - alimentos, lo necesario para vivir
alimony - alimentos, pensión alimenticia, pensión tras divorcio, asistencia tras divorcio
ad interim - alimentos provisionales
in gross - suma alzada *o* global, pago único de pensión tras divorcio, pago íntegro de alimentos
pendente lite - alimentos pendente lite *o* durante el litigio, pensión en espera de litigio de divorcio, alimentos provisionales
trust - fideicomiso para pensión tras divorcio, fideicomiso para alimentos
alio intuitu - de otro punto de vista
aliter - de otra manera
aliunde - de otra fuente
alive - vivo
all - todo
and singular - todos y cada uno, todos sin excepción
and sundry - colectiva e individualmente
costs - todas las costas, todos los costos
faults - todos los defectos
fours - dos casos *o* decisiones similares en todos los aspectos relevantes
my worldly goods - el total de mis bienes reales y personales
rights reserved - reservados todos los derechos
risk insurance - seguro contra todo riesgo
told - total, por todo, en conjunto
allegata et probata - asuntos alegados y probados
allegation - alegación, alegato
of facilities - declaración de parte de la esposa sobre los bienes del esposo para obtener asistencia
of facts - alegación de hechos
of faculties - declaración de los bienes del marido por la esposa pidiendo divorcio
allege - alegar, afirmar, sostener, declarar
alleged - alegado, pretendido, supuesto, afirmado, declarado
allegiance - lealtad, fidelidad
alleging diminution - alegato de falta de elementos

allen charge - instrucción al jurado para que traten de evaluar los aspectos importantes tomando en consideración los puntos de vista de los otros miembros del jurado
alley - callejón, pasadizo
alliance - alianza, unión, liga
allied - aliado, relacionado
allision - choque de una embarcación con otra
allocable - distribuible, asignable
allocate - distribuir, asignar
allocation - asignación, cuota, repartición, distribución
  of loss - asignación de pérdidas
allocution - alocución
allodarii - dueños de tierra alodial
allodial - alodial
allodium - alodio
allograph - escritura por otra persona
allonge - allonge, añanido, papel adherido a un pagaré *o* letra para escribir endosos que no quepan en el mismo documento
allot - asignar, repartir, distribuir
allotment - asignación, cuota, distribución, repartimiento
  certificate - certificado de asignación
  note - orden escrita por un marino cediendo parte de su compensación a otras personas
allottee - asignado, beneficiario de una distribución
allow - permitir, conceder, rebajar, descontar, declarar con lugar, asignar, dar, admitir
allowance - descuento, asignación, alimentos, pensión, concesión, permiso, rebaja, mesada
  pendente lite - orden judicial para pensión alimenticia temporera antes de finalizar el litigio
allurement - atractivo
alluvio maris - aluvión producido por el mar
alluvion - aluvión
ally - aliado
almanac - almanaque
alms - limosna, caridad
almshouse - casa de beneficencia
alone - solo, único, solitario
along - a lo largo de, por, en conformidad con
already - ya
also - también, además
alter - alterar, cambiar, modificar
  ego - álter ego
  ego doctrine - doctrina del álter ego
alteration - alteración, cambio, modificación
  of contract - alteración de un contrato
  of instrument - alteración de un instrumento
  of trust - cambio en el fideicomiso
altercation - altercado, disputa
altered check - cheque alterado
alternate - alterno, substituto, suplente, subrogante, reemplazante
  juror - jurado subrogante
  legacy - legado de cosas alternativas
  member - miembro suplente, vocal subrogante
alternative (adj) - alternativo
alternative (n) - alternativa, opción
  contract - contrato con medios alternativos de cumplimiento, contrato con alternativas
  damages - daños en la alternativa
  dispute resolution - procedimientos para resolver disputas sin litigio
  judgment - sentencia en la alternativa
  juror - jurado suplente
  obligation - obligación en la alternativa, obligación alternativa
  punishment - penas en la alternativa
  relief - indemnización en la alternativa, reparación alternativa, recursos alternativos
  sentence - opción al reo de dos castigos
  writ - orden judicial en la alternativa, auto alternativo
although - aunque, a pesar de
altius non tollendi - servidumbre con restricción de elevar construcciones
altius tollendi - servidumbre sin restricción de altura
alto et basso - alto y bajo, acuerdo para someterse a arbitraje
amalgamate - amalgamar, unir
amalgamation - fusión, unión
amanuensis - amanuense, escribano
ambassador - embajador, enviado
ambidexter - hipócrita, quien recibe paga de ambas partes, ambidextro
ambiguity - ambigüedad, dilogía, imprecisión
ambiguous - ambiguo, equívoco, impreciso
ambit - ámbito, contorno

ambitus - corrupción electoral
ambulance - ambulancia
ambulance chaser - abogado picapleitos, perseguidor de ambulancias para solicitar representación de víctimas de accidentes
ambulatory - sujeto a modificación, alterable, ambulante, variable, revocable
court - tribunal ambulante
decision - sentencia sujeta a cambio
will - testamento revocable
ambush - emboscada
ameliorate - mejorar
ameliorations - mejoras
amenable - responsable, receptivo
amend - enmendar, reformar, modificar, corregir
amendable - modificable, revisable, reformable, enmendable, corregible
amendatory - enmendatorio
amended - enmendado
amendment - reforma, modificación, enmienda, enmiendatura
to the constitution - enmienda constitucional
amends - reparación, compensación, satisfacción, indemnización
amenity - amenidad
amerce - multar, castigar
amercement - multa
American Bar Association - Asociación Americana de Abogados
american clause - cobertura marítima solapante
american rule - regla americana
ami - amigo
amicable - amigable, amistoso
action - juicio convenido, acción amigable, acción en acuerdo
agreement - convenio amistoso
settlement - transacción amistosa *o* amigable
amicus - amigo
curiae - amicus curiae, amigo del tribunal
amita - una tía paternal
amitinus - un primo
amity - amistad, paz
amnesia - amnesia
amnesty - amnistía, indulto
among - entre
amortization - amortización
amortize - amortizar
amotion - despojo, desalojo
amount (n) - suma, monto
amount (v) - significar, ascender a
covered - monto asegurado
in controversy - monto en controversia, suma en controversia
involved - monto envuelto, monto correspondiente
of loss - monto de la pérdida
amove - remover, llevarse
ampliation - prórroga, aplazamiento
amusement - diversión, recreo
anacrisis - averiguación, investigación
analogous - análogo, anológico, paralelo
analogy - analogia
analysis - análisis
analyst - analista, analizador
analytical - analítico
jurisprudence - teoría de derecho basada en el análisis y la comparación de concepciones legales
analyze - analizar
anarchy - anarquía
anarchist - anarquista
anatocism - anatocismo, usura
anatomical gift - donación anatómica
ancestor - antepasado, predecesor
ancestral - ancestral
actions - acciones ancestrales
debt - deuda ancestral
estate - bienes inmuebles adquiridos por sucesión
property - propiedad adquirida por sucesión
ancestry - linaje, abolengo, alcurnia
anchorage - tarifa de anclaje
ancient - antiguo, anciano
deed - título de propiedad que tiene más de 30 años
document - documento antiguo *o* de más de 30 años
house - casa antigua
lights - servidumbre de luz y aire
records - documento *o* título de más de 30 años
rent - renta antigua, renta reservada al momento de preparar el contrato de alquiler
will - testamento de persona difunta más de 30 años
writings - documentos de edad más de 30 años
ancienty - prioridad, antigüedad

ancillary - subordinado, subsidario, auxiliar, dependiente, accesorio
action - acción accesoria
administration - administración accesoria
attachment - embargo después de iniciarse la acción, embargo auxiliar
bill - acción secundaria
claim - reclamo auxiliar
jurisdiction - jurisdicción subsidiaria, jurisdicción sobre materias incidentales a la jurisdicción primaria
legislation - legislación auxiliar
letter of credit - carta de crédito auxiliar
proceeding - proceso auxiliar *o* secundario, procedimiento auxiliar
process - proceso auxiliar
receiver - síndico auxiliar
suit - juicio secundario, acción auxiliar
ancipitis usus - útil para varios propósitos, de uso dudoso
and/or - y/o
and others - y otros
androlepsy - tomar extranjeros como rehenes para hacer justicia
anecius - primogénito
anew - nuevamente, de nuevo
angary - angaria
angary, right of - derecho de angaria
anger - enojo, ira
anguish - angustia, tormento
aniens - nulo
anient - anular
animal - animal
animo - con la intención
cancellandi - intención de cancelar
felonico - intención criminal
furandi - intención de hurtar
lucrandi - ánimo de lucro
possidendi - intención de tomar posesión
revocandi - intención de revocar
testandi - intención de hacer testamento
animus - ánimo, mente, intención
quo - la intención del acto
recuperandi - intención de recobrar
restituendi - intención de restituir
revertendi - intención de retornar
signandi - intención de firmar
annales - anales
annex (n) - anexo
annex (v) - anejar, unir
annexation - anexión, unión
by reference - anexión de otro documento por referencia, incorporación por referencia
anniented - anulado
annihilate - aniquilar, destruir
annihilation - aniquilación, destrucción total
annihilator - aniquilador
anniversary - aniversario
annotate - anotar, glosar, acotar, comentar
annotation - anotación, glosa, acotación, apuntamiento, apostilla, comentario
announced - anunciado, avisado
announcement - aviso, declaración, anuncio
annoy - molestar, incomodar
annoyance - molestia, incomodidad
annual - anual
average earnings - promedio de ingresos anuales
depreciation - depreciación anual
income - ingreso anual
meeting - asamblea anual, reunión anual
rent - renta anual
report - informe anual
value - rendimiento por año
annually - anualmente
annuitant - rentista, pensionado
annuity - anualidad, pensión anual, renta
bond - bono perpetuo *o* sin vencimiento
certain - anualidad incondicional, anualidad cierta
contract - contrato de anualidad *o* de pensión
due - anualidad de pago inicial inmediato, anualidad anticipada
ordinary - anualidad ordinaria
payable - anualidad pasiva
policy - póliza de anualidad
annul - anular, cancelar, invalidar, abrogar, derogar, resolver, nulificar, casar, dirimir, dejar sin efecto, irritar
annullability - anulabilidad
annullable - anulable, abrogable, cancelable, rescindible
annulment - anulación, cancelación, resolución, revocación, derogación
annus - un año
annum - anualidad
annus reditus - anualidad
anomalous - anómalo, irregular
endorsement - endoso irregular

plea - defensa afirmativa y negativa, alegato con elementos positivos y negativos
proceeding - procedimiento anómalo
anonymity - anonimato
anonymous - anónimo
case - caso el cual al reportarse se omiten los nombres, caso anónimo
another - otro
answer - contestación a la demanda, defensa, réplica, replicato, respuesta, contestación, contestar, responder, replicar, comparecer, absolver las posiciones
to interrogatories - absolución de posiciónes, contestación a interrogatorios
answerable - responsable, refutable, discutible, que se puede contestar
antagonist - adversario, contendor, antagonista, contrario
antapocha - reconocimiento firmado de deuda
ante - antes
litem - antes de la acción
mortem - antes de morir
antecedent - antecedente
claim - derecho anterior
debt - deuda contraída anteriormente
right - derecho primario *o* antecedente
antecedents - antecedentes
antecessor - antecesor
antedate - antedatar, poner fecha anterior
antenatal - antes de nacer
antenuptial - prenupcial, antes de contraer matrimonio
agreement - capitulaciones matrimoniales
contract - capitulaciones matrimoniales
gift - regalo prenupcial
will - testamento prenupcial
anthropometry - antropometría
anti manifesto - proclamación de porqué una guerra es defensiva
antichresis - anticresis
anticipate - anticipar, prever
anticipation - anticipación, previsión, expectación
anticipatory - anticipador
breach of contract - violación anticipante de contrato, declaración previa de incumplimiento de contrato
offense - delito que consiste en prepararse para otro delito
repudiation - repudio anticipado, declaración previa de incumplimiento de contrato
anticonstitutional - anticonstitucional
antidumping law - ley contra la venta de mercancía importada a precios por debajo de su valor de mercado
antigraph - copia de un instrumento escrito
anti-injunction law - ley contra interdictos judiciales en conflictos laborales
antimonopoly - antimonopolio, antimonopólico, antimonopolista
antinomia - antinomia
antinomy - antinomia
antiquity - el pasado remoto
antitrust - antimonopolio, contra monopolio
acts - leyes antimonopolio, leyes sobre la competencia
law - ley antimonopolio *o* antimonopolista
suit - juicio contra combinación monopolista, acción antimonopolista
antiwaiver clause - cláusula antirrenunicia
anxiety - ansiedad, anhelo
any - cualquier, todo, algún
apartment - apartamento, departamento
building - edificio de pisos, edificio de apartamentos, edificio de departamentos
house - casa de apartamentos
apex - ápice, cima
juris - sutileza de la ley
apices litigandi - extremos de la ley
apocha - reconocimiento escrito de pago
apographia - inventario
apology - disculpa
apostles - escrito concerniente a la apelación a una corte superior
apostoli - escrito concerniente al traslado de una causa de un tribunal inferior a uno superior
apostolus - mensajero, embajador
apparator - proveedor
apparatus - aparato, instrumentos
apparent - aparente, evidente, manifesto
agent - agente aparente, agente ostensible, representante aparente
authority - poder aparente, autoridad aparente
danger - peligro evidente, peligro aparente
defect - vicio manifesto
defects - defectos aparentes
easement - servidumbre aparente

error - error obvio *o* manifesto
heir - heredero forzoso, heredero aparente
maturity - vencimiento aparente
necessity - peligro aparente, consecuencia aparente
possession - posesión aparente
servitude - servidumbre aparente
title - título colorado, apariencia de título, título aparente

appeal - apelación, alzada, recurso, apelar, alzarse, recurrir
bond - fianza de apelación
for amendment - recurso de reforma *o* de enmienda
for annulment - demanda de nulidad, recurso de casación, recurso de nulidad
for reconsideration - recurso de suplicación *o* de revisión
for reversal - recurso de reposición

appealable - apelable, sujeto a recurso, recurrible
interest - interés apelable
judgment - sentencia apelable
order - orden apelable

appealer - apelante

appear - parecer, aparecer, comparecer, apersonarse, presentarse
generally - comparecer sin limitaciones
gratis - comparecer sin emplazamiento
specially - comparecer para objeto especial

appearance - comparecencia, comparición, apersonamiento
bail - fianza de comparecencia
bond - fianza de comparecencia
by attorney - comparecencia por medio de apoderado
by counsel - comparecencia por medio de abogado
day - día de comparecencia
docket - lista de comparecientes, registro de comparecencias

appearing party - parte compareciente

appease - apaciguar

appeasement - apaciguamiento

appellant - apelante, demandante, recurrente

appellate - de apelación
court - tribunal de apelaciones
division - sala de apelación
jurisdiction - jurisdicción en apelación, jurisdicción de apelaciones
review - revisión por un tribunal de apelaciones

appellatio - apelación

appellee - apelado, demandado

appellor - apelante, recurrente

append - añadir, fijar

appendage - accesorio, subordinado

appendant - accesorio, anexo
powers - poderes accesorios

appenditia - anexos, accesorios

appendix - apéndice, anexo

appertain to - pertenecer a, corresponder a

appliance - artefacto, instrumento

applicability - pertinencia, aplicabilidad

applicable - aplicable
law - derecho aplicable

applicant - solicitante, apelante

application - solicitud, petición

apply - aplicar, solicitar, pedir

appoint - nombrar, designar, eligír, discernir

appointee - nombrado, donatario, beneficiario, designado

appointer - nominador, apoderado

appointing power - poder de nombramiento

appointment - cita, compromiso, nombramiento, designación

appointor - persona quien designa

apportion - prorratear, derramar, repartir, distribuir

apportionment - prorrateo, repartimiento, distribución

appraisable - avaluable, valuable, tasable, medible

appraisal - valuación, tasación, justiprecio, avalúo, valorización, aforo, avaloración, evaluación
clause - cláusula de tasación
value - valor de tasación

appraise - apreciar, tasar, valuar, justipreciar, aforar, valorar, avaluar, abalorar, preciar, evaluar

appraisement - tasación, valuación

appraiser - tasador, apreciador, avaluador, justipreciador, preciador, aforador, evaluador

appreciable - apreciable

appreciate - apreciar, reconocer

appreciation - apreciación, valoración

apprehend - comprender, entender, arrestar, prender, detener, aprehender

apprehension - comprensión, aprehensión, captura, prisión, arresto, temor
apprehensive - aprensivo, tímido, perspicaz
apprendre - ganancia devengada
apprentice - aprendiz
apprenticeship - aprendizaje, noviciado
apprise - informar
apprise, of - dar parte a
approach - acercarse a, hacer propuestas a
, right of - derecho de reconocimiento
approbate - aprobar
approbation - aprobación, sanción
appropriate - apto, asignar, consignar, posesionarse, incautarse
appropriation - asignación, suma presupuesta, consignación, apropiación
bill - proyecto de ley presupuestaria, proyecto de ley de asignación de fondos
of land - expropiación
of payments - asignación de pagos
of water - apropiación de agua
appropriator - quien realiza un acto de apropiación
approval - aprobación, conformidad, conforme, visto bueno, consentimiento
approve - aprobar, ratificar, sancionar, consentir
approved - aprobado, ratificado, sancionado
approximate - aproximado, cercano
cause - causa inmediata *o* próxima
approximately - aproximadamente
approximation - aproximación
appruare - apropiar
appurtenance - anexo, accesorio
appurtenant - anexo, accesorio, perteneciente
easement - servidumbre accesoria *o* real *o* anexa
power - poder con interés del apoderado
apt words - palabras aptas, palabras apropiadas para lograr un efecto jurídico
apud acta - entre las leyes registradas, en el expediente
aquae ductus - servidumbre para transportar agua
aquae haustus - servidumbre para sustraer agua
aquagium - vía de agua
aquatic rights - derechos de agua
arable land - tierra cultivable
arbiter - árbitro, arbitrador, tercero
arbitariness - arbitrariedad
arbitrable - arbitrable
arbitrarily - arbitrariamente
arbitrariness - arbitrariedad
arbitrary - arbitrario, discrecional
and capricious - arbitrario y caprichoso
power - poder arbitrario, poder discrecional
punishment - pena discrecional *o* arbitraria
arbitrate - arbitrar, terciar, componer
arbitration - arbitraje, arbitración, tercería, arbitramiento, componenda, juicio arbitral
acts - actos de arbitraje
award - laudo, juicio de tercería, sentencia arbitral
board - cámara *o* junta arbitral
bond - fianza de una parte en arbitración
clause - cláusula de arbitraje, cláusula conpromisaria *o* compromisoria
of exchange - arbitraje de cambio
proceeding - juicio arbitral *o* de tercería, instancia de arbitraje
arbitrational - arbitral, arbitrario
arbitrative - arbitrativo, arbitrario
arbitrator - árbitro, arbitrador, tercero, componedor, hombre bueno, ponente, compromisario, avenidor
arbitrium - decisión, adjudicación, laudo arbitral
arcarius - tesorero
archetype - arquetipo, original del cual se hacen copias
archives - archivos
archivist - archivero
area - área, zona, terreno
arentare - arrendar
argue - argumentar, disputar, argüir
argument - argumento, alegato y defensa, razonamiento
to jury - alegato dirigido al jurado
argumentative - argumentador, argumentativo

instruction - instrucción al jurado argumentativa
question - pregunta tendenciosa
arise - surgir, levantarse, resultar de

from - proceder de, resultar de
arising - procediendo de, surgiendo de
aristocracy - aristocracia
arm's length - transacciones en buena fe entre partes independientes actuando con intereses propios
transactions - transacciones en buena fe entre partes independientes con intereses propios
armed - armado
neutrality - neutralidad armada
peace - paz armada
robbery - robo a mano armada
arming one's self - armándose, tomando armas
armistice - armisticio
armory - armería
arms - armas
, law of - acuerdos sobre condiciones de guerra
army - ejército
arround - alrededor, en torno, cerca
arra - arras
arraign - acusar, denunciar, procesar, instruir de cargos, leer la acusación
arraignment - acusación, denuncia, lectura de acusación, proceso, procesamiento
arrangement - concierto, disposición, acomodación, concordato, arreglo
with creditors - concordato, convenio con acreedores
array - cuerpo de personas del cual se escogerán los miembros del jurado
arrears - atrasos, atrasados, retrasos, caídos, decursas
, in - atrasado, en atraso, retrasado, en mora
of interest - intereses atrasados *o* retrasados *o* demorados
arrest - arresto, detención, aprehensión, embargo, aprehender, arrestar, detener, embargar, paro
of judgment - detención de la sentencia, suspensión de la sentencia
of ships - embargo de embarcación
record - expediente de arresto, historial de arrestos
under - preso, detenido
warrant - orden de arresto
arrestee - a quien se arresta
arrester - quien arresta
arretted - convenido ante un juez
arrival - llegada
arrive - llegar, arribar
arrogation - arrogación, adopción de una persona mayor
arsenal - arsenal
arson - incendio intencional *o* malicioso *o* doloso *o* provocado, incendiarismo
clause - cláusula de incendio intencional, cláusula de incendio provocado
arsonist - incendiario, quien ocasiona incendios intencionalmente
art - arte, habilidad, oficio
article - artículo, ítem, cláusula
articles - artículos, cláusulas, convenio
of agreement - convenio, contrato, contrato escrito
of amendment - modificaciones a la acta constitutiva, modificaciones a los estatutos sociales
of association - escritura social *o* constitutiva *o* de sociedad *o* de constitución, estatutos, acta de la fundación
of dissolution - acta de disolución
of impeachment - escrito de acusación en un proceso de residencia *o* de impugnación
of incorporation - carta constitucional, escritura de constitución, artículos de organización, documento de incorporación
of partnership - contrato de asociación, contrato para formar una sociedad
of war - reglamento del ejercito, código penal militar
Articles of Confederation - Artículos de la Confederación
articulated pleading - demanda de párrafos numerados
articulately - artículo por artículo, articuladamente
artifice - artificio, artimaña
artificial - artificial, fabricado artificial, falso, postizo
force - fuerza artificial
insemination - inseminación artificial
persons - personas jurídicas
presumptions - presunciones jurídicas
water course - curso de agua artificial
artisan - artesano
as - como, tal como
against - comparado con
between - comparado con
if - com si

is - tal y como está
interest may appear - según interés
of - desde tal momento
of right - según derecho
per - de acuerdo a
per agreement - de acuerdo a lo convenido
per contract - de acuerdo al contrato
soon as possible - tan pronto come sea posible
soon as practicable - tan pronto como sea razonablemente posible, tan pronto sea posible ponerse en práctica
such - como tal
though - como si
yet - hasta ahora
ascend - ascender, elevarse
ascendants - ascendientes, antepasados
ascendant relatives - ascendientes
ascent - ascensión
ascertain - averiguar, investigar, indagar
ascertainable - averiguable, determinable
ascertainment - averiguación, determinación
ascribe - atribuir, adscribir
aside - al lado de, aparte
ask - preguntar, pedir, invitar
asking price - precio inicial
aspect - aspecto
asperse - calumniar, difamar
aspersion - calumnia, difamación
aspersions - calumnias, difamaciones
asportation - acto de llevarse algo
asportavit - él se llevó
assail - asaltar, acometer, agredir
assailant - asaltador, agresor, asaltante, acometedor
assailer - asaltante, agresor
assart - arrancar árboles
assassin - asesino
assassinate - asesinar
assassination - asesinato
assault - asalto, acometida, agresión, ataque, estupro, violencia carnal, asaltar, acometer, atacar
and battery - asalto, asalto con lesión, asalto y agresión, acometimiento y agresión
in the second degree - asalto en segundo grado
with a deadly weapon - asalto con arma mortífera, acometimiento a mano armada
with intent to commit manslaughter - acometimiento con intención de homicidio, asalto con intención de homicidio
with intent to kill - acometimiento con intención de matar, asalto con intención de matar
with intent to murder - asalto con intento homicida *o* con intención de matar, ataque para cometer asesinato
with intent to rape - asalto con intento de violar, violencia carnal
with intent to rob - asalto con intento hurtador, acometimiento con intención de robar, asalto con intención de robar
assay - ensayo, ensaye
assayer - ensayador, aquilatador
assecurare - declarar solemnemente
assecuration - seguro marítimo
assecurator - asegurador marítimo
assembly - asamblea, reunión, junta, convención, concurso
, right of - derecho de reunión, libertad de organización
room - sala de sesiones
, unlawful - reunión ilegal
assemblyman - asambleísta
assemblyperson - asambleísta
assent - asentimiento, consentimiento, aquiescencia, asentir, consentir
assenting - asentiendo, consentiendo
securities - valores de tenedores consencientes
stockholders - accionistas consencientes
assert - afirmar, aseverar, hacer valer
assertion - aserto, afirmación
assertory - afirmativo, asertorio, declaratorio
covenant - garantía afirmativa solemne
oath - juramento asertorio *o* de cargo
assess - tasar, avaluar, amillarar, gravar, imponer, valorar
costs - tasar las costas
damages - fijar daños y perjuicios
assessable - imponible, gravable, sujeto a contribución
assessed valuation - tasación oficial, valor imponible, valuación fiscal, avalúo catastral
assessed value - valuación fiscal
assessment - tasación, avalúo, amillaramiento, gravamen, impuesto, imposición, repartimiento, derrama, contribución

association or society - asociación de derramas
base - valor de la propiedad en un distrito fiscal
district - distrito fiscal
for improvements - tasación, para mejoras, impuesto *o* gravamen de valorización
list - lista de contribuyentes
of damages - determinación de daños
plan - contrato de seguro en el cual los pagos dependen de las contribuciones de otros con contratos similares
roll - registro de contribuyentes
work - trabajo anual requerido en una mina
assessor - asesor, imponedor, tasador, repartidor
asset - partida del activo
value - valor según libros
assets - activo, bienes, haberes
and liabilities - activo y pasivo
in hand - bienes disponibles en manos del albacea
of a bankrupt - masa de la quiebra
per descent - bienes en mano del heredero disponible para liquidar deudas del testador, bienes hereditarios
asseveration - aseveración
assign - cesionario, causahabiente, trasparar, ceder, hacer cesión, afectar, aplicar, asignar, designar, transferir
assignability - transferibilidad
assignable - asignable, transferible
lease - arrendamiento transferible
assigns - cesionarios
assignability - transferibilidad, negociabilidad
assignable - transferible, cesionable
assignation - asignación, designación, transferencia
house - prostíbulo
assigned - asignado, designado, transferido
counsel - abogado designado
assignee - cesionario, poderhabiente, apoderado, beneficiario
in bankruptcy - síndico de bienes del fallido
in fact - cesionario de hecho
in law - cesionario de derecho
assigner, assignor - cedente, cesionista, transferidor
assignment - cesión, dejación, escritura de cesión, traspaso, transferencia, encargo, cometido
for benefit of creditors - cesión de bienes para beneficio de acreedores
of account - cesión de una cuenta a cobrar, transferencia de cuenta
of contract - cesión de contrato
of counsel - designación de abogado
of dower - transferencia de dote
of error - motivos de recurso
of errors - especificación de errores en auto de casación
of lease - transferencia de arrendamiento
of wages - transferencia de salario
pro tanto - cesión pro tanto
with preferences - cesión preferencial
assignor - cedente, transferidor
assigns - cesionarios, sucesores
assist - asistir, ayudar, apoyar
assistance - asistencia, ayuda, apoyo
and salvage at sea - asistencia y salvamento en alta mar
of counsel - derecho a defensa apropiada
assistant - asistente, ayudante, auxiliar, apoyante
attorney general - subprocurador general
district attorney - subprocurador, teniente fiscal, fiscal auxiliar
secretary - subsecretario, vicesecretario, secretario adjunto, prosecretario
to the president - ayudante del presidente
treasurer - subtesorero, tesorero auxiliar, protesorero, vicetesorero
associate - consocio, socio, asociado, asociar, asociarse, asociado, cómplice, juntar
counsel - abogado asociado
justice - juez asociado, justicia asociado, conjuez
associated company - empresa afiliada, compañía asociada
Associated Press - Prensa Asociada
association - sociedad, compañía, asociación, colegio, organización
assoil - absolver, liberar, exonerar
assume - asumir, suponer, adoptar, encargarse de, fingir

responsibility - asumir responsabilidad
assumed bond - bono asumido *o* garantizado por otra compañía
assumed facts - hechos presuntos
assumed name - alias
assumed risk - riesgo asumido
assumpsit - convenio sin sellar, proceso por incumplimiento de contrato, promesa de pago a otro, acción por incumplimiento de contrato
assumption - suposición, supuesto, presunción, asunción, conjetura
  clause - cláusula de asunción de hipoteca
  of debt - asunción de deuda
  of indebtedness - asunción de la deuda
  of mortgage - asunción de hipoteca
  of obligation - asunción de obligación
  of risk - asunción del riesgo
  of skill - presunción de pericia
assurable - asegurable
assurance - promesa, aseveración, garantía, certidumbre
assure - asegurar, garantizar, prometer, afirmar
assured - asegurado
  distance ahead - distancia prudente
assurer - asegurador
astipulation - acuerdo mutuo
astitution - acusación, proceso
asylum - asilo
  , right of - derecho de asilo
at all times - en todo momento
at and from - en y desde
at any time - en cualquier momento
  prior to - en cualquier momento antes de
at arm's length - transacciones en buena fe entre partes independientes actuando con intereses propios
at bar - ante el tribunal
at issue - en controversia, bajo discusión
at large - de distrito general, libre, fugitivo
at law - de acuerdo a la ley
at least - por lo menos
at once - en seguida
at or near - en o cerca de
at owner's risk - a riesgo del dueño
at sea - en alta mar
at the market - al precio del mercado
at the time - en el momento
at will - a voluntad
atavia - un tatarabuelo
atavus - una tatarabuela
atomic energy - energía atómica
atrocious - atroz
  assault - acometimiento agravado con crueldad y brutalidad, asalto agravado con crueldad y brutalidad
  assault and battery - acometimiento y agresión agravada con crueldad y brutalidad, asalto y agresión agravada con crueldad y brutalidad
  battery - agresión agravada con crueldad y brutalidad
atrocity - atrocidad, enormidad
attach - adjuntar, embargar, secuestrar, ejecutar, tener vigencia, unir
attachable - embargable, secuestrable
attache - miembro del cuerpo de una embajada extranjera
attached - anexo, adjunto, embargado
  account - cuenta embargada
attacher - embargante
attaching creditor - acreedor embargante
attachment - embargo, secuestro, comiso, incautación, juicio ejecutivo, arresto, vigencia, fidelidad
  bond - fianza de embargo, fianza para liberar un embargo
  execution - ejecución del embargo
  of assets - embargo de bienes
  of earnings - embargo de ingresos
  of property - embargo de propiedad
  of risk - vigencia del riesgo, transferencia de riesgo
  proceedings - proceso para secuestro, diligencia de embargo
attack - atacar, acometer, asaltar
attain - alcanzar, llegar a
attainder - proscripción, proscripción y confiscación, extinción de derechos civiles del individuo condenado, muerte civil
attaint - acusar, corromper
attempt - conato, atentado, tentativo, intentar, procurar
  to commit crime - tentativa de cometer un crimen
  to commit rape - tentativa de cometer violación
  to monopolize - tentativa de monopolizar
attend - atender, cuidar, asistir
attendance - asistencia, comparecencia, atención, presencia
  fees - emolumentos de asistencia

attendant - asistente, concomitante
circumstances - circunstancias pertinentes a un evento
attention - atención, cuidado
attenuating circumstances - circunstancias atenuantes
attenuation - atenuación, amortiguamiento
attest - atestación, deposición, atestiguar, atestar, deponer, dar fe, adverar, autenticar, certificar, testificar, testimoniar
attestation - atestación, certificado, testimonio, auténtica
clause - cláusula de certificación
attested - atestiguado, certificado
copy - copia certificada
signature - firma certificada
attesting - testificante, testificativo
notary - notario fedante
witness - testigo certificador *o* instrumental
attestor - testigo, certificador, quien atestigua
attorn - reconocer el arrendatario un nuevo arrendador, reconocer un nuevo dueño
attorney - abogado, consejero, procurador, apoderado, poderhabiente, mandatario, agente legal
ad hoc - abogado ad hoc *o* para acción especial
at law - abogado, procurador judicial
-client privilege - privilegio de comunicaciones entre abogado y cliente
ethics - código de ética de abogados
general - procurador general, ministro fiscal general, fiscal general, procurador general, quien representa a los Estados Unidos en asuntos legales
general's office - procuraduría general
in fact - apoderado, abogado privado, procurador
of record - abogado que representa formalmente, abogado que consta
, right to - derecho a abogado defensor
attorney's fees - honorarios del abogado
attorney's license - documento formal indicando permiso para ejercer la abogacía
attorney's lien - embargo preventivo del abogado
attorney's oath - juramento del abogado
attorney's privilege - privilegio del abogado
attorneyship - procuraduría
attornment - reconocimiento por el obligado de traspaso de la obligación
attractive nuisance doctrine - doctrina de responsabilidad civil por mantenimiento de condiciones atractivas a niños con peligro posible para ellos, doctrina del peligro atrayente
attribution - atribución, cualidad
attrition - agotamiento, desgaste
auction - subasta, remate, venduta, venta al martillo, subastar, rematar, vender en remate
room - martillo
sale - subasta, venta en almoneda
auctioneer - subastador, vendutero, pregonero, martillero, rematador
auctioneer's bond - fianza de subastador
auctor - comitente principal
audience - audiencia, entrevista, público
audit - auditoría
opinion - informe del contador público autorizado, opinión relativa a una auditoría
auditor - interventor, revisador, auditor, contador, partidor
augment - aumentar, acrecentar
augmentation - aumento, acrecentamiento
aunt - tía
authentic - auténtico, legítimo, legalizado, fidedigno
act - acta certificada *o* legalizada *o* auténtica
copy - copia auténtica
interpretation - interpretación auténtica
authenticate - autenticar, autentificar, refrendar, legalizar
authentication - autenticación, legalización de documentos
authentication of signature - reconocimiento de firma, autenticación de firma
authenticity - autenticidad
authenticum - documento original
author - autor, creador
authoritarian - autoritario
authorities - autoridades, citaciones, citas de fuentes formales del derecho
authority - autoridad, autorización, poder, competencia, apoderamiento, experto
, by - por poder, en procuración

by estoppel - autorización *o* autoridad por impedimento
coupled with interest - agencia con interés en los negocios
to pay - autorización de pago
to purchase - autorización de compra
authorities - autoridades, la dirección, la jefatura, el gobierno
authorization - autorización, sanción, legalización
authorize - autorizar, facultar, sancionar, acreditar, apoderar, justificar
authorized - autorizado
agent - agente oficial *o* autorizado
by law - autorizado por ley
capital - capital autorizado
signature - firma autorizada *o* sancionada
autocracy - autocracia
autocrat - autócrata
autograph - autógrafo
automatic - automático
automatically - automáticamente
automation - automatización
automobile guest - a quien se invita a viajar en automóvil
automobile insurance - seguro de automóvil
automobile liability insurance - seguro de responsabilidad pública de automóvil
autonomous - autónomo
autonomy - autonomía
autoptic - por observación propria
autoptic evidence - prueba a ser vista por el jurado
autoptic proference - artículos presentados para observación en tribunal
autopsy - autopsia, necropsia
autre droit - el derecho de otro
autre vie - la vida de otro
auxiliary - auxiliar
covenant - cláusula auxiliar
auxiliator - ayudante, asistente
availability - disponibilidad
available - disponible, procedente, válido, obtenible
for work - disponible para trabajo
resources - recursos disponibles
availment - disposición
avails - producto
aval - aval, endoso especial de garantía, avalo
avarice - avaricia
aventure - percance ocasionando una muerte
aver - afirmar, asegurar, aseverar, declarar, alegar
average - promedio, término medio, avería, promediar, medio, de término medio
adjuster - arreglador *o* liquidador de averías, tasador *o* repartidor de avería
adjustment - arreglo *o* reparto de avería
agreement - garantía en avería gruesa
bond - fianza de averías *o* en avería gruesa
clause - cláusula que hace coasegurador del asegurado, cláusula de franquicia de avería simple, cláusula sobre porcentaje mínimo de responsabilidad del asegurador
contribution - contribución *o* cuota de avería
deposit - deposito en avería gruesa
loss - pérdida parcial
man test - prueba para detectar los prejuicios de un miembro del jurado en perspectiva
stater - tasador *o* repartidor *o* liquidador de averías
surveyor - comisario *o* arreglador de averías
weekly wage - salario semanal promedio
averment - aservación, afirmación, declaración, verificación
of notice - aseveración de la notificación
aversio - desviación, venta *o* alquiler de propiedad en una unidad
aversion - aversión, repugnancia
aviaticus - un nieto
aviation - aviación
avocation - ocupación menor, diversión
avoid - evitar, anular, invalidar, huir de
avoidable - evitable, anulable
consequences doctrine - doctrina que dicta que la parte perjudicada debe tratar de minimizar los daños
avoidance - anulación, invalidación, evitación, evasión
of taxes - evitación de impuestos
avouch - afirmar, declarar, responder de
avoucher - afirmante, declarante, quien responde por
avow - reconocer, declarar, confesar
avowal - reconocimiento, admisión, declaración, confesión

avowant - justificador, declarante, quien confiesa
avowry - justificación
avulsion - avulsión
avunculus - un hermano de una madre
await - esperar
award - juicio, fallo, adjudicación, laudo, adjudicar, laudar, decisión
away-going crop - cultivo que antecede la expiración de un arrendamiento
ayant cause - cesionario, causante

Notes

B

baby act - defensa de minoridad, defensa de menores
baby sitter - niñera
bachelor - soltero, bachiller, licenciado
  of laws - bachiller en leyes, abogado, licenciado en derecho, licencia de derecho
back - respaldar, endosar, financiar
  bond - contrafianza
  lands - tierras no contiguas
  matter - apéndice, índice
  pay - sueldos atrasados, sueldos devengados
  rent - rentas atrasadas
  taxes - impuestos sobrevenidos *o* atrasados
backadation - prima por aplazamiento
backbite - hablar mal de un ausente, calumniar
backbond - contrafianza
backbone - determinación
backdating - antedatar
backdoor - clandestino, secreto
backdown - retractación, cesión
backer - garante, patrocinador, financiador
background - trasfondo, medio
backing - respaldo, ayuda, garantía
backlog - acumulación
backside - parte posterior
backslapper - persona muy cordial
backstair - clandestino, secreto
backtrack - retroceder, retirarse
backup - soporte, acumulación, sustituto
backward - al revés, hacia atrás
backwardation - prima por aplazamiento
backwater - agua de rechazo, agua estancada
backyard - patio posterior
bad - malo, impropio, deficiente
  character - mal carácter, mala fama
  check - cheque rechazado, cheque devuelto
  debt - deuda incobrable, trampa, deuda *o* cuenta mala
  debtor - persona que no acostumbra pagar sus deudas
  faith - mala fe
  law - fallo *o* sentencia que no está en acorde con la ley
  motive - acto ilícito a sabiendas
  risk - mal riesgo
  title - título imperfecto
badge - insignia, placa
  of fraud - indicio de fraude
baggage - equipaje, bagaje
bail - caucion, fianza, fiador, dar fianza, caucionar, entregar en depósito, liberar bajo fianza
  above - fianza especial *o* de arraigo
  absolute - caución absoluta, fianza absoluta
  below - fianza ordinaria
  bond - fianza, caución, escritura de fianza
  common - fianza imaginaria, fianza genérica
  in error - fianza por auto de casación
  jumping - quebranto del arraigo, quiebra de la fianza
  , on - afianzado, bajo fianza
  piece - inscripción de fianza
  to the action - fianza especial *o* de arraigo
bailable - caucionable, para que podrá prestar fianza
  action - acción caucionable
  attachment - arresto con derecho de caución
  offense - delito caucionable
  process - proceso caucionable
bailee - depositario, comodatario, locatario
  for hire - custodio de propiedad personal a título oneroso
  policy - poliza de seguro contra responsabilidades de depositario
bailiff - alguacil, márshal, administrador, oficial de justicia
  -errant - diputado de alguacil
bailiwick - alguacilazgo, jurisdicción
bailment - depósito, locación, comodato, depósito mercantil, entrega
  for hire - locación, depósito oneroso *o* mediante paga
  lease - arrendamiento con opción de compra
bailor, bailer - fiador, locador, depositante
bailpiece - auto de detención del fiado
bailsman - fiador
bait - cebo, carnada
  and switch - atraer clientela con una mercancía y ofrecer otra
balance - balance, balanza, saldo

due - saldo deudor, balance adeudado
of convenience - balanza de justicia *o* de utilidad
of international payments - balanza *o* balance cambista, balance económico
of payments - balanza de pagos
of power - equilibrio de poderes
of trade - balanza comercial *o* de comercio *o* de intercambio, balance comercial
sheet - balance, balance de situación balance general, estado de contabilidad, estado contabilístico, hoja de balance, estado financiero *o* de situación
balanced - balanceado, equilibrado
balcony - balcón, galería
balderdash - disparate
bale - desgracia, fardo
ballast - lastre
ballastage - peaje por lastre
ballot - boleta, balota, votar, balotar, insacular, papeleta, sufragio
box - urna electoral
balloter - elector
balloting - balotaje, votación
ban - edicto, prohibición
banal - banal, trivial
banality - banalidad, trivialidad
banc - pleno del tribunal, tribunal
bancus - tribunal
band - banda, partida
bandit - bandido, bandolero, proscrito
banditry - bandidaje, bandolerismo
bane - malhechor, criminal
banish - desterrar, expulsar, deportar
banishment - deportación, destierro
bank - banco, casa de banca, pleno del tribunal, depositar en el banco, tratar con banco, bancario, tribunal, ribera
acceptance - aceptación bancaria *o* de banco
account - cuenta bancaria
bill - letra bancaria *o* de banco, nota bancaria
board - junta del banco
charter - autorización para operar un banco
check - cheque
commissioner - comisionado de la banca
credit - crédito bancario
debit - débito bancario
deposit - depósito bancario
director - miembro de la junta directiva de un banco, miembro de un consejo de banco
draft - letra bancaria, giro bancaria
examiner - examinador de bancos
failure - quiebra bancaria
holding company - compañía tenedora de banco
holding company act - ley de compañías tenedoras de bancos
money order - giro bancario
note - nota bancaria
of circulation - banco emisor *o* de emisión
of deposit - banco de ahorro
of discount - banco comercial *o* de descuento
of issue - banco emisor *o* de emisión
overdraft - sobregiro real *o* bancario
paper - efectos *o* valores bancarios, papel bancario
rate - tasa bancaria
statement - balance del banco, estado bancario, extracto de cuenta, estado financiero bancario, estado de cuenta, extracto de cuenta bancaria
stock - acciones de banco
syndicate - consorcio *o* sindicato bancario
bankable - bancable, descontable, negociable, comerciable conforme a la práctica bancaria
banker - banquero
banker's
acceptance - aceptación bancaria *o* de banco
check - letra bancaria *o* de banco
bill - letra bancaria *o* de banco
draft - letra bancaria *o* de banco
lien - gravamen bancario
note - nota bancaria
bankerout - en bancarrota
banking - banca, bancario
company - sociedad *o* compañia bancaria
commission - comisión bancaria
corporation - corporación bancaria
games - juegos de azar
house - casa bancaria *o* de banca, institución bancaria, edificio social *o* del banco
institution - institución bancaria

bankroll - fondo, caudal
bankrupt - quebrado, fallido, concursado, bancarrotero, quebrado, fallido, insolvente
  law - ley de quiebra
  , to become - ir a la quiebra, presentarse *o* declararse en quiebra
bankrupt's estate - cuerpo de bienes de un quebrado
bankruptcy - bancarrota, quiebra, falencia, insolvencia
  court - tribunal de quiebras
  discharge - rehabilitación en quiebra *o* del quebrado
  distribution - distribución de bienes del quebrado a los acreedores
  law - código de las quiebras, derecho de insolvencia, ley de quiebras
  petition - petición de quiebra
  proceedings - juicio de concurso *o* de quiebra, acto concursal
  trustee - fideicomisario de la quiebra, síndico de la quiebra
banned - prohibido, proscrito
banns of matrimony - amonestaciones matrimoniales, banas, carteles matrimoniales
banter - burlarse de
bar (n) - abogacía, conjunto de los abogados de un distrito *o* país, tribunal
bar (v) - prohibir, excluir
  admission - admisión al colegio de abogados
  association - colegio *o* asociación de abogados
  , at - en pleno tribunal
  docket - lista extraoficial de causas por juzgar
  to marriage - obstrucción al matrimonio
barbaric - barbárico
barbarity - barbarie, barbaridad
barbed - cortante, mordaz, barbado
bare - descubierto, desnudo, vacío
  contract - contrato sin causa, nudo pacto
  -handed - a manos vacías, desarmado
  patent license - licencia de patente no exclusiva, permiso para vender un producto patentado sin derecho de exclusividad
  trustee - fiduciario sin más autoridad que la de retener el título
bareboat charter - contrato donde quien arrienda una nave es dueño para todos efectos durante el periodo de arrendamiento
barely - apenas
bareness - desnudez, deficiencia
bargain (n) - negocio, convenio, contrato, pacto
bargain (v) - negociar, convenir, regatear
bargain and sale - compraventa
bargain and sale deed - escritura de compraventa
bargain collectively - negociaciones colectivas
bargain money - caparra, depósito, anticipo
bargainee - contratante comprador
bargaining - negociación, regateo
  power - poder de negociación
  unit - cuerpo participante en negociaciones colectivas a nombre de los obreros
bargainor - contratante vendedor, negociador
barge - barcaza, embarcación recreativa
bark - corteza, ladrido
barn - establo, granero
baron - barón, magnate
  et feme - marido y mujer
baronage - baronía
baronet - baronet
baronial - señorial
barony - baronía
barrator - baratero, el que comite baratería, picapleitos, pleitista
barratrous - fraudulento
barratry - baratería, incitación a pleito
barred - inadmisible, obstaculizado
barrel - barril
barren money - deuda que no lleva interés
barrenness - esterilidad
barretor - picapleitos, pleitista, perturbador de la paz
barricade - barricada, barrera
barrier - barrera, obstáculo
  line - línea demarcadora
barring - exceptuando
barrister - abogado, procurador
barroom - cantina
barter - permutar, trocar, cambiar
barterer - trocador, baratador
basal - básico, fundamental
base - base, fundamento

line - línea divisoria, línea demarcadora, línea de referencia
pay - sueldo básico, sueldo de base
based upon - basado en
baseless - sin fundamento, infundado
basement - sótano
bash - golpe, intento
basic - básico, fundamental
patent - patente primitiva *o* básica u original
basically - básicamente, fundamentalmente
basin - cuenca, hoya
basis - base, fundamento
of bargain - garantía explícita
batable-ground - tierras cuyo título está en cuestión
battered child - niño abusado emocional *o* fisicamente
battered wife - mujer abusada emocional *o* fisicamente
battery - agresión
battle - batalla, lucha
of the forms - las distintas formas para aceptar y confirmar los términos de contratos
bawd - celestina
bawdy house - burdel
bay - bahía, ensenada
window - mirador
be
it enacted - decrétese
it resolved - resuélvase
beach - playa
beacon - faro
beam - viga, tablón
bear - portar, llevar, prestar
arms - portar armas
interest - llevar *o* producir *o* devengar intereses
the date of - llevar fecha de
witness - atestiguar, testimoniar
bearer - portador
bond - título *o* bono al portador
check - cheque al portador
debenture - obligación al portador
instrument - instrumento *o* documento al portador
mortgage note - pagaré hipotecario al portador
paper - efectos al portador, documentos traspasables
securities - valores mobiliarios *o* al portador, títulos a la orden
bearing - presencia, porte
date - fecha del instrumento
beast - bestia, bruto
beat - golpear, azotar, vencer
beater - batidor, que golpea
beating - paliza
becalm - calmar, apaciguar
because - porque, pues
of - por causa de
become - convertirse, nacer, tornarse
bed - lecho, fondo, cama
and board - separación conyugal sin divorcio, mesa y lecho
bedlam - olla de grillos, manicomio
bedrock - fundamento
before - antes, delante
me - ante mí
trial - antes del juicio
beforehand - de antemano, anteriormente, previamente
before-cited - antedicho, antemencionado, antes citado
before-mentioned - susodicho, antemencionado, ya mencionado
before-written - antes escrito
beg - pedir, pedir limosna
beget - procrear, engendrar
beggar - mendigo
begging - mendigando
begin - empezar, comenzar, instituir
beginning - comienzo, origen
begun - comenzado, empezado, instituido
behalf of, on - a beneficio de, a favor de
behavior - conducta, funcionamiento
behoof - provecho, utilidad, ventaja
being - ser, vida
duly sworn - habiendo prestado juramento
struck - ser chocado
belief - convencimiento, opinión, creencia
believe - creer, opinar
belligerancy - beligerancia
belligerent - beligerante
bellum - guerra
belong - pertenecer a, ser de
belonging - perteneciendo a, perteneciente
to - perteneciendo a
below - inferior, abajo, debajo
bench - tribunal, magistratura, banco
and bar - jueces y abogados colectivamente
blotter - registro de policía con arrestos y demás

conference - conferencia en el banco del juez con abogados
mark - marca fija, punto de referencia
trial - juicio sin jurado
warrant - auto de juez para detención de una persona
beneath - debajo, abajo
benefactor - benefactor
benefice - beneficio
de discussion - beneficio de discusión
beneficial - provechoso, beneficioso, útil
association - sociedad de beneficencia
enjoyment - disfrute de un derecho para beneficio propio
estate - derecho real de propiedad para beneficio propio
improvement - mejora permanente *o* útil, mejora patrimonial
interest - interés beneficioso
owner - propietario beneficioso
power - poder beneficioso
use - uso provechoso *o* beneficioso
beneficiary - beneficiario, derechohabiente, legatario, tomador, portador
of trust - beneficiario del fideicomiso, fideicomisario
beneficium
cedendarum actionum - beneficio de cesión de acciones
competentiae - beneficio de competencia
divisionis - beneficio de división
ordinis - beneficio de orden
benefit - provecho, beneficio, alimentos
of cession - inmunidad de encarcelamiento del deudor quien asigna toda su propiedad a sus acreedores
of counsel - derecho de representación legal
of discussion - beneficio de excusión *o* discusión
of division - beneficio de división
of doubt - beneficio de la duda
of inventory - beneficio de inventario
of order - beneficio de orden
payments - beneficios, indemnización
society - sociedad de beneficencia
benevolence - benevolencia, buena voluntad
benevolent - benévolo, bondadoso
association - sociedad de beneficencia
corporation - corporación sin fines de lucro
bequeath - legar, mandar
bequeather - testador
bequeathment - legado
bequest - legado, manda
bereaved - acongojado
bereft of - privado de
besayle - un bisabuelo
beset - acosar, hostigar, molestar
beside - junto a, al lado de
besides - además, también, excepto
beseige - asediar, acosar
besieger - asediador, acosador
besot - atontar, infatuar
best - mejor, superior, óptimo
bid - la mejor oferta
evidence - prueba primaria *o* original, la mejor prueba
evidence rule - regla de exclusión de prueba secundaria al tener la primaria disponible
of my knowledge and belief, to the, - a mi leal saber y entender
use - el uso óptimo
bestow - conferir, donar a
bestowal - donación, otorgamiento
bet - apuesta, apostar
betray - traicionar, revelar
betrayal - traición, engaño, revelación
of confidence - abuso de confianza
betroth - comprometerse a matrimonio
betrothal - compromiso de matrimonio
betrothed - prometido, prometida
betterment - mejora, mejoría, perfeccionamiento
tax - gravamen para una mejora pública, contribución de mejoras
betting - apostar
bettor - apostador
between - entre
beverage - bebida
beyond a reasonable doubt - fuera de duda razonable
beyond control - más allá del control
beyond seas - ultramar
beyond the jurisdiction - fuera de la jurisdicción, más allá de la jurisdicción
biannual - semestral, semianual
bias - parcialidad, predisposición, inclinación, predilección
biased - parcial, prejuiciado, predispuesto
bibliotics - examen de documentos para verificar autenticidad
bicameral - bicameral, de dos cámaras

bid - propuesta, oferta, proposición, postura, puja, licitar, hacer una propuesta, ofrecer, pujar
bond - fianza de licitador *o* de postura
in - sobrepujar en beneficio del vendedor
off - pujar con adjudicación en seguida, llevarse la buena pro
security - caución de licitador
bidder - postor, licitador, proponente, licitante, ofertante
bidding - licitación, remate
bids invited - solicítanse postores, se aceptan licitaciones
bidding - licitación, postura, propuestas
conditions - pliego de condiciones, bases de licitación
form - formulario *o* modelo de propuesta, pliego de licitación
biennial - bienal
bifurcate - bifurcar
bifurcation - bifurcación
bigamist - bígamo
bigamous - bígamo
bigamus - bígamo
bigamy - bigamia
bilateral - bilateral
contract - contrato bilateral
bilaterally - bilateralmente
bilingual - bilingüe
bilinguis - bilingüe
bill - factura, cuenta, pagaré, letra, libranza, giro, billete, escrito, reclamo, pedimento, proyecto de ley, facturar, inscribir, alistar
for a new trial - petición de nuevo juicio, moción para juicio nuevo
for foreclosure - demanda en juicio hipotecario, escrito inicial
for fraud - reclamo por fraude
for raising revenue - proyecto de ley para impuestos, proyecto de ley de ingresos
in equity - demanda en equidad
in the nature of a bill of review - recurso de equidad para la revisión de un fallo hecho por una parte ajena
in the nature of a supplemental bill - demanda que surge cuando comparecen partes nuevas
obligatory - pagaré, obligacion incondicional
of adventure - documento de aventura
of appeal - demanda *o* escrito de apelación
of attainder - ley que condena un individuo por felonía, escrito de proscripción y confiscación, ley que señala y penaliza a individuos específicos sin el beneficio de un juicio
of certiorari - pedimento de avocación, recurso de equidad para llevar un litigio a una corte superior
of complaint - escrito de demanda
of conformity - petición del albacea para ajuste judicial de las deudas del fallido
of costs - pliego de costas
of credit - carta de crédito
of debt - pagaré
of discovery - peticion para producción de documentos *o* declaración de hechos por el demandado, petición para descubrimiento, moción para descubrimiento
of entry - pliego de aduana, declaracion de entrada
of evidence - acta taquigráfica, transcripción de testimonio
of exceptions - escrito de recusaciones, nota de excepciones
of exchange - letra de cambio, documento *o* efecto cambiario, cédula de cambio, libranza, cambial, libramiento
of gross adventure - contrato a la gruesa
of health - patente sanitaria, certificado de salud, certificado de sanidad
of indictment - escrito de acusación del gran jurado
of interpleader - petición del demandado por acción entre dos demandantes
of lading - conocimiento, carta de porte, conocimiento de embarque, guía aérea, talón-resguardo, guía de embarque, conocimiento de carga, boleto de carga, documento de tránsito
of mortality - informe público de muertes
of pains and penalties - ley con penalidades sin juicio previo
of parcels - factura
of particulars - relación detallada de la materia de la demanda *o* contrademanda
of peace - pedimento de prevencion de litigios múltiples, recurso de prevención

de litigios múltiples, solicitud para prevenir litigios múltiples
- **of privilege** - acción especial para demandar a funcionarios de corte
- **of review** - pedimento de revisión, recurso de revisión, solicitud de revisión
- **of revivor** - pedimento de restablecimiento, recurso de restablecimiento
- **of rights** - carta *o* declaracion de derechos, capítulo de garantías individuales
- **of sale** - escritura *o* comprobante *o* cuenta *o* documento de venta, título de adquisición, vendí, boleto de compraventa
- **of sight** - declaración provisional, declaración aproximada de importador
- **of store** - permiso de reimportación
- **payable** - cuenta a pagar
- **quia timet** - petición para proteger contra daños eventuales
- **receivable** - cuenta a cobrar
- **single** - pagaré
- **to quiet possession and title** - acción para resolver reclamaciones opuestas en propiedad inmueble
- **to suspend a decree** - acción para suspender una sentencia

billa excambii - documento de intercambio, letra de cambio

biller - facturador

billholder - tenedor de letra

bimester - bimestre

bimonthly - bimestral

bind - obligar, comprometer, obligarse, compeler
- **over** - poner bajo fianza

binder - recibo para pago preliminar, resguardo provisional, documento provisional de seguro

binding - obligatorio, valedero
- **agreement** - acuerdo obligatorio, convenio obligatorio
- **instruction** - instrucción al jurado para veredicto
- **out** - ponerse al servicio de otro
- **over** - caución para comparecencia

binnacle - bitácora

biological warfare - guerra microbiológica

bipartisan - bipartidario

bipartite - bipartito, duplicado, en dos partes

birth - nacimiento, parto
- **certificate** - partida *o* certificado *o* patente de nacimiento, acta de nacimiento, escritura de nacimiento
- **control** - prevención de embarazo
- **rate** - natalidad
- **record** - inscripción de nacimiento, estadísticas oficiales de nacimientos

birthplace - lugar de nacimiento

birthrights - derechos de nacimiento

bissextile - bisiesto

biweekly - quincenal, bisemanal

biyearly - semestral

black cap - gorra negra

black letter law - término informal refiriéndose a los principios legales básicos y explícitos en una jurisdicción

black list - lista negra

black maria - coche celular

black market - mercado negro

blackball - votar en contra de, ir en contra de

blackleg - estafador, tahúr

blacklisting - discriminación contra miembros de una lista negra

blackmail - chantaje, extorsión, exigencia de dinero con intimidación, extorsionar, hacer chantaje, chantajear

blackmailer - chantajista, extorsionista

blackout - apagón, desmallo

blank - formulario, modelo, en blanco
- **acceptance** - aceptación en blanco
- **bill** - letra de cambio al portador
- **check** - cheque en blanco
- **endorsement** - endoso en blanco, endoso al portador
- **signature** - firma en blanco

blanket - general, comprensivo
- **bond** - fianza general, fianza de fidelidad de todos empleados
- **insurance** - seguro general
- **mortgage** - hipoteca colectiva *o* general
- **policy** - póliza de seguro de cobertura múltiple
- **rate** - prima de seguro de cobertura múltiple

blasphemy - blasfemia, reniego

blasting - voladura, estallido

blatant - evidente, flagrante

blaze - fuego vivo, incendio, esplendor

blend - mezclar, armonizar
blending - mezcla, combinación
blind - ciego, oculto
alley - callejón sin salida
corner - esquina ciega, esquina de pobre visibilidad
flying - vuelo sin visibilidad
landing - aterrizaje a ciegas
spot - punto ciego, debilidad
tiger - taberna clandestina
block (n) - bloque, lote, cuadra
block (v) - bloquear, impedir, cegar, obstruir
blockade - bloqueo, bloquear, obstrucción
blockbusting - inducir a vender propiedad usando como la razón la presencia de grupo étnico, inducir a vender propiedad usando el miedo a la llegada de un grupo étnico
blocked - bloquear
account - cuenta congelada
currency - moneda bloqueada *o* de movimiento internacional controlado
funds - fondos congelados *o* bloqueados
blood - sangre, linaje
alcohol count - nivel de alcohol en la sangre
feud - enemistad entre familias *o* clanes
grouping test - prueba de sangre para determinar paternidad
money - dinero obtenido por ocasionar la muerte de otro, dinero de recompensa por convicción del criminal
relatives - parientes consanguíneos
test evidence - doctrina que permite la toma de muestras de sangre en arrestos por manejar intoxicado, examen de sangre como prueba
bloodhound - sabueso
bludgeon - cahiporra, macana
blue laws - leyes puritánicas
blue-ribbon jury - jurado selecto para juicio importante, jurada altamente calificado
blue-sky laws - legislación para regular la emisión y venta de valores, leyes estatales reguladoras del comercio bursátil
blueprint - plan detallado, anteproyecto
bluff - engaño con simulación, acantilado, barranca, fanfarrón
bluntly - bruscamente
board - junta, directiva, tribunal, consejo, comidas, alimentos, tabla, embarcar, ir a bordo
meeting - sesión de la directiva
of aldermen - junta municipal
of appeals - junta de apelaciones
of assessors - junta de amillaramiento
of audit - junta de revisión
of directors - junta directiva, directorio, consejo de administración *o* de directores, mesa directiva
of education - junta de educación
of elections - junta *o* mesa escrutidora *o* electoral, jurado de votación, tribunal electoral
of equalization - junta de revisión de avalúos
of examiners - junta examinadora
of health - junta de sanidad
of pardons - junta de amnistías *o* de clemencia
of parole - junta de libertad bajo palabra, comité de libertad condicional
of patent appeals - junta de apelaciones de patentes
of review - junta revisadora de avalúos
of supervisors - consejo de supervisión
of trade - junta de comercio
of trustees - junta de patrones *o* de síndicos, directiva, junta de fiduciarios
of underwriters - junta *o* consejo de aseguradores
boarder - huésped, pensionista
boardinghouse - casa de huéspedes
Board of Trade - Ministerio de Comercio, Lonja de Productos (Chicago)
boat - bote, nave, embarcación
bodily - corporal, material
exhibition - exhibición obscena
harm - daño corporal
heirs - herederos en línea recta, descendientes directas
infirmity - enfermedad física
-injury liability - responsabilidad por daños *o* por lesiones corporales
oath - juramento solemne
body - corporación, cuerpo, órgano, cadáver, individuo
corporate - sociedad anónima, corporación, persona moral, persona jurídica
execution - auto de prisión, arresto para obligar a pagar deudas

of a law - las disposiciones substantivas de la ley
of an estate - caudal de una herencia
of an instrument - lo clave de un documento
of laws - código, cuerpo de leyes, colección de leyes, ordenamiento jurídico
of the crime - corpus delicti, cuerpo del delito, objeto que prueba la existencia del delito
of the offense - cuerpo del delito
politic - entidad política, entidad pública
snatching - hurto de cadáveres
bogus - imitado, espurio, falso, falsificado
check - cheque falso
boiler-room transactions - venta de inversiones dudosas con presión excesiva
boilerplate - lenguaje estandarizado en documentos legales
bolster - apoyar, sostener
bolstering - uso inapropiado de prueba
bolting - argumentación de casos en privado
bona - bienes
confiscata - propiedad confiscada
fide - de buena fe, bona fide
fide emptor - comprador de buena fe, comprador legítimo
fide error - error de buena fe
fide holder - tenedor de buena fe
fide holder for value - tenedor de buena fe, tenedor legítimo
fide operation - negocio legítimo
fide possessor - poseedor de buena fe
fide purchaser - comprador de buena fe
fide residence - domicilio de buena fe
fide resident - residente en domicilio de buena fe
fide sale - venta de buena fe
fides - buena fe, bona fides
fiscalia - propiedad pública
immobilia - bienes inmuebles
mobilia - bienes muebles
peritura - bienes deteriorables
vacantia - bienes vacantes
bond - bono, título, obligación, fianza, responsiva, afianzar, dar fianza, caucionar, hipotecar
and mortgage - escritura de préstamo y hipoteca
creditor - acreedor con caución
for title - pacto condicionado de traspaso
form - modelo de bono, modelo de fianza
, in - afianzado, en almacén aduanero
indenture - contrato del empréstito, escritura de emisión de bonos
issue - emisión de bonos, bonos de un emisor
note - certificado de depósito
of indemnity - contrafianza, fianza de indemnización
bonded - afianzado, hipotecado
carrier - empresa de transporte afianzada
debt - deuda consolidada *o* en bonos
warehouse - almacén afianzado, almacén aduanero, depósito de aduana, bodega fiscal, almacén de adeudo, almacén fiscal
bondholder - tenedor de bonos, rentista, obligacionista, debenturista, bonista, poseedor de bono
bondholdings - bonos en cartera
bonding company - empresa fiadora, compañía fiadora *o* de fianzas
bondsman - fiador, garante, abonador, afianzador
bonification - bonificación
of taxes - bonificación de contribuciones
bonis cedere - cesión de bienes
bonis non amovendis - para no remover los bienes
bonus - premio, prima, regalía, bonificación, plus, sobreprecio, bono
and penalty - prima y multa, regalía y penalidad, multa y bonificación
boodle - soborno, botín
boodling - prácticas legislativas corruptas
book - libro, registro, tomo, ficha
account - estado detallado de cuenta, registro contable
entry - anotaciones en libros de contabilidad, registro de inversiones en computadora
of account - libro de contabilidad
of original entries - registro de transacciones
of original entry - libro de asiento original *o* de primera entrada
value - valor según libros *o* indicado por el balance, valor de balance
booked - comprometido, destinado, reservado
bookie - corredor de apuestas

booking - procedimientos para fichar al arrestado
bookkeeper - contable, tenedor de libros
bookkeeping - contabilidad, teneduría de libros
bookmaker - corredor de apuestas
bookmaking - recibo y pago de apuestas
books
  and papers - todo tipo de documento requerido durante la etapa procesal de prueba
  not required by law - libros facultativos
  required by law - libros obligatorios
bootlegger - contrabandista, contrabandista de licor
booty - botín, despojo
border - frontera, confín, orilla
  line - frontera, límite
  search - búsqueda en la frontera
  warrant - proceso de búsqueda y arresto de inmigrantes ilegales
bordereau - memorando
bordering - colindando
borderline - limítrofe, incierto, dudoso
born - nacido, innato
  alive - nacido vivo
born out of wedlock - nacido fuera de matrimonio
borough - municipio, distrito
  courts - tribunales de distrito
borrow - tomar a préstamo, pedir *o* tomar prestado, emprestar, prestar
borrower - prestatario, tomador de crédito, comodatario, mutuatario
  on bottomry - tomador a la gruesa
borrowing power - poder de tomar prestado
borrowings - préstamos recibidos
both - ambos
bottleneck - embotellamiento, obstáculo
bottomry - contrato *o* préstamo a la gruesa, cambio marítimo
  bond - contrato *o* hipoteca a la gruesa, hipoteca del buque
bought - comprado
boulevard - avenida, bulevar
  rule - regla que exige que el que viene por camino secundario ceda el paso
bound (n) - frontera, límite
bound (v) - atado, limitado, destinado, obligado
  bailiff - auxiliar del alguacil
boundary - lindero, linde, colindancia, frontera, límite
  line - línea limítrofe, lindero, colindancia
bounders - marcas u objetos de agrimensura
bounds - límites, confines
bounty - subvención, bonificación, prima, dádiva, recompensa, generosidad
bourse - bolsa de valores
bowie knife - cuchillo de caza
boycott - boicot, boicoteo, boicotear
bracket - clasificación contributiva, categoría
  creep - entrada en clasificación contributiva más alta por la inflación
Braille - Braille
brain - cerebro, intelecto, planificador
  death - muerte cerebral
  trust - conjunto de expertos
brainchild - idea, invento
brainwash - lavar el cerebro
braking distance - distancia para frenar un carro, distancia para frenar un coche
branch - rama, división
  bank - sucursal bancaria
  line - ramal
  of the sea - brazo de mar
  office - sucursal
  railroad - ramal de ferrocarril
brand - marca, marca de fábrica, tipo
  name - marca de fábrica
branded goods - artículo *o* producto de marca
brass knuckles - manopla
brawl - alboroto, disputa, riña, altercado
breach - infracción, violación, contravención, rompimiento, incumplimiento
  of authority - abuso de autoridad
  of close - infracción, translimitación
  of condition - incumplimiento de condición
  of confidence - abuso de confianza
  of contract - contravención *o* rotura *o* violación del contrato, incumplimiento
  of covenant - incumplimiento del pacto *o* de la garantía *o* de cláusula contractual
  of duty - incumplimiento del deber
  of international law - violación del derecho internacional
  of official duty - prevaricación
  of prison - fuga de la cárcel, fuga de una cárcel
  of privilege - violación de privilegio, abuso de privilegio

of promise - violación de promesa, incumplimiento de promesa matrimonial, incumplimiento de la palabra
of representation - incumplimiento de representación
of the peace - perturbación *o* alteración del orden público
of trust - abuso de confianza, prevaricación
of warranty - violación de garantía, incumplimiento de la garantía
breadth - extensión, ancho
break - rotura, ruptura, romper, quebrar, arruinar, ir a la quiebra, bajar, dividir
the contract - violar el contrato, romper *o* nulificar el contrato
the law - violar la ley
promise - violar una promesa
a strike - romper la huelga
a will - quebrantar *o* nulificar un testamento
breakage - garantía del manufacturero al comprador de mercancía en transporte, indemnización por cosas quebradas en el transporte
breakdown - avería, malogro, colapso, desglose
breaking - rompiendo, violando, dividiendo
a case - discusión preliminar entre jueces del tribunal
a close - violación de propiedad
and entering - escalamiento, escalo, allanamiento de morada, violación de propiedad
and entry - escalamiento, violación de propiedad, allanamiento de morada
bulk - hurto de bienes por depositario
into - escalar
jail - fugo de la cárcel
point - punto límite, extremo
breast of the court - el criterio de la corte
breath specimen - muestra de aliento para determinar el nivel de alchohol en la sangre
breathalyzer test - prueba de aliento para determinar el nivel de alchohol en la sangre
brethren - hermanos, hermanas
breve - auto, decreto
de recto - escrito de derecho
innominatum - escrito describiendo generalmente el porqué de la acción
nominatum - escrito describiendo detalladamente el porqué de la acción
brevet - ascenso militar sin incremento de paga
breviate - sumario, resumen, recopilación, sumario
brevity - concisión, brevedad
bribe - cohecho, soborno, cohechar, sobornar
briber - cohechador, sobornador
bribery - cohecho, soborno
at elections - soborno del electorado
bribour - bribón, pillo
bridal - nupcial, relativo a la novia
bridge loan - préstamo interino, préstamo puente
brief - escrito, alegato, relación, información, memorial, resumir, recopilr
of title - resumen de título
briefing - informe, instrucciones
brig - calabozo
bring - traer, producir, inducir
about - causar, ocasionar
in - introducir, pronunciar, producir
suit - enjuiciar, encausar, entablar, pleito, incoar un proceso, iniciar acción judicial
up - citar, mencionar, traer a colación
bringing money into court - depositar judicialmente
broad interpretation - interpretación extensa *o* usual *o* liberal
broadcasting - transmisión, emisión, difusión
broadside objection - objeción sin especificar
broken - en quiebra
broker - corredor, agente
-agent - licenciado como corredor y agente
brokerage - corretaje
contract - contrato de corretaje
brothel - burdel
brother - hermano
-in-law - cuñado, hermano político
-sister corporations - corporaciones con los mismos dueños
brought - traído, presentado
Brown decision - decisión de la corte suprema declarando inconstitucional la segregación racial en las escuelas públicas
brownout - apagón parcial
bruise - magullar, abollar, herir

bruit - rumorear
brutal - brutal, cruel, salvaje
brutalize - tratar brutalmente
bubble - inversión fraudulenta
bucket shop - lugar para compraventas ficticias de valores
bucketing - recibo de órdenes de corretaje sin intención de realizar dichas transacciones
budget - presupuesto
budgetary - presupuestario
buffer-zone - área separando dos tipos de zonificación
bug - micrófono oculto, error
bugging - vigilancia electrónica
build - construir, formar, establecer
builder - constructor
building - edificio, edificación, construcción
  and loan association - sociedad *o* asociación de préstamos para edificación, sociedad cooperativa de edificación y préstamos
  code - código *o* ley de edificación, ordenanzas de construcción
  contract - contrato de construcción
  is covered - el edificio tiene cubierta de seguro
  lease - arrendamiento para edificación
  lien - gravamen estatutario del contratista *o* vendedor de materiales
  line - línea municipal *o* de edificación
  lot - solar
  materials - materiales de construcción
  permit - permiso de edificación, licencia para edificar, licencia de contrucción, licencia de fabricación
  restrictions - restricciones de edificación
built-in - incorporado a
bulk - agregado, bulto, cargamento
  goods - mercancía a granel
  mortgage - hipoteca de propiedades agregadas
  sale - venta a granel
  -sales law - ley sobre compra de mercancías y reventa sin pagar
  transfer - transferencia a granel
bull pen - celda
bullet - bala
bulletin - boletín, comunicado
bullion - oro *o* plata en lingotes
bum - vagabundo
bumper - parachoques
bumping - antigüedad, desplazamiento de un empleado por otro con más tiempo en el trabajo
bunco - estafa
  game - juego para estafar
bungalow - casa de campo
buoy - boya
burden - carga, peso, obligación
  of producing evidence - obligación de presentar prueba, carga de producir pruebas suficientes para evitar una sentencia contraria, carga de la prueba
  of proof - peso *o* carga *o* cargo de la prueba, obligación de probar, onus probandi
burdensome - opresivo, pesado
bureau - negociado, oficina, entidad, agencia, dirección
Bureau of Customs - Agencia *o* Oficina de Derechos Aduaneros, Negociado de Aduanas
Bureau of Internal Revenue - Dirección *o* División de Rentas Internas
bureaucracy - burocracia
bureaucrat - burócrata
bureaucratic - burocrático
Burford Doctrine - doctrina bajo la cual el gobierno federal se abstiene de interferir en ciertas leyes de los estados
burgator - escalador
burglar - ladrón, escalador
  alarm - alarma contra ladrones
burglarious - con intención de robo, con intención de escalamiento
burglarize - robar
burglary - escalo, escalamiento, hurto
  in the first degree - escalo con nocturnidad e intención dolosa, escalamiento en primer grado
  in the third degree - escalo en tercer grado
  insurance - seguro contra robo *o* hurto
  tools - artículos usados para efectuar robos
burial - entierro, sepultura
  expenses - gastos funerarios
  ground - cementerio
burn - quemar
burrow - excavar, esconderse
bursar - tesorero
bursary - tesorería
burst - reventar, explotar, derribar

burying ground - cementerio
business - negocios, comercio, asunto, transacción
activities - actividades de negocio
address - domicilio comercial, dirección del negocio
administration - administración de empresas
agent - gestor, agente administrador, delegado del gremio, agente comercial
bad debts - deudas incobrables de negocio
broker - corredor de empresas
compulsion - coacción a un dueño de negocio
concern - casa de comercio, entidad comercial, empresa especulativa
contract - contrato de negocios, contrato mercantil
corporation - sociedad anónima especulativa, corporación de negocios, sociedad mercantil
day - día laborable, día hábil
deal - transacción comercial
district - distrito comercial
enterprise - empresa especulativa *o* de negocios *o* comercial
expenses - gastos incurridos en operar negocios
gains - ganancias de negocios
homestead - local de negocio del jefe de familia exento de secuestro
hours - horas de trabajo, horas laborables, horas de oficina
income - ingresos de la empresa
insurance - seguro de vida para empleados claves para la protección de una emresa
interruption insurance - seguro contra pérdidas por interrupción de negocios
law - derecho mercantil *o* de los negocios
loans - préstamos comerciales
losses - pérdidas de negocios
month - mes de 30 días
of banking - negocio bancario
of insurance - negocio de seguros
opportunity - oportunidad comercial
paper - efectos comerciales
purpose - propósito comercial
records - expedientes de negocio
situs - domicilio comercial
trust - asociación voluntaria, fideicomiso comercial
usage - uso comercial
buy - comprar, mercar, creer en
in - comprar por cuenta del dueño
buyer - comprador, agente comprador
buying in - compra en subasta por el mismo dueño *o* parte interesada
buyout - adquisición de un porcentaje de acciones que permita controlar la corporación
by - por, de, a , junto a
-bidder - postor contratado por el dueño *o* su agente
bidding - ofertas hechas por un postor contratado por el dueño *o* su agente
estimation - por estimado, aproximadamente
law - de acuerdo con la ley
reason of - por razón de
virtue of - en virtud de
bylaws - estatutos, reglamento, reglamentos interiores
bypass - pasar de lado, pasar por alto
bystanders - circunstantes

Notes

C

cabalistic - secreto, misterioso
cabana - cabaña
cabin - cabaña, choza
cabinet - consejo de ministros, consejo ejecututivo
  meeting - sesión ministerial, reunión de gabinete
  ministers - ministros del despacho *o* del poder ejecutivo
cable transfer - transferencia *o* situación cablegráfica
cache - escondite, reserva secreta
cachet - sello distintivo, prestigio
cadaver - cadáver
cadet - cadete, hijo *o* hermano menor
caesarean operation - operación cesárea
caeteris tacentibus - todos los demás guardando silencio
caeterorum - administración del remanente
cahoots, in - confabulado con
cajole - engatusar, persuadir
calamitous - calamitoso, desastroso
calamity - calamidad, desastre
calculated - premeditado, calculado
calculating - calculador, prudente
calculation - cálculo, cuidado
calendar (court) - lista de pleitos, calendario judicial
  call - lectura de la lista de pleitos al principio del período de sesiones
  , clear - no hay causas para el tribunal
  clerk - escribano encargado de la lista de pleitos, escribiente para calendario
  commissioner - secretario encargado de la lista de causas
  days - días naturales
  fee - cuota de alistado
  judge - juez del conocimiento *o* del calendario
  month - mes calendario, mes civil
  motion - petición sobre posición de la causa en la lista del tribunal, petición contenciosa
  of appeals - lista de causas alzadas
  of causes - lista de litigios
  week - semana calendario, semana civil
  year - año civil *o* de calendario, año continuo

call - visita, citación, convocatoria, llamada, opción de comprar, retiro, aviso para exhibición
  a meeting - convocar una reunión
  calendar - lista de causas para fijación de fecha
  for bids - citación *o* llamada a licitadores, llamamiento a propuestas, llamar a concurso *o* a licitación, convocar licitadores
  for redemption - llamar para redención *o* para amortización
  in - retirar, redimir
  loan - préstamo a vista *o* a la demanda, préstamo diario
  a meeting - convocar una sesión, citar *o* llamar a junta
  the roll - pasar la lista
  the calendar or **the docket** - leer la lista de causas para el período de sesiones
  strike - emplazar *o* declarar huelga
  to order - llamar al orden, declarar constituída la asamblea
calligrapher - calígrafo
calligraphy - caligrafía
calumniae - calumnia
calumniate - calumniar
Calvo Doctrine - doctrina Calvo
cambipartia - demanda en nombre de otro a cambio de parte de los daños
cambiparticeps - quien demanda en nombre de otro a cambio de parte de los daños
cambist - cambista, corredor
cambium - intercambio
camera - cámara del juez
  , in - en sesión secreta
cameralistics - la ciencia de las finanzas
camerarius - tesorero
camouflage - camuflaje, engaño
campaign - campaña
campum partire - dividir la tierra
canal - canal, zanja
cancel - cancelar, rescindir, anular, resolver, inutilizar, eliminar
cancelable - anulable, abrogable, cancelable, rescindible
cancellation - cancelación, anulación, resolución, eliminación
  clause - cláusula resolutiva
cancelled check - cheque cancelado
candid - imparcial, sincero
candidacy - candidatura

candidate - candidato
candidly - cándidamente, ingenuamente
candor - candor, imparcialidad
canon - canon, regla
of professional responsibility - normas de ética profesional, cánones de ética profesional
canons - canons, reglas
of construction - reglas de interpretación
of descent - reglas de sucesión
of inheritance - reglas de sucesión
of judicial ethics - normas de ética judicial
of taxation - normas para establecer contribuciones
cant - licitación
canvass - escrutinio, solicitación de votos
cap - límites, límites en demandas por daños
capability - capacidad, aptitud legal
capable - capaz, competente, hábil, apto, idóneo
capacity - competencia, aptitud, personalidad
defense - defensa basada en la incapacidad de responder por las acciones
to sue - capacidad procesal *o* para ser parte, personalidad procesal
capax doli - capaz de cometer crimen
capax negotii - capaz de negociar
capias - tomar, orden de arresto
ad audiendum judicium - orden para traer al demandado ante el tribunal
ad respondendum - orden para arrestar al demandado y traerlo ante el tribunal
capita - capita
capital - capital
and interest - capital e intereses
assets - activo fijo *o* inmovilizado *o* permanente, bienes de capital
case - juicio en que el crimen conlleva la pena capital
crime - crimen con pena de muerte
dividend - dividendo de capital
gains - ganancias provenientes de la enajenación de bienes, utilidades de capital
investment - inversión de capital
levy - impuesto sobre capital *o* sobre el patrimonio
liabilities - pasivo fijo *o* no exigible, obligaciones de capital, capital pasivo, pasivo de capital, pasivo patrimonial
loss - pérdida de capital
offense - crimen castigable con pena de muerte
outlay - dinero invertido
punishment - pena de muerte
stock - capital social, acciones, acciones de capital
structure - estructura del capital
surplus - excedente de capital, capital consecuente
tax - impuesto patrimonial *o* de patrimonio
capital-stock tax - impuesto sobre capital en acciones declarado
capitale - algo hurtado
capitalis debitor - deudor principal
capitalist - capitalista
capitalization - capitalización, capital, pasivo permanente
capitalize - capitalizar
capitation - capitación, impuesto por cabeza
tax - impuesto de capitulaciones *o* de capitación
capitula - colecciones de leyes bajo encabezamientos
capitulate - capitular
capitulation - capitulación, recapitulación
caprice - capricho
capricious - caprichoso
captain - capitán
captation - captación
captator - captador
caption - epígrafe, título
captivate - cautivar
captivation - fascinación
captivator - cautivador, fascinador
captive - cautivo, cautivado
audience - público cautivo
captivity - cautiverio, prisión
captor - apresador, capturador
capture - captura, toma
and seizure - captura y aprehensión
care - cuidado, diligencia, atención
career - carrera, curso de vida
careful - cuidadoso, meticuloso
carefully - cuidadosamente, meticulosamente
careless - descuidado, negligente
carelessness - descuido, negligencia
cargo - carga, cargamento
carnal knowledge - coito, cópula
Carriage of Goods by Sea Act - ley sobre transporte marítimo

carrier - empresa porteadora *o* de transporte, porteador, transportador, compañía aseguradora
carrier's
  insurable interest - interés asegurable del porteador
  liability - responsabilidad del transportador
  lien - gravamen de transportador
  risk - riesgo del porteador
carry - cargar, llevar, tener, portar
  a motion - adoptar *o* aprobar la moción
  an election - ganar la elección
  costs - lleva costas para la parte vencida
  insurance - asegurarse, tener póliza de seguro
  through - realizar, llevar a cabo
carry-back - pérdida traspasada al año anterior
carry-over - pérdida, traspasada al año siguiente, saldo anterior
carrying charge - cargo por ventas a plazo en adición a intereses, gastos de transporte, gasto incidental, sobregasto, recargo
carte blanche - carta blanca
cartel - monopolio, cartel, cártel, agrupación, combinación, conferencia, consorcio, kártell
case - causa, caso, pleito, acción, proceso
  agreed on - acuerdo sobre los hechos por las dos partes
  at bar - causa actual *o* presente
  certified - controversia de ley llevada de una corte inferior a una superior
  continued - cause continuada
  dismissed - no ha lugar, causa desechada *o* desestimada
  heard and concluded - causa conocida y terminada, casa visto y resuelto
  history - antecedentes
  in point - caso en cuestión
  law - precedentes, jurisprudencia, derecho común
  on appeal - escrito de la base de apelación
  on trial - causa enjuiciada *o* en procedimiento
  or **controversy** - caso *o* controversia, doctrina que exige que los tribunales sólo decidan casos *o* controversias reales y concretos
  reserved - acuerdo entre abogados sobre hechos para presentación al pleno tribunal
  settled - causa arreglada *o* ajustada
  unfinished - causa no terminada
casebook - libro de texto conteniendo casos selectos clasificados
caseworker - trabajador social
cash - efectivo, dinero
  account - cuenta de caja
  bail - fianza en efectivo
  discount - descuento por pago en efectivo
  dividend - dividendo en efectivo
  flow - flujo de fondos, flujo de caja
  market value - valor en el mercado, valor en el mercado en efectivo
  on delivery - entrega contra pago
  position - encaje, situación líquida
  price - precio al contado
  register - caja registradora
  reserve - encaje excedente, reserva en efectivo
  sale - venta al contado
  surrender value - valor de rescate en efectivo
  value - valor efectivo
cashbook - libro de caja
cashier - cajero
cashier's check - cheque propio *o* de administración, talón bancario, cheque de gerencia, cheque de gerente *o* del cajero
cassare - anular
cast - vencer, decidir contra, lanzar, echar, depositar
  away - rechazar
  for the costs - condenado en costas
  in liability - hecho responsable
  off - desechar, zarpar
casting vote - voto de calidad *o* del presidente (decisivo en caso de empate)
Castle Doctrine - doctrina que permite defender el hogar a como dé lugar
casual - fortuito, casual
  condition - condición casual *o* aleatoria
  deficit - déficit casual
  employment - empleo temporero
  evidence - prueba fortuita *o* incidental
  sale - venta ocasional
casualty - accidente, siniestro, casualidad
  insurance - seguro contra casualidades
  loss - pérdida por accidente

casus fortuitus - caso fortuito, evento inesperado
casus major - fuerza mayor, evento poco usual
casus omissus - caso omitido
cataclysm - cataclismo
catastrophe - catástrofe, calamidad
catastrophic - catastrófico
catch - atrapar, coger, contraer
catching bargain - contrato leonino
catchings - presas
categorical question - pregunta categórica
cattle - ganado
caucasian - caucásico
caucus - junta de un grupo de un partido político
causa causans - causa inmediata
causa hospitandi - con el proposito de ser recibido como visita
causa mortis - por causa de muerte, causa mortis
  donatio - donación por causa de muerte
  gift - regalo por causa de muerte
causa sine qua non - causa necesaria, causa sine qua non
causal relation - relación causal
causation - casualidad, proceso causativo
causative - causativo, causante
cause - causa, litigio, causar, irrogar, acarrear
  damage - irrogar *o* acarrear perjuicio
  , for - por motivo justificado
  in fact - causa que ocasiona otro evento, concausa
  of action - causa *o* derecho de acción *o* de la demanda, causa de pedir
  of injury - causa de lesión
  suit to be brought - iniciar la acción, entablar pleito
causes - causas, acciones
  adjourned - causas suspendidas
  ready for discussion - causas por discutir
  ready for trial - causas en condiciones de conocer
  restored - causas repuestas
causidicus - abogado
caution - cautela, caución, precaución
  juratory - caución juratoria
cautionary - preventivo, admonitorio
  instruction - instrucción al jurado que limita la prueba a propósitos específicos
  judgment - sentencia de gravamen sobre la propiedad del demandado
cautious - cauteloso, prudente
caveat - advertencia, amonestación, oposición
  actor - que tenga cuidado el actor, a riesgo del actor
  emptor - a riesgo del comprador
  to will - advertencia contra validación de un testamento
  venditor - que tenga cuidado el vendedor
caveator - quien da advertencia
cease - cesar, desistir
  and desist order - orden para cesar alguna actividad
  -fire - tregua
cede - traspasar, ceder
celebrate - celebrar
celation - ocultación de embarazo *o* parto
celibacy - celibato
celibate - célibe
ceiling price - precio máximo permitido, precio tope *o* techo
cell - celda, cédula
cellular phone - teléfono celular
censorship - censura
censure - censura
census - censo, empadronamiento
  bureau - oficina de censo
  taker - empadronador, empleado de la oficina de censo
central - central, céntrico, principal
  bank - banco central, banco de bancos
  banking - banca central
  criminal court - tribunal penal central
  intelligence agency - Agencia Central de Inteligencia
century - siglo
ceremonial marriage - matrimonio solemne
certain - cierto, fijo, inevitable
  contract - contrato conmutativo *o* fijo
certifiable - certificable
certificate - certificado, cédula, acta, abono, atestado, certificar
  into chancery - dictamen de una corte de derecho estricto sobre una materia presentada por una corte de equidad
  of acknowledgment - certificado notarial de reconocimiento, acta notarial
  of amendment - certificado de enmienda, documento indicando cambios en la acta constitutiva

of authority - certificado autorizando la operación de una corporación de otro estado
of birth - certificado de nacimiento
of convenience and necessity - certificado de necesidad
of damage - certificado de averías
of death - certificado de defunción
of deposit - certificado de depósito, boleta de depósito *o* de consignación
of dissolution - certificado de disolución
of eviction - orden de desahucio
of good conduct - certificado de buena conducta
of identity - certificado de identidad
of incorporation - escritura *o* certificado de constitución *o* de incorporación
of indebtedness - certificado de adeudo, bono del Estado de corto plazo
of insurance - documento certificando cobertura de seguro
of marriage - certificado de matrimonio
of occupancy - documento certificando que un local cumple con las leyes de zonificación y/o edificación
of origin - certificado de origen
of protest - certificado de protesto
of public convenience - certificado de utilidad pública
of purchase - certificado de compra
of reasonable doubt - certificado de duda razonable
of registry - boleta *o* certificado de matrícula *o* de registro
of sale - certificado de venta
of title - certificado de título *o* de propiedad

certificated bankrupt - rehabilitado

certification - certificación, adveración, atestado
mark - marca de identificación, certificación de marca
of check - certificación de cheque

certified - certificado, titulado, diplomado
appraisal - avalúo certificado
bill of lading - conocimiento con certificación consular
carrier - empresa de transporte vial con certificado de necesidad
check - cheque intervenido *o* certificado *o* aprobado, cheque conformado, cheque visado, talón registrado
copy - copia certificada, testimonio, copia autenticada, copia autorizada
mail - correo certificado
public accountant - contador público *o* titulado *o* diplomado *o* autorizado

certify - certificar, hacer fe, dar fe, conformar, adverar

certiorari - auto de avocación, auto de certiorari, escrito emitido de una corte superior a una inferior para revisión

certitude - certidumbre

cesarian - cesáreo

cess - impuesto

cessation - cesación, suspensión

cesset executio - orden para posponer una ejecución

cesset processus - orden para posponer los procedimientos en la acción

cession - cesión
of goods - cesión de bienes

cessionary - cesionario
bankrupt - fallido cedente de todos sus bienes

cessment - contribución, impuesto

cessor - quien abandona un deber tiempo suficiente para poder sufrir consecuencias legales

cestui - aquel que, el beneficiario de un fideicomiso
que trust - fideicomisario, beneficiario de bienes a cargo de fiduciario
que use - especie de fideicomisario en beneficio de quien otra persona posee y administra una heredad
que vie - aquel cuya vida sirve como medida de la duración de algún interés en una heredad

chaffer - negocio, regateo

chagrin - mortificación, disgusto

chain of custody - historia *o* resumen *o* cadena de custodia

chain of possession - historial *o* resumen *o* cadena de posesión

chain of title - resumen de título, cadena de título

chain reaction - reacción en cadena

chain stores - cadena de tiendas

chair - sillón de la presidencia, presidente

chairman - presidente, ponente
of the board - presidente del consejo *o* del directorio *o* de la junta

chairmanship - presidencia

chairwoman - presidenta

challenge - recusación, objeción, tacha, recusar
for cause - recusación con causa
propter affectum - recusación por parcialidad
propter defectum - recusación por falta de competencia
propter delictum - recusación por delincuencia
to fight - reto a duelo
to jury array - recusación del jurado completo
to the favor - objeción por parcialidad
to the panel or **to the array** - objeción a todo el jurado
to the poll - recusación a los jurados individualmente
challengeable - recusable
challenger - demandante, objetante, retador
chamber - cámara, sala
business - toda actividad del juez fuera de audiencia
of Commerce - Cámara de Comercio
Chamber of Deputies - Cámara de Diputados
chambers - cámara, cámara de paz, despacho
, in - fuera de la sala del tribunal
champertor - quien mantiene una demanda por un tercero con interés creado
champerty - contrato de ayuda en un juicio con participación en el producto eventual
champion - defensor, paladín
chance - fortuna, casualidad, posibilidad
bargain - contrato a riesgo propio
medley - riña fortuita, homicidio en defensa propia
verdict - veredicto accidental *o* no razonado
chancellery - cancillería, ministerio de relaciones exteriores
chancellor - canciller, juez de tribunal de equidad
of the exchequer - ministro de hacienda
chancery - cancillería, tribunal de equidad, equidad
, in - litigado en tribunal de equidad
Chandler Act - enmienda a la ley de quiebras de 1938
change (n) - cambio, alteración
change (v) - cambiar, convertir, alterar
of beneficiary - cambio de beneficiario
of circumstances - cambio en circunstancias
of domicile - cambio de domicilio
of venue - traslado de sala *o* de jurisdicción
channel - canal, cauce, caño
chantage - chantaje, extorsión
chaos - caos
chaotic - caótico
chapman - vendedor ambulante
chapter - capítulo, organización local
7 bankruptcy - bancarrota directa, quiebra
11 bankruptcy - reorganización del negocio bajo la ley de quiebras
12 bankruptcy - convenio especial para el pago de deudas del granjero familiar bajo la ley de quiebras
13 bankruptcy - convenio para el pago de deudas por un deudor asalariado bajo la ley de quiebras
character and habit - las características morales de una persona determinadas por su reputación y conducta
character evidence - prueba concerniente a la reputación de una persona
character loan - préstamo sin garantía colateral
character witness - testigo sobre el carácter de una persona
characteristic - característica, cualidad
charge - comisión, encargo, precio, gravamen, admonición, cargo, acusación, pedir, cobrar, instruir, acusar
account - cuenta a crédito
d-affaires - representante diplomático
to the jury - instrucciones al jurado
sheet - lista de los acusados en el juzgado de policía
charge-and-discharge statement - informe del albacea sobre la masa hereditaria y disposición de la misma
charge-off - castigo
charges - cargos, acusaciones, gastos
chargeable - imputable, cargable
charging lien - gravamen de abogado
charitable - caritativo, benéfico
bequest - legado caritativo
contributions - contribuciones caritativas
corporation - corporación caritativa sin fines de lucro, sociedad caritativa sin fines de lucro

deduction - deducción por contribuciones caritativas
foundation - fundación caritativa sin fines de lucro
gift - donación caritativa
institution - institución de beneficencia *o* caritativa
organization - organización caritativa
purpose - fines caritativos
trust - fideicomiso caritativo
use - uso caritativo
charity - caridad, beneficencia, bondad
chart - carta de navegar, diagrama, esquema
charter - fletamento, contrato de fletamento, escritura de constitución, carta constitucional, acto constitutivo, carta estatutaria, fletar, contratar, constituir
contract - contrato de fletamento
member - miembro originario *o* fundador
of affreightment - fletamento
party - carta *o* contrato *o* póliza de fletamento
chartered
accountant - contador público titulado, contador autorizado
company - sociedad anónima
life underwriter - suscriptor de seguros de vida autorizado
ship - embarcación fletada
charterer - fletador, fletante
charterer's liability - responsabilidad del fletador
chastise - castigar, corregir
chattel - bien mueble, propiedad raíz
interest - interés parcial en bien mueble *o* propiedad raíz
lien - gravamen en bien inmueble
mortgage - hipoteca prendaria, gravamen sobre bienes muebles, crédito mobiliario, prenda
chattels - bienes muebles, enseres, efectos
personal - bienes muebles
real - bienes reales
chaud-medley - riña pasional, homicidio pasional
cheat - embustero, embaucador, trampista, defraudar, engañar, estafar, timar, embaucar
cheating - engaño, estafa, timo, fullería
check - cheque, talón, comprobación, prueba, compulsa, confronta, cotejo, comprobar, verificar, revisar, compulsar, cotejar, confrontar
alteration insurance - seguro contra alteración del importe de cheques
kiting - girar un cheque sin fondos en anticipación de depósitos futuros
clearings - compensaciones bancarias *o* de cheques
stub - talón de cheque
to bearer - cheque al portador
checking account - cuenta de cheques
checkpoint - punto de inspección
checks and balances - sistema de control y balance entre las ramas del gobierno
cheque - cheque
chevantia - préstamo monetario
chief - jefe, director, principal
clerk - secretario del tribunal
executive - jefe ejecutivo, presidente
judge - presidente de un tribunal, juez presidente
justice - presidente del tribunal supremo, juez presidente, justicia mayor, juez primero
magistrate - primer magistrado, presidente, gobernador
of police - intendente *o* jefe de policía
of state - jefe de estado
child - niño, niña, hijo, hija, criatura
abuse - abuso de menores
labor - empleo de menores
labor laws - leyes para proteger a menores en el empleo
support - alimentos para menores, obligación alimenticia
child's welfare - bienestar de un menor
childbearing - capacitada para la maternidad
childbirth - parto
childhood - niñez
children - niños, hijos, menores
children's court - tribunal de menores
chilling a sale - conspiración para obtener bienes bajo el valor justo de mercado
chilling bids - actos *o* palabras para impedir la libre competencia entre postores en subastas
chinese wall - barrera de comunicación entre abogados de un mismo bufete que permite a dicha firma representar a una parte aun cuando algún miembro haya defendido a la parte adversaria en otra ocasión
choate - completo, perfeccionado

lien - gravamen perfeccionado
choice of law - selección de la ley aplicable
chose - cosa
in action - derecho de acción
in possession - cosa en posesión
local - anexo a una propiedad
transitory - mueble
Christian name - nombre de pila *o* de bautismo
chronicle (n) - crónica
chronicle (v) - relatar
chronologic - cronológico
churning - transacciones excesivas de parte de un corredor de valores para generar comisiones
circuit - circuito, jurisdicción
court - tribunal *o* juzgado de circuito
court of appeals - tribunal federal de apelaciones
judge - juez de circuito
of action - curso indirecto de una acción
circular - circular
letter of credit - carta de crédito circular
relationship - relaciones circulares
circulating medium - medio circulante, medios monetarios, instrumentos liberatorios
circumstantial evidence - prueba circunstancial, indicios vehementes, conjetura
circumvent - circunvenir, enredar, burlar, evadir
citation - citación, cita, emplazamiento, mención
of authorities - mención de autoridades y precedentes
citatory - citatorio
cite - citar, referirse a
citizen - ciudadano
-informant - informador sin recompensa
citizen's arrest - arresto por persona particular
citizenship - ciudadanía, nacionalidad
papers - carta *o* certificado de ciudadanía *o* de naturalización
city - ciudad, municipal, urbano
council - consejo municipal, consejo de la ciudad
court - juzgado *o* tribunal *o* corte municipal
hall - casa de ayuntamiento, municipio, intendencia municipal, municipalidad, cabildo, casa consistorial
planning - planificación municipal, planificación de la ciudad
-state - ciudad-estado
civic - cívico, ciudadano
enterprise - empresa cívica
civil - civil
action - enjuiciamiento *o* acción *o* juicio civil
arrest - arresto civil, arresto por persona particular
authority clause - cláusula en póliza de seguros que protege contra daños ocasionados por las autoridades civiles
bail - caución por acción civil
bonds - bonos de naciones, estados, municipios, condados
code - código civil
commitment - confinación civil
commotion - conmoción civil, alborotos populares, bochinche, bullanga
conspiracy - conspiración causa de acción civil
contempt - cuasicontumacia, desacato indirecto
corporation - sociedad civil
court - tribunal civil, juzgado *o* sala de lo civil
damages - daño resultado de violación de las leyes
disability - incapacidad jurídica *o* legal
disobedience - desobediencia civil
disorder - alteración civil
fraud - fraude en materia civil
injury - delito *o* agravio civil
jurisdiction - jurisdicción civil
jury trial - juicio con jurado en acción civil
law - derecho romano, derecho civil *o* privado, ley civil
lawyer - abogado civilista
liability - responsabilidad civil
liberty - derechos civiles
marriage - matrimonio civil
nature - de naturaleza civil
nuisance - estorbo civil, acto perjudicial civil
obligation - obligación civil
offense - infracción civil
partnership - sociedad civil
penalties - penalidades civiles
possession - posesión con objeto de adquisición por prescripción

procedure - enjuiciamiento civil
proceeding - acción *o* juicio civil
process - proceso civil
remedy - recurso civil
responsibility - responsabilidad civil
rights - derechos civiles, derechos subjetivos
rights act - ley de derechos civiles
rights commission - comisión de derechos civiles
rules - procedimientos civiles
salvage - salvamento civil
servant - funcionario público
service - servicio civil del gobierno
side - sala de lo civil
status - estado civil
statute - ley civil
suit - juicio *o* pleito *o* acción civil
trial - juicio civil
war - guerras, rebeliones, insurrecciones, revoluciones, movimientos sedioiosos
civiliter mortuus - civilmente muerto
civilization - civilización
claim - reclamación, demanda, reclamo, derecho, título, crédito, pertinencia, reclamar, demandar, cobrar
adjuster - ajustador de reclamaciones
and delivery - acción para recobrar bienes personales más daños y perjuicios
bond - fianza de reclamante
damages - reclamar por daños
for damages - demanda por daños y perjuicios
jumping - reclamo de mina de otro en espera de que su título sea inválido
of ownership - acción petitoria relativa a la propiedad
property bond - caución en acción reivindicatoria
claimable - reclamable
claimant - reclamante, actor, demandante, demandador, pretendiente, denunciante, denunciador

claims court - tribunal para juicios contra el gobierno
clandestine - clandestino
clarification - clarificación, esclarecimiento
class - clase, categoría
action - litigio entablado en representación de un grupo
gift - regalo a un grupo de personas
legislation - leyes clasistas
of stock - categoría de acciones
suits - litigio entablado en representación de un grupo
classification of crimes - agrupamiento de crímenes
classification of risks - clasificación de riesgos
classified - clasificado, secreto
clause - cláusula, inciso, artículo, acápite, ítem, estipulación, disposición
Clayton Act - ley federal con reglamentos contra monopolios
clean - limpio, inocente, libre, honesto
acceptance - aceptación libre *o* general
air acts - leyes para el control de la contaminación del aire
air waybill - guía limpia de carga aérea
bill - letra de cambio libre de otros documentos
bill of exchange - letra limpia
bill of health - patente limpia de sanidad
bill of lading - conocimiento limpio *o* sin tacha *o* sin observaciones
charter - contrato justo de fletamento, póliza limpia de fletamento
credit - crédito simple
draft - letra limpia, giro simple
hands - sin culpa
hands doctrine - doctrina que niega remedio a demandantes que han obrado culpable *o* injustamente en la materia del litigio
letter of credit - carta de crédito simple *o* abierto
clear - claro, libre, limpio, aclarar, absolver, librar, limpiar
and convincing proof - prueba clara y convincente *o* fuera de duda razonable
annuity - anualidad sin deducción por impuestos
chance - oportunidad clara para evitar un accidente
-cut - evidente, inequívoco
the court - despejar la sala
evidence - prueba positiva, preponderancia de prueba
market price - valor evidente en el mercado, valor justo en el mercado
profit - beneficio líquido
title - título seguro *o* limpio

value - valor líquido
view doctrine - doctrina que permite a la policía en un allanamiento legítimo confiscar objetos a simple vista y luego presentarlos como evidencia
clearance - despacho aduanal, franquía
certificate - certificado de cumplimiento de los requisitos de aduana
clearing - aclaración, compensación, despeje
agreement - convenio de compensaciones, tratado de compensación
house - banco *o* casa de liquidación, cámara *o* oficina de compensación
title - saneamiento de título
clearinghouse - establecimiento de liquidación, centro distribuidor, cámara de compensación
clearings - compensaciones bancarias
clemency - clemencia, indulgencia
clerical error - error de pluma
clerk of the court - escribano, actuario, secretario del tribunal, oficial del juzgado
clerk of the house of commons - Secretario de la Cámara de los Comunes
clerk of the peace - secretario del tribunal de la paz
clerkship - periodo *o* tiempo en que un estudiante de leyes trabaja por un abogado *o* juez
client - cliente
close (adj) - cerrado, restringido, cercano
close (n) - terreno cercado, fin
close (v) - cerrar, concluir, obstruir
copies - copias informales
corporation - sociedad anónima controlada por unos pocos individuos, compañía proprietaria, sociedad en la cual los directores mismos proveen vacantes en el directorio
interpretation - interpretación declarativa *o* restringida
close a mortgage - registrar la hipoteca
closed - cerrado, concluido
bids - propuestas selladas
chapter - asunto concluido
mortgage - hipoteca cerrada
session - sesión a puerta cerrada
closed-end investment company - empresa inversionista de capital limitado
closely held corporation - corporación de pocos accionistas, sociedad de pocos accionistas
closing a contract - finalización de la negociación de un contrato
closing title - consumación del traspaso del título
cloture - procedimiento parlamentario para terminar una discusión
cloud on title - imperfección del título, nube sobre un título
clue - indicio, pista
coaction - coacción, compulsión
coactive - coactivo, obligatorio
coadjutor - coadjutor
coadministrator - coadministrador
coadventure - empresa colectiva
coadventurer - empresario conjunto
coagent - coagente
coalition - coalición, liga, federación
coassignee - cocesionario, cesionario conjunto
Coast Guard - guardacostas
coasting trade - cabotaje
cobonding - coafianzamiento
cobroker - corredor conjunto
cochairman - copresidente
cocreditor - coacreedor
code - código, clave, (telephone) cifra, codificar, cifrar
of civil procedure - código de procedimiento civil *o* en lo civil *o* de enjuiciamiento civil
of criminal procedure - código de procedimiento penal *o* de enjuiciamiento criminal
of professional ethics - código de ética profesional
of professional responsibility - código de ética y responsabilidad profesional
codebtor - codeudor
codefendant - codemandado, coencausado, coacusado
codicil - codicilio, codicilo
codification - codificación
codify - codificar, compilar
codirector - codirector
codrawer - cogirador
coercible - coercible
coercion - coerción, coacción
coercive - coercitivo, coactivo
coexecutor - coalbacea, albacea mancomunado
cognition - cognición, entendimiento, conocimiento
cognitive - cognitivo

cognizable - conocible
cognizance - conocimiento, competencia, jurisdicción
coguarantor - cofiador, coavalista
cohabitation - cohabitación, contubernio
coheir - coheredero
coherent - coherente
cohesion - cohesión
cohesive - cohesivo, coherente
coin - moneda, dinero
  money - acuñar moneda
coinheritance - herencia conjunta
coinheritor - coheredero
coinsurance - coaseguro, seguro copartícipe
coinsurer - coasegurador
colessee - coarrendatario
colessor - coarrendador
colitigant - colitigante, comparte, consorte
collaboration - colaboración
collapsible corporation - sociedad anónima liquidable para evasión de impuestos a la renta
collate - cotejar, colacionar
collateral - resguardo, seguridad colateral, pignoración, colateral, contravalor
  affinity - afinidad colateral
  assurance - garantía adicional
  attack - reclamo colateral
  consanguinity - consanguinidad colateral
  contract - contrato de prenda
  covenant - cláusula colateral
  descent - descendencia colateral
  estoppel - impedimento colateral
  facts - hechos secundarios
  fraud - fraude extrínseco
  guaranty - garantía colateral *o* condicional
  heir - heredero colateral
  issue - asunto colateral *o* incidental
  limitation - limitación colateral
  loan - préstamo pignoraticio *o* sobre valores, empréstito con garantía, pignoración
  negligence - negligencia subordinada *o* incidental
  note - pagaré con resguardo *o* con garantía prendaria, pagaré prendario
  power - poder unilateral *o* sin interés del apoderado
  proceeding - proceso colateral
  promise - promesa colateral
  security - garantía colateral *o* prendaria
  undertaking - compromiso colateral
  warranty - garantía colateral
collateral-trust bond - bono colateral *o* de garantía colateral
collateralize - dar seguridad colateral
collation - colación
  of seals - comparación de sellos
colleague - colega
collect - cobrar, recaudar
  on delivery - cobrar al entregar, cobrar a la entrega
collectibility - cobrabilidad
collectible - cobrable, cobradero, colectable, recaudable
collection - cobro, cobranza, recaudación, recaudo
  at the source - recaudación en la fuente, retención en el origen
  draft - giro de cobranza *o* al cobro
  fee - comisión de cobro
collective bargaining - trato colectivo, negociación colectiva
collective labor agreement - convenio colectivo de trabajo
collective security - seguridad colectiva
collectivism - colectivismo
collector - cobrador, recaudador, colector, recogedor, perceptor
  of customs - administrador de aduana
  of internal revenue - recaudador de rentas interiores, teniente de rentas, colector de rentas internas
  of the port - colector de derechos aduaneros, administrador de aduana
  of taxes - recaudador de impuestos, colector de contribuciones
collector's office - colecturía
collision - choque
  insurance - seguro contra accidentes automovilísticos

collocation - ordenamiento *o* prelación de bienes, colocación
colloquium - declaración de que las palabras difamatorias iban dirigidas al demandante
collusion - colusión, confabulación
collusive - colusorio
color - apariencia, color
  of authority - autoridad aparente
  of law - semejanza de derecho
  of title - título aparente

colorable - plausible, especioso
claim - reclamación con apariencia de derecho
pleading - alegatos especiosos
title - título con apariencia de validez
transaction - negocio especioso
combination - combinación, consolidación, coligación
fund - compañía inversionista de bonos y acciones ordinarias y preferidas
in restraint of trade - combinación monopolista
combustio domorum - incendio malicioso
comes and defends - comparece y se defiende
comity - cortesía, principio de derecho norteamericano por el cual los tribunales de un estado respetan las leyes y decisiones de otro estado
commandeer - requisar, expropiar
commemorate - conmemorar
commence - comenzar, iniciar
commencement - comienzo, ceremonia de graduación
of a declaration - inicio de la declaración
of action - inicio de la acción
of criminal proceeding - comienzo de la acción penal
commend - recomendar, encomendar, reconocer
commensurately - proporcionalmente
commentator - comentador, glosador, comentarista, tratadista
commerce - comercio, tráfago, tráfico
clause - disposición de la constitución estadounidense que otorga al congreso autoridad exclusiva sobre el comercio interestatal
, department of - Ministerio de Comercio
commercial - comercial, mercantil, especulativo
acceptance - aceptación comercial
agency - agencia de cobros *o* cobranza
arbitration - arbitraje comercial
bank - banco comercial *o* mercantil
bill of exchange - letra de cambio comercial
broker - corredor
calendar - lista de causas en materia comercial
code - código de comercio, ley mercantil, clave comercial
domicile - domicilio comercial
enterprise - empresa comercial *o* mercantil, empresa lucrativa *o* especulativa
insolvency - insolvencia de comerciante
insurance - seguro comercial
law - derecho mercantil *o* comercial, jurisprudencia mercantil
letter of credit - carta de crédito comercial
paper - efectos *o* documentos comerciales, papel comercial, instrumentos negociables, obligaciones mercantiles *o* comerciales
set - juego de documentos de embarque
transactions - actos de comercio
usage - costumbres mercantiles, práctica comercial
year - año comercial
commercialize - comercializar
commingle - mezclar, compenetrar
commingling of funds - mezclar fondos
commission - junta, consejo, comisión, comité, cometido, misión encargo, encomienda, comisión, cuota, comisión, encargar, comisionar, capacitar, diputar, encomendar
agent - comisionista, agente comisionista
merchant - comisionista
of appeals - tribunal provisional de apelaciones
of a crime - comisión de delito
to examine witnesses - comisión para examen de testigos fuera de la jurisdicción del tribunal
commissioner - comisionado, comisario
of customs - administrador de derechos aduaneros
of deeds - oficial notarial
of patents - comisario de patentes
commissioners of bail - oficiales encargados de recibir fianzas
commisioners of deeds - notarios con permiso gubernamental a ejercer en otro estado
commissioners of highways - comisionados encargado's de las autopistas
commit - cometer, confiar, encomendar, perpetrar, encarcelar
adultery - adulterar, incurrir en adulterio
a crime - perpetrar un delito
murder - cometer asesinato

suicide - suicidarse, cometer suicidio
to prison - encarcelar
commitment - compromiso, empeño, auto de prisión
committed - comprometido, obligado, aprisionado por auto del juez
committee - comisión, delegación, comité, junta
of one - delegado único
of the whole - comisión de todos miembros
committing magistrate - juez de paz que conoce de los delitos menores y dicta autos de prisión
commodatory - comodatario
commodity - mercancía, producto
paper - efectos respaldados por productos
rates - tarifa para materiales determinados
commodities - productos, artículos de comercio
common - común, comunal, derecho conjunto, general, conjunto, ordinario, corriente, regular
average - avería particular *o* simple
bail - fianza ordinaria *o* simple
carrier - empresa de transporte público
council - ayuntamiento, cabildo, consejo
counts - cargos generales
creditor - acreedor no asegurado
danger - riesgo *o* peligro común
diligence - diligencia ordinaria
enterprise - empresa conjunta *o* colectiva
error - error común
in gross - derecho poseído en común pero que atañe a la persona y no a la heredad
intent - sentido usual, intención concertada de dos *o* más individuos para perpetrar un delito
jury - jurado ordinario
knowledge - del saber de todo el mundo
law - derecho angloamericano *o* consuetudinario *o* no escrito *o* de precedentes judiciales, jurisprudencia consuetudinaria, derecho inglés, derecho jurisprudencial, derecho *o* ley común
lawyer - abogado versado en el derecho consuetudinario
nuisance - molestia pública, estorbo público
peril - riesgo común
right - derecho común *o* consuetudinario
sense - sentido común
, tenant in - coinquilino
tenancy - tenencia sin derecho de supervivencia
thief - ladrón habitual
use - uso general *o* corriente
venture - riesgo común
common-law - derecho común, derecho jurisprudencial, derecho consuetudinario
action - acción bajo derecho consuetudinario, juicio civil
assignments - cesiones a acreedores bajo el derecho común
contempt - contumacia en derecho consuetudinario, desacato criminal
crime - delito bajo el derecho consuetudinario sin disposición estatutaria
dedication - dedicación consensual
husband - esposo en un matrimonio por consentimiento mutuo y cohabitación, esposo de derecho común
larceny - hurto en derecho consuetudinario
lien - gravamen posesorio
marriage - casamiento por mero acuerdo y cohabitación, matrimonio sin observar formalidades algunas, matrimonio consensual, matrimonio de hecho
mortgage - hipoteca en derecho consuetudinario
trust - asociación voluntaria
wife - esposa en un matrimonio por consentimiento mutuo y cohabitación, esposa de derecho común
common-stock fund - compañía inversionista de acciones ordinarias
commonwealth - comunidad, estado, comunidad políticamente organizada
Commonwealth of Puerto Rico - Estado Libre Asociado de Puerto Rico
commorientes - aquellos que mueren simultáneamente, personas que mueren simultáneamente
communicate - comunicar, notificar
communism - comunismo
communist - comunista

community - comunidad, propiedad común, cuerpo social, colectividad
college - universidad de dos años
debt - deuda conjunta
of interest - interés común, comunidad de interés
property - comunidad de bienes
commutation - conmutación, abono
of sentence - conmutación de sentencia
of taxes - conmutación impositiva
commutative - conmutativo
contract - contrato conmutativo
justice - justicia conmutativa
commute - cambiar, reducir
compact - pacto, convenio, acuerdo
company - compañía, sociedad, corporación, asociación, empresa, asocio
comparable - comparable
accommodation - alojamiento comparable
worth - comparables en valor *o* mérito
comparative - comparativo, relativo
interpretation - interpretación por comparación
jurisprudence - derecho comparado
law - derecho comparativo
negligence - negligencia comparativa
compare - comparar, cotejar
comparison - comparación, cotejo, confronta, punteo, careo, equiparación
of handwriting - cotejo de letra
compel - obligar, compeler, apremiar
payment - apremiar el pago
compellable - que puede ser compelido
compensable - compensable, indemnizable
death - muerte indemnizable
injury - lesión indemnizable
compensate - compensar, remunerar, indemnizar, desagraviar
compensation - compensación, remuneración, retribución, indemnización, desagravio, desquite, contrarreclamación, neutralización, compensación
act - ley sobre compensación por accidentes de trabajo
insurance - seguro de compensación *o* contra compensación legal por accidentes
compensatory - compensatorio, compensativo
damages - indemnización compensatoria
compete - competir, desafiar
competence - capacidad, aptitud, competencia
to make a will - facultad de testar
competency - competencia, capacidad
competent - capaz, apto, calificado, capacitado, competente
authority - autoridad competente
evidence - prueba admisible
jurisdiction - jurisdicción competente
witness - testigo competente *o* capacitado
competition - competencia, competición, rivalidad
competitive - competido, selectivo
bidding - licitación pública, subasta, condiciones justas para ofertas
compilation - compilación, recopilación, ordenamiento
compile - compilar, recopilar
compiled statutes - compilación de leyes clasificadas
complain - entablar demanda, quejarse
complainant - demandante, acusador, querellante
complaint - demanda, escrito de agravios, queja
complete payment - pago completo, pago final
complete voluntary trust - fideicomiso enteramente voluntario
completion - terminación, término, consumación, cumplimiento
bond - fianza de cumplimiento
complex - complejo, complicado
compliance - acatamiento, sumisión, obediencia
with, in - conforme a, de acuerdo con
complicity - complicidad
composite - compuesto
photograph - fotografía compuesta
work - obra con varios autores
composition - acomodamiento, ajuste, arreglo
and extension - arreglo de pago bajo jurisdicción de quiebra
deed - escrito de ajuste con acreedores
in bankruptcy - acomodamiento jurídico entre fallido y acreedores
of matter - composición de la materia, mezcla química

with creditors - concordato, convenio con acreedores
compound - capitalizar, arreglar, ajustar, componer, transigir
interest - interés compuesto
larceny - robo con circunstancias agravantes, hurto complicado
present worth - valor actual a interés compuesto
compounder - componedor
compounding a felony - aceptación de soborno por falta de procesamiento
comprehend - comprender, concebir
comprehensible - comprensible
comprehensive coverage - cobertura global
compromise - componenda, arreglo, avenencia, acomodación, compromiso, arreglar, componer, transigir, comprometer, avenirse
and settlement - convenio para someterse a arbitraje
verdict - veredicto por acomodación
comptroller - contralor, interventor, contador principal
general - contralor *o* interventor general
of currency - administrador de los bancos nacionales
compulsion - compulsión, coacción, apremio
compulsory - obligatorio, coactivo
appearance - comparecencia obligatoria
arbitration - arbitración obligatoria, arbitraje necesario
condition - condición obligatoria
disclosure - entrega de documentos forzada
joinder - litisconsorcio obligatorio
nonsuit - sobreseimiento involuntario *o* obligatorio
payment - pago involuntario, pago bajo coacción
process - procedimiento coactivo, juicio coactivo, medios compulsorios
purchase - compra forzada
sale - venta forzada
computation of time - cálculo del tiempo
concealed assets - activo oculto
concealment - ocultación, encubrimiento
of crime - ocultación de un crimen
concede - conceder, admitir
conceive - concebir, engendrar
conception - concepción
concern (n) - asunto, negocio, incumbencia, preocupación, interés
concern (v) - concernir, importar, tratar de
concerning - concerniente a, perteneciente a
concerted action - acción concertada
concerted plan - plan concertado
concession - concesión, merced, cesión, derecho, carta de privilegio
concessionaire - concesionario
concessionary - concesionario
conciliation - conciliación
board - junta de conciliación
proceeding - juicio de conciliación
conciliator - conciliador
concisely - concisamente
conclusion - conclusión, decisión, deducción
of fact - conclusión de hecho
of law - conclusión de derecho
conclusions - conclusiones
of fact - conclusiones de hecho
of law - conclusiones de derecho
conclusive - concluyente, conclusivo, decisivo
evidence - prueba concluyente *o* indisputable *o* decisiva
presumption - presunción absoluta, indicio claro *o* grave *o* indubitable
conclusory statement - aserto sobre conclusión de derecho
concomitant - concomitante
concubine - concubina, manceba, barragana
concur - hallarse de acuerdo, convenir
concurrence - concurrencia, acuerdo, cooperación
concurrent - concurrente
causes - causas concurrentes
conditions - condiciones concurrentes
consideration - causa concurrente
covenants - garantías concurrentes, convenio recíproco
estates - condominio
insurance - cobertura concurrente, seguro conjunto
interests - intereses concurrentes
jurisdiction - jurisdicción concurrente, jurisdicción acumulativa
lease - locación concurrente
liens - gravámenes iguales *o* concurrentes

negligence - negligencia concurrente
powers - poderes concurrentes de varias autoridades
resolution - resolución conjunta *o* concurrente
sentences - condenas simultáneas, sentencias concurrentes
tortfeasors - personas quienes independientemente le hacen un daño a la misma persona
writs - autos duplicados *o* concurrentes
concurring opinion - opinión separada pero de acuerdo con el dictamen de la mayoría de los jueces
concussion - concusión
condemn - expropiar, confiscar, condenar
condemnation - expropiación, enajenación forzosa *o* de expropiación, confiscación, condenación
proceeding - juicio de enajenación forzosa, procedimiento de expropación forzosa
condemnatory - condenatorio
condemnee - expropiado
condition - estado, condición, acondicionar, condicionar
collateral - condición colateral
of employment - requisito de trabajo
precedent - condición precedente *o* suspensiva
subsequent - condición subsecuente *o* resolutoria
conditional - condicional, condicionado
acceptance - aceptación condicional *o* limitada
agreement - acuerdo condicionado
annuity - anualidad condicional
appearance - comparecencia limitada *o* condicionada
bequest - legado condicional
contract - contrato condicional
conveyance - traspaso condicional
creditor - acreedor condicional
delivery - entrega condicional, tradición condicional
devise - legado contingente de bienes raíces
endorsement - endoso condicional
estate - propiedad condicional *o* contingente
fee - dominio condicionado
guaranty - garantía condicional *o* eventual
judgment - sentencia condicionada, fallo condicional
legacy - legado contingente *o* condicional *o* eventual
obligation - obligación condicional *o* condicionada, obligación a día
pardon - perdón *o* absolución condicional *o* condicionada
payment - pago condicional
privilege - privilegio condicional
promise - promesa condicional
release - libertad condicional
right - derecho condicional
sale - venta sujeta a pago *o* otra condición, venta condicional
sale contract - contrato de compraventa condicional
sentence - sentencia condicional
stipulation - estipulación condicionada
will - testamento con condiciones, testamento condicional
conditions - condiciones, condicionado
in deed - condiciones de hecho
in law - condiciones de derecho
of sale - normas para subastas, condiciones de la venta
condominium - condominio
condonation - condonación
condone - condonar, perdonar, tolerar
conduce, to - conducir a
conduct (n) - conducta, dirección, manejo
conduct (v) - conducir, dirigir, administrar
money - dinero pagado para los gastos de un testigo
confederacy - conspiración, cábala
conference - consulta, conferencia, vistas, concurso, consorcio
confess - confesar, reconocer
confession - confesión, admisión, reconocimiento
and avoidance - confesión y anulación
of indebtedness - reconocimiento *o* confesión de la deuda
of judgment - admisión de sentencia
confessor - confesor, confesante
confidant - confidente
confide - confiar
in - confiar en
confidential - confidencial, de confianza
communication - comunicación confidencial
relation - relación fiduciaria
confine (n) - confín, término

confine (v) - confinar, restringir
confinement - confinamiento, reclusión, limitación
confirm - confirmar, ratificar, corroborar, constatar, verificar
confirmation - confirmación, ratificación, convalidación, corroboración
confirmed credit - crédito confirmado
confirmed letter of credit - carta de crédito confirmada
confirmee - persona a quien se le confirma un derecho
confirming - confirmatorio, confirmativo
  letter - carta confirmadora *o* de confirmación
confirmor - el que confirma
confiscable - confiscable, decomisable
confiscate - confiscar, decomisar, comisar
confiscation - confiscación, comiso, decomiso
confiscatory - confiscador, confiscatorio
conflict - conflicto, oposición
  of interest - conflicto de intereses
  of jurisdiction - conflicto jurisdiccional *o* de competencia
  of laws - conflicto de leyes
conflicting evidence - testimonio contradictorio
conformity - concordancia, avenencia
confront - confrontar, carear
confusion - confusión
  of boundaries - confusión de lindes
  of debts - confusión de deudas
  of goods - confusión de bienes
  of rights - confusión de derechos
  of titles - confusión de títulos
congenital insanity - insania *o* locura congénita
conglomerate - conglomerado
  merger - consolidación de empresas operando en mercados distintos
congress - congreso
congressional district - distrito electoral
congressional powers - poderes del congreso, facultades del congreso
congressional record - diario de sesiones del congreso
congressman - diputado, miembro del congreso, congresista
congresswoman - congresista
congruity - congruencia
conjecture - conjetura, presunción
conjoint will - testamento mancomunado *o* de copropietarios
conjugal - conyugal
  rights - derechos conyugales
conjunctive - conjunto
  denial - negación general de parte del demandado
  obligation - obligación conjunta
connivance - connivencia, consentimiento
connive - conspirar
connote - connotar, implicar
consanguinity - consanguinidad
conscience, courts of - tribunales limitados a casos de deudas pequeñas
conscious - consciente
consecutive - consecutivo
  sentences - sentencias consecutivas
consensual - consensual
  contract - contrato consensual
  marriage - casamiento consensual, matrimonio consensual
consensus - consenso, acuerdo
consent - aquiescencia, consentimiento, conformidad, consentir, acceder
  decree - decreto por consentimiento, decreto emitido por acuerdo entre las partes
  judgment - sentencia acordada *o* de aquiescencia
  jurisdiction - jurisdicción por acuerdo de las partes
  of the victim - consentimiento de la víctima
  to notice - consentimiento a ciertas formas de notificación
consequent nullity - nulidad derivada, nulidad consecuencial
consequential - consecuente, importante
  damages - daños emergentes, daño consecuencial
  loss - pérdida consiguiente *o* consecuente
conservative - conservador
conservator - curador, conservador
consideration - consideración, condición, precio, causa, prestación, compensación, contraprestación
consign - consignar, entregar
consignation - consignación
consignee - consignatario, destinatario, receptor
consignment - consignación
  contract - contrato de consignación

note - guía de carga aérea, nota de consignación
consignor - consignador, remitente
consilium - día fijado para oír las partes
consistent - compatible, conveniente
condition - condición compatible
consolidate - consolidar, combinar, unir
consolidated - consolidado
actions - juicios acumulados
balance sheet - balance general consolidado, estado de contabilidad consolidado, balance de fusión
bond issue - emisión consolidada *o* de reintegración
mortgage - hipoteca consolidada
school district - distrito escolar consolidado
statutes - leyes consolidadas
consolidation - consolidación, unión, concentración
of actions - unión de acciones
rule - principio sobre unión de acciones
consortium - consorcio
conspiracy - conspiración, confabulación, complot, conjura, conjuración
in restraint of trade - complot para represión de comercio, confabulación para restringir el comercio
conspirator - conjurador, conspirador, complotado
conspire - confabularse, conspirar, conjurar, complotarse
to defraud - conspirar para defraudar
constable - alguacil, policía
constituent - cedente, poderdante, mandante, comitente, causante, delegante, constituyente
constitute - nombrar, diputar, constituir
constituted authorities - autoridades constituídas
constitution - constitución, ley orgánica, acta orgánica
and bylaws - escritura constitutiva y estatutos
constitutional - constitucional
freedoms - derechos fundamentales
law - derecho constitucional, ley fundamental
limitations - restricciones constitucionales
provision - precepto constitucional
constitutionality - constitucionalidad
constitutive - constitutivo
construction - interpretación, explicación, construcción, edificación
constructive - constructivo, implícito, sobrentendido, deducido
acceptance - aceptación implícita *o* deducida
annexation - anexión implícita
assent - consentimiento implícito
authority - autorización implícita
bailment - locación implícita
breach of contract - incumplimiento implícito de contrato
contempt - contumacia indirecta, desacato indirecto
contract - contrato sobrentendido *o* implícito
conversion - apropriación ilícita virtual *o* deducida
crime - crimen presunto de las circunstancias, delito que solamente existe en virtud de una interpretación judicial, más allá de lo razonable, de algún estatuto penal
delivery - entrega *o* tradición simbólica
eviction - desalojo indirecto *o* virtual *o* implícito *o* sobrentendido
flight - fuga implícita
fraud - fraude presuntivo *o* implícito
intent - intención imputalbe a una persona
knowledge - conocimiento imputable a una persona
larceny - hurto implícito
loss - pérdida convenida *o* constructiva
malice - malicia implícita
mortgage - hipoteca equitativa
notice - notificación sobrentendida
possession - posesión legal *o* de jure, posesión imaginaria *o* artificiosa
service of process - notificación por correo *o* por expediente *o* por edicto
trust - fideicomiso implícito *o* sobrentendido *o* impuesto por la ley
consular - consular
court - tribunal *o* juzgado consular
fees - derechos consulares, consulaje
invoice - factura consular
visa - visa consular
consult - consultar, conferir, conferenciar, consultarse
consultant - asesor, consultor, consejero
consultation - consulta, conferencia
consulting board - comisión asesora, junta consultiva

consumer - consumidor
credit - crédito para el consumo
credit code - código para proteger el crédito del consumidor
credit protection act - ley para proteger el crédito de consumidor
debt - deuda del consumidor, deuda por consumo
price index - índice de precios al consumo
product - producto de consumo
protection laws - leyes para la protección del consumidor
consummation - consumación
consumption tax - impuesto al consumo
consumption-entry bond - fianza de declaración a consumo
contemplate - contemplar, proponerse
contemplation - contemplación, intención
of bankruptcy - propósito de quíebra
of death - expectación de muerte
of insolvency - contemplación de insolvencia
contemporaneous construction - interpretación por costumbre
contempt - desacato, desobediencia
of court - desacato al tribunal, rebeldía, contumacia
contemptuous - rebelde, contumacial
contend - alegar, disputar
contention - contención, argumento
contentious - contencioso
jurisdiction - jurisdicción contenciosa
possession - posesión controvertida *o* contenciosa
contest - disputa, competencia, concurso, oposición, disputar, controvertir, objetar, impugnar, litigar
a will - impugnar el testamento
contestability - contestabilidad, disputabilidad
contestable - contestable, disputable
contested - disputado, adversario, controversial
divorce - divorcio contencioso
will - testamento disputado *o* impugnado
context - contexto
contextual - contextual
contiguous - contiguo, próximo
Continental Congress - Congreso Continental
contingency - contingencia, eventualidad
contingent - condicional, contingente, eventual, accidental
annuity - anualidad condicional
beneficiary - beneficiario condicional *o* eventual
claim - reclamación condicional
damages - daños condicionales
debt - deuda condicional
devise - legado condicional de bienes raíces
estate - propiedad contingente
fee - honorario condicional
interest - interés condicional
legacy - legado condicional
liability - responsabilidad contingente, compromiso eventual, pasivo eventual, obligación condicional
remainder - derecho de propiedad expectante que no tiene efectividad hasta que suceda alguna contingencia determinada
right - derecho condicional
trust - fideicomiso condicional
use - uso condicionado
voting - votación condicional
continuance - aplazamiento, continuación
continuation - continuación
continue - aplazar, continuar, prolongar
continued bond - bono de vencimiento aplazado
continuing - continuo, constante
breach of contract - incumplimiento reiterado de contrato
consideration - causa continua
covenant - contrato continuo
damages - daños y perjuicios continuos
easement - servidumbre continua
guaranty - garantía continua
offense - crimen continuo
trespass - transgresión continua
warranty - garantía continua
continuous - continuo
adverse use - uso adverso continuo
crime - delito continuado
easement - servidumbre continua
injury - agravio repetido
contra bonos mores - contrario a morales buenos, contrario a las buenas costumbres
contra formam statuti - contra la forma del estatuto
contra jus commune - contra el derecho común

contraband - contrabando, prohibido
of war - contrabando de guerra
trade - contrabando
contrabandist - contrabandista, matutero
contract - contrato, convenio, ajuste, escritura, contrata, pacto, contratar, pactar, contraer
bond - fianza de contratista, garantía para el cumplimiento de contrato
carrier - empresa transportadora por ajuste
clause - cláusula de la constitución que le prohibe a los estados menoscabar las obligaciones contractuales
for sale of goods - contrato para la venta de mercancía
for sale of land - contrato para la compraventa de tierras
labor - braceros contratados en el exterior
an obligation - contraer una obligación
of affreightment - póliza de fletamento
of carriage - contrato de transporte
of hire - contrato de trabajo, locación
of mandate - mandato, contrato de mandato
of pledge - contrato pignoraticio *o* de prenda
of record - contrato perfecto *o* de registro público
of sale - contrato de compraventa
of specialty - escritura de convenio sellada
penalty - pena convencional
rights - derechos de contrato, derechos contractuales
time - plazo del contrato, lapso para terminación
, under - contratado, bajo contrato
under seal - contrato sellado
contractable - contratable
contractee - otra parte en contrato
contracting parties - partes contratantes, contrayentes
contractor - contratista, empresario
contractual - contractual, por contrato
obligation - obligación convencional *o* contractual
contradiction - contradicción, impugnación, oposición
in terms - frase contradictoria de por sí
contradictory - contradictorio, opuesto
judgment - sentencia contradictoria
contrary - contrario, adverso
to law - contrario a la ley, ilegal
to the evidence - contrario a la prueba
contravene - contravenir, desobedecer, disputar
contravention - contravención, infracción
contribute - contribuir
contributing cause - causa contribuyente, causa indirecta
contribution - contribución, aportación, cuota
contributor - contribuyente, contributario
contributory (adj) - contribuyente
contributory (n) - contribuidor, factor contribuyente
infringement - violación, contribuyente
negligence - negligencia contribuyente, imprudencia, concurrente
contrite - contrito, arrepentido
contrive - ingeniar, maquinar
controlled company - compañía filial *o* dominada
controlled substance - sustancia controlada
controlling interest - inversión *o* interés dominante, participación de control
controversial - controvertible, discutible, problemático
controversy - controversia, disputa
controvert - controvertir, disputar
controvertible - controvertible, disputable, contestable, discutible
convene - convocar, convenir, citar, convenirse, reunirse
convention - convenio, tratado multilátero, asamblea, convención, congreso
conventional - convencional, convenido, corriente
community - comunidad convenida
estate - propiedad convencional
interest - interés convencional
lien - gravamen convenido
mortgage - hipoteca voluntaria *o* convencional
person - persona jurídica *o* moral
remission - condonación expresa
subrogation - subrogación convencional
trustee - fiduciario por nombramiento del tribunal, fiduciario convenido
conversion - conversión, canje, capitalización del interés, apropiación ilícita, elaboración

convertible - convertible, canjeable, cambiable
bond - bono convertible
securities - valores convertibles
term insurance - seguro a término convertible
convey - transferir, traspasar, transportar, llevar, acarrear
conveyance - título traslativo de dominio, cesión, traspaso
conveyancer - escribano que hace escrituras de traspaso
conveyer - cedente
convict - penado, convicto, reo, presidario, condenar, probar la culpabilidad
conviction - convicción, convencimiento, fallo de culpabilidad, condena, convicción
convincing - convincente
proof - prueba convincente
convoke - convocar, citar
convoluted - complicado, confuso
co-obligor - coobligado, codeudor
cooperation - cooperación
cooperative - cooperativa
negligence - negligencia contribuyente
co-ordinate jurisdiction - jurisdicción coordinada *o* concurrente, conocimiento acumulativo
co-owner - copropietario, condueño, coposeedor
copartner - consocio, asociado, copartícipe
copartnership - asociación, sociedad comanditaria, coparticipación
coparty - comparte, colitigante
coproprietor - copropietario, condueño
copybook - copiador, libro copiador, copiacartas
copyright - propiedad literaria, derecho de autor, propiedad intelectual, derecho de reproducción *o* de impresión
notice - aviso de derecho de autor
copyrightable - registrable como propiedad literaria
coroner - pesquisidor, médico forense, funcionario que determina si una muerte fue natural *o* causada por medios violentos
coroner's
jury - jurado de pesquisidor
inquest - indagatoria de pesquisidor
corporal - corporal, físico
appearance - comparecencia física, apariencia física
oath - juramento solemne
punishment - pena corporal
corporate - incorporado, colectivo, corporativo, social
agent - agente corporativo
bonding - afianzamiento, seguro de fidelidad
charter - instrumento mediante el cual se crea una corporación
domicile - domicilio social
franchise - concesión social, escritura de constitución, carta orgánica
seal - sello corporativo *o* de la corporación *o* de incorporación
stock - acciones, bonos municipales
trust - fideicomiso de sociedad anónima
corporation - sociedad anónima *o* por acciones, corporación, compañía, comunidad
charter - certificado de incorporación, escritura constitutiva *o* de constitución, cartapatente
de jure - corporación autorizada, corporación de jure
income tax - impuesto sobre la renta de sociedades anónimas, impuesto sobre ingresos de sociedades *o* de corporaciones
law - derecho corporativo, ley de sociedades *o* de corporaciones
lawyer - abogado de incorporaciones, consejero de sociedades anónimas
corporative - corporativo
corpus - cuerpo de la herencia, caudal hereditario, masa de la herencia
delicti - cuerpo del delito, objeto que prueba la existencia del delito
juris - cuerpo de leyes, corpus juris
correctional court - juzgado correccional
corroborate - corroborar, confirmar
corroborating evidence - prueba corroborativa
corrupt - corrompér
corruptibility - corruptibilidad
corruptible - corruptible
corruption - corrupción
cosignatory - firmante conjunto
cosigner - cofirmante, cosignatario, firmante conjunto
cost - costo, costa
and freight - costo y flete

bond - fianza para costas
contract - contrato a costo
, insurance and freight - costo, seguro y flete
, insurance, freight and exchange - costo, seguro, flete y cambio
, insurance, freight, commission and interest - costo, seguro, flete, comisión e interes
of living clause - cláusula para ajuste por costo de vida
of living index - índice del costo de vida
or market, whichever is lower - costo *o* mercado el que sea más bajo, el precio menor sea costo *o* mercado
to replace - costo de reposición
cost-plus contract - contrato a costo más honorarios
costs - costas
incurred - costos acarreados
cotenancy - tenencia conjunta
cotenant - coarrendatario, coinquilino
cotrustee - cofiduciario, fiduciario conjunto
council - consejo, concejo, junta, asamblea
of conciliation - tribunal de conciliación
of ministers - consejo de ministros
counsel - consejo, asesor legal, consejero, aconsejar
fees - honorarios del abogado
for the defense - defensor, abogado defensor
for the prosecution - acusador
, right to - derecho a abogado
counselor - consejero, asesor legal, letrado
count - cargo, demanda, contar
counter wills - testamentos recíprocos
counteraccusation - contradenuncia
counteraffidavit - contradeclaración
counterappeal - contraapelación
countercharge - reconvención, recriminación, reconvenir
counterclaim - contrademanda, contrapetición, contrarreclamación, reconvención, contradenuncia, contrademandar, reconvenir
counterclaimant - contrademandante
counterespionage - contraespionaje
counterevidence - contraprueba, prueba diversa
counterfeit - falsificación, moneda falsa *o* falsificada, falsificar, contrahacer, forjar, falsificado, contrahecho, espurio
coin - moneda falsificada
counterfeiter - falsificador de moneda, forjador, baluquero
counterguaranty - contragarantía
countermotion - proposición contraria, contraproposición
counteroffer - contraproposición, contraoferta
counterpart - contraparte
counterplea - reconvención
counterproof - contraprueba
counterproposal - contraproposición, contrapropuesta, contraoferta
counterproposition - contraproposición
counterseal - contrasello, contrasellar
countersecurity - contrafianza
countersign - refrendar, visar
countersignature - refrendata, refrendo
countervailing - compensatorio
country - país, región, campo
county - condado
attorney - procurador del condado
commissioners - comisionados del condado
court - tribunal de condado
jail - cárcel del condado
judge - juez de tribunal de condado
seat - cabecera del condado
course of business - lo acostumbrado en los negocios, marcha de los negocios
course of employment - en el curso del empleo
course of trade - lo acostumbrado en los negocios
court - tribunal, juzgado, corte, audiencia, sala
bond - fianza de litigante
clerk - escribano, secretario del tribunal
costs - costas procesales *o* judiciales
decision - sentencia, resolución, fallo
in bank - pleno del tribunal
of admiralty - tribunal marítimo, corte de almirantazgo
of appeal - tribunal de apelación *o* de alzadas
of arbitration - tribunal arbitral *o* de arbitraje
of bankruptcy - tribunal de quiebras
of chancery - tribunal de equidad
of claims - tribunal para juicios contra el gobierno, tribunal de reclamaciones
of common pleas - tribunal de primera instancia para acciones civiles, tribunal de litigios ordinarios

of conscience - tribunal de equidad, tribunal de conciencia
of customs and patent appeals - tribunal de apelación en materia aduanal y de patentes
of domestic relations - juzgado de relaciones familiares
of equity - tribunal de equidad
of errors - tribunal para apelaciones por error
of first instance - tribunal de primera instancia, juzgado de jurisdicción original
of general sessions - tribunal penal de primera instancia
of last resort - tribunal de última instancia
of law - juzgado, tribunal de derecho, fuero externo
of ordinary - tribunal testamentario
of original jurisdiction - tribunal de primera instancia, juzgado de jurisdicción original
of probate - tribunal testamentario, corte de sucesiones
of quarter sessions - tribunal penal inferior
of record - tribunal de registro *o* de autos
of review - tribunal de revisión
of special sessions - tribunal para una causa especial
officer - alguacil, ministril
order - apremio, orden *o* providencia del tribunal
reporter - relator del tribunal, repórter
stenographer - taquígrafo de la corte, taquígrafo repórter
courthouse - edificio de los tribunales, palacio de justicia
courtroom - sala del tribunal, estrados
covenant - pacto, convenio, contrato, contrato solemne, garantía, saneamiento, pactar, convenir, garantizar
against incumbrances - garantía de una heredad libre de gravamen
collateral - garantía colateral *o* de materia ajena
for further assurance - garantía de perfeccionamiento del título
for quiet enjoyment - garantía de posesión sin trastornos legales, garantía de quieta y pacífica posesión
in deed - convenio expreso *o* de hecho
in gross - obligación no relacionada con el inmueble
in law - convenio implícito *o* de derecho
not to compete - acuerdo de no competir
not to sue - obligación de no demandar
of right to convey - garantía de título del vendedor
of seisin - garantía que el cesionista tiene los bienes por transferir
of warranty - garantía de título al comprador
running with the land - obligación vinculada con el inmueble
to convey - contrato del compraventa
to renew - pacto de extensión del arrendamiento
covenants of title - garantías *o* pactos usuales
covenantee - contratante, pactante, garantizado
covenanter - contratante, contratista
covenantor - obligado, garantizador
cover-all clause - cláusula que abarca todas las circunstancias de un caso
cover letter - carta acompañante, carta de trámite, carta de cobertura
covert - secreto, protegido
coverture - estado de mujer casada
credentials - carta credencial, credenciales, justificantes
credibility - credibilidad
credible - creíble, digno de crédito
person - persona digna de confianza
witness - testigo competente, testigo creíble
credibly informed - con información creíble *o* fidedigna
credit - crédito, abono, haber, abonar, asentar al haber
bureau - negociado de crédito, agencia de reporte y clasificación de crédito
card - tarjeta de crédito
instrument - título *o* documento *o* instrumento de crédito, letra de crédito
insurance - seguro sobre el crédito
line - línea de crédito
rating - calificación crediticia
report - informe crediticio *o* de crédito
underwriters - aseguradores de crédito
union - cooperativa de crédito
creditor - acreedor
of a bankrupt - acreedor concursal

of a partnership - acreedor social
creditor's bill - recurso en equidad entablado por un acreedor
creditor's claim - derecho del acreedor
creditor's meeting - concurso *o* junta de acreedores, convocatoria de acreedores
creditor's suit - acción entablada por un acreedor en equidad
crime - crimen, delito
against nature - acto sexual desviado, acto contra natura
against property - delito contra la propiedad
of omission - crimen de omisión
of passion - crimen pasional
of violence - crimen con violencia
statistics - estadísticas criminales
criminal - criminal, delictivo, penal
action - acción penal, acción criminal, causa
calendar - lista *o* calendario de acciones criminales
charge - acusación criminal
code - código penal *o* criminal
contempt - desacato criminal
conversation - adulterio
court - tribunal penal, juzgado criminal *o* de lo penal, corte penal
information - acusación formal
intent - intención *o* propósito criminal
jurisdiction - jurisdicción criminal *o* penal
law - derecho penal, ley penal
lawyer - abogado penalista, letrado criminalista, penalista
liability - responsabilidad criminal *o* penal
libel - difamación criminal
negligence - negligencia criminal
offense - delito penal
procedure - tramitación *o* procedimiento del tribunal penal
proceeding - procedimiento *o* trámite penal
process - citación en procedimiento penal
prosecution - enjuiciamiento penal *o* criminal
record - antecedentes criminales, récord criminal
statute - ley penal
trespass - violación de propiedad criminal
criminalist - criminalista
criminality - criminalidad
criminate - acusar, acriminar
criminology - criminología
crook - embustero, estafador, fullero, petardista, trampeador, pícaro
crooked - deshonesto, tramposo, trampero
crop - cosecha
insurance - seguro de cosecha
loan - refacción agrícola
cross - cruz
action - contraquerella
appeal - contraapelación
bill - contraquerella, contradenuncia, resaca, giro trocado para otro
claim - contrarreclamación
complaint - contraquerella
demand - contrademanda, reconvención
errors - errores contrapuestos
licensing - explotación mutua de derechos de patente
motion - contrapetición
remainders - nuda propiedad recíproca
cross-appeal - contraapelar
cross-examination - repregunta, contrainterrogatorio
cross-examine - repreguntar, contrainterrogar
cross-interrogate - contrainterrogar
cruel and unusual punishment - castigo cruel y desacostumbrado *o* inusitado, pena cruel y desusada
cruelty - crueldad, inhumanidad
culpa - culpa, negligencia
culpable - culpable
homicide - homicidio voluntario *o* por culpa
ignorance - ignorancia culpable
neglect - descuido *o* negligencia culpable
negligence - negligencia culpable *o* inexcusable
culprit - delincuente, reo, criminal
cumulative - acumulativo, cumulativo, acumulable
dividend - dividendo acumulable
evidence - prueba cumulativa
legacy - legado adicional, legado duplicado *o* repetido
offense - delito habitual
penalty - pena cumulativa, pena accesoria
preferred stock - acciones privilegiadas de dividendo acumulable *o* acumulativo
punishment - pena aumentada por delito habitual
remedy - recurso adicional
sentence - condena acumulada

voting - votación cumulativa
curator - conservador, ecónomo, curador
ad hoc - curador para el caso
ad litem - curador ad litem
bonis - curador ad bona *o* de bienes
for absentee - curador de ausente
curatorship - curaduría, curatela
cured by verdict - rectificado automáticamente por falta de excepción antes de rendir veredicto, curado *o* corregido por el veredicto
curing title - saneamiento de título
currency - dinero en circulación
current - corriente, actual, presente, común
account - cuenta corriente
assets - activo corriente *o* realizable, activo en rotación
expenses - gastos ordinarios
liabilities - pasivo corriente *o* circulante *o* flotante *o* exigible, exigibilidades
market value - valor corriente de mercado
money - moneda nacional *o* de circulación general
price - precio corriente *o* de plaza *o* de mercado, precio actual
surplus - superávit de operación
wages - salarios del presente periodo, salarios actuales
yield - rendimiento corriente
curriculum vitae - historial personal, curriculum vitae
cursory - superficial
examination - inspección somera
curtesy - derecho del hombre en la propiedad raíz de su difunta esposa
custodial - custodio, custodial
custodian - custodio, conservador, ecónomo, guardián
account - cuenta custodial *o* de custodia
bank - banco depositario
custodian's fee - derechos de guarda *o* de custodia
custodianship - custodia
custody - custodia, tuición, guardia
account - cuenta de custodia
custom - usanza, uso, costumbre
and usage - uso y costumbre
of the trade - costumbre de plaza
customary - usual, corriente, acostumbrado, consuetudinario
interpretation - interpretación usual
law - derecho usual
customer - cliente
customhouse - aduana
broker - agente de aduana
clearance - despacho aduanal *o* de aduana, guía de aduana
permit - cédula *o* póliza de aduana
customs - derechos de aduana *o* de internación *o* de importación
appraiser - aforador de aduana, vista aforador, tasador aduanero
attorney - abogado aduanero
bar - abogacía aduanera
bond - fianza de aduana
court - tribunal aduanal *o* para asuntos aduaneros, tribunal de hacienda, juzgado de aduanas
declaration - declaración aduanal *o* arancelaria *o* de aduana
district - distrito aduanero
duties - derechos aduaneros *o* de aduana *o* de importación, arancel aduanero
inspector - vista de aduana, revisor aduanero, inspector de aduana
receipts - rentas de aduanas
regulations - reglamento aduanero
union - unión *o* asociación aduanera
warehouse - almacén afianzado *o* aduanero
customs-exempt - exento *o* franco de derechos
cy pres - tan cerca como posible

Notes

D

daily - diario, cotidiano, diurno
allowance - asignación diaria
rate of pay - salario diario
damage - daño menoscabo, quiebra, injuria, desperfecto, avería, siniestro, agravio, dañar, averiar, damnificar, perjudicar, injuriar
feasant - causar daños, daños causados por animales ajenos
to person - daño a la persona
to property - daño a la propiedad
damages - daños y perjuicios, daños y menoscabos, indemnización de perjuicios
damaging - dañoso, perjudicial
damnification - perjuicio
dangers of the sea - riesgos del mar
data - antecedentes, datos
bank - banco de datos
protection - protección de datos
date - fecha, plazo, data, época, fechar, adatar, datar
back - retrotraer, antedatar
of bankruptcy - fecha de la declaración de quiebra
of cleavage - fecha de la petición voluntaria de quiebra
of issue - fecha de emisión
of maturity - fecha de vencimiento
of publication - fecha de publicación
of record - fecha de registro
day - día
book - libro diario, registro diario de entradas y salidas
calendar - lista de causas preparadas para el día
certain - fecha fija, día fijo *o* cierto
in court - derecho de audiencia en pleno tribunal, su día ante el tribunal, un día en corte
loan - préstamo diario
of hearing - día de la audiencia, día de la vista, día del juicio
days of demurrage - demora en la duración de un viaje
days of grace - días de gracia
daylight-saving time - horario utilizado para aprovechar la luz del día
de bene esse - condicionalmente, provisionalmente
de debito - ordenanza de deuda
de facto - de hecho, de facto
bankruptcy - quiebra de hecho
corporation - corporación con existencia de hecho
domicile - domicilio de hecho
de gratia - de gracia
de jure - de derecho, válido bajo la ley, de jure
de novo - de nuevo
dead asset - activo sin valor
dead freight - pago por flete contratado pero sin utilizar, falso flete
deadline - término, plazo fatal
dead stock - inventario no vendible, capital improductivo
dead storage - almacenamiento de bienes, mercancías inmovilizadas
deadly weapon - arma mortífera
deal (n) - negocio, contrato, acuerdo
deal (v) - negociar, dar, repartir, asestar
dealer - comerciante, intermediario, corredor de bolsa
dealings - negociaciones, tratos, transacciones
death - muerte, defunción, fallecimiento
action - acción civil por muerte resultado de acto injusto
benefit - indemnización *o* beneficio por muerte, cuota mortuaria
certificate - partida *o* acta de defunción
chamber - cámara letal
claim - reclamo por muerte
duties - impuestos de sucesión, contribución *o* derechos de herencia
penalty - pena de muerte, justicia, pena capital
sentence - sentencia de muerte
taxes - contribuciones sucesorias, impuesto sobre herencias
warrant - orden de ejecución
debatable - discutible, disputable
debate - discusión, disputa, disputar, discutir, controvertir
debenture - debenture, obligación sin colateral, obligación sin hipoteca *o* prenda
bonds - bonos sin colateral
certificate - certificado correspondiente a un debenture, certificado correspondiente a una obligación sin hipoteca *o* prenda
debit (n) - débito, saldo deudor

debit (v) - debitar, cargar en cuenta
  balance - saldo deudor
  note - nota de débito, nota de cargo
debitor - deudor
debitum - deuda
debt - deuda, obligación
  adjusting - atender las deudas de otro por compensación
  adjustment - convenio para pagar deudas que se disputan
  barred by limitation - deuda prescrita
  by simple contract - deuda a través de contrato simple
  by special contract - deuda a través de contrato especial
  cancellation - cancelación de deuda
  consolidation - consolidación de deudas
  due - deuda exigible
  limitations - limitaciones de la deuda
  of honor - deuda de honor
  of record - deuda por fallo *o* por juicio, deuda registrada
  pooling - arreglo mediante el cual un deudor reparte sus activos entre acreedores
  security - garantía de una deuda, obligación de deuda corporativa
  service - servicio de la deuda, pago de deudas
debtee - acreedor
debtor - deudor, debiente
deceased - difunto, finado, muerto
decedent - difunto, finado
decedent's estate - patrimonio sucesorio
deceit - engaño, dolo, impostura, trampa, falacia
decentralization - descentralización
decentralize - descentralizar
deceptive - engañoso
  sales practices - prácticas comerciales engañosas
decide - decidir, resolver, proveer, determinar, juzgar
decipher - descifrar
decision - decisión, resolución, fallo, sentencia, definición, providencia
  on merits - decisión por los méritos de una cuestión
  reserved - sentencia guardada, fallo reservado
decisory - decisorio
  oath - juramento decisorio
declarant - declarante
declaration - declaración, declaratoria, dicho, exposición, demanda
  against interest - declaración contra el propio interés
  in chief - demanda principal
  of bankruptcy - manifestación *o* declaratoria de quiebra, declaración de concurso
  of inability to pay debts - declaración de insolvencia
  of intention - declaración que hace el extranjero en EU como primera gestión en el procedimiento de naturalización
  of solvency - declaración de solvencia
  of trust - declaración de fideicomiso
Declaration of Independence - Declaración de Independencia
declarative - declarativo, declaratorio
declaratory - declaratorio, declarativo
  action - acción declarativa
  covenant - estipulación declaratoria
  exception - excepción declarativa
  judgment - sentencia declarativa, juicio declaratorio
  legislation - legislación declaratoria
  proceeding - juicio de cognición
  statute - ley declaratoria
declare - declarar, afirmar, deponer
  bankrupt - concursar, declarar quebrado
  a dividend - declarar *o* repartir *o* acordar un dividendo, decretar un dividendo
  a recess - declarar un receso
  upon a note - demandar por pagaré desatendido
declared capital - capital declarado *o* escriturado
declared value - valor declarado
declinatory - declinatorio
  plea - declinatoria
decrease - disminución, reducción, merma
decree - decreto, edicto, apremio, acuerdo, acordada, auto, bando, decretar, mandar
  in absence - sentencia dictada en ausencia, sentencia dictada en rebeldía
  law - decreto ley, ley decreto
  nisi - fallo de divorcio condicional, sentencia que, de no comparecer el demandado a mostrar causa por la cual no deba anularse, concluye sus derechos, convertiendose en definitiva dicha sentencia
  of distribution - sentencia de distribución
  of divorce - sentencia de divorcio

of insolvency - declaración judicial de quiebra
of nullity - auto de nulidad
dedication - dedicación a uso público
and reservation - dedicación reservándose ciertos derechos
deduce - deducir, inferir
deducible - deducible
deductible - deducible
losses - pérdidas deducibles
deduction - deducción, descuento
deductive - deductivo
deed - escritura *o* título de propiedad, escritura de traspaso, escritura traslativa de dominio, traspasar por escritura
in fee - escritura de pleno dominio
of arrangement - concordato
of assignment - escritura de cesión
of conveyance - escritura de traspaso
of covenant - escritura de garantía
of gift - escritura de donación
of indenture - escritura de traspaso
of release - acta de cesión de derechos
of sale - escritura de compraventa
of trust - escritura de fideicomiso
poll - escritura unilateral
deem - considerar, estimar, juzgar
defamation - difamación, calumnia
defamatory - difamatorio, calumnioso
default - incumplimiento, mora, falta *o* defecto de pago, rebeldía, contumacia, falta de comparecencia, faltar, dejar incumplido, desairar, desatender
, by - en rebeldía, en contumacia
, in - en mora, moroso, atrasado de pago
judgment - fallo por falta de comparecencia
defaulted
bond - bono de interés en mora
contract - contrato incumplido
defaulter - delincuente, malversador, defraudador, rebelde
defeasance - anulación, revocación
clause - cláusula que permite la extinción de una hipoteca
defeasible - anulable, revocable
fee - derecho de dominio revocable
title - titularidad revocable, título revocable
defeat - anular, vencer
a bill - derrotar un proyecto de ley
defect - defecto, vicio, falla, fallo, falta
of form - defecto de forma, vicio de forma
of parties - falta de partes
of substance - defecto material
defective - defectuoso, vicioso
title - título defectuoso, titularidad defectuosa
defend - defender
defendant - demandado, reo, procesado, parte demandada, acusado
defendant-appellant - demandado que plantea una apelación
defendant's bond - fianza de demandado
defense - defensa
counsel - abogado defensor
on the merits - defensa a base de los méritos
defer - diferir, prorrogar, dilatar
deferment - aplazamiento
deferrable - aplazable
deferred - deferido aplazado
annuity - anualidad aplazada
assets - activo diferido
bond - bono de interés diferido
calendar - lista *o* calendario de causas diferidas
income - ingreso diferido
liabilities - pasivo diferido *o* transitorio
payments - pagos diferidos
deficiency - deficiencia, insuficiencia, déficit
assessment - la diferencia entre lo que calcula el contribuyente y lo que reclaman las autoridades
decree - auto de deficiencia
judgment - fallo de deficiencia, sentencia por la diferencia
notice - aviso por parte de las autoridades informando al contribuyente de una deficiencia en la declaración de las contribuciones
suit - acción para obligar al deudor en una ejecución de hipoteca a pagar la diferencia entre lo que se debe y lo que se devengó
deficit - déficit, descubierto
spending - gastos en exceso de los ingresos, financiación con déficit
definitive - definitivo
defraud - defraudar, estafar, engañar
defrauder - defraudador
defunct - difunto, terminado
degree - grado, título universitario
of negligence - grado de negligencia
of proof - fuerza de la prueba

delay - demorar, aplazar
delegate - delegado, diputado, comisario, delegar, capacitar, diputar, legar
  authority - delegar autoridad
delegation - delegación, diputación, comisión
delegatory - delegatorio
delete - suprimir, borrar
deliberate - deliberar, consultar, deliberado, pensado, premeditado
deliberately - con premeditación, deliberadamente
delinquency - delincuencia, morosidad
delinquent - delincuente, delictivo, delictuoso, moroso, atrasado
  debt - deuda en mora
  party - parte incumplidora
  taxes - impuestos morosos
deliver - entregar
  a judgment - dictar una sentencia
  bond - fianza para reintegración de bienes embargados
deliverance - veredicto, liberación
delivery - entrega, tradición, dación
  bond - fianza para reintegración de bienes embargados
  of deed - entrega de la escritura
delusion - ilusión, impresión, errónea
demand - demanda, exigencia, demandar, exigir
  bill - giro *o* letra a la vista
  deposit - depósito disponible *o* exigible a la vista
  draft - giro *o* letra a la vista
  exchange - divisas a la vista, cambio a la vista
  for a jury trial - solicitud para un juicio por jurado
  for payment - intimación de pago, requerimiento de pago
  liabilities - obligaciones a la vista
  loan - préstamo a la vista
  note - pagaré a la vista
demandable - exigible
demandant - demandante, demandador
demander - demandador
demarcate - demarcar
dementia - demencia, locura
demise - arrendamiento, cesión, muerte, defunción
demonstrate - demostrar, probar
demonstration - demostración, exposición, prueba
demonstrative - demostrativo
  evidence - prueba demostrativa
  legacy - legado con cargo a fondo particular, legado demostrativo
demur - presentar excepción, excepcionar
demurrable - excepcionable
demurrant - objetante, excepcionante
demurrer - excepción, objeción
  to evidence - objeción a pruebas defectuosas
  to interrogatories - objeción a interrogatorios
deniable - negable
denial - denegación, negación, negativa
  of justice - denegación de justicia
denier - negador
denomination - denominación
denote - denotar, indicar
denounce - desahuiciar, dar por terminado, denunciar
denouncement - denuncia, denuncio
denouncer - denunciante, denunciador
denumeration - acto de pago
denunciation - denuncia, denunciación
deny - negar, declarar sin lugar, rehusar
department - departamento, territorio, ministerio
departure - desviación, partida, divergencia, marcha, salida
dependent - dependiente, condicional, contingente
  condition - condición dependiente
  contract - contrato condicional *o* dependiente
  covenant - convenio dependiente
dependents - mantenidos, personas a cargo
deplete - agotar
depletion - agotamiento, desvalorización de un bien depreciable
  reserve - reserva por agotamiento, apunte contable que refleja la desvalorización de un bien depreciable
deponent - declarante, deponente, dicente
deport - deportar, expulsar
deportation - deportación, destierro
depose - deponer, declarar, atestar, atestiguar
deposit - depósito, consignación, imposición, depositar
  account - cuenta de depósito
  box - caja de seguridad
  company - compañía que alquila cajas de seguridad

in escrow - depósito sujeto a condiciones contractuales entre terceros
insurance - seguro sobre depósitos bancarios
insurance corporation - organismo federal garantizante de los depósitos bancarios
of title deeds - depósito de títulos de propiedad
slip - hoja de depósito
depositary - depositario, depositaría
deposition - declaración, deposición, dicho, confesión judicial
depositor - depositador, depositante, imponente
depository - depósito, depositaría, depositario
bond - fianza de depósito
depreciate - depreciar, depreciarse
depreciation - depreciación
reserve - fondo de depreciación
deprivation of property - privación de propiedad
deputize - diputar, comisionar, delegar
deputy - delegado, comisario, legado, diputado, suplente
marshal - submárshal, segundo márshal
registrar - subregistrador, registrador suplente
dereliction - desamparo, abandono, negligencia
derivative - derivado
acquisition - adquisición derivada
action - acción entablada por un accionista a beneficio de la corporación
conveyance - cesión secundaria relacionada con otra anterior
deed - instrumento accesorio
deposit - depósito derivado
nullity - nulidad derivada, nulidad consecuencial
possession - posesión derivada
right - derecho derivado
derogation - derogación, detracción
derogatory - derogatorio
descendant - descendiente
descent - descendencia, linaje
desertion - abandono
deserve - merecer
designate - designar, señalar
designee - persona nombrada
destitute - indigente, necesitado
destitution - indigencia, miseria
destructible trust - fideicomiso susceptible a terminación
detain - detener, retardar
detainer - detentador, detención
detective - detective, detectivo, tira
work - detectivismo
determinable - determinable, sujeto a condición resolutoria
fee - derecho de dominio sobre un inmueble sujeto a condición resolutoria
freehold - dominio absoluto sobre un inmueble sujeto a condición resolutoria
determinate obligation - obligación cierta
determination - terminación, resolución, determinación
determine - resolver, decidir, determinar, terminar, cesar, acabar
detriment - detrimento, daño, perjuicio
devaluation - devaluación
development - desarrollo, suceso, tendencia
plan - plan de desarrollo
devest - enajenar, desposeer
deviation - desviación
warranty - garantía contra desviación
devisable - legable
devise - legado de bienes raíces, legar
Devise - letra de cambio
devisee - legatario
devisor - testador
devolution - devolución
dictate - dictar, ordenar
dictograph - dictógrafo
dictum - fallo, dictamen
differential rate - tasa diferencial
differentiate - diferenciar, modificar
digest - recopilación, sumario, resumen, digesto, reportorio, repertorio
dilapidation - dilapidación, ruina
dilatory - dilatorio, alongadero
defense - defensa dilatoria, excepción temporal
plea - defensa dilatoria, excepción temporal
exception - excepción dilatoria, artículo de previo pronunciamiento
diligence - diligencia
diligent - diligente
diminishing returns - rendimiento *o* utilidad decreciente
diminution - disminución, falta de elementos, rebaja

in value - disminución en el valor
of the record - omisión de algunos documentos del expediente
direct - administrar, dirigir, disponer, ordenar, dictar, directo
action - acción directa
admission - admisión directa
contempt - contumacia directa *o* penal
conversion - apropiación directa
damages - daños generales *o* directos
evidence - prueba directa
examination - interrogatorio directo
liability - responsabilidad directa *o* definida
loss - pérdida efectiva *o* directa
tax - impuesto directo
trust - fideicomiso expreso *o* directo *o* definido
directed verdict - veredicto mandado por el juez
director - director, consejero, administrador
directorate - directiva, directorio, junta *o* consejo de administración
directors' fees - honorarios de los directores, emolumentos de asistencia
directors' meeting - reunión de la junta directiva, acuerdo
directory - directorio, directivo
statute - ley sin provisión de penalidades
trust - fideicomiso directivo
disability - incapacidad, invalidez, inhabilitación, inhabilidad
benefits - beneficios por incapacidad *o* de invalidez
compensation - compensación por incapacidad
insurance - seguro de incapacidad
to enter a contract - incapacidad contractual
disabled - incapacitado, imposibilitado
disaffirm - negar, rechazar, repudiar, anular
disaffirmance - repudiación, renuncia
disagree - disentir, desavenirse, desconformar
disagreement - desacuerdo, desavenencia, inconformidad, discordancia
disallow - desaprobar, denegar, rechazar
disapproval - improbación, desaprobación, disconformidad, inconformidad
disapprove - desaprobar, improbar
disavow - desconocer, desautorizar, repudiar, desaprobar
disbar - excluir del ejercicio de la abogacía, desaforar
disbarment - exclusión del foro, desaforo
disbursement - desembolso
discharge - cumplimiento, quitanza, finiquito, descargo, liberación, absolución, despido, baja, cumplir, ejecutar, absolver, exonerar, saldar, pagar, despedir, remover
a debt - cancelar *o* liquidar una deuda
an obligation - cumplir una obligación *o* un compromiso
by agreement - extinción de contrato por acuerdo
by breach - extinción de contrato por incumplimiento
by performance - extinción de contrato al cumplirse con lo acordado
cargo - descargar
in bankruptcy - rehabilitación del quebrado
of an employee - despido de un empleado
of an injunction - levantamiento de un interdicto
of an obligation - extinción de una obligación
discharge-of-attachment bond - fianza de levantamiento de embargo
discharged bankrupt - fallido *o* quebrado rehabilitado
disclaim - renunciar, desconocer, repudiar
disclaimer - renuncia, negador
disclose - divulgar, revelar
discontinuance - sobreseimiento, caducidad de la instancia, abandono de acción
discontinue - suspender, interrumpir, descontinuar
discontinuous easement - servidumbre discontinua
discount rate - tasa de descuento
discount shares - acciones emitidas bajo la par
discountable - descontable
discovert - no casada, soltera, viuda
discovery - descubrimiento, exhibición
discredit - desacreditar
discreet - discreto, prudente
discretion - discreción, arbitrio, albedrío
discretionary - discrecional
trust - fideicomiso discrecional
discuss - discutir, debatir, tratar

discussion - debate, discusión, excusión
disembargo - desembargar
disencumber - desgravar
disencumbrance - desgravamen, saneamiento
disentail - desamortizar, liberar propiedad de vínculos, desvincular
disfranchise - privar de derechos civiles
dishonest - falso, no honrado, deshonroso, ímprobo, deshonesto
dishonesty - improbidad, deshonestidad
dishonor - falta de pago, desairar, deshonrar, no atender, desatender
dishonorable - deshonroso, deshonesto
dishonored
  bill - letra rechazada *o* no atendida
  check - cheque rehusado
disinherit - desheredar, exheredar
disinheritance - desheredación, exheredación
disinterest - desinteresar
disjunctive - disyuntivo
  allegation - alegato disyuntivo, alegación disyuntiva
  condition - condición disyuntiva
disloyal - infidente, desleal, traidor
dismiss - declarar sin lugar, desechar, desestimar, dar por terminado, despedir, destituir, dejar cesante
  an application - denegar la solicitud
  upon the merits - desechar por falta de mérito
dismissal - denegación, absolución de la demanda, declaración sin lugar, anulación de la instancia, destitución, despedida, desahucio
  with prejudice - denegación con pérdida de derecho a nuevo juicio
  without prejudice - denegación *o* desestimación sin pérdida de derecho a nuevo juicio *o* a traer a nueva instancia
dismissed for want of equity - desechado a base de los méritos de la causa, desestimado por falta de equidad
disorderly conduct - conducta contra la moral pública, desorden público
disparagement of goods - menosprecio de mercancías
disparagement of title - intento enjuiciable de crear dudas sobre la validez de un título
disparity - disparidad, desemejanza
dispensation - exención, dispensa
disposable - disponible
dispose of - enajenar
disposition of causes - disposición de las causas
dispositive - dispositivo
dispossess - desahuciar, lanzar, desposeer, desalojar, desapoderar, despojar
  proceedings - juicio *o* diligencia de lanzamiento, acción de despojo
dispossession - desahucio, desposeimiento, desalojo, desposesión, lanzamiento, despojo, desocupación, usurpación de bienes raíces
dispossessor - desahuciador
disproof - refutación, confutación, prueba contraria
disprove - refutar, confutar
disputable - disputable, controvertible, refutable, contestable
  presumption - presunción dudosa, indicio oscuro
dispute - disputa, controversia, conflicto, contrapunto, contestación, disputar, impugnar, contrapuntear
  , in - en litigio, contencioso, disputado
disqualification - inhabilitación, tacha
disqualified - incompetente, incapacitado, inhabilitado, descalificado
dissent - disidencia, disconformidad, discordia, disenso, inconformidad, disentir, desconformar
dissenting - disidente, disconforme, inconforme
  opinion - opinión disconforme *o* disidente
  stockholders - accionistas disidentes
dissimilarity - desemejanza
dissolution - disolución, liquidación
dissolve - disolver, liquidar
dissolving condition - condición resolutoria
distrain - detener, embargar, trabar ejecución
distrainor - embargador, embargante, detenedor
distraint - embargo, detención, traba de ejecución
distress - peligro, embargo, secuestro, detención, embargar, secuestrar

infinite - detención ilimitada *o* infinita
warrant - auto *o* providencia que ordena un embargo
distributee - el que tiene participación en bienes relictos
distributive justice - justicia distributiva
district - distrito
attorney - fiscal, acusador público
court - juzgado *o* tribunal *o* corte de distrito, tribunal federal de primera instancia
judge - juez de tribunal de distrito
distrust - desconfianza, desconfiar
disturbance - perturbación
of the peace - alteración *o* perturbación del orden público
disuse - desuso
divest - desposeer, despojar
divestiture - desposeimiento
dividend - dividendo
arrears - atrasos de dividendo
coupon - cupón de dividendo
income - ingreso por dividendos
warrant - cédula de dividendo
divisibility - divisibilidad
divisible - divisible, dividuo
confession - confesión dividua
contract - contrato divisible
obligation - obligación divisible
offense - delito múltiple, delito que incluye uno a más delitos de menor categoría
divorce - divorcio, divorciar
a mensa et thoro - divorcio limitado
a vinculo matrimonii - divorcio vincular
for cause - divorcio por causal
suit - juicio de divorcio
dock - muelle, dársena, banquillo del acusado
receipt - guía *o* recibo de muelle
warrant - conocimiento de almacén, resguardo
docket - actas, orden del día, lista de litigios para el período de sesiones
doctor of laws - doctor en derecho
doctrinal - doctrinal, doctrinario
doctrine - doctrina
document - documento, carta, documentar
of title - documento *o* instrumento de título
documental - documental, documentario
documentary - documental, documentario
draft - letra documentaria, giro documentario
evidence - prueba documental *o* literal *o* escrita
letter of credit - carta de crédito documentario
stamp - sello del timbre, estampilla de timbre nacional
documentation - documentación
doing business - en negocios, ejercicio de la actividad comercial
as - en negocios bajo el nombre de
dollar - dólar
doli
capax - capaz de intención criminal
incapax - incapaz de intención criminal
domain - dominio, propiedad raíz
domestic - nacional, del país, interior, doméstico, familiar
attachment - embargo contra deudor residente
bill - letra sobre el interior
commerce - comercio interior, comercio intraestatal
corporation - compañía que funciona en el estado de su incorporación
domicile - domicilio municipal *o* local
guardian - tutor nombrado en el domicilio del pupilo
judgment - sentencia de un tribunal del mismo estado *o* del mismo país
domicile - domicilio, residencia, domiciliar
of choice - domicilio real *o* verdadero
of corporation - domicilio social
of origin - domicilio natural *o* de origen
of succession - domicilio de sucesión
dominant - dominante
owner - dueño de predio dominante
dominium
directum - dominio directo
eminens - dominio eminente
plenum - dominio pleno
utile - dominio útil
donate - donar, contribuir
donation - donación, donativo, dádiva
donative - donativo
donee - donatario, apoderado
donor - donador, donante
dormant - inactivo, en suspenso
account - cuenta inactiva
execution - ejecución provisional
judgment - sentencia que por demora en su ejecución ya no constituye carga sobre la propiedad
partner - socio secreto

double - doble
assessment - doble imposición
compensation - indemnización doble
creditor - acreedor de dos gravámenes
damages - indemnización doble
hearsay - prueba de referencia doble
indemnity - doble indemnización
jeopardy - procesamiento por segunda vez, dos veces en riesgo de ser castigado por el mismo delito, doble exposición por el mismo delito
liability - doble responsabilidad
plea - alegación *o* defensa doble
double-dealing - falsedad, estafa, engaño, falsía, fraude
doubt - duda, incertidumbre, dubio, dudar
doubtful - dudoso, dudable, dubitable
title - título incierto
dower - bienes dotales, propiedad vitalicia de la viuda en los bienes inmuebles del marido
dowry - dote, bienes dotales
draft - giro, libranza, letra de cambio, libramiento, borrador, proyecto, redactar
draw - apuntar, redactar, elegir, retirar fondos
a bill - librar *o* girar una letra
a check - extender *o* expedir *o* emitir *o* girar *o* librar un cheque
interest - devengar *o* ganar *o* redituar intereses, gozar intereses
up - redactar, estilar, instruir
drawback - devolución, reembolso, restitución de derechos
debenture - certificado para reintegro
drawee - girado, tomador, librado
drawer - girador, girante, librador, librante, dador, tirador, emitente, firmante, signatario, cedente
drive without a license - guiar sin licencia, manejar sin permiso
driver's license - licencia de manejar *o* de conductor, permiso de circulación *o* de conducción
dropped calendar - lista de causas abandonadas
drunkenness - embriaguez, ebriedad, borrachera, borrachez
dry mortgage - hipoteca donde el deudor se responsabiliza sólo por el valor del bien hipotecado
dry trust - fideicomiso pasivo
due - vencido, caído, debido, pagadero, conveniente, propio
and payable - vencido y pagadero
bill - vale, abonaré
compensation - justa remuneración
consideration - debida deliberación
course of law - debido procedimiento legal, debido curso de ley
date - fecha de vencimiento, plazo, época de pago
diligence - debida diligencia, diligencia propia
notice - debido aviso, aviso de vencimiento
on demand - pagadero a la vista
posting - debido echamiento al correo
process of law - debido procedimiento *o* proceso legal *o* de ley
proof - prueba razonable, debida prueba
duly sworn - debidamente juramentado
dummy (adj) - falso, fingido, títere
dummy (n) - prestanombre, hombre de paja
directors - directores provisorios sin autoridad
stock - acciones habilitantes
stockholder - tenedor registrado de acciones de otra persona
dun - apremiar, cobrar, importunar
dunning letter - carta de requerimiento *o* de cobranza
duplicate (n) - duplicado
duplicate (v) - duplicar
will - testamento duplicado
duplicity - duplicidad
durable goods - bienes duraderos
durante
absentia - durante ausencia
minore aetate - durante minoridad
duration - duración, término, plazo
duress - compulsión, coacción
of goods - compulsión por detención de bienes
of property - compulsión por detención de bienes
of imprisonment - detención ilegal de una persona
duressor - el que emplea la coacción
during - durante
good behavior - mientras que no viole la ley, mientras observa buena conducta
the trial - durante el proceso

duty - carga, derechos de aduana
duty-free - libre *o* exento *o* franco de derechos, de entrada libre
dying declarations - declaraciones del moribundo
dying intestate - morir intestado
dying without issue - morir sin descendencia

Notes

E

e contra - al contrario
e converso - al contrario
each - cada, cada uno, cada cual
earl's penny - pago parcial
earmark (n) - marca, marca distintiva, señal
earmark (v) - señalar, asignar, designar
earned - ganado, merecido, logrado
income - renta ganada, rentas del trabajo, ingresos devengados
surplus - superávit de operación, excedente de explotación, utilidades incorporadas, beneficios acumulados
earnest money - arras, señal, mano
earning capacity - capacidad para devengar ingresos
earning power - capacidad para devengar ingresos
earnings - ingresos, utilidades, ganancias, rendimiento
statement - estado de resultados *o* de ganancias y pérdidas
easement - servidumbre
appurtenant - servidumbre real
by estoppel - servidumbre por impedimento por actos propios
by implication - servidumbre tácita *o* sobrentendida
by prescription - servidumbre por prescripción
in gross - servidumbre personal
of access - servidumbre de acceso
of convenience - servidumbre de conveniencia
of necessity - servidumbre necesaria *o* indispensable
easy terms - estipulaciones convenientes, facilidades de pago
economic - económico
burden - carga económica
discrimination - discriminación económica, discriminación en el campo del comercio
law - derecho económico
strike - huelga por condiciones del empleo, huelga laboral
waste - explotación excesiva de un recurso natural
economics - economía
economist - economista
economize - economizar
economy - economía, sistema económico
edict - edicto, bando, decreto, auto
edit - redactar, revisar, corregir
educational trust - fideicomiso para la educación
effect (n) - efecto, vigencia, consecuencia
effect (v) - efectuar, realizar, causar
, in - vigente, en vigor
payment - verificar *o* efectuar el pago, pagar
, to be in - regir, tener, vigencia
, to take - entrar en vigencia *o* en vigor, tener efecto
effects - bienes, efectos
effective - efectivo, eficaz
date - fecha de vigencia *o* de valor
possession - posesión efectiva
effectively - efectivamente
effectuate - efectuar
efficacy - eficacia, eficiencia, validez
efficiency - eficiencia, rendimiento
efficient cause - causa eficiente
efficient intervening cause - un hecho nuevo que interrupe la cadena causal y que provoca el daño
effluxion - expiración del plazo, vencimiento
effusive - efusivo
ejectment - desahucio, lanzamiento
ejector - desahuciador
ejusdem generis - del mismo género
elaborate (adj) - detallado, complejo
elaborate (v) - elaborar, ampliar, explicar en más detalle
elapse - pasar, transcurrir, expirar
elected domicile - domicilio convencional *o* convenido
election - elección, comicios
board - comicio, junta de elecciones
elective - electivo
elector - elector, votador
electoral college - colegio electoral
electrocution - electrocución
electronic data processing - procesamiento electrónico de datos
eleemosynary corporation - sociedad caritativa *o* de beneficencia
element - elemento
elements of a crime - los elementos constitutivos de un crimen
eligibility - elegibilidad, descontabilidad
eligible - elegible, aceptable

bond - bono legal para inversión de bancos
paper - efectos redescontables, papel eligible
emancipated minor - menor emancipado, menor independiente
emancipation - emancipación
embargo - embargo, prohibición, embargar
embassy - embajada, legación
embezzle - desfalcar, escalfar
embezzlement - descalco, malversación, peculado
embezzler - desfalcador, malversador
emblements - cosecha, frutos cultivados
embracer - cohechador, sobornador
embracery - cohecho, soborno
eminent domain - dominio eminente, dominio supremo
emolument - emolumento, dotación
employee - empleado, dependiente
employer - empleador, empresario, patrono, patrón, dador de trabajo, locador de servicios
employers'
association - asociación patronal *o* de patrones, sindicato patronal
front - frente patronal
liability insurance - seguro de responsabilidad patronal
employment - empleo, enganche de trabajadores, ocupación, locación de servicios
contract - contrato *o* pacto de empleo *o* de trabajo, contrato de ajuste, contrato de enrolamiento
empower - apoderar, facultar, dar poder, capacitar, comisionar, autorizar, diputar, conferir poderes
emptor - un comprador
en autre droit - en el derecho de otro
enable - habilitar, hacer capaz, capacitar
enabling act or **statute** - ley de autorización
enact - legislar, estatuir
enacting clause - cláusula que declara legislada la ley
encode - codificar
encroach - usurpar, invadir
upon - invadir, usurpar
encroachment - intrusión, usurpación, invasión
encumber - gravar, afectar
encumbrance - gravamen, afectación, carga
encumbrancer - acreedor hipotecario, tenedor de gravamen
endorsable - endosable
endorse - endosar
in blank - endosar en blanco
endorsed bond - bono asumido *o* garantido por otra compañía
endorsee - tenedor por endoso, endosatario, endosado
endorsement - endoso, endorso, endosada, aditamento que modifica la póliza básica
in full - endoso completo *o* perfecto
endorser - endosante, endosador, cedente
endow - dotar, fundar
endowment - dote, dotación, fundación
annuity - anualidad *o* pensión dotal
policy - póliza dotal
enforce - hacer cumplir, hacer valer, ejecutar
enforceable - ejecutable, que se puede hacer cumplir, ejecutorio
judgment - ejecutoria
enforcement - ejecución de una ley
of a contract - acción de hacer cumplir un contrato
engaged in business - dedicado a los negocios
engaged in commerce - dedicado al comercio
enjoin - prohibir, intercedir, mandar, requerir
enjoiner - requeriente
enjoy - disfrutar, gozar
enjoyment - disfrute, goce, usufructo
enrichment - enriquecimiento
enroll - matricular, inscribir, inscribirse
enrollment - matriculación, inscripción
entail - vínculo, vinculación, vincular
entente - convenio, pacto
enter - entrar, tomar posesión, registrar, anotar
an appearance - registrar comparecencia
into a contract - comprometerse por contrato, contratar
judgment - registrar una sentencia
entered as second class matter - registrado como artículo de segunda clase, inscripta como correspondencia de segunda clase

enterprise - empresa
value - valor de empresa en marcha
entire balance of my estate - lo restante de mi patrimonio
entire contract - contrato indivisible *o* entero
entire interest - dominio absoluto
entirely without understanding - sin entendimiento
entirety of contract - entereza de contrato, totalidad del contrato
entitle - dar derecho a, autorizar, habilitar
entitlement - derecho, dar un derecho
entity - entidad, ente
entrap - atrapar, engañar, entrampar, inducir engañosamente
entrepreneur - empresario, emprendedor
entrust - encomendar, confiar, cometer
entry - entrada, asiento, partida, entrada, declaración, escalo, escalamiento, anotación, apuntamiento, toma de posesión, allanamiento
bond - fianza de entrada
in regular course of business - registro de una transacción de negocios
permit - permiso de declaración
enumerate - enumerar, designar
enumerated calendar - lista de causas numeradas
enunciative - enunciativo
equal and uniform taxation - uniformidad e igualdad contributiva
equal benefit - beneficio igual
equal protection of the law - igual protección de ley, derecho a un igual trato bajo la ley
equality before the law - igualdad frente a la ley
equalization fund - fondo de estabilización *o* de igualación, caja de compensación
equated date - fecha media de vencimiento
equipment - equipo, aparatos, capacidad
bond - bono respaldado por equipo rodante, bono sobre equipo
trust - escritura fiduciaria sobre equipo rodante
equitable - equitativo, justiciero, igualitario
assets - bienes equitativos, bienes sucesorios que forman parte del activo solamente por disposición de un tribunal de equidad
consideration - causa equitativa
construction - interpretación extensa *o* equitativa
defense - defensa a base de equidad
easement - servidumbre equitativa *o* necesaria
estate - propiedad por derecho en equidad
estoppel - impedimento por hechos externos
execution - procedimento para descubrir bienes del demandado para satisfacción de la sentencia
fraud - fraude implícito *o* legal
garnishment - procedimiento para descubrir bienes del demandado para satisfacción de la sentencia
lien - gravamen equitativo
mortgage - hipoteca equitativa
owner - propietario beneficioso *o* equitativo, dueño en equidad
remedies - remedios equitativos
rescission - rescisión en equidad
rights - derechos equitativos
title - título en equidad
value - valor equitativo de venta
equity - equidad, derecho lato, derecho-equidad, beneficio, valor líquido, derecho sobre el activo, patrimonio, derecho de propiedad, participación
calendar - lista de causas para tribunal sin jurado
capital - acciones, capital propio
court - tribunal de equidad
follows the law - la equidad sigue a la ley
jurisdiction - jurisdicción de la equidad
of redemption - derecho de rescate *o* de redención
receivership - administración judicial en equidad
reorganization - reorganización en equidad
securities - acciones, valores de especulación
term - período de sesiones del tribunal civil sin jurado
to a settlement - derecho de la esposa de retención de bienes contra reclamación del esposo *o* de los acreedores del mismo
equities - pasivo y capital social y superávit, obligaciones, acciones ordinarias

equivocal - equívoco
erase - borrar, testar, tachar
erasure - borradura, testadura, borrón
erotomania - erotomanía
error - error, yerro, equivocación, error, auto de casación
in fact - error de hecho
in law - error de derecho
in vacuo - error que no perjudica los derechos del apelante
of fact - error de hecho *o* sobre la cosa
of law - error de derecho
errors and omissions excepted - salvo error *u* omisión
escalator clause - cláusula sobre tipo de salario *o* de arriende variable
escape clause - cláusula de escape
escheat - reversión al estado
escrow - plica
account - cuenta en plica, cuenta de garantía bloqueada
agent - depositario de plica
deposit - depósito de plica
funds - fondos en plica
officer - oficial de custodia *o* de plica
espionage - espionaje
essence of the contract - condición esencial para cumplimiento del contrato
essential - esencial, indispensable
establish - fundar, establecer, plantear, constituir, instituir, probar
establishment - establecimiento, institución
estate - bienes, propiedad, caudal hereditario, cuerpo de la herencia, hacienda
at sufferance - posesión por tolerancia
at will - posesión terminable por locador *o* locatario
by entirety - copropiedad de cónyuges
for years - posesión por años determinados, dominio por tiempo fijo
from year to year - posesión extensible
in common - propiedad mancomunada
in expectancy - propiedad en expectativa
in fee simple - propiedad en dominio pleno
in remainder - nuda propiedad
in reversion - propiedad en reversión
in severalty - propiedad de dominio de una sola persona
less than freehold - propiedad en dominio limitado
of bankrupt - masa de la quiebra
of deceased - bienes relictos, testamentaría, cuerpo de la herencia, caudal hereditario
of freehold - propiedad de dominio absoluto
on limitation - posesión limitada *o* contingente
pur autrie vie - derechos de propiedad durante la vida de otro
tail - propiedad limitada al cesionario y sus herederos directos
tax - impuesto sucesorio *o* de sucesión *o* de testamentaría, contribución de herencia
upon condition - propiedad condicional
estimated - estimativo, presupuesto, estimado
estop - impedir, prevenir
estoppel - impedimento, exclusión, preclusión
by conduct - impedimento por razón de conducta
by deed - impedimento por escritura
by laches - impedimento por negligencia
by record or **by judgment** - impedimento por registro público
by representation - impedimento por tergiversación
by silence - impedimento por falta de declaración
in pais - impedimento por hechos externos
estovers - alimentos, derechos a cortar árboles en un predio arrendado
et al - y otros
ethical - ético
ethics - ética
evade taxes - eludir impuestos
evader - evasor
evaluate - valuar, avaluar, tasar
evaluation - avalúo, evaluación
evasion - evasión, evasiva
evasive - evasivo
event - hecho, evento
evict - desalojar, desahuciar, lanzar
eviction - evicción, desalojo, desalojamiento, desahucio, lanzamiento
proceedings - juicio de desahucio
evidence - comprobante, testimonio, prueba, testigo, evidencia, constancia, disposición, evidenciar, hacer fe, probar, constar

disposición, evidenciar, hacer fe, probar, constar
by inspection - prueba real
for the defense - prueba de descargo
for the prosecution - prueba de cargo
of debt - comprobante de deuda
of indebtedness - comprobante de adeudo, pagaré, bono, título de deuda, instrumento de deber, constancia de deuda
of title - escritura de propiedad
sufficient in law - prueba real *o* material
evidential - probatorio
evidentiary - probatorio
facts - hechos justificativos, hechos evidenciales
evocation - avocación
ex aequo et bono - ex aequo et bono, en equidad y justicia
ex contractu - ex contractu, por contrato, que surge de un contrato
ex delicto - ex delicto, por delito
ex dividend - sin dividendo, ex dividendo
ex dock - franco en el muelle
ex interest - sin interés, ex cupón
ex officio - oficialmente, nato, ex officio
ex parte - ex parte, de una parte
ex post facto - ex post facto, de hechos posteriores
ex quay - franco en el muelle
ex ship - franco fuera del buque
ex testamento - ex testamento, por testamento
ex warehouse - franco en almacén
ex-convict - ex penado
exaction - exacción, extorsión
examination - examen, registro, reconocimiento, interrogatorio
before trial - examen antes del juicio
for position - oposición, concurso
of bankruptcy - interrogatorio a la parte que inicia acción de quiebra
of books - revisión de los libros
of title - revisión de título
examine - reconocer, registrar, examinar, interrogar
examiner - examinador, indagador, excrutador
except - exceptuar, recusar, excepcionar, deducir excepción
exceptio
in personam - excepción personal
in rem - excepción real
non adimpleti contractus - excepción de falta de cumplimiento del contrato
pacti conventi - excepción de compromiso previo
probat regulam - exceptio regulam probat, excepción confirma la ley
rei judicatae - excepción de cosa juzgada, exceptio rei judicatae
exception - salvedad, excepción, recusación
of compact - excepción de compromiso previo
of lack of capacity - excepción de incapacidad de la parte *o* de falta de personalidad
of misjoinder - excepción de acumulación *o* de unión indebida
of no cause of action - excepción de falta de causa de acción
of no right of action - excepción de falta de derecho de acción
of want of interest - excepción de falta de interés *o* de acción
exceptionable - impugnable, oponible, recusable
excerpt - extracto
excess reserve - encaje excedente
excess-profits tax - impuesto sobre ganancias excesivas *o* beneficios extraordinarios *o* utilidades excedentes, impuesto sobre superprovecho
excessive
bail - fianza demasiada *o* desmedida *o* excesiva
damages - daños inmoderados
exchange - cambio exterior, comisión de cobro
certificate - certificado de cambio
permit - permiso *o* autorización de cambio
rate - tipo de cambio, curso del cambio
exchange-control board - junta de control de cambios
exchequer - tesoro
bond - bono fiscal *o* de tesorería
Exchequer - real hacienda, Ministerio de Hacienda
Division of the High Court of Justice - Sala del Fisco
excisable - imponible
excise tax - impuesto sobre consumos *o* ventas, arbitrios, alcabala, sisa, gabela de consumo

exciseman - oficial de la sisa
exclusions - exclusiones
exclusive - exclusivo, privativo
agency - agencia única *o* exclusiva
jurisdiction - competencia exclusiva, jurisdicción privativa
possession - posesión exclusiva
remedy - recurso exclusivo
rights - derechos de exclusividad
use - uso exclusivo
exculpatory - eximente, justificativo
excusable - dispensable, disculpable
homicide - homicidio inculpable
neglect - inobservancia justificable
excuse - excusa, excusar, disculpar, dispensar
excuss - excutir
excussio - excusión
executability - ejecutoriedad
executable - ejecutorio
executant - ejecutante
execute - llevar a cabo, ejecutar, cumplir, firmar, celebrar, otorgar, legalizar, formalizar, ajusticiar
a contract - firmar *o* celebrar el contrato, ejecutar *o* cumplir el contrato
a criminal - ejecutar *o* ajusticiar *o* justiciar al reo
an order - servir *o* ejecutar un pedido
executed - legalizado, efectuado, fecho
agreement - acuerdo fecho
consideration - causa efectuada *o* ejecutada
contract - contrato firmado, contrato cumplido
estate - propiedad y posesión actual
license - permiso para acto hecho
oral agreement - pacto verbal cumplido por ambas partes
remainder - propiedad actual con derecho de posesión futura
sale - venta completa *o* consumada
trust - fideicomiso formalizado *o* perfecto
execution - ejucución, vía ejecutiva, otorgamiento, complimiento
creditor - acreador ejecutante
docket - lista de ejecuciones pendientes
lien - gravamen por ejecución
of an instrument - firma, sellado y entrega del instrumento
of judgment - ejecución *o* liquidación de la sentencia
sale - venta judicial
executive - administrador, director, ejecutivo, funcionario, ejecutivo, administrativo, directivo
act - acto del poder ejecutivo
committee - comisión directiva *o* gestora *o* ejecutiva, comité ejecutivo *o* administrador
director - director *o* vocal ejecutivo *o* administrativo
pardon - absolución por poder ejecutivo
power - poder ejecutivo
secretary - secretario ejecutivo
session - sesión ejecutiva
executor - albacea, testamentario, ejecutor testamentario
by substitution - albacea en substitución, albacea sucesivo
executorial services - servicios de albacea
executorship - albaceazgo, ejecutoria
executory - ejecutorio, ejecutivo, por efectuar
agreement - acuerdo que ha de cumplirse en el futuro
bequest - legado contingente *o* diferido de bienes muebles
consideration - causa por realizarse
contract - contrato sobre actos por realizarse, contrato para ser cumplido
estate - derecho de propiedad el goce del cual depende de determinada contingencia
interests - intereses futuros
license - permiso para actos futuros
process - juicio *o* proceso ejecutivo
sale - venta acordada pero no realizada
trust - fideicomiso por formalizar
uses - usos contingentes
warranties - garantías de condiciones futuras
executrix - albacea, testamentaria
exemplary damages - daños punitivos, daños ejemplares
exemplification - copia certificada oficialmente
exempt - franquear, exentar, exencionar, eximir, libre, franco, exento, inmune
exemption - franquicia, exención, inmunidad
for dependants - exención por personas a cargo
exaquatur - exequátur
exercise rights - ejercer *o* emplear *o* aprovechar derechos

exhibit - documento de prueba, exhibir
exhibitory - exhibitorio
exigency - exigencia
  of a bond - acción exigida por una fianza
exigible - exigible
  debt - deuda exigible
existing - existiendo
  debt - deuda existente
  right - derecho existente
  use - uso existente *o* actual
exonerate - exonerar, disculpar, descargar
exoneration - exoneración, liberación, descargo
exorbitant - exorbitante, excesivo
expectanty - expectativa
expectant - en expectativa, aspirante condiciónal
  beneficiary - beneficiario en expectativa
  estate - propiedad en expectativa
  heir - heredero presunto
  rights - derechos expectativos
expenses - gastos, costos
expert - perito, experto, pericial, perital
  accountant - contador perito, técnico contable, perito de contabilidad, experto contabilista, perito mercantil
  appraisal - tasación pericial *o* de perito, peritación, peritazgo
  appraiser - perito tasador *o* valuador
  opinion - dictamen *o* juicio pericial
  testimony - peritaje, testimonio pericial, experticia
  witness - testigo perito
expiration - vencimiento, expiración
expire - vencer, expirar, cumplirse el plazo, caducar
expiry - vencimiento, caducidad, expiración
  date - fecha *o* plazo de vencimiento
explanatory - explicativo, aclarador
explicit - explícito, inequívoco
exploitation tax - impuesto de explotación
export - exportación, artículo exportado, exportar
  bond - fianza de exportación
  certificate - permiso de exportación
  duties - derechos *o* impuestos de salida *o* de exportación, arancel de exportación
  license - permiso de exportación
  quota - cuota de exportación
expository - explicativo
  statute - ley explicativa de otra
express - expreso, exprés, decir, manifestar, expresar, mandar por expreso, expreso
  acceptance - aceptación absoluta *o* expresa
  admission - admisión directa *o* expresa
  agreement - acuerdo expreso
  assumpsit - compromiso expreso
  authority - autorización expresa
  company - expresa de expreso *o* de encomiendas de ferrocarril
  condition - condición precisa *o* expresa
  consent - consentimiento expreso
  consideration - causa expresa
  contract - contrato expreso *o* explícito
  covenant - convenio expreso *o* de hecho
  dedication - dedicación expresa *o* explícita
  invitation - provacación expresa
  license - patente expresa
  malice - malicia expresa *o* de hecho
  obligation - obligación expresa *o* convencional
  procuration - procuración expresa *o* convenida
  receipt - guía de encomienda, talón de expreso
  repeal - abrogación por ley nueva
  terms - términos inequívocos, palabras claras y ciertas
  trust - fideicomiso directo *o* definido *o* expreso
  waiver - renuncia voluntaria *o* expresa
  warranties - garantías escritas
expromission - asunción de la deuda de otra persona, intercesión
expropriable - expropiable, confiscable
expropriate - expropiar, confiscar
expropriation - expropiación, enajenación forzosa, confiscación
expropriator - expropiador, expropiante
expunge - borrar, cancelar, testar
extend - extender, amplificar, aplazar, prorrogar, diferir, dilatar
  credit - conceder crédito
  a mortgage - aplazar *o* prorrogar el vencimiento de hipoteca
  a note - aplazar un pagaré, extender el plazo
  terms - conceder plazos
  the time - ampliar *o* alargar el plazo, dar prórroga
extendible - prorrogable, extensible

of credit - concesión de crédito
extensive interpretation - interpretación extensiva
extent - extensión, amplitud, alcance, ejecución
extenuating circumstances - circunstancias atenuantes *o* modificantes, causas de justificación
extenuation - atenuación, mitigación
exterritorial - extraterritorial
extinctive - extintivo
prescription - prescripción extintiva
extinguish - suprimir, liquidar, finiquitar
extinguishing condition - condición extintiva
extinguishment - liquidación, anulación, extinción, prescripción
extort - exigir sin derecho, extorsionar
extortion - extorsión, concusión, exacción, concusión
extortionate - de precio excesivo, gravoso, exorbitante, inmoderado
extortioner - extorsionador, concusionario
extortionist - concusionario
extradite - reclamar por extradición, entregar la persona reclamada
extradition - extradición
extrajudicial - extrajudicial
oath - juramento extrajudicial
opinion - dictamen interpolado
extraneous - extraño, de afuera
evidence - prueba de otra fuente
offense - delito fuera del juicio actual
extraordinary - extraordinario
care - diligencia extraordinaria
danger - peligro inusitado
grand jury - gran jurado especial
remedies - recursos extraordinarios
extraterritorial - extraterritorial
extraterritoriality - extraterritorialidad
extreme - extremo
cruelty - crueldad severa *o* extrema
hazard - peligro extremo
extrinsic - extrínsico
evidence - prueba de otra fuente
eyewitness - testigo ocular *o* presencial

Notes

F

fabricated - fabricado, falsificado
evidence - testimonio fabricado *o* falsificado
fact - hecho fabricado
face - faz, apariencia, superficie
amount - valor nominal, monto pagadero al vencimiento
of an instrument - importe nominal, principal
of judgment - importe de la sentencia sin interés
of record - total de los autos, expediente completo
value - valor nominal, valor a la par
facilitate - facilitar, expedir, ayudar
fact - hecho
, in - de hecho
question - cuestión *o* pregunta de hecho
facts in issue - hechos litigiosos
factor - factor, agente
factor's lien - gravamen de factor
factorize - embargar
factory - fábrica, taller
acts - leyes que regulan las condiciones de trabajo
factual - basado en hechos, cierto, real, objetivo
faculty - facultad, aptitud, poder, autoridad
fail - fracasar, abortar, quebrar, hacer bancarrota, fallir
failed bank - banco quebrado, banco en bancarrota
failure - fracaso, quiebra, bancarrota, fallecimiento, falta, omisión
of consideration - falla *o* falta de causa
of evidence - falta de prueba
of issue - falta de sucesión
of justice - injusticia, perjuicio de derechos
of title - falta de título bueno
of trust - ineficacia de un fideicomiso
to appear - incomparecencia en un juicio
to pay - falta de pago
to perform - incumplimiento
faint pleading - alegación falsificada *o* colusoria
fair - justo, justiciero, equitativo, razonable, imparcial, regular, mediano
and feasible - equitativo y practicable
and reasonable compensation - compensación justa y razonable
cash value - valor justo de mercado, valor en efectivo
comment - comentario razonable
competition - competencia justa
consideration - causa razonable
copy - copia limpia *o* en limpio
hearing - vista imparcial
market value - valor equitativo de venta, valor justo de mercado
persuasion - persuasión razonable
preponderance - preponderancia evidente
return - beneficio justo, producto equitativo
trial - juicio imparcial
value - valor equitativo de venta
warning - aviso oportuno *o* de antemano, prevención
Fair Labor Standards Act - Estatuto de Normas Equitativas del Trabajo
fair-employment practices legislation - leyes sobre práctica justa de empleo *o* del trabajo
Fair-Trade Law - ley que permite regulación por el fabricante de los precios de reventa
fait accompli - hecho consumado
fall (n) - derrumbamiento, caída, descenso, otoño
fall (v) - caer, bajar, morir
due - vencer, caer
through - fracasar, no tener éxito
false - falso, postizo
action - acción falsa
arrest - arresto ilegal
check - cheque sin fondos, cheque falso
claim - reclamación fraudulenta
declaration - mala declaración, falsa declaración
entry - asiento falsificado
fact - hecho fabricado
impersonation - fingimiento para fines ilícitos de la personalidad de otro
imprisonment - prisión *o* encarcelación ilegal
instrument - documento falsificado
oath - perjurio, juramento falso
plea - alegación falsa *o* ficticia
pretenses - falsas apariencias *o* representaciones, medios fraudulentos, falsos pretextos, impostura

representation - representación falsa
return - declaración falsa *o* mendaz
statement - estado falsificado
swearing - perjurio
verdict - veredicto injusto
witness - testigo falso
falsehood - falsedad, mentira
falsification - falsificación
of books - falsificación de libros de contabilidad
falsify - falsificar, demostrar, falsedad de una partida de la cuenta
falsity - falsedad, mentira
family - familia, linaje
court - juzgado de relaciones familiares
expenses - gastos familiares
partnership - sociedad familiar
family-purpose doctrine - doctrina de responsabilidad ante terceros del dueño de un automóvil usado por miembros de su familia
fare (n) - tarifa, pasajero
fare (v) - viajar
farm (n) - finca, granja, cultivo
farm (v) - cultivar
labor - trabajo agrícola
loan bank - banco de crédito agrario, caja de crédito agrícola
products - productos agrícolas
fast bill of exceptions - excepciones por revisar sin demora
fatal injury - lesión mortal
father - padre
fault - falta, defecto, culpa, negligencia
faulty - defectuoso, imperfecto
feasible - factible, practicable, viable, hacedero
federal - federal
common law - derecho de precedentes de los tribunales federales
court - tribunal federal *o* nacional, juzgado federal
government - gobierno federal
judge - juez de tribunal federal
offense - delito federal
prison - prisión nacional, presidio federal
taxes - impuestos nacionales, gravámenes fiscales, derechos reales
Federal
Bureau of Investigation - Negociado de Investigación Federal, Negociado Federal de Investigaciones, Buró de Investigaciones
Communications Commission - Comisión Federal de Comunicaciones
Housing Administration - Administración Federal de la Vivienda
Maritime Commission - Comisión Marítima Federal
Reserve Bank- Banco de Reserva Federal
Reserve Board - Comisión de Reserva Federal
federation - federación, confederación
fee - honorarios, retribución, emolumento, cuota, cargo, derechos, estipendio, asesoría, dominio
absolute - dominio absoluto, pleno dominio
damages - daños indirectos a bienes raíces
expectant - dominio expectante
, in - en propiedad
owner - dueño en propiedad
simple - pleno dominio, dominio absoluto
splitting - división de la comisión *o* del honorario
tail - dominio limitado a herederos directos
feigned action - acción sin derecho
feigned issue - cuestión artificial
fellow employee - compañero de trabajo, trabajador asociado
fellow-servant rule - regla sobre responsabilidad por lesiones causadas por la negligencia de otro compañero del trabajo
felo de se - suicida
felon - criminal, felón
felonious - criminal, felón
assault - asalto con propósito criminal
homicide - homicidio culpable *o* por culpa *o* culposo
felony - crimen, delito, felonía, delito mayor *o* grave
fence - cerca, cerco, valla, comercio de objetos robados, comprador de chueco
fiction of law - ficción de derecho, ficción legal
fictitious - ficticio, falso
fidelity - fidelidad, lealtad, precisión
bond - fianza de fidelidad
insurance - seguro de fidelidad
fiduciary - fiduciario
bond - caución fiduciaria, fianza
capacity - capacidad fiduciaria

contract - contrato fiduciario
debt - deuda fiduciaria
heir - heredero fiduciario
loan - préstamo fiduciario
relation - relación fiduciaria, relación de confianza

field - campo, esfera
of vision - campo visual
warehouse - almacén provisional para mercancías pignoradas

Fifth Amendment - enmienda quinta

figure of speech - forma de expresión, lenguaje figurado

file - archivo, fichero, legajo, carpeta, actas, expediente, autos, archivar, registrar, presentar
a claim - presentar una demanda, presentar una solicitud, entablar una reclamación, entablar reclamación
a judgment - registrar una sentencia
a motion - elevar un recurso, radicar una moción
an appeal - alzarse, plantear una apelación
an objection - formular un reparo
a protest - entablar *o* evacuar una protesta
suit - entablar *o* seguir pleito, demandar, incoar un juicio

filing - colocar en archivo, acto de registrar, radicación

finable - multable, castigable

final - final, decisivo, efectivo, definitivo
award - adjudicación final
decision - auto definitivo
decree - auto definitivo
determination - resolución final
disposition - decisión final
injunction - interdicto definitivo, mandamiento final
judgment - sentencia definitiva
jurisdiction - jurisdicción de último grado
order - orden final
pleadings - escritos de conclusión
sentence - sentencia definitiva
submission - sumisión completa *o* final

finance - finanzas, hacienda, financiar, costear
bills - letras para transferencia de fondos generales, efectos financieros
charges - gastos financieros
company - sociedad financiera, compañía de crédito comercial

financial - financiero
condition - condición financiera
expense - gastos financieros
income - ingresos financieros
institution - institución financiera
interest - interés financiero
liability - responsabilidad pecuniaria *o* económica
responsibility - solvencia, capacidad financiera, responsabilidad pecuniaria
statement - estado financiero, balance
year - año económico, ejercicio

financially responsible - solvente

find - hallar, encontrar, decidir, fallar
against - decidir contra
for - decidir en favor de
guilty - hallar culpable, condenar

finding - fallo, laudo, decisión
of fact - decisión sobre cuestión de hecho, determinación de hecho
of a referree - conclusión del ponente u otro funcionario judicial

findings - resultados de una investigación

fine - multa, castigo, multar

fingerprint - hacer impresiones digitales
card - tarjeta dactiloscópica
expert - experto en huellas digitales, dactiloscopista

fingerprints - digitales, huellas *o* impresiones digitales *o* dactilares, dactilograma
arches - arcos
loops - presillas
whorls - verticilos
composites - compuestas

fire (n) - fuego

fire (v) - despedir, disparar
insurance - seguro contra incendio
loss - pérdida por causa de fuego
underwriters - aseguradores contra incendio

firebug - incendiario

firm - casa, firma, razón social, fijo, estable, firme
name - razón social, firma, razón comercial, rubro social, denominación comercial
offer - oferta firme, oferta en firme
signature - firma social

first - primero
instance - primera instancia
lien - primer gravamen, primera hipoteca

mortgage - primera hipoteca, hipoteca en primer grado, hipoteca en primer lugar
of exchange - primera de cambio
preferred stock - acciones de primera preferencia
purchaser - comprador original de propiedad que todavía forma parte de los bienes familiares
first-born - primogénito
first-mortgage bond - bono de primera hipoteca
fiscal - fiscal
agent - agente fiscal *o* financiero
officers - oficiales financieros
period - período económico *o* contable
year - año económico *o* fiscal *o* financiero, ejercicio, ejercicio económico *o* social
fitness for a particular purpose - apto para un uso específico
fixed - fijo, determinado
assets - activo fijo
bail - fianza fijada
capital - capital fijo
charges - costos fijos
costs - costos fijos
debt - bonos, deuda consolidada
deposit - depósito a plazo fijo
expenses - gastos fijos
fee - honorario fijo *o* definido
income - ingreso fijo
interest - interés fijo, interés fijado
liability - responsabilidad determinada, obligación fija
liabilities - pasivo fijo *o* no exigible
price - precio fijo
price contract - contrato a precio fijo
salary - salario fijo
term - plazo fijo *o* determinado
trust - sociedad inversionista con restricciones
fixed-income securities - valores de renta fija
fixtures - muebles adheridos a un inmueble
flagrant - flagrante, fragante, notorio
flagrante delicto - flagrante delicto, en flagrante
flat - plano, llano, fijo
rate - tarifa fija
floating
assets - activo circulante *o* corriente *o* flotante
liabilities - pasivo corriente *o* flotante *o* circulante
lien - gravamen continuado
rate - tasa de interés flotante, tasa de interés fluctuante
stock - el emitir acciones
folio - folio, foja, página
foolscap - papel ministro *o* oficio
for account of - para la cuenta de
for collection - al cobro
forbearance - indulgencia de morosidad
force - fuerza, eficacia, validez, personal, forzar, compeler, obligar
, in - vigente, en vigencia, en vigor
majeure - fuerza mayor
of discount - fuerza del descuento
of interest - fuerza del interés
forced
heir - heredero forzoso, heredero necesario
loan - prestamo forzado
sale - venta forzosa
forcible
detainer - detención violenta
entry - toma de posesión violenta
trespass - translimitación con violencia
foreclose - ejecutar *o* entablar juicio hipotecario
foreclosure - juicio hipotecario, procedimiento ejecutivo hipotecario, ejecución de hipoteca
decree - auto de ejecución en juicio hipotecario
sale - venta judicial *o* hipotecaria
suit - juicio hipotecario
foreign - extranjero, exterior
administrador - administrador de otro estado *o* de otro país
assignment - escritura de cesión otorgada en otro estado *o* país
attachment - embargo contra persona no residente
bill - letra sobre el exterior
corporation - sociedad anónima de otro estado, corporación extranjera
county - otro condado
creditor - acreedor no residente del estado del deudor
currency - moneda extranjera
domicile - domicilio extranjero
enterprise - empresa extranjera
exchange - divisas, cambio exterior, tipo de cambio

guardian - tutor nombrado por tribunal de otro estado
judgment - sentencia de un tribunal de otro estado
jurisdiction - jurisdicción extranjera
jury - jurado de otro condado
plea - excepción de incompetencia
trade - comercio exterior
Foreign-Assistance Act of 1948 - Ley de Ayuda al Exterior de 1948 (Marshall Plan)
foreign-exchange
assets - divisas
permit - permiso para compra *o* venta de divisas
foreman of the jury - presidente del jurado
forensic - forense
laboratory - laboratorio forense
medicine - medicina legal
stamp - sello forense
forestall - impedir, excluir, acaparar
forestalling - obstruir, obstruir una vía de acceso
the market - acaparamiento del mercado
forfeit - comiso, decomiso, comisar, decomisar, perder
forfeitable - caducable, decomisable
forfeiture - pérdida, deserción, decomiso, confiscación, multa, caducidad
of a bond - caducidad de la fianza
forge - falsificar, falsear, forjar, contrahacer
forger - falsificador, falsario
forgery - falsificación
bond - fianza de falsificación
insurance - seguro contra falsificación
forgery-proof - infalsificable, a prueba de falsificación
form - forma, modelo, formulario, formar, establecer, constituir
a company - constituir *o* establecer *o* fundar una compañía
forms of action - formas de acción
formal - formal, oficioso, solemne, esencial, constítutivo
contract - contrato perfecto
defect - defecto de forma
issue - cuestión ajustada a las reglas de procedimiento
promise - promesa formal
requirement - requisito formal
formalism - formalismo
formalities - formalidades, diligencias, solemnidades
formalize - formalizar, celebrar, perfeccionar, instrumentar
former adjudication - cosa juzgada
formula - fórmula
forthcoming bond - fianza para producción de bienes embargados
forthwith - inmediatamente, en seguida
fortuitous - fortuito, eventual, accidental
bankruptcy - quiebra casual *o* fortuita
fortuitousness - eventualidad
forum - tribunal, foro, jurisdicción
non conveniens - derecho del tribunal de rehusar jurisdicción
forward integration - integración de empresas de producción y de distribución
forwarding instructions - instrucciones de envío
found a business - establecer *o* constituir *o* fundar *o* plantear una empresa
founder of a trust - fideicomitente, fundador del fideicomiso
founders' shares - acciones de fundador
founding stockholders - accionistas constituyentes
four corners - el documento completo
fourth estate - la prensa
fractional shares - acciones fraccionarias, cupones de acción
frame of mind - estado de ánimo
framed
evidence - prueba falsificada, testimonio fraudulento
issues - cuestiones alistadas por decidir en el litigio
franchise - franquicia, privilegio, patente, concesión social, derecho de votar, franquicia del voto, porcentaje mínimo de responsabilidad del asegurador, franquicia
tax - impuesto de privilegio *o* de patente *o* sobre concesión, derechos de licencia
fraud - fraude, trampa, embuste, engaño, falsía, estafa, dolo, defraudación, encubierta, baratería
bond - fianza de fraude
in equity - fraude implícito *o* legal
in fact - fraude positivo *o* de hecho
fraudulence - fraude, engaño
fraudulent - fraudulento, doloso, engañoso, intérlope
bankrupt - alzado, fallido culpable

bankruptcy - quiebra fraudulenta
concealment - encubrimiento engañoso
conversion - apropiación ilícita
conveyance - cesión culpable
misrepresentation - falsedad fraudulenta

free - libre, gratuito
and clear - libre de gravamen
of charges - libre de gastos
of duty - libre *o* franco de derechos
of incumbrance - libre de gravamen
on board - (FOB) libre a bordo, (LAB) franco a bordo
on rail - franco sobre vagón
port - puerto franco *o* libre
will - voluntad libre

freedom - libertad, inmunidad, exención, licencia
of assembly - libertad de reunión
of contract - libertad contractual *o* de contratar *o* de pactar
of enterprise - libertad de empresa
of the press - libertad de imprenta *o* de prensa
of religion - libertad religiosa *o* de cultos
of the seas - libertad de los mares
of speech - libertad de palabra
on bail - libertad bajo fianza, libertad caucional
without bail - libertad sin fianza

freehold - dominio absoluto
estate - dominio absoluto de propiedad
in deed - posesión real
in law - título sin posesión actual

freeholder - propietario, dueño

freight (n) - flete, gasto de transporte, cargamento

freight (v) - cargar, fletar
contingency - flete eventual
receipt - guía de carga, conocimiento

freightment - fletamento, fletamiento

friendly - amistozo, amigable
fire - fuamiego útil
receivership - sindicatura amigable
settlement - transacción amigable
suit - acción amigable, juicio doble

fringe benefits - beneficios extrasalariales, beneficios marginales

frivolous - vano, frívolo, sin fundamento
answer - respuesta evidentamente insuficiente, contestación frívola
appeal - apelación evidentemente sin mérito
defense - defensa sin fundamento
demurrer - objeción insostenible *o* claramente insuficiente
plea - defensa vana *o* frívola
suit - juicio sin fundamento

frontier customhouse - resguardo fronterizo, aduana fronteriza

fronting and abutting - colindante

fruits
of industry - frutos industriales
of the land - frutos naturales

frustrate - frustrar, anular, invalidar, impedir

frustration - frustración, impedimento
of contract - frustración del contrato
of purpose - frustración del propósito

fugitive - fugitivo, prófugo, tránsfuga, huidizo
from justice - prófugo de la justicia

fulfill - cumplir, ejecutar, realizar

fulfillment - cumplimiento, ejecución, desempeño

full - lleno, pleno, completo, suficiente
actual loss - pérdida total real
age - mayor edad, mayoría
amount - valor íntegro
answer - respuesta completa
authority - autoridad complete *o* amplia, capacidad plena, poderes amplios
bill of lading - conocimiento con responsabilidad completa de la empresa de transporte
copy - transcripción completa
court - pleno del tribunal, corte plena
covenants - garantía de título
coverage - cobertura total
disclosure - divulgación completa
effect, in - en plena vigencia
endorsement - endoso completo *o* regular *o* a la orden
faith and credit clause - cláusula constitucional que indica que cada estado tiene que reconocer las leyes y decisiones judiciales de los demás estados
force and effect - toda su fuerza y efecto
hearing - vista completa
interest admitted - pleno interés convenido *o* concedido
jurisdiction - plena competencia
meeting - pleno, asamblea plenaria
pardon - absolución completa *o* incondicionada, perdón incondicionado

payment - pago total
power - pleno poder
proof - prueba plena
satisfaction - pago total
settlement - liquidación, finiquito, saldo final
time - a tiempo completo
warranty - garantía completa

full-paid shares - acciones cubiertas *o* pagadas, acciones exhibidas

function - función, ocupación, operación

functionary - funcionario

fund - fondo, caja, proporcionar fondos, consolidar

fundable - consolidable

fundamental - fundamental
error - error esencial
law - derecho orgánico, ley fundamental, legislación de fondo
rights - derechos fundamentales
term of contract - cláusula esencial de un contrato

funded - financiado, consolidado
debt - deuda consolidada, pasivo consolidado, deuda asentada
liabilities - pasivo fijo
trust - fideicomiso con depósito de fondos

funding - consolidación, depósito de fondos
bond - bono de consolidación

funds - fondos, dinero, recursos financieros

furnish - proveer, procurar, aducir, suministrar
bail - prestar fianza
a bond - otorgar una fianza
a guaranty - efectuar una garantía
information - facilitar informes
money - financiar, refaccionar

furniture and fixtures - muebles y útiles *o* enseres, mobiliario y equipo *o* útiles

further - ulterior, más amplio, adicional
advance - préstamo adicional, adelanto adicional
evidence - pruebas adicionales
proceedings - ulteriores procedimientos

furthermore - además, otrosí

future - futuro, venidero
earnings - ingresos futuros
estate - derecho a bienes inmuebles en el futuro
interest - interés futuro

Notes

G

gag order - orden judicial para que los testigos y los abogados no hablen del caso con reporteros
gain - ganancia, beneficio, adquisición, ventaja
gainful employment - actividad lucrativa, empleo provechoso, ocupación lucrativa *o* retribuída
gambling - juego
  policy - póliza de juego
gang - pandilla, ganga, cuadrilla, banda
gangster - pandillero, pistolero, raquetero, hampón
garnish - embargar, prevenir
garnishee - embargado, embargar
garnisher - embargante
garnishment - embargo de bienes del deudor que se hallan en posesión de un tercero
  proceedings - proceso de embargo
general - general, común, total
  agent - agente *o* apoderado *o* mandatario general
  appearance - comparecencia general
  assignment - cesión general
  assumpsit - proceso por incumplimiento de compromiso implícito
  average - avería gruesa *o* común
  average bond - fianza en avería gruesa
  average contribution - contribución de avería gruesa
  average deposit - depósito en avería gruesa
  average guaranty - garantía en avería gruesa
  bequest - legado general
  calendar - lista general de causas
  cargo - carga general
  challenge - recusación general
  charge - instrucciones al jurado sobre la causa en general
  circulation - circulación general
  contractor - contratista general
  covenant - garantía general
  creditor - acreedor quirografario, acreedor simple *o* ordinario *o* sin privilegio
  customs - costumbres nacionales, práctica comercial general
  damages - daños generales *o* directos
  demurrer - excepción general
  denial - denegación completa *o* general
  deposit - depósito general
  devise - legado general
  disability - incapacidad jurídica
  election - elección general, comicios generales
  exception - excepción general
  execution - ejecución general
  executor - albacea universal
  finding - decisión completa *o* general
  franchise - escritura de constitución
  fund - fondos generales
  guaranty - garantía sin restricción de persona
  guardian - tutor *o* curador de autoridad completa
  intent - intención general
  issue - cuestión litigiosa general, especie de denegación general
  indorsement - endoso en blanco
  jurisdiction - competencia general
  legacy - legado general, legado no específico
  lien - gravamen general
  malice - carácter malicioso
  meeting - reunión de todos accionistas o todos acreedores
  mortgage - hipoteca colectiva *o* general
  orders - reglamento del tribunal
  partner - socio general *o* regular *o* solidario
  partnership - sociedad colectiva *o* en nombre colectivo, compañía regular colectiva
  power of appointment - poder para designar cualquier donatario
  power of attorney - poder general
  proxy - apoderado general, mandatario general, poder general
  replication - réplica general
  retainer - contrato para servicios generales de abogado
  strike - huelga general
  tenancy - tenencia sin plazo
  traverse - negación completa *o* general
  usage - costumbres generales
  verdict - veredicto general
  warranty - garantía completa *o* general
  welfare - bienestar general
generation-skipping trust - fideicomiso en el que los bienes se transfieren no a la generación siguiente sino a la subsiguiente

generic - genérico, general
Geneva Convention - Convención de Ginebra
genocide - genocidio
gentlemen of the jury - señores del jurado
gentlemen's agreement - pacto *o* acuerdo de caballeros, acuerdo armónico
genuine - legítimo, auténtico, genuino, sincero
genuineness - legitimidad, autenticidad, idoneidad
germane - pertinente, aplicable
gestation - gestación, embarazo, desarrollo
gift - dádiva, donación, regalo
  causa mortis - donación por causa de muerte
  in contemplation of death - donación en anticipación de muerte
  inter vivos - donación entre vivos
  tax - impuesto sobre donaciones *o* sobre transferencias a título gratuito
  to a class - donación a un grupo de personas
gist - lo esencial *o* substancial de una decision *o* de una cuestion litigiosa
give - dar, donar
  and bequeath - legar
  bail - dar fianza
  bond - dar fianza
  evidence - dar testimonio
  judgment - dictar sentencia
  notice - avisar, notificar, dar aviso
  time - extender un plazo
  warning - prevenir, dar aviso
  way - dar paso
given name - nombre de pila
gloss - glosa, comentario, glosar
go bail - dar fianza
go into bankruptcy - ir a la quiebra
going inventory - inventario perpetuo *o* continuo *o* según libros
going price - precio vigente, valor prevaleciente en el mercado
good - bueno, capaz, válido, productivo
  behavior - buena conducta, buen comportamiento
  cause - motivo suficiente
  consideration - causa valiosa *o* válida
  defense - buena defensa
  faith - buena fe
  faith purchaser - comprador de buena fe
  investment - inversión productiva
  moral character - buen carácter moral
  name - buena fama
  title - título válido *o* seguro
goods - efectos, especies, mercaderías, bienes
  and chattels - bienes muebles
  and services - bienes y servicios, mercaderías y servicios
  in transit - bienes en tránsito
  sold and delivered - bienes vendidos y entregados
goodwill - buen nombre, valor extrínseco, plusvalía, mayor valía, activo nominal, llave, regalía
governing board or **committee** - consejo de administración, comisión directiva *o* ejecutiva
government - gobierno, administración
  attorney - fiscal, procurador fiscal
  attorney's office - fiscalía
  bank - banco estatal *o* del estado, banco nacional
  bonds - títulos del estado, bonos de tesorería, bonos fiscales, papel del estado, valores fiscales
  contract - contrato gubernamental, contrato estatal
  de facto - gobierno de hecho
  de jure - gobierno legítimo
  enterprise - empresa fiscal
  monopoly - monopolio *o* estanco fiscal *o* del gobierno
  operation - explotación *o* operación fiscal *o* del estado
  security - inversión garantizada por el gobierno
governmental - gubernamental, gubernativo
  agency - oficina *o* agencia *o* negociado fiscal *o* del estado
  enterprise - empresa gubernamental, empresa estatal
  facility - instalación gubernamental
governor - gobernador
grace period - período de gracia, espera
grade (n) - grado, declive, categoría
grade (v) - clasificar, nivelar, mejorar
graduated tax - impuesto progresivo
grammatical interpretation - interpretación gramática
grand - grande, gran
  juror - miembro del gran jurado
  jury - gran jurado, jurado de acusación

jury investigation - investigación del gran jurado
larceny - hurto mayor
larceny in the second degree - hurto mayor en segundo grado
grandfather clause - provisión constitucional de algunos de los Estados Unidos sobre derecho de votación
grant - concesión, derecho, cesión, dádiva, merced, subvención, conceder, otorgar
credit - conceder crédito
a delay - acordar una dilación *o* una prórroga
a patent - otorgar *o* conceder *o* acordar una patente, privilegiar
a stay - conceder *o* decretar la suspensión de una orden *o* sentencia
grantee - concesionario, mercedatario, donatario, persona a quien se otorga algún derecho
granting clause - cláusula de transferencia
grantor - otorgante, cesionista, concedente, donador
gratuitous - gratuito, gracioso
bailment - comodato, depósito civil
consideration - causa gratuita
contract - contrato a título gratuito
deed - escritura a título gratuito
deposit - comodato, depósito gratuito
guest - pasajero a título gratuito
passenger - pasajero a título gratuito
services - servicios gratuitos
gratuity - propina, donación, recompensa
gravamen - peso del agravio
great care - diligencia extraordinaria
great diligence - diligencia extraordinaria
grievance - agravio, injuria, ofensa, injusticia
gross - grande, total, bruto, inexcusable
adventure - préstamo a la gruesa
average - avería gruesa *o* común *o* general
charter - fletamento con operación por cuenta del arrendador
earnings - ganancia bruta, retribución bruta
fault - negligencia grave, culpa lata
inadequacy - insuficiencia evidente
income - renta bruta, entradas brutas, ingreso bruto
interest - interés bruto
margin - margen bruto, beneficio bruto
misdemeanor - delito serio sin llegar a ser delito grave
neglect of duty - incumplimiento grave del deber
negligence - negligencia grave, imprudencia temeraria
proceeds - réditos brutos, productos brutos
profit - ganancia bruta, beneficio bruto
rate - tasa bruta
receipts - ingresos brutos
revenue - ingresos brutos
sales - ventas brutas
weight - peso bruto
yield - rendimiento bruto
ground - terreno, territorio
for divorce - causa *o* causal de divorcio
of action - bases de la acción
rent - censo, renta, alquiler del terreno
water - aguas subterráneas, agua de pozo
guarantee - garantía, caución, abono, garante, garantizar, garantir, acreditar, afianzar, abonar, dar fianza
deposit - depósito de garantía
guarantor - fiador, garante, avalista
guaranty - garantía, caución, abonamiento, seguridad, saneamiento
bond - fianza
company - compañía *o* institución de fianzas
fund - fondo de garantía
insurance - seguro de fidelidad
guardian - tutor, guardián, curador
ad litem - curador ad litem
by election - tutor elegido por el menor
by nature - curador natural
by statute - tutor testamentario
guardianship - curatela, curaduría, tutela, tutoría, pupilaje
guilt - culpa, culpabilidad, responsabilidad
guilty - culpable, responsable, convicto
gunman - pistolero, bandido

Notes

habeas corpus - hábeas corpus
habilitate - habilitar
habit - hábito, costumbre
habitant - habitante
habitual - habitual, usual
  criminal - criminal *o* delincuente habitual, recidivista
  drunkard - ebrio *o* borracho habitual
  offender - delincuente habitual
hail insurance - seguro contra granizo
half - mitad, medio
  proof - prueba semiplena
  stock - acciones de $50 a la par
hallmark - marca de legitimidad, marca de pureza, sello, distintivo
hallucinate - alucinar
hand - mano, firma, autoridad, parte, asistencia
  and seal - firma y sello
  down a decision - anunciar un fallo, emitir una sentencia
  in a report - elevar *o* presentar un informe *o* una memoria
  money - arras, depósito, mano
  out information - facilitar noticias
handle - manejar, palpar, tratar, controlar, dirigir
handling charges - gastos de tramitación
handwriting - letra manuscrita, escritura, quirografía, caligrafía, estilo caligráfico
  expert - perito caligráfico, experto caligráfico
hang - ahorcar
harass - acosar, hostigar
harrassment - acosamiento, hostigamiento
harbor dues - derechos de quilla *o* de puerto
hard labor - trabajo forzado *o* forzoso
hardship - opresión, dificultad, apuro, penuria
harm (n) - daño, lesión, perjuicio
harm (v) - dañar, lesionar, perjudicar
harmful error - error inexcusable, error perjudicial
harmless error - error excusable *o* sin perjuicio
harsh - severo, riguroso, cruel
haste - prisa, precipitación
have and to hold - tener y poseer
hazard pay - remuneración por trabajos peligrosos
hazardous - peligroso, aventurado
  contract - contrato aleatorio
  employment - empleo peligroso
  negligence - imprudencia temeraria
head - director, cabeza, principal
  of a family - jefe *o* padre de familia, cabeza de casa
  office - oficina central
  tax - impuesto por cabeza, capitación
headquarters - oficina central, jefatura, casa matriz, dirección general, cuartel general
health - salud, sanidad, bienestar
  authorities - autoridades de sanidad, autoridades sanitarias
  laws - estatutos sanitarios, leyes de salud pública
hear a case - conocer a una causa, ver una causa
hearing - vista, audiencia, audición
hearsay evidence - testimonio *o* prueba de oídas, evidencia por referencia
heavy sentence - sentencia *o* condena grave
heir - heredero, heredado
  apparent - heredero forzoso, heredero aparente
  at law - heredero legal *o* legítimo
  beneficiary - heredero beneficiario
  by adoption - heredero adoptivo
  collateral - heredero colateral
  conventional - heredero convencional
  expectant - heredero en expectativa
  general - heredero legal *o* legítimo
  of the blood - heredero por consanguinidad
  of the body - descendente lineal
  presumptive - presunto heredero
  testamentary - heredero testamentario *o* instituído, heredero voluntario
  unconditional - heredero absoluto *o* libre
heiress - heredera
heirs and assigns - herederos y cesionarios
henceforth - de aquí en adelante, de ahora en adelante
hereby - por la presente, por esto
hereditaments - herencia, bienes por heredar
hereditary - hereditario

succession - sucesión hereditaria
heredity - herencia
herein - incluso, aquí dentro, en este
hereinafter - más abajo, más adelante, en este contrato
called - a quien se denominará
heretofore - anteriormente, antes
hereunder - por la presente, en virtud de este, bajo esto
hereunto set his hand and seal - firmó y selló el presente
herewith - adjunto, con el presente, con esto
heritable - hereditable, que se puede heredar
heritage - herencia
hermeneutics - hermenéutica
hidden defect - vicio oculto, defecto oculto
high - alto, superior, ilustre
contracting parties - altas partes contratantes
court of justice - alta corte de justicia
crime - delito grave
probability rule - precepto de derecho sobre abandono por probabilidad de pérdida total
seas - alta mar
higher court - tribunal *o* juzgado mayor
highest court - tribunal de último recurso, tribunal supremo
highest bidder - el mejor postor
highway robbery - salteo, salteamiento, atraco
hire (n) - arrendamiento, alquiler, remuneración
hire (v) - contratar, alquilar, arrendar
purchase - arriendo con opción de compra
hoc loco - hoc loco, en este lugar
hold - tener, poseer, ocupar, obligar, mantener, sostener, opinar, decidir, juzgar, guardar
an election - celebrar elecciones
court - sesionar, hallarse en sesión, celebrar sesión
for trial - detener para proceso
harmless - amparar, dejar a salvo
a hearing - celebrar una audiencia
an interview - celebrar una entrevista
a meeting - celebrar una junta, sesionar, verificar una reunión
over - retener posesión, aplazar, continuar un cargo o un empleo
pleas - tomar jurisdicción, conocer causas
responsible - tener *o* hacer responsable
up - saltear, atracar, parar
without bail - detener sin fianza, encarcelar
holder - tenedor, poseedor
for value - tendor legítimo *o* por valor
in due course - tenedor legítimo *o* de buena fe, tenedor en debido curso, tenedor en debida forma
in good faith - tenedor en buena fe
of a chattel mortgage - acreedor prendario
of an account - titular de una cuenta
of record - tenedor inscrito
holding - decisión, opinión, tenencia, posesión
company - compañía tenedora *o* matriz, compañía dominatriz, sociedad de control
holiday - día festivo
holdup - salteo, atraco
holograph - hológrafo, ológrafo
holographic - hológrafo, ológrafo
will - testamento hológrafo *o* ológrafo
home - hogar, domicilio, residencia
office - oficina matriz, casa central
owner - dueño de hogar
port - puerto de matrícula *o* de armamento
rule - autonomía
homeowner - propietario *o* amo de casa
insurance - seguro sobre riesgos del hogar
homestead - casa, solariega, hogar, heredad, hogar seguro, bien de familia
law - ley sobre inembargabilidad de hogares, ley de hogar seguro
right - derecho de posesión y goce del hogar, hogar seguro, asilo familiar
homicidal - homicida, asesino
attempt - tentativa de homicidio, homicidio imperfecto
homicide - homicidio
by misadventure - homicidio involuntario *o* accidental
by necessity - homicidio inculpable
honest - honrado, honesto, probo, recto
honesty - honradez, probidad, honestidad, franqueza

honor - honradez, rectitud, cancelar, reconocer, atender, pagar, honrar, acoger, aceptar
honorable - honrado, honorable
honorarium - honorarios
honorary - honorario
hope - esperanza, confianza, posibilidad
horizontal combination - consolidación horizontal, concentración horizontal
hospitalization - hospitalización
hostage - rehén
hostile - hostil, enemigo
  embargo - embargo de buques enemigos
  fire - incendio, fuego perjudicial
  possession - posesión hostil
  witness - testigo desfavorable *o* hostil
hostilities - hostilidades, actos de guerra
hotchpot - colación, mezcolanza
house - casa, vivienda, firma
  arrest - arresto domiciliario
  of correction - reformatorio
  of the legislature - cámara de la asamblea
  of prostitution - mancebía, burdel, prostíbulo
House
  of Commons - Cámara de los Comunes
  of Lords - Cámara de los Lores
  of Representatives - Cámara de Representantes
housebreaker - escalador, ladrón
housebreaking - escalo, escalamiento, allanamiento de morada
household - familia
householder - amo de casa
housing authority - negociado de viviendas, autoridad sobre hogares
husband - marido, esposo
hypomania - hipomanía
hypothec - hipoteca
hypothecary - hipotecario
hypothecate - hipotecar, pignorar, empeñar
hypothecation - hipoteca, pignoración
hypothecator - hipotecante
hypothesis - hipótesis
hypothetical question - pregunta hipotética

Notes

I

id est - id est, es decir
idea - idea, plan, concepto, pensamiento, proyecto
idem - ídem, lo mismo
identical - idéntico
identification - identificación
identify - identificar
identity - identidad
  of causes of action - identidad de los litigios
  of parties - identidad de las partes
idiocy - idiotez
idiopathic insanity - insania idiopática
ignorance of the law is no excuse - la ignorancia no excusa el cumplimiento de la ley, ignorancia de las leyes no excusa su cumplimiento
ignorantia - ignorancia
  facti excusat - ignorantia facti excusat, la ignorancia de hecho exime de responsabilidad
  juris non excusat - ignorantia non excusat legem, la ignorancia no excusa de cumplir la ley
illegal - ilegal, ilícito, ilegítimo
  consideration - causa ilícita
  contract - contrato ilegal
  interest - usura, tipo ilegal de interés
  strike - huelga desautorizada *o* ilegal
illegality - ilegalidad, ilegitimidad
illegally obtained evidence - prueba obtenida ilegalmente
illegitimacy - ilegitimidad
illegitimate - ilegítimo, falso
illicit - ilícito, ilegal
illustrative - enunciativo, ilustrativo
imbecility - imbecilidad
imitation - imitación, falso
immaterial - sin importancia, impertinente, inmaterial, irrelevante
  averment - aseveración impertinente
immateriality - falta de importancia, irrelevancia
immediate - inmediato, cercano, urgente
  cause - causa inmediata
  descent - descendencia inmediata
  interest - interés inmediato
immemorial possession - posesión inmemorial
immigrant - inmigrante
  visa - visa de inmigrante
immigration - inmigración
immoderate - excesivo, inmoderado
immoral - inmoral, vicioso
immovables - inmuebles, bienes raíces
immune - inmune
immunity - inmunidad, extención, franquicia
impanel - elegir
imparlance - demora, aplazamiento
impartial - imparcial, desinteresado
  expert - perito nombrado por el tribunal
impartiality - imparcialidad
impasse - dificultad insuperable, atolladero
impeach - residenciar, impugnar
impeachment - acusación, tacha, residencia
  of a witness - impugnación de testigo *o* de testimonio
  proceedings - proceso *o* juicio de residencia
impeditive - impeditivo
imperfect - imperfecto, incompleto, defectuoso
  ownership - dominio imperfecto
  right - derecho imperfecto *o* indeterminado
  title - título imperfecto
  trust - fideicomiso imperfecto
imperitia culpae adnumeratur - imperitia culpae adnumeratur, la impericia se considera como culpa
imperium - imperio, protestad
impersonal - impersonal
impertinent - impertinente
  averment - aseveración impertinente
impetration - impetración
implead - entablar pleito, demandar
impleadable - procesable
impleader - actor, demandante
implement - dar efecto, cumplir
implicate - implicar, envolver
implication - deducción, inferencia, complicidad
implied - implícito, inferido, tácito
  abandonment - desistimiento *o* abandono tácito
  acceptance - aceptación implícita
  acknowledgement - reconocimiento tácito
  admission - admisión implícita
  agency - agencia implícita

agreement - pacto implícito, contrato sobrentendido, cuasicontrato
allegiance - lealtad natural *o* por nacimiento
assumpsit - compromiso implícito
authority - autorización sobrentendida *o* implícita
condition - condición callada *o* de derecho *o* implícita *o* supuesta *o* tácita
confession - confesión implícita, confesión ficta
consent - consentimiento implícito *o* tácito
consideration - causa tácita
contract - contrato presunto *o* tácito *o* sobrentendido
covenant - convenio implícito
dedication - dedicación implícita
easement - servidumbre tácita *o* sobrentendida
license - privilegio implícito
malice - malicia implícita
notice - notificación sobrentendida
obligation - obligación implícita
powers - autoridad administrativa presunta *o* sobrentendida, autorización sobrentendida
procuration - procuración implícita
rescission - rescisión tácita
trust - fideicomiso constructivo
waiver - renuncia implícita *o* tàcita
warranties - garantías implícitas
warranty - garantía implícita

imply - implicar, involucrar, querer decir, significar
import - importación, importar
duty - derechos de entrada *o* de aduana *o* de internación
license - permiso *o* certificado *o* licencia de importación
permit - permiso *o* certificado *o* licencia de importación
quota - cuota de importación
impose - imponer, gravar, cargar
a fine - imponer una multa
a tax - imponer un impuesto
impossibility of performance - imposibilidad de cumplimiento
impossible - imposible
condition - condición imposible
consideration - causa impracticable
impost - impuesto, contribución, derechos de aduana
impotence - impotencia, agenesia
impotencia excusat legem - impotencia excusat legem, la impotencia excusa el cumplimiento de la ley
impound - depositar, incautar, confiscar, embargar, secuestrar judicialmente
imprescriptible - imprescriptible
impress - expropiar, confiscar
imprimatur - imprimátur
imprison - encarcelar, aprisionar, apresar, recluir
imprisonment - arresto, reclusión, prisión, encarcelación, presidio, arresto correccional
improve - mejorar, perfeccionar
improved real estate - predio edificado, terreno con edificios
improvements - mejoras, bienhechurías
impugn - impugnar, redargüir
impunity - impunidad
imputed - imputado, atribuido
cost - costo imputado
income - ingreso imputado
interest - interés imputado
knowledge - conocimiento implícito *o* imputado
negligence - negligencia derivada
notice - notificación implícita
rent - alquiler imputado, suma cargada en los libros para uso de los bienes del empresario
in - en, de, con, entre, concerniente a
absentia - en ausencia, in absentia
articulo mortis - in articulo mortis, en artículo de muerte
being - existente, con vida
blank - en blanco
camera - en privado, en el despacho del juez
capita - in capita, por cabeza
case - en caso, por si acaso
cash - en efectivo
consideration of - en consideración de, como contraprestación de, a cambio de
diem - in diem, en determinado día, hasta cierto día
due course - en su curso regular
equal shares - en partes iguales
extenso - in extenso, por entero
extremis - in extremis, en los últimos momentos de la existencia
fact - de hecho, en realidad, para más decir

forma pauperis - por causa de pobreza
good faith - de buena fe
issue - en disputa, en litigio, en cuestión
jure - in jure, en derecho
loco parentis - en lugar de un padre
pais - fuera de litigio, extrajudicial
pari causa - in pari causa, en causa igual
personam - contra la persona
personam jurisdiction - jurisdicción con respecto a la persona
re - con referencia a
rem - in rem, contra la cosa
solidum - in solidum, en todo, solidariamente
status quo - in status quo, en el estado en que se encuentra
stirpes - in stirpes, por estirpes
terminis - en términos inequívocos
the course of employment - en el curso del empleo
the ordinary course of business - en el curso ordinario de los negocios
the presence - en la presencia, en presencia de
toto - completamente, totalmente
transitu - en tránsito
trust - en fideicomiso
witness whereof - en testimonio de lo cual, en fe de lo cual
inactive account - cuenta inactiva, cuenta sin movimiento
inadequacy - insuficiencia
inadequate - inadecuado, insuficiente
consideration - causa insuficiente *o* inadecuada, contraprestación insuficiente
damages - daños no equitativos
price - precio inadecuado
remedy - recurso no justo *o* no pleno
inadmissibility - inadmisibilidad
inadmissible - no admisible, inadmisible
inadvertently - inadvertidamente, descuidadamente, negligentemente
inalienable - inalienable, inenajenable, inajenable
interest - interés en propiedad inalienable
rights - derechos inalienables
inappealable - inapelable, no sujeto a recurso
inattackable - inatacable
incapacitated - incapacitado, inhabilitado
incapacity - incapacidad
incarceration - prisión, encarcelación
incendiarism - incendio malicioso *o* doloso *o* intencional *o* premeditado
incendiary - incendiario
incentive - incentivo, estímulo, motivo
incest - incesto
incestuous - incestuoso
inchoate - comenzado pero no terminado, incoado, incompleto, imperfecto, empezado
agreement - convenio incompleto
crime - delito que lleva a otro delito
instrument - instrumento no registrado
interest - interés incompleto
lien - gravamen sujeto a revocación
right - derecho en expectativa
incidence of taxation - incidencia del impuesto
incident - incidente
incidental - incidental, incidente
admission - admisión concomitante
beneficiary - beneficiario incidental
damages - daños incidentales
powers - poderes accesorios *o* concomitantes
incite - incitar, instigar
inclusio unius est exclusio alterius - inclusio unius est exclusivo alterius, la inclusión de uno supone la exclusión de otro
inclusive - inclusivo
income - ingresos, entradas, renta, rédito, censo
bond - bono de renta *o* sobre ganancias, bono de interés sobre utilidades, bono de rendimientos
property - propiedad que produce ingresos
statement - estado de ganancias y pérdidas *o* de resultados, balance de resultados
tax - impuesto a la renta *o* a las utilidades *o* a los réditos *o* sobre los ingresos, contribución sobre ingresos
income-tax return - declaración de renta *o* del impuesto sobre la renta, denuncia del contribuyente, declaración fiscal
incommunicado - incomunicado
incommunication - incomunicación
incommutable - inconmutable
incompatibility - incompatibilidad
incompatible - incompatible

incompetence - incompetencia, inhabilidad, incapacidad, ineptitud
incompetency - incompetencia, inhabilidad
incompetent - inhábil, incapaz, incompetente, incapacitado, inadmisible
inconclusive - inconcluso, inconcluyente, indeciso
 presumption - presunción relativa, indicio dudoso *o* oscuro *o* remoto, presunción no concluyente
inconsistent - incompatible, contradictorio, inconsecuente
incontestability - incontestabilidad, inatacabilidad
incontestable - incontestable, inatacable, indisputable
incontrovertible - inconcuso, incontrovertible
incorporate - incorporar, constituir, incorporarse, constituirse, agregar, incluir, incorporar
incorporated company - compañía incorporada
incorporation - incorporación, inclusión
 by reference - inclusión por referencia
 papers - escritura social *o* constitutiva *o* de constitución, contrato de sociedad, certificado de incorporación, acto constitutivo
incorporator - incorporador, otorgante, fundador
incorporeal - incorpóreo, incorporal
 hereditaments - bienes intangibles por heredar
 things - cosas intangibles
incorruptible - incorruptible
incriminate - incriminar, acriminar
incriminating circumstance - circunstancia que inculpa
incriminatory statement - declaración acriminadora *o* inculpatoria
incroachment - intrusión, invasión, usurpación
inculpate - inculpar, incriminar
inculpatory - que inculpa, acriminador
 evidence - prueba incriminante
incumbency - término de cargo oficial
incumbrance - gravamen, carga
incumbrancer - acreedor hipotecario
incur - incurrir, contraer
 a debt - contraer *o* incurrir una deuda
 a penalty - incurrir en una multa
indebitatus assumpsit - proceso por falta de liquidar una deuda
indebted - obligado, adeudado, endeudado, deudor, enditado
indebtedness - adeudo, deuda
indecency - indecencia
indecent - indecente, impropio, obsceno
indefeasible - irrevocable, inabrogable, inexpugnable
indefensible - insostenible, indefendible, indefensable, indefensible
indefinite - indefinido, incierto, impreciso
 contract - contrato por tiempo indefindo
 failure of issue - falta de sucesión sin límite de tiempo
 legacy - legado de cosa indeterminada
indelegable - indelegable
indemnification - indemnización, saneamiento
indemnify - indemnizar, resarcir, desagraviar
indemnitee - indemnizado, contrafiado
indemnitor - indemnizador, contrafiador
indemnity - indemnización, indemnidad, resarcimiento
 agreement - pacto de indemnización
 benefits - beneficios de indemnización
 bond - contrafianza
 contract - contrato de indemnización
 insurance - seguro de indemnización
indenture - escritura, contrato, instrumento
independent - independiente
 condition - condición independiente
 contract - contrato con obligaciones independientes *o* incondicionadas
indeterminate - indeterminado
 obligation - obligación de dar cosa incierta
 sentence - sentencia indeterminada
index on appeal - sumario del expediente en apelación
indication - indicio, indicación
indicia - indicios
indict - procesar, residenciar, encausar, acusar por gran jurado
indictable - procesable, encausable
indictee - procesado, acusado
indictment - procesamiento, acusación por gran jurado, sumario
indifferent - indiferente, imparcial, sin interés personal
indigent - indigente
indignity - indignidad, ultraje

indirect - indirecto
claim - demanda por daño emergente
confession - confesión implícita
contempt - contumacia indirecta
damages - daños indirectos, daño emergente
evidence - prueba indirecta
tax - impuesto indirecto, sisa
indispensable - imprescindible, indispensable
indisputable - indisputable, incontestable, irrefutable
individual - individuo, individual
assets - bienes individuales, activos individuales
debts - deudas individuales
income tax - impuesto individual sobre la renta, impuesto sobre ingresos individuales *o* sobre la renta personal
retirement account - cuenta de retiro individual
indivisible - indivisible, individuo
contract - contrato indivisible
obligation - obligación indivisible
indivision - indivisión
indubitable - indubitable
inducement - ventaja, incentivo, introducción explicativa de los alegatos
induction of a judge - instalación del juez
industrial - industrial
accident - accidente de trabajo
arbitration - arbitraje industrial
disease - enfermedad industrial
fruits - frutos industriales
insurance - seguro contra accidentes del trabajo, seguro de vida en cantidad pequeña con pagos semanales
partnership - participación obrera en los beneficios
property - propiedad industrial (i.e. patents)
securities - valores *o* títulos industriales
union - sindicato *o* gremio industrial *o* de industria
industry - industria
inebriate (n) - ebrio
inebriate (v) - embriagar
ineffective - ineficaz, inoficioso
inefficacy - ineficacia
inefficiency - ineficacia, falta de habilidad
inefficient - ineficiente, ineficaz
ineligible paper - efectos no descontables en los Bancos de Reserva Federal
inequitable - inequitativo, injusto
inequity - falta de equidad
inevitable accident - caso fortuito
infamous - infame, infamante
crime - crimen infame, delito infamante
punishment - pena infamante
infamy - infamia, torpeza
infancy - minoridad, menor edad
infant - menor
industry - industria naciente *o* en ciernes
infanticide - infanticida, infanticidio
inference - inferencia, deducción
inferential - deductivo
inferior - inferior
court - tribunal inferior
infidelity - infidelidad
infirmative - infirmante
consideration - hipótesis *o* suposición infirmante
fact - hecho infirmante
influence - influencia
influential - influyente
inform - informar, avisar, participar, enterar, comunicar
informal - informal, imperfecto, no solemne
contract - contrato verbal, contrato informal
issue - cuestión no ajustada a las reglas de procedimiento
proceedings - procedimientos informales
information - información, informe, datos, antecedentes, acusación por el fiscal, delación
and belief - saber y entender
for bidders - pliego de licitación, bases del concurso
informed consent - consentimiento informado
informer - informador, denunciante, delator
infra - infra
infraction - infracción, violación, contravención, transgresión
infringe - violar, infringir, contravenir
infringement - violación, infracción, contravención, uso indebido, contrafuero
infringer - violador, infractor, contraventor
infringing - violatorio
inherent - inherente, ínsito
power - autoridad propia *o* inherente
vice or **defect** - vicio *o* defecto inherente *o* intrínsico *o* propio
inherit - heredar

inheritable - hereditable
inheritance - herencia, patrimonio, abolengo
  per capita - sucesión por cabeza
  per stirpes - sucesión por estirpe *o* por troncos
  tax - impuesto sucesorio *o* de patrimonio *o* sobre herencias, impuesto hereditario
inheritor - heredero
inhibition - inhibición, auto inhibitorio
inhibitive - inhibitorio
inhibitory - inhibitorio
initials - siglas, iniciales
initiate - iniciar, entablar
injunction - mandato *o* requerimiento judicial, mandamiento, entredicho, interdicto, embargo, prohibición judicial, juicio de ampara
  bond - fianza de entredicho
  pendente lite - requerimiento pendente lite
injunctive relief - desagravio por mandato judicial
injure - injuriar, dañar, herir, lesionar
injured - lesionado, lastimado, siniestrado, dañado
injurious - dañino, dañoso, perjudicial, injurioso
injury - lesión, herida, lastimadura, daño, injuria, perjuicio, agravio, desperfecto
injustice - injusticia
innocence - inocencia, inculpabilidad
innocent - inocente, no culpable
  agent - agente inculpable
  holder for value - tenedor por valor *o* de buena fe, portador inocente
  misrepresentation - falsedad inculpable *o* inocente
  party - parte inocente *o* inculpable
  purchaser - comprador inocente *o* de buena fe
innominate contract - contrato innominado
innovation - innovación
innuendo - insinuación, indirecta
inofficious - inoficioso
inoperative - ineficaz
inquest - enuesta, indagatoria, información, juicio de inquisición, examen
inquiry - estudio, encuesta, investigación, indagación
inquisition - inquisición
insane - demente, loco, insano
insanity - locura, insania, demencia
insensible condition - condición incompatible
insinuation - insinuación
insolvency - insolvencia
  laws - derecho de insolvencia, código de las quiebras
  proceedings - concurso
insolvent - insolvente, fallido
inspect - revisar, reconocer, examinar, fiscalizar, registrar
inspection - inspección, revisión, registro, fiscalización
inspector - inspector, revisador, revisor, fiscalizador
installment - plazo, cuota, pago parcial, pago periódico
instance - instancia
instant case - causa actual *o* presente
instigate - instigar, incitar, provocar
instigator - instigador, fautor
institor - institor
institute - instituta
institution - establecimiento, institución
institutional - institucional
instruct - instruir, dar instrucciones
instruction - instrucción
instructions - instructivo, instrucciones
  to the jury - instrucción al jurado
instructive - instructivo
instructor - instructor
instrument - instrumento, documento, escritura, instrumento
  of evidence - medio de prueba
instruments of exchange - instrumentos de cambio exterior
instrumental trust - fideicomiso sin albedrío del fiduciario
instrumentality rule - regla de agencia
insufficiency - insuficiencia
insufficient - insuficiente
  funds - falta de fondos, saldo insuficiente
insurable - asegurable
  interest - interés asegurable
  risk - riesgo asegurable
  value - valor asegurable
insurance - seguro, aseguro, aseguración, aseguranza
  broker - corredor de seguros
  carrier - empresa aseguradora, portador de seguros
  company - sociedad aseguradora *o* de seguros

policy - póliza *o* escritura de seguro
trust - fideicomiso de seguro
insure - asegurar, asegurarse
insured - asegurado
deposit - depósito garantizado
property - propiedad asegurada
risk - riesgo asegurado
title - título garantizado
insurer - asegurador
intangible - intangible
assets - activo nominal, activo aparente, activo ficticio, bienes incorpóreos
property - bienes intangibles
intangibles - intangibles, activo intangible
integral - esencial
integrated trust - combinación que domina materia prima, fabricación y distribución de un producto
integration - integración
integrity - honradez, probidad
intend - proponerse, pensar en, querer decir
intendency - intedencia
intendant - intendente
intendment of law - intento de la ley
intent - intención, intento
to defraud - intención de defraudar
intention - intención
intentional - intencional
intentional tort - daño intencional
intentionally - intencionalmente
inter se - entre sí
inter vivos - entre vivos, inter vivos
gift - donación entre vivos
transfer - transferencia entre vivos
Inter-American
Bar Association - Colegio Interamericano de Abogados
Commercial Arbitration Commission - Comisión Interamericana de Arbitraje Comercial
Development Commission - Comisión de Fomento Interamericano
Trademark Bureau - Oficina Interamericana de Marcas
intercept - interceptar
intercorporate - intercorporativo
interdict - interdicto, interdecir, prohibir
interdiction - interdicción, interdicto, entredicho
interest - interés, participación, rédito
bearing - que devenga intereses
may appear, as - según interés
or no interest - interés *o* sin interés
policy - póliza con interés asegurable
interest-dividend - interés-dividendo
interested, to be - interesarse, tener interés
interested party - interesado, parte interesada
interested witness - testigo interesado
interfere - interferir, intervenir, obstruir
interim - interino, provisorio
balance sheet - balance provisorio *o* tentativo
dividend - dividendo provisional *o* provisorio *o* preliminar
financing - financiamiento provisional *o* interino
order - apremio provisional
report - informe provisional
statement - estado intermedio *o* provisional
interline - entrerrenglón, interlinear, entrerrenglonar, entrelinear
interlineation - interlineado, interlineación, entrelíneas, entrerrenglonadura
interlocking directorates - directorios entrelazados, directorios encadenados
interlocutory - interlocutorio
decree - interlocutoria, auto interlocutorio, interlocución
injunction - requerimiento interlocutorio
judgment - sentencia interlocutoria *o* incidental
intermediary - intermediario, interpósita persona, intermediario
bank - banco intermediario
intermediate order - auto *o* apremio interlocutorio
intermittent easement - servidumbre intermitente
intern - internar
internal - interno, inherente, doméstico
revenue - rentas interiores *o* internas *o* terrestres, ingresos interiores
international - internacional
date line - línea de cambio de fecha internacional
law - derecho internacional *o* de gentes
tax agreements - acuerdos fiscales internacionales
International
Bank for Reconstruction and Development - Banco Internacional de Reconstrucción y Fomento, Banco Mundial

Copyright Law - Ley Internacional sobre Propiedad Intelectual
Court of Justice - Tribunal de Justicia Internacional, Corte Internacional de Justicia
Monetary Fund - Fondo Monetario Internacional
interpellation - interpelación
interplea - instancia del demandado para acción entre dos demandantes de la misma cosa
interplead - pleitar con otro demandante de la misma cosa
interpleader - acción por la cual el tenedor de una propiedad compele a dos *o* más reclamantes de la misma litigar entre sí el derecho a la misma
interpret - interpretar, traducir
interpretation - interpretación
interpreter - intérprete
interpretive - interpretivo
interrogate - interrogar, examinar
interrogator - interrogador
interrogatory - interrogatorio, interrogativo
interstate - entre estados, interestadual, interestatal, interestadal
commerce - comercio interestatal *o* entre estados
Interstate Commerce Commission - Comisión de Comercio Interestatal *o* entre Estados
intervene - intervenir
intervener - interventor, interviniente, tercerista
intervening - intermedio, interpuesto
cause - causa interpuesta
damages - daños por demora resultado de la apelación
defendant - demandado interviniente
intervention - intervención, tercería
interventor - interventor
intestable - sin capacidad para testar
intestacy - falta de testamento, estado intestado
intestate - intestado, sin testar, abintestado
succession - sucesión intestada
intimation - intimación, notificación
intimidate - intimidar, acoquinar
intimidation - intimidación
intoxicated - ebrio, borracho
intoxication - embriaguez, borrachez
intra vires - dentro de autoridad conferida
intrastate - dentro de un estado, intraestatal
intrinsic evidence - prueba intrínsica
intruder - intruso, entremetido
intrusion - intrusión, entremetimiento
inure - entrar en vigencia, tener efecto
to - pasar al uso de
invalid - inválido, nulo, ineficaz, írrito
invalidate - invalidar, anular
invalidity - nulidad, incapacidad, invalidez
invasion - invasión
invention - invención, invento
inventor - inventor
inventory - inventario, recuento, descripción, existencia, inventariar, pasar *o* hacer un inventario, poner en inventario
invest - invertir, investir
investigation - investigación, indagación, encuesta
of title - estudio de título
investitive - que inviste
investment - inversión, colocación, capital empleado
banking - banca inversionista *o* de inversiones
bill - letra de cambio comprada como inversión
broker - corredor de inversiones *o* de bolsa
company - sociedad inversionista, compañía de inversiones
contract - contrato de inversiones
fund - fondo de inversiones
trust - compañía de inversiones *o* de rentas, sociedad de cartera, compañía de sustitución de valores
investor - inversionista, imponente
inviolability - inviolabilidad
inviolable - inviolable
invitation to bidders - llamada a licitación, citación a licitadores, invitación a proponentes
invited error - decisión errónea del tribunal a solicitud de parte
invocation - invocación, mandamiento
invoice - factura, facturar
price - precio de factura
invoke - invocar
involuntary - involuntario
bailment - depósito accidental
bankruptcy - quiebra involuntaria, concurso necesario
confession - confesión provocada *o* involuntaria

conveyance - transferencia involuntaria
deposit - depósito involuntario
manslaughter - homocidio accidental *o* involuntario
nonsuit - sobreseimiento involuntario
trust - fideicomiso sobrentendido *o* implícito
IOU - vale, pagaré
ipso
facto - ipso facto, por el hecho mismo
jure - ipso jure, por el mismo derecho
irrebuttable presumption - presunción absoluta, indicio claro *o* indubitable
irrecoverable - incobrable, irrecuperable, irreivindicable
irrecusable - irrecusable
irredeemable - irredemible
irrefutable - irrefragable, irrefutable
irregular - irregular
bid - propuesta informal
deposit - depósito irregular
dividend - dividendo casual *o* ocasional
endorsement - endoso irregular
process - proceso anormal, proceso irregular
succession - sucesión irregular
irregularity - irregularidad
irrelevancy - impertinencia, inaplicabilidad
irrelevant - inaplicable, impertinente, irrelevante, inconexo
irremissible - irremisible, imperdonable
irreparable - irreparable, irremediable
irrepleviable - no reivindicable
irresponsibility - irresponsabilidad, falta de responsabilidad
irresponsible - irresponsable
irrevocable - irrevocable
letter of credit - carta de crédito irrevocable
trust - fideicomiso irrevocable
trust fund - fondo fiduciario irrevocable
issue of fact - cuestión de hecho
issue of law - cuestión de derecho
issuable - emisible
defense - defensa a base de los méritos
plea - defensa negable
issuance - emisión
issue - emisión, cuestión, punto, edición, número, tirada, prole, sucesión, progenie, descendencia, emitir, librar, publicar
, at - en disputa, en controversia
a check - extender *o* librar un cheque
in fact - cuestión de hecho
in law - cuestión de derecho
joined - cuestión por debatir fijada por los alegatos, controversia a juzgarse
a writ - dictar *o* expedir un auto
issued capital - capital emitido
issued stock - acciones emitidas
issuer - emisor, dador
issuing bank - banco emisor
item - ítem, partida
itemize - detallar, particularizar, pormenorizar, puntualizar

Notes

J

jactitation - jactancia
jail - cárcel, calabozo, calabozos judiciales, encarcelar, aprisionar, apresar
Jason clause - cláusula sobre negligencia en avería gruesa
jaywalker - peatón imprudente
jeopardize - poner en peligro
jeopardy - peligro, riesgo
  assessment - imposición provisoria por riesgo de falta de pago definitivo
jetsam - echazón, desecho
jettison - echazón, alijo forzoso, alijamiento, echar *o* arrojar al mar, alijar
job - trabajo, empleo, ocupación
John Doe - nombre finjido en acción contra persona todavía desconocida
join - juntar, unir, asociarse a
joinder - unión, asociación, acumulación de acciones, proceso acumulativo
  in demurrer - aceptación de la excepción
  in issue - acuerdo sobre un hecho por probar
  in pleading - aceptación de la cuestión y del método de instrucción
  of actions - unión de acciones
  of defendants - unión de los acusados
  of error - negación de errores alegatos
  of issue - acuerdo sobre una cuestión por probar
  of offenses - unión de varios acusaciones de crimen en un proceso
  of parties - unión de las partes
joint - colectivo, asociado, conjunto, copartícipe, mancomunado
  account - cuenta conjunta *o* mancomunada
  action - acción conjunta *o* mancomunada
  adventure - riesgo colectivo, empresa colectiva, sociedad en participación, empresa común
  agent - coagente
  and mutual will - testamento conjunto y recíproco
  and several - solidario
  assignee - cocesionario, cesionario mancomunado
  bank account - cuenta de banco conjunta *o* mancomunada
  bond - fianza *o* obligación mancomunada, bono de deuda solidaria
  committee - comité conjunto
  contract - contrato colectivo *o* conjunto
  covenant - pacto mancomunado
  creditors - coacreedores
  debtors - codeudores, deudores mancomunados
  defendant - codemandado, coencausado, coacusado
  deposit - depósito conjunto, depósito mancomunado
  enterprise - empresa conjunta *o* colectiva *o* común
  estate - propiedad mancomunada, copriedad
  executor - coalbacea, albacea mancomunado
  heir - coheredero
  heiress - coheredera
  heirs - coherederos
  indictment - procesamiento conjunto *o* colectivo
  interest - interés común
  legatee - colegatario
  lessor - coarrendador
  liability - responsabilidad mancomunada, mancumunidad, obligación mancomunada
  negligence - negligencia conjunta
  note - pagaré mancomunado
  obligation - obligación mancomunada *o* colectiva
  obligor - coobligado, obligado mancomunado
  offense - delito común de dos *o* más personas
  owner - condómino, copropietario, comunero, condueño
  ownership - condominio, copropiedad, coposesión, propiedad mancomunada
  policy - póliza sobre dos vidas en beneficio del sobreviviente
  resolution - resolución conjunta
  session - sesión conjunta
  surety - fiador mancomunado, cofiador
  tenancy - condominio
  tenant - coarrendatario
  tort - agravio conjunto

tort-feasors - responsables conjuntamente de un acto torticero *o* negligente
trial - juicio conjunto
trustee - cofiduciario
will - testamento de copropietarios

joint-and-mutual will - testamento conjunto y mutuo

joint-and-survivor annuity - anualidad *o* pensión mancomunada y de supervivencia *o* de última vida

joint-stock
company - sociedad en comandita por acciones
savings bank - banco de ahorros por acciones, caja anónima de ahorros

jointly - conjuntamente, colectivamente, mancomunadamente
and severally - mancomunada y solidariamente

journal - diario

judge - juez, justicia, magistrado, juzgar, fallar
advocate - auditor, auditor de guerra, abogado mediador
having jurisdiction - juez competente
of appeals court - juez de alzadas
of a civil court - juez civil *o* de lo civil
of a criminal court - juez penal *o* de lo criminal
of first instance - juez de primera instancia
of a labor court - juez del trabajo
ordinary - ordinario, juez *o* justicia ordinario
pro tempore - juez interino
who is a member of the bar - juez letrado *o* de letras

judge-made law - derecho a base de decisiones judiciales, legislación judicial

judgeship - judicatura, justiciazgo

judgment - sentencia, fallo, juicio, decisión, ejecutoria, dictamen, criterio, concepto
book - registro de las sentencias del tribunal
by consent - sentencia acordada
by default - sentencia en contumacia
creditor - acreedor por fallo *o* por juicio
debtor - deudor por fallo *o* por juicio
docket - registro de sentencias
filed - sentencia registrada
in error - decisión del tribunal de apelaciones por error
in personam *o* **inter partes** - sentencia contra la persona
in rem - sentencia contra la cosa
in retraxit - sentencia después de retirada de la acción
lien - gravamen por fallo *o* por juicio
note - pagaré con derecho de ejecución
of affirmance - sentencia de confirmación
of conviction - fallo de condena, sentencia condenatoria
of dismissal - declaración sin lugar, sentencia desestimatoria
of foreclosure - sentencia *o* auto ejecución
on case stated - sentencia a base de cuestión de derecho con hechos acordados por las partes
on demurrer - sentencia sobre excepción previa
on the merits - sentencia en los méritos del caso
on the pleadings - sentencia sobre las alegaciones
on verdict - sentencia conforme al veredicto del jurado
roll - expediente del juicio, legajo de sentencia
satisfied - sentencia satisfecha *o* liquidada

judicatory - tribunal, judicatura, judicial, jurídico

judicature - judicatura, tribunal, jurisdicción

judicial - judicial
act - acto judicial
action - actuación
admission - admisión procesal *o* judicial
bond - fianza judicial
circuit - circuito judicial
cognizance - conocimiento del juez
confession - confesión judicial *o* en juicio *o* en pleno tribunal
day - día de una sesión del tribunal
decision - sentencia, decisión del tribunal, resolución judicial
deposit - depósito *o* consignación judicial
discretion - autoridad del poder judicial
district - partido *o* distrito *o* círculo judicial, circunscripción judicial
documents - documentos del juicio *o* del expediente

error - error judicial
estoppel - impedimiento judicial
function - función judicial
knowledge - cognición *o* conocimiento judicial, información pública
immunity - inmunidad judicial
inquiry - indagación judicial, investigación judicial
mortgage - gravamen por fallo *o* por juicio
notice - aviso judicial
oath - juramento legal *o* judicial
power - autoridad del poder judicial
proceeding - diligencia *o* gestión judicial
process - proceso jurídico, especificamente todo auto *o* providencia judicial para compeler la comparecencia *o* informar al demandado de la institución de la acción
question - cuestión para los tribunales
records - registros *o* constancias judiciales
remedy - recurso legal
review - revisión judicial
sale - venta judicial *o* legal
separation - separación judicial, divorcio limitado
sequestration - secuestro judicial
trustee - fiduciario judicial

Judicial Code - código de los tribunales federales, Código Judicial
judiciary - poder judicial, juzgado, judicial
police - policía judicial
jump bail - quebrantar el arraigo, fugarse
junior - hijo, junior
bond - bono subordinado
counsel - consejero inferior, abogado auxiliar *o* secundario
creditor - acreedor secundario *o* inferior
encumbrance - gravamen subordinado, gravamen secundario
execution - ejecución posterior *o* inferior
judgment - sentencia inferior *o* posterior
lien - gravamen inferior
mortgage - hipoteca secundaria *o* posterior
partner - socio menor
writ - auto posterior

jural - jurídico
jurat - certificado del notario, cláusula que da fe de un juramento
juration - juramento
juratory - juratorio
caution - caución juratoria
juridical - jurídico, judicial
day - día, hábil
person - persona jurídica
juris et de jure - juris et de jure, de derecho y por derecho
jurisconsult - jurisconsulto, legista
jurisdiction - jurisdicción, competencia, fuero
of subject matter - competencia material
jurisdictional - jurisdiccional
facts - hechos que determinan la jurisdicción
plea - defensa dilatoria *o* jurisdiccional
strike - huelga intergremial sobre jurisdicción
jurisprudence - jurisprudencia, jurispericia
jurist - jurista, jurisconsulto, jurisperito
juristic - jurídico
act - acto jurídico, negocio jurídico, hecho jurídico
person - persona jurídica *o* moral
juror - jurado
jury - jurado, jury, tribunal de jurados, jueces de hecho, tribunal del pueblo, jueces populares *o* del pueblo, jueces de conciencia
box - tribuna del jurado
calendar - lista de causas para vista con jurado
fixing - soborno de jurados
instructions - instrucciones del juez al jurado
panel - lista de personas para el jurado, panel de jurados
process - citación de jurados
service - juraduría
trial - juicio por jurado
wheel - dispositivo para sorteo de jurados
juryman - jurado
jurywoman - jurada
jus - derecho, ley, justicia
ad rem - derecho real
distrahendi - ius *o* jus distrahendi
gentium - jus gentium, derecho de gentes
in personam - derecho contra la persona
in re - derecho contra la cosa
naturale - derecho natural, ley natural

privatum - derecho privado
publicum - derecho público
sanguinis - jus sanguinis, derecho de la raza
soli - jus soli, derecho del pais de nacimiento

just - justo, justificado, recto, justiciero
cause - causa justificada
compensation - remuneración razonable
debts - deudas legítimas
value - valor equitativo de venta, justo valor

justice - justicia, equidad, juez, magistrado
of the peace - juez de paz, justicia de paz

justiceship - judicatura, justiciazgo
justiciable - justiciable
justifiable - justificable
homicide - homicidio inculpable

justification - justificación
justifier - justificador
justify - justificar, vindicar, absolver
Justinian Code - Código de Justiniano
juvenile - juvenil
court - tribunal de menores
delinquency - delincuencia de menores
delinquent - delincuente juvenil

Notes

Notes

keelage - derechos de quilla *o* de puerto
keep the peace - mantener el orden público
kidnap - secuestrar, raptar
kidnapper - secuestrador
kidnapping - secuestro, rapto
kill by misadventure - matar por contratiempo
kind, in - en especie
kindred - parentela, parentesco
King's Bench - Banco del Rey
kiting - circulación de cheques en descubierto
kleptomania - cleptomanía
kleptomaniac - cleptómano, cleptomaníaco
knowingly - a sabiendas
  and willfully - consciente e intencionalmente
knowledge - conocimiento, saber
  and belief - saber y entender, conocimiento *o* información y creencia

L

labor - mano de obra, trabajo, labor, brazos, personal a jornal, el trabajo, obrerismo, trabajar
agreement - convención *o* contrato *o* convenio colectivo de trabajo
code - código *o* leyes del trabajo
court - magistratura *o* tribunal *o* juzgado del trabajo
federation - unión gremial *o* obrera, federación del trabajo
jurisdiction - jurisdicción del trabajo
laws - leyes sociales, reglamento de trabajo, derecho obrero, código *o* legislación del trabajo
union - gremio, sindicato obrero *o* gremial, asociación obrera
laches - negligencia, tardanza, incuria, prescripción negativa
lack of evidence - falta de prueba
lacking - faltante
lag (n) - retraso, atraso, intervalo
lag (v) - retrasarse, atrasarse
land - tierra, terreno
boundaries - lindes de un terreno
certificate - certificado de tierras
damages - compensación por terreno expropiado *o* por daños a terreno lindante
grant - concesión de tierras
holder - terrateniente
in abeyance - tierras sin titular
survey - agrimensura
tax - impuesto sobre bienes raíces, impuesto territorial *o* sobre la tierra
warrant - certificado de concesión de tierras
landholder - terrateniente
landing bond - fianza de desembarque
landlord - arrendador, patrón
and tenant - arrendador y arrendatario
landlord's warrant - auto de embargo de bienes muebles del arrendatario
landmarks - marcas que señalan linderos entre fincas, mojones
landowner - terrateniente, propietario de inmuebles
lapsable - prescriptible, caducable
lapse - caducidad, lapso, caducar, extinguirse
of offer - caducidad de la oferta
of policy - caducidad de la póliza
lapsed - caducado, prescrito, cumplido
devise or **legacy** - legado anulado por muerte del legatario
policy - póliza caducada
lapsing of action - perención *o* caducidad de la instancia
larcenist - ladrón, ratero
larcenous - latrocinante
larceny - hurto, robo, latrocinio, ladronicio
last (adj) - último, final
last (v) - durar, permanecer
clear chance - responsabilidad del ultímo culpable en caso de negligencia mutua
name - apellido
resort - última instancia, último recurso
will - última voluntad
last-life annuity - anualidad de última vida
latent - latente
ambiguity - ambigüedad latente
deed - escritura de propiedad oculta por más de veinte años
defect - vicio *o* defecto oculto
equity - derecho equitativo latente
fault - defecto oculto, vicio oculto
goodwill - plusvalía latente
reserves - reservas ocultas
laudemium - laudemio
law - ley, derecho, jurisprudencia, abogacía
and equity, in - en derecho y equidad
, at - de derecho
books - libros de derecho
court - tribunal de derecho
day - día de vencimiento
enforcement - ejecucíon de la ley, observancia forzosa
journal - boletín judicial, revista jurídica
merchant - derecho mercantil
of the case - ley establecida en el juicio por el tribunal de apelacíon
of contracts - derecho del contrato
of evidence - código de pruebas
of the forum - ley del foro *o* del tribunal
of the land - debido procedimiento legal, derecho común, ley de la nacíon
of mortgages - derecho hipotecario, ley hipotecaria
of nations - derecho internacional
of nature - derecho natural
of negotiable instruments - ley cambiaria

of procedure - derecho *o* ley procesal, leyes de enjuiciamiento
of retaliation - ley del talión
office - oficina *o* estudio de abogados, procuraduría, bufete
reports - registros publicados de los tribunales, compilación de decisiones judiciales
schools - escuela *o* facultad de derecho, colegio de leyes, escuela de procuradores
laws of war - derecho de guerra
lawbreaker - quebrantador, violador, infractor de la ley
lawbreaking - infracción de la ley
lawful - legal, lícito, legítimo
age - mayor edad, edad legal
business - negocios lícitos
condition - condición legal
day - día hábil
issue - prole *o* progenie legítima
money - moneda legal *o* de curso legal *o* de fuerza liberatoria *o* de poder liberatorio *o* de curso forzoso
lawless - ilegal, ilícito
lawmaker - legislador
lawmaking - legislacíon
lawsuit - pleito, litigio, accíon, juicio, causa
lawyer - abogado, licenciado, letrado, jurista, jurisconsulto, procurador
lay - poner, colocar, imponer, a lego, secular
corporation - sociedad secular
damages - alegar *o* reclamar danós
days - estadía
on the table - dar carpetazo, encarpetar
over - aplazar
layman - profano, lego
leading (adj) - director, principal
leading (n) - dirección, sugestión
case - causa determinante
counsel - abogado principal
question - pregunta sugestiva *o* que insinúa la respuesta
lease - arrendamiento, arriendo, locacíon, contrato de arrendamiento *o* locacíon, arrendar, alquilar, dar en arriendo, tomar en arriendo
leasehold - inquilinato, derecho de arrendamiento, censo
estate - bienes forales
improvements - mejoras hechas por el arrendatario
interest - el interés que tiene el arrendatario en la propiedad
mortgage - hipoteca de inquilinato
leaseholder - arrendatario
leave (n) - permiso, autorización, licencia
leave (v) - dejar, dejar estar, legar, abandonar
and license - defensa de permisión del demandante en una acción de transgresión
of absence - licencia, permiso para ausencia
of court - permisión del juez *o* del tribunal, venia del tribunal, permiso del juez *o* del tribunal
ledger value - valor según libros *o* indicado por el balance, valor de balance
legacy - legado, herencia, porción hereditaria
tax - impuesto sucesorio *o* de patrimonio *o* sobre herencias, impuesto hereditario
legal - legal, lícito, jurídico, forense, jurisprudencial
address - domicilio legal
advice - consejo jurídico *o* legal
advisor - abogado consultor, consultor jurídico, asesor legal *o* jurídico, asesor letrado
age - mayor edad, mayoría
assets - bienes sucesorios disponibles para liquidacíon de deudas
capability - capacidad legal
capacity - personalidad, personería
capacity to sue - capacidad procesal
cause - causa inmediata *o* próxima
community - comunidad legal
conclusion - conclusíon de derecho, inferencia legal
consideration - causa lícita
consultant - jurisperito
cruelty - crueldad que justifica divorcio
damages - perjuicios compensables
day - día hábil
debts - deudas documentarias
defense - defensa legítimo *o* de hecho, defensa en derecho
demand - demanda *o* requerimiento formal
dependant - persona con derecho de alimentos, dependiente por ley
disability - incapacidad jurídica *o* legal
discretion - arbitrio judicial *o* del juez

duty - obligación legal
entity - entidad jurídica, ente de existencia jurídica
estate - interés en alguna propiedad conocible en los tribunales de ley más bien que en los de equidad
estoppel - impedimento técnico
ethics - ética professional legal
evidence - prueba legal
expenses - gastos legales *o* jurídicos, gastos causidicos
fees - honorarios de abogado
fiction - ficción legal
fraud - fraude implícito *o* legal
heir - heredero legal *o* legítimo
holiday - día de fiesta oficial, día feriado legal
impediment - impedimento legal
incapacity - incapacidad jurídica *o* legal
injury - violación de derechos legales
insanity - insania legal *o* de jure
instrument - documento *o* instrumento legal
interest - intereses a tipo legal, interés legítimo
investment - inversión legal
irregularity - irregularidad de forma
issue - progenie legítima
jeopardy - peligro de fallo condenatorio
liability - responsabilidad legal
malice - malicia implícita
measures - medidas *o* medios legales, medios jurídicos
mortgage - hipoteca por operación de la ley
name - nombre *o* denominación legal
negligence - negligencia evidente *o* según criterio común
notice - notification legal, notificatión implicita
obligation - obligación legal
opinion - consulta, opinión jurídica *o* legal
owner - propietario en derecho
possession - posesión legal *o* de jure
presumption - presunción legal
principle - precepto de ley, máxima, pricipio de derecho
proceeding - acto jurídico
process - cualquier mandamiento de un tribunal
profession - abogacía
rate - tasa legal
relevancy - admisibilidad
remedies - recursos legales
reserve - reserva legal *o* estatutaria, encaje legal
residence - domicilio legal
rights - derechos en derecho *o* por contrato
separation - divorcio limitado, separación sin divorcio
services - servicio de abogado, asistencia jurídica
staff - abogacía
status - estado legal, capacidad legal
strike - huelga autorizada por los oficiales del gremio
subrogation - subrogación legal
succession - sucesion legítima
tender - moneda legal o de curso legal *o* de fuerza liberatoria *o* de poder liberatorio *o* de curso forzoso
title - título perfecto
usufruct - usufructo por diposición legal
year - año civil
legalistic - legalístico, legalista
legality - legalidad, legitimidad, juridicidad
legalize - legalizer, formalizar, refrendar, legitimar, instrumentar
legally - legalmente, jurídicamente
competent - de capacidad juridica *o* legal
constituted - establecido conforme a la ley
determined - decidido por procedimiento jurídico
interested - con interés legítimo
liable - legalmente responsable
proved - establecido por prueba admisible
sufficient evidence - prueba admisible y suficiente
legatary - legatario, a concerniente un legado
legatee - legatario, asignatario
legation - legación, embajada
legator - testador
legislate - legislar
legislation - legislación
legislative - legislador
assembly - asamblea legislativa
branch - poder legislativo
council - consejo legislativo
legislator - legislador

legislature - legislatura, asamblea legislativa
legisperitus - legisperito
legitim, legitime - legítima
legitimacy - legitimidad, autenticidad, legalidad
legitimate - legitimar, legalizer, legítimo, legal, lícito, genuino
  child - hijo legítimo *o* de bendición
lend - prestar, dar prestado, emprestar
  on bottomry bond - dar a la gruesa
  on collateral - prestar con seguridad colateral
  on mortgage - prestar sobre hipoteca
lend-lease - préstamo y arriendo
lender - prestador, prestamista, comodante
  on bottomry - prestamista a la gruesa
lending - prestación, préstamo, empréstito
leonine partnership - sociedad leonina
lesion - lesión, daño
lessee - arrendatario, locatario, inquilino
lessor - arrendador, arrendante, locador, alquilador
let - arrendar, permitir
  the contract - ajudicar el contracto
lethal - letal, mortal
letter - carta, letra
  of attorney - poder
  of authority - carta de autorización
  of credence - carta credencial
  of credit - carta de crédito, letra de crédito, letra abierta
  of delegation - carta de diputación, poder
  of exchange - letra de cambio
  of guaranty - carta de garantía
  of the law - letra de la ley
  of license - escritura de concordato
  of transmittal - carta de transmisión, oficio de remisión
  of undertaking - carta de compromiso
letters
  of administration - auto de autorizacion del administrador, carta de administración
  of guardianship - carta de tutoría
  patent - cédula *o* patente de privilegio *o* de invención, letra patente
  rogatory - suplicatoria, carta rogatoria, comisión rogatoria
  testamentary - auto de autorización del albacea, carta testamentaria
level - nivel, grado, categoría, plano
leverage - poder de adquirir algo por un pago inicial pequeño comparado con el valor total, nivel de endeudamiento relativo al capital, influencia, peso
  buyout - compra apalancada, comprar una mayoría de las acciones de una compañía usando principalmente fondos prestados
leviable - exigible, gravable, imponible
levy - ejecución, juicio ejecutivo, incautación, gravar, exigir, imponer, embargar
  taxes - imponer contribuciones *o* impuestos
lewd - lascivo, sensual, obsceno
lex - ley
  commercii - derecho comercial
  contractus - ley del lugar del contrato
  fori - ley del foro *o* del tribunal, lex fori
  loci - ley del lugar, lex loci
  mercatoria - derecho comercial
  naturale - ley natural, derecho natural
  non scripta - derecho no escrito, lex non sripta
  praetoria - derecho pretorio
  rei sitae - ley del lugar de la cosa, ley de la situación, lex rei sitae
  scipta - lex scripta, derecho escrito
  solutionis - ley del lugar del pago
  situs - ley del lugar
  talionis - ley del talión
liability - responsabilidad, pasivo, obligación
  bond - fianza de responsabilidad civil
  for damages - responsabilidad por daños y perjuicios
  insurance - seguro contra responsabilidad civil
  over - responsabilidad de un tercero al demandado
liabilities - pasivo, obligaciones
liable - responsable, obligado
  for tax - sujeto a impuesto
  , to become - comprometerse, incurrir responsabilidad
  to penalty - sujeto a multa
libel - libelo, difamacion escrita, demanda, exposición, libelo, difamar, demandar
  of review - demanda de revisión, procedimiento por el cual se impugna una sentencia después de la expiración del plazo para apelar
  suit - acción de difamación

libelant - demandante, libelista
libelee - demandado
libelar - libelista, difamador
libelous - difamante, difamatorio, injurioso
per se - difamatorio per se
liberal interpretation - interpretación extensiva, sentido lato
liberation - pago, finiquito
liberty - libertad, inmunidad
of conscience - libertad de conciencia
of contract - libertad de contratar
of expression - libertad de expresión
of the press - libertad de imprenta *o* de prensa
of speech - libertad de palabra
Library of Congress - Biblioteca del Congreso
licensable - permisible, que se puede licenciar
license - licencia, patente, matrícula, titulo, permiso, licenciar, matricular
fees - derechos de licencia
licensee - concesionario, permisionario, autorizado
licensing agreement - convenio de licencia
licensing authority - autoridad para otorgar licencias
licensing power - autoridad para otorgar licencias
licensor - concedente, el que da licencia, licenciante
licentiate - licenciado
licitation - licitación
lie - mentira, mentir, tener lugar, estar ejecutable *o* sostenible
detector - detector de mentiras
in franchise - estar sujeto a posesión sin acción judicial
in grant - estar sujeto a traspaso por escritura solamente
in livery - estar trasmisible por entrega efectiva
lien - gravamen, derecho prendario *o* de retención, embargo preventivo
account - declaración de los gravámenes con respecto a ciertos bienes
creditor - acreedor embargador
of partners - derecho equitativo del socio en distribución de bienes sociales
lienee - embargado
lienor - embargador
lieu - lugar
tax - impuesto sustitutivo
lieutenant governor - subgobernador, vicegobernador
life - vida, duración, vigencia
annuity - anualidad *o* renta *o* pensión vitalicia, censo de vida
benificiary - beneficiario vitalicio
estate - propiedad vitalicia, dominio durante la vida
expectancy - expectativa de vida
imprisonment - cadena *o* reclusión perpetua, prisión vitalicia, presidio perpentuo
insurance - seguro de vida
interest - propiedad vitalicia
member - miembro *o* socio vitalicia
of a guaranty - vigencia de la garantía
of a patent - plazo *o* duración de patente
sentence - sentencia de prisión vitalicia, cadena perpetua
tenant - propietario vitalicio
life-insurance trust - fideicomiso de seguro de vida
ligan - echazón aboyado
light (adj) - ligero, liviano, fácil, alegre, claro
light (n) - luz, luz del día
presumption - indicio leve
sentence - condena leve, sentencia moderada
lighterman's bond - fianza de barquero, fianza de anconero
lighthouse - faro
limit (n) - límite, linde, término, restricción
limit (v) - limitar, deslindar, restringir
limitation - limitación, coartación, restricción
in law - dominio de duración limitada por una condición
of action - prescripción de acción
of damages - limitación de los daños y perjuicios
of liability - limitación de responsabilidad
over - dominio subsecuente
limitations, statute of - ley de prescripción
limited - limitado
appeal - apelación parcial *o* limitada
authority - autorización limitada
company - sociedad *o* compañía de responsabilidad limitada
divorce - divorcio limitado

fee - propiedad en dominio limitado
guaranty - garantía limitada
interpretation - interpretación restrictiva
jurisdiction - jurisdicción especial
liability - responsabilidad limitada
oath - juramento condicional
partnership - sociedad limitada *o* comanditaria, compañía en comandita
line - línea, límite, frontera, especialidad, ruta
of credit - línea de crédito
lineage - linaje, abolengo, alcurnia, prosapia
lineal - lineal, descendiente
consanguinity - consanguinidad lineal
descent - descendencia en línea recta
heir - heredero en línea recta
lineup - hilera de personas, galería de sospechosos
linger - demorarse, titubear, persistir, estarse
link (n) - eslabón, vínculo, unión
link (v) - vincular, unir
liquid - líquido, corriente
assets - activo circulante *o* corriente *o* realizable, activo líquido
debt - deuda vencida y exigible
liquidate - liquidar, pagar
liquidated - liquidado, definitivo, efectivo, líquido, fijo, pagado
account - cuenta saldada, cuenta liquidada
claim - reclamación en suma definitiva
damages - daños liquidados
debt - deuda definitiva *o* liquidada, deuda líquida
liquidating - liquidando
dividend - dividendo de capital *o* de liquidación
partner - socio liquidador
trust - fideicomiso para una liquidación
value - valor liquidable *o* en liquidación *o* en realización
liquidation - liquidación, pago
dividend - dividendo de liquidación
, in - en liquidación
price - precio de liquidación
statement - estado de liquidación
value - valor liquidable *o* en liquidación *o* en realización
liquidator - síndico, administrador judicial, liquidador, ajustador de derechos
liquidity - liquidez, disponibilidad, liquidabilidad
lis - litis
pendens - litispendencia
sub judice - litigio pendiente *o* en conocimiento del juez
list - lista, nómina, planilla
of property - lista de bienes
price - precio de lista
listed securities - valores bursátiles *o* de bolsa, títulos de bolsa
listed stock - acciones cotizadas
lite pendente - lite pendente, durante el litigio
literal - a la letra, al pie de la letra, literal, ad literam
interpretation - interpretación literal
proof - prueba escrita
literality - literalidad
literally - literalmente, a la letra
literary property - derecho de autor, propiedad literaria
litigant - litigante, pleiteador, litigador
litigate - litigar, pleitear
litigated motions - peticiones contenciosas
litigation - litigio, litigación, pleito
litigator - litigante, pleiteador
litigious - litigioso
litis
contestatio - litis contestatio, litiscontestación
denunciatio - litis denunciatio, acción del comprador a base de la garantía de título
litiscontestation - litiscontestación
littoral - litoral
livery - entrega
living issue - descendientes vivos
living trust - fideicomiso activo
loan - préstamo, empréstito, mutuo, comodato, prestar
account - cuenta de crédito *o* de préstamo
broker - corredor de préstamos
certificate - certificado de préstamo
commitment - compromiso de préstamo
for consumption - mutuo, préstamo de consumo
for use - comodato, préstamo de uso
of money - préstamo de dinero
loanable - prestable
lobby - antecámara, organización para cabildeo, camarilla, cabildear, capitulear
lobbying - cabildeo, capituleo
lobbyist, lobbyer - cabildero, capitulero
local - local, vecinal, regional

allegiance - lealtad por residencia de un extranjero
assessment - tasación para mejoras
customs - costumbres regionales *o* locales *o* de la plaza
draft - letra de plaza
option - derecho de una división territorial de legislar sobre vente de bebidas alcohólicas
prejudice - prejudicio *o* prejuicio de la región
representative - agente de plaza
statute - ley local
taxes - impuestos locales *o* vecinales
venue - competencia en uno solo condado
locatio - locación
lockout - cierre, huelga patronal, paro patronal *o* forzoso
locus - lugar
contractus - lugar de contratar
delicti - locus delicti, lugar del delito
in quo - lugar donde
regit actum - locus regit actum, actos jurídicos son regidos por la ley del lugar de su celebración
sigilli - lugar del sello
solutionis - lugar de cumplimiento del contrato
standi - derecho de audiencia en pleno tribunal
logical - lógico
inference - inferencia lógica
interpretation - interpretación lógica
relevancy - pertinencia lógica
loiter - vagar, dilatar
long and short haul clause - provisión legal que prohibe flete para una parte del recorrido mayor que para la distancia total
long dated - de largo plazo, de larga fecha
long-term - a largo plazo
bill - letra a largo plazo
capital gains - granancias de capital a largo término
debt - deuda a largo plazo
financing - financiamiento a largo plazo
lease - arrendamiento a largo plazo
longhand - manuscrito, escitura corrida, letra manuscrita
loot (n) - botín, presa, saqueo
loot (v) - saquear, robar
lose - perder, hacer perder
loser - perdedor
loss - pérdida, quebranto, comiso, daño, detrimento, quiebra, siniestro
assessment - evaluación de los daños
of anticipated profits - pérdida de ganancia anticipada
of income - pérdida de ingresos
reserve - reserva para siniestros, reserva para pérdidas ya sobrevenidas
losses incurred - daños sobrevenidos, siniestros pendientes
lost or not lost - perdido o no perdidos
lost will - testamento perdido
lot - lote, solar, parcela, grupo, suerte
low bidder - mejor postor, proponente más bajo
low-yield bond - bono de rendimiento bajo
lower (adj) - más bajo, inferior
lower (v) - bajar, rebajar, disminuir
court - tribunal inferior, juzgado menor
house - cámara baja, Camara de Representantes *o* de los Comunes
loyalty - lealtad, fidelidad
lucrative - lucrativo, ganancioso
bailment - locatio, locación
title - título gratuito
lump-sum - suma global *o* total
contract - contrato a precio global *o* a suma alzada
price - precio alzado
lunacy - locura, insania
lunatic - loco, lunático
luxury tax - impuesto suntuario *o* sobre los articulos de lujo
lynch - linchar
lynching - linchamiento

Notes

M

machination - maquinación
macroeconomics - macroeconomía
madness - locura, insania, demencia
magisterial - magistral, magisterial
magistracy - magistratura, magistrado
magistrate - magistrado, juez de paz
magistrate's court - juzgado correccional *o* de paz
mail (adj) - postal
mail (n) - correo, correspondencia
mail (v) - enviar por correo
  contract - contrato por correspondencia
  fraud - fraude cometido usando el servicio postal
  offense - delito contra el servicio postal
mailable - que se puede mandar por correo
main (adj) - principal, esencial
main (n) - parte principal, lo esencial
  office - oficina central, casa matriz, sede social *o* central
  purpose - proposíto principal
maintainable - sostenible, defendible
maintainor - parte en un contrato de **champerty**
maintenance - conservación, sostenimiento
  bond - fianza de conservación *o* de manutención
major-minor holding company structure - estructura de control multiestratificada *o* mayor-menor
majority - mayoría, el mayor número, mayor edad, mayoría, mayoritario
  interest - interés mayoritario
majority-held subsidiary - compañía subsidiaria controlada por interés mayoritario
make - marca, hacer, fabricar, confeccionar
  an assignment - hacer cesión
  a contract - celebrar un contracto
  default - no comparecer
  delivery - hacer *o* efectuar entrega
  known - hacer saber, dar a conocer
  over - traspasar, ceder
maker - otorgante, girador, librador
mala fide - de mala fe
mala fides - mala fe
malefaction - malhecho, desaguisado
malefactor - malhechor
maleficium - perjuicio, agravio, daño legal, delito
malfeasance - fechoría, malversación
malice - malicia, malignidad
  aforethought - malicia premeditada
  in fact - malicia expresa *o* de hecho
  in law - malicia implícita
  prepense - premeditación
malicious - malicioso, avieso, maligno, maléfico
  accusation - acusación maliciosa
  arrest - detención maliciosa
  mischief - agravio malicioso
  prosecution - enjuiciamento malicioso, demanda de mala fe
  trespass - violación maliciosa
malign - difamar, calumniar
malpractice - conducta ilegal *o* inmoral en éjercicio de una profesión
malum
  in se - malum in se, inherentemente malo
  prohibitum - malum prohibitum, acto prohibido por la ley
malversation - malversación
manage - administrar, dirigir
managed - administrado
  currency - moneda controlada *o* dirigida
  economy - economía dirigida *o* intervenida
management - dirección, administración, gestión, gerencia
  shares - acciones de fundador *o* de administración
  trust - sociedad inversionista sin restricción de colocaciones
manager - administrador, gerente, director
managing - administrando, dirigiendo
  agent - agente administrador
  partner - socio gerente *o* administrador *o* gestor
mandamus - mandamiento, ordenamiento judicial, mandamus
mandatary - mandatario
mandate - encargo, comisión, mandato, procuración, mandamiento
mandator - mandante
mandatory - mandatario, obligatorio, preceptivo, forzoso
  injunction - mandamiento preceptivo, requerimiento imperativo, interdicto mandatario, mandamiento afirmativo
  instructions - instrucciones obligatorias

statute - estatuto esencial al procedimiento
mandatum - mandato
mania - manía, locura
manifest (adj) - manifiesto, evidente
manifest (n) - manifiesto de carga, lista de pasajeros
manifest (v) - manifestar, declarar, registrar en un manifiesto de carga
manipulate - manipular, alterar
manner - manera, modo, costumbre, porte, estilo
manslaughter - homicidio sin premeditación
in the first degree - homicidio en primer grado sin premeditación
in the second degree - homicidio en segundo grado sin premeditación
manual - manual
delivery - entrega a mano
gift - donación manual
manufacture (n) - manufactura, elaboración, fabricación
manufacture (v) - manufacturar, elaborar, fabricar
margin - margen, ganancia, borde, reserva
marginal note - apostilla, nota marginal
marine - marítimo, marino
adventure or **risk** - riesgo marítimo, riesgos del mar, aventura marítima
interest - interés sobre préstamo *o* según contrato a la gruesa
underwriters - aseguradores contra riesgos marítimos
marital - marital, matrimonial
deduction - deducción fiscal matrimonial
duties - obligaciones de matrimonio
infidelity - infidelidad marital
rights - derechos conyugales
maritime - marítimo, marino
adventure - riesgo marítimo, riesgos del mar, aventura marítima
cause - litigio bajo derecho marítimo
contract - contrato marítimo, pacto bajo derecho de la navegación
interest - interés sobre préstamo *o* según contrato a la gruesa
jurisdiction - jurisdicción de tribunal marítimo
law - derecho marítimo
lien - gravamen *o* privilegio marítimo
loan - préstamo marítimo *o* a la gruesa
privilege - privilegio *o* gravamen marítimo
tort - agravio marítimo
Maritime Commission - Comisión de la Marina Mercante
mark off the calendar - remover de la lista de causas
market - mercado, plaza, bolsa
overt - mercado público *o* abierto
price - precio corriente *o* de plaza *o* del mercado
share - porcentaje del mercado
value - valor en plaza *o* de venta *o* del mercado
marketable - vendible, comerciable, realizable
title - título seguro *o* válido *o* negociable
marketing - mercadeo
markup - margen de ganancia, alza de un precio
marriage - casamiento, matrimonio
articles - capitulaciones matrimoniales *o* de matrimonio
by proxy - matrimonio por poder
certificate - certificado de matrimonio
license - licencia matrimonial *o* para casarse
portion - dote
settlement - traspaso de bienes causa de matrimonio propuesto
marry - casar, casarse con, unir
marshal - ministril, alguacil, actuario, márshal, ministro ejector, graduar, clasificar, ordenar
assets - ordenar *o* clasificar bienes
marshaling - ordenamiento, graduación, prelación
assets - prelación, graduación de la masa de quiebra
of liens - ordenamiento *o* clasificación *o* graduación de gravámenes
remedies - ordenamiento de recursos
securities - ordenamiento de gravámenes
mart - mercado
martial law - ley marcial
Mary Doe - nombre fingido en acción contra persona todavía desconocida
Massachusetts Trust - asociación voluntaria
master (adj) - maestro, experto
master (n) - patrono, maestro, auxiliar judicial, poseedor, comandante de una nave
master (v) - dominar, vencer
agreement - convenio patrón *o* maestro
and servant - empleador *o* patrono y empleado

in chancery - ayudante del canciller
lease - arrendamiento principal
policy - póliza principal
master's
protest - protesta del capitán
report - informe del ayudante del canciller
material - material, importante, substancial
allegation - alegación esencial
alteration - alteración substancial
breach - incumplimiento substancial
change - alteración substancial
evidence - prueba substancial *o* pertinente
facts - hechos pertinentes, hechos influyentes
misreprentation - falsedad importante
representation - representación material *o* importante
witness - testigo importante *o* esencial
maternal - maternal
estate - heredad materna
line - linaje materno
matricide - matricida (criminal), matricidio (crimen)
matrimonial - marital, matrimonial
action - acción sobre un estado de matrimonio
cohabitation - cohabitación marital
domicile - domicilio de un matrimonio
inquest - examen en juicio matrimonial
matrimony - matrimonio, casamiento
matter (n) - materia, cuestión, asunto, negocio
matter (v) - importar
in controversy - cuestión en disputa
in deed - cuestión de hecho
in issue - cuestión litigiosa *o* en disputa
in pais - cuestión de hecho que no consta en escrito
of course - cosa natural
of fact - cuestión de hecho
of form - punto de forma
of law - cuestión de derecho
of record - materia de registro *o* de autos
of substance - cuestión substancial
mature (adj) - maduro, vencido, exigible
mature (v) - madurar, vencer, expirar
maturity - vencimiento, edad madura
date - fecha de vencimiento, vencimiento
value - valor al vencimiento
maxim - máxima, principio de derecho, axioma
maximum penalty - pena máxima
mayhem - mutilación criminal
mayor - alcalde, alcalde municipal, corregidor
mayor's office - alcaldía, intendencia municipal
mayoralty - alcaldía
mayoress - alcaldesa
measure (n) - medida, alcance, grado
measure (v) - medir, delimitar, señalar
of damages - medida *o* evaluación de los daños
of value - norma de valor
mechanic's lien - gravamen de constructor
mediate (adj) - medito, interpuesto
mediate (v) - reconciliar, arbitrar, comunicar
descent - descendencia mediato
interest - interés mediato
powers - poder incidental *o* necesario
testimony - pruebra derivada
mediation - mediación, tercería, arbitraje, intervención
mediator - mediador, tercero, medianero, avenidor
medical - médico
evidence - testimonio pericial de médicos
jurisprudence - medicina legal, jurisprudencia médica
malpractice - negligencia profesional médica
treatment - tratamiento médico
medicare - ley federal para la asistencia con los gastos médicos
meet (n) - encuentro, reunión
meet (v) - encontrarse con, enfrentarse a, conocer, satisfacer
a draft - atender *o* levantar la letra
an obligation - honrar *o* atender *o* satisfacer la obligación
specifications - cumplir con especificaciones
meeting - reunión, conferencia, sesión, asamblea, concurso, tenida, mitin, junta
of creditors - junta de acreedores
of shareholders - reunión de accionistas
of the minds - acuerdo *o* concierto de voluntades, voluntad común, coincidencia de la voluntad

megalomania - megalomanía
melancholia - melancolia, lipemanía
member - socio, miembro, societario, vocal
  of the bar - abogado, letrado, licenciado
  of congress - congresista
  of the firm - socio *o* miembro de la firma
memorandum - memorándum, nota, lista de excepciones a la reponsabilidad del asegurador
  account - cuenta de orden
  agreement - memorándum de un acuerdo concertado
  bill of lading - copia que certifica la emisión del conocimiento original
  check - cheque en garantía
  clause - cláusula que limita reponsabilidad en avería simple
  of association - carta constitucional, escritura de constitución, artículos de organización
  sale - venta sujeta a la aprobación
mens rea - mens rea, propósito *o* intención criminal
mental - mental
  alienation - insania, enajenación mental
  anguish - angustias mentales
  cruelty - crueldad mental
  derangement - alienación
  incapacity or **incompetency** - incapacidad mental
  reservation - reserva mental, reserva tácita
mercantile - mercantil, marchante, comercial, mercante
  law - derecho mercantil *o* comercial
  paper - efectos de comercio, papel comercial
merchandise (n) - mercancía, mercadería
merchandise (v) - comercializar, comerciar, vender, negociar
merchant (adj) - mercantil, comercial
merchant (n) - mercader, comerciante
  banker - casa de aceptaciones
merchantability - comerciabilidad
merchant's' protective bonds - combinación de fianza de fidelidad y seguro contra robo
merchantable - comerciable, vendible
  title - título válido *o* seguro
mercy - clemencia, gracia, perdón, indulto
mere - mero, solo
  motion - iniciativa del juez mismo, ex mero motu
  right - derecho sin posesión ni título, nuda propiedad
merge - combinar, amalgamar, fundir, incorporar, fusionar, unir
merger - fusión, incorporación, unión, consolidación
  of rights - confusión de derechos
merit - mérito
meritorious - meritorio, benemérito
  cause of action - persona respecto a quien se ha iniciado una acción
  consideration - contraprestación basada en una obligación moral, causa valiosa
  defense - defensa basada en los méritos, defensa sustantiva, defensa sobre los méritos, una buena defensa
merits of the case - fondo de la cuestión, méritos de la causa
mesne - intermedio
  assignment - cesión interventora entre una cesión original y la última de una serie
  encumbrance - gravamen intermedio
  process - emplazamiento *o* auto interlocutorio
messuage - domicilio, casa
meter (n) - medidor, contador, metro
meter (v) - medir, franquear con máquina
metayer contract - contrato de aparcería
middle (adj) - medio, mitad, intermedio, moderado
middle (n) - centro, medio, mitad
middleman - intermediario, medianero, comerciante, revendedor
migrant - migratorio
migration - migración
military - militar
  law - código militar
  offense - delito militar
  salvage - salvamento militar
mineral rights - derecho al subsuelo
minimum wage - salario mínimo
mining - minería
  claim - pertenencia minera
  law - derecho minero
  royalty - derechos de mineraje
minister (n) - enviado, delegado
minister (v) - administrar, suministrar
  without portfolio - ministro sin cartera
ministerial - ministerial
  act - acto ministerial
  duty - obligación ministerial

trust - fideicomiso sin albedrío del fiduciario
ministry - ministerio
of foreign relations - ministerio de relaciones exteriores, cancillería, secretaría de negocios extranjeros
minor (adj) - secundario, inferior, leve
minor (n) - menor, menor de edad
minority - minoría, minoridad, minoritario
interest - interés minoritario *o* de la minoría
stockholders - accionistas de la minoría
mint - casa de moneda *o* de amonedación
par of exchange - cambio a la par de moneda
minute book - libro de actas *o* de minutas, minutario
minutes - actas, minutas
misadventure - desgracia, contratiempo
misallege - alegar falsamente
misapplication - malversación, distracción de fondos, apropiación indebida
misappropriate - distraer malversar
misappropriation - malversación, distracción de fondos, apropiación indebida
misbrand - rotular con indicaciones falsas
miscarriage - aborto
of justice - injusticia, perjuicio de derechos
miscegination - mestización, mestizaje
mischarge - instrucciones erróneas al jurado
misconduct - mala conducta
misconstruction - mala interpretación
miscontinuance - aplazamiento indebido
misdate - fecha equivocada, poner fecha errónea, fechar falsamente
misdeed - malhecho, fechoría
misdelivery - entrega errónea, descarga errónea
misdemeanant - reo de delito menor
misdemeanor - falta, pequeño delito, contravención, infracción penal, delito menor
misdirection - instrucciones erróneas al jurado
misfeasance - acto legal hecho de una manera ilegal
misjoinder - unión errónea *o* indebida, acumulación impropia de acciones
misleading - engañoso
misnomer - nombre errónea
mispleading - alegatos erróneos
misprision - ocultación de un crimen, mala administración, rebeldía, delito menor
of felony - ocultación de un crimen
misreprentation - falsedad, relación falsa
mistake - error, yerro, equivocación, falencia
of fact - error de hecho
of law - error de derecho
mistreat - maltratar
mistrial - juicio nulo, pleito viciado con derecho a nuevo juicio
misunderstanding - malentendido, mala inteligencia, equivocación
misuser - abuso, maltratamiento, uso indebido
mitigation - mitigación
of damages - minoración de la indemnización de perjuicios, mitigación de daños
mittimus - mandamiento de arresto
mixed - mixto, mezclado
action - acción real y personal, proceso mixto
condition - condición mixta
contract - contrato de causas desiguales *o* desproporcionadas
insurance company - sociedad de seguros mutua y de acciones
larceny - robo con circunstancias agravantes, hurto complicado
marriage - matrimonio entre personas de razas distintas
nuisance - perjuicio público y particular
presumption - presunción de hecho y de derecho
property - bienes reales y personales
mock (adj) - simulado, ficticio
mock (n) - burla, objeto de burla
mock (v) - burlarse de, desdeñar, ridiculizar
trial - juicio ficticio
auction - subasta fingida
modal legacy - legado modal
modus - modo, método
faciendi - modus faciendi, modo de obrar
operandi - modo de operar
vivendi - modus vivendi, modo de vivir
moneta - dinero, moneda
money market - mercado monetario
money order - giro postal, orden de pago
moneyed corporation - empresa monetaria
moneylender - prestamista, prestador
monition - aviso, emplazamiento
monitory - monitorio

monomania - monomanía
monopolist - monopolista, monopolizador, acaparador, abarcador
monopolistic - monopolista, monopolizador, abarcador, monopolístico
monopolize - monopolizar, abarrotar, acaparar, abarcar, aporrotar
monopoly - monopolio, estanco
moot - discutible
case - acción constitutiva, causa determinante
court - tribunal ficticio de los estudiantes de derecho
question - cuestión de derecho discutible
mora - mora, demora culpable, contumacia
moral - moral, ético
certainty - certeza *o* evidencia moral
consideration - causa equitativa
damages - perjuicio moral
evidence - prueba moral
law - ética, ley moral
obligation - obligación natural, obligación moral
turpitude - torpeza moral
moral hazard - falta de voluntad del asegurado para prevención
moratorium - moratoria
moratory - moratorio
morganatic marriage - matrimonio morganático
mortal - mortal, humano
mortgage - hipoteca, hipotecar, gravar
bank - banco hipotecario *o* de crédito inmobiliario, caja de crédito hipotecario
bond - bono *o* título hipotecario
certificate - cédula hipotecaria
commitment - compromiso de otorgar una hipoteca
company - compañía hipotecaria
deed - escritura hipotecaria *o* de hipoteca
foreclosure - ejecución hipotecaria
insurance - seguro hipotecario
law - derecho hipotecario, ley hipotecaria
loan - préstamo hipotecario
note - pagaré hipotecario
mortgageable - hipotecable
mortgagee - acreedor hipotecario
in possession - acreedor hipotecario con posesión de la propiedad
mortgagor, mortgager - deudor hipotecario, hipotecante
mortis causa - por causa de muerte, mortis causa
mortmain - mano muerta
mortuary fund - fondo para beneficios por muerte
most-favored-nation agreement - tratado de nación más favorecida
motion - moción, ponencia, proposición, pedimento, petición, recurso
calendar - lista de causas para elevación de recursos, lista de peticiones contenciosas
day - día para discusión de peticiones
for directed verdict - petición para veredicto mandado
for new trial - petición de nuevo juicio, moción de nuevo juicio
granted - petición admitida
in arrest of judgement - petición para impedir registación de la sentencia
papers - documentos de la petición
to adjourn - moción para levantar la sesión
to dismiss - pedimento para declaración sin lugar
to preclude - petición para prevenir
to set aside - recurso de reposición, moción para dejar sin efecto
to vacate - recurso de casación, demanda de nulidad
motive - motivo, móvil
motor carrier - empresa de transporte vial
motor trucking company - empresa camionera
motu proprio - motu proprio, por iniciativa propia
movable estate - bienes muebles
movables - mobiliario, muebles
movant - peticionante, promovente, solicitante
move - peticionar
moving - movimiento, moción, traslado
cause - causa eficiente
papers - documentos de la petición
multicompany consolidation - consolidación de compañías múltiples
multifariousness - desemejanza de alegatos
mulitiplicity of actions or **of suits** - multiplicidad de acciones
municipal - municipal, edilicio

corporation - corporación municipal *o* edilicia, cabildo, cuerpo municipal
council - cabildo, ayuntamiento, cámara municipal
court - juzgado municipal *o* de policía, corte municipal
domicile - domicilio local *o* municipal
law - ley doméstica *o* municipal
lien - gravamen municipal por tasación para mejoras
ordinance - estatuto municipal, ordenanza municipal
records - registros municipales
securities - inversiones emitidas por municipalidades
utilities - empresas municipales
warrant - autorización de pago de un funcionario municipal

municipality - municipio, municipales
municipalize - municipalizer
muniments - documentos de título
murder - asesinato, homicidio, cometer homicidio, asesinar
in the first degree - homicidio premeditado, asesinato en primer grado
in the second degree - homicidio premeditado, asesinato en segundo grado

murdered - interfecto, occiso, asesinado
murderer - asesino, homicida
muster roll - lista de la tripulación
mutatis mutandis - mutatis mutandis, cambiando lo que se debe cambiar
mutilate - mutilar
mutilation - mutilación
mutinous - amotinado
mutiny - motín
mutual - mutuo, mutual, mutualista, recíproco
assent - acuerdo *o* concierto de voluntades, voluntad común, coincidencia de la voluntad
condition - condición mutua
consent - mutuo consentimiento
consideration - causa recíproca
covenant - pacto de obligación mutua
fund - tipo de sociedad inversionista, fondo mutualista
insurance company - compañia de seguros mutuales, sociedad de seguro mutuo
investment company - compañía mutualista de inversión
loan association - sociedad *o* asociación de préstamos para edificación, sociedad cooperativa de edificación y préstamos
savings bank - caja mutua de ahorras, banco mutualista de ahorro
wills - testamentos mutuos

mutuality - mutualidad, reciprocidad
mutualize - mutualizar
mutuant - mutuante
mutuary - mutuario
mutuum - mutuo, contrato de mutuo, préstamo de consumo, contrato mutual
my name, place and stead, in - en mi nombre y en lugar de mí
mystic will - testamento cerrado *o* sellado

Notes

N

naked - nudo, desnudo, claro
authority - autorización unilateral
confession - confesión sin confirmación
contract - contrato sin precio
deposit - depósito gratuito
possession - posesión nuda *o* sin título
possibility - escasa posibilidad
power - poder sin interés del apoderado
promise - promesa unilateral *o* sin causa
trust - fideicomiso pasivo
name - nombre, título, apellido, reputación, nombrar, especificar, titular
of, in the - en nombre de
namely - a saber, es decir, específicamente
nation - nación, estado, país
national - nacional, doméstico, interior
bank - banco nacional *o* de la nación *o* del estado, banco nacional
currency - moneda nacional
domicile - domicilio nacional
economy - economía nacional, política económica, hacienda pública
National Labor Relations Board - Junta Nacional de Relaciones del Trabajo
nationality - nacionalidad, nación
nationalize - nacionalizar, estadizar, federalizer, naturalizar
native - nativo, nacional, natural
citizen - ciudadano nativo *o* por nacimiento
produce - frutos del país, productos domésticos
natural - natural, nativo
allegiance - lealtad natural *o* por nacimiento
child - hijo natural, niño ilegítimo *o* espurio, hijo natural
death - muerte natural
domicile - domicilio de origen
equity - equidad consuetudinaria
fruits - frutos naturales
guardian - curador *o* tutor natural
heir - heredero por consanguinidad
infancy - minoridad hasta siete años
law - derecho natural, ley natural
objects of testator's bounty - herederos legítimos
obligation - obligación ética *o* natural
person - persona natural *o* física
possession - posesión física *o* originaria *o* natural
presumption - presunción razonable
rights - derechos naturales
succession - sucesión natural *o* hereditaria
natural born citizen - ciudadano por nacimiento
naturalization papers - carta de ciudadanía *o* de naturalización *o* de naturaleza
naturalized citizen - ciudadano nacionalizado *o* naturalizado *o* por naturalización
nay - voto negativo, negación
near (adj) - cercano, íntimo, próximo
near (adv) - cerca, casi
near (v) - acercarse
money - activo fácilmente convertible en efectivo
ne exeat republica - providencia precautoria de arraigo, deposíto de personas
necessary - necesario
damages - daños generales *o* directos
deposit - deposíto necesario
domicile - domicilio necesario
easement - servidumbre necesaria
inference - deducción razonable
parties - partes indispensables
necessity - necesidad, indigencia
need (n) - necesidad, carencia
need (v) - necesitar, requerir
negative - negativa, negar, denegar, oponerse a, negativo
averment - aseveración negativa
condition - condición negativa *o* restrictiva
covenant - garantía de no hacer algo
easement - servidumbre negativa
misprision - ocultación de un delito
pregnant - negativa con implicación de afirmativa
proof - prueba indirecta *o* negativa
servitude - servidumbre negativa
statute - ley negativa
testimony - testimonio indirecto *o* negativo *o* por inferencia
negatory - negatorio
neglect - negligencia, descuido, descuidar, desatender

negligence - negligencia, descuido, culpa, imprudencia
in law - negligencia procesable
per se - negligencia per se
negligent - negligente, descuidado
homicide - homicidio por negligencia
misrepresentation - falsedad negligente
offense - delito por negligencia
violation - violación con negligencia
negotiability - negociabilidad
negotiable - negociable
instruments - instrumentos *o* documentos negociables, efectos de comercio
paper - efectos negociables
securities - valores transmisibles
negotiate - tratar, agenciar, negociar, hacer efectivo, traspasar
a bill - vender *o* negociar *o* cambiar una letra
a loan - negociar *o* hacer *o* colocar un empréstito *o* préstamo
negotiated contract - contrato otorgado sin competencia
negotiations - gestiones, negociaciones, tratos
negotiator - negociador, gestor, vendedor, comprador
negotiorum gestio - negotiorum gestio, gestión de negocios ajenos
neighbor (adj) - vecino, próximo, colindante
neighbor (n) - vecino
neighbor (v) - colindar, estar cerca de
nemine contradicente *o* dissentiente - nemine discrepante, sin disenso, unánimamente
nemo dat quod non habet - nemo dat quod non habet, nadie puede dar lo que no tiene
nepotism - nepotismo
nervous shock - choque nervioso
net - producir, rendir, neto, líquido
balance - saldo neto
charter - fletamento del buque con todos gastos de operación por cuenta del arrendatario
earnings - ingresos netos
income - entradas netas, rentas líquida, ingreso neto
interest - interés neto *o* puro
investment - inversión neta
premium - prima neta
price - precio neto
proceeds - producto neto
profits - ganancias netas
rent - alquiler neto
revenue - ingreso neto
single premium - prima individual neta
value - valor líquido
worth - activo neto *o* líquido, patrimonio, capital fiscal, propiedad neta, capital líquido, responsabilidad neta
neutrality - neutralidad
bond - fianza de neutralidad
new - nuevo
assignment - relación nueva de los alegatos
cause of action - nuevo derecho de acción
enterprise - empresa nueva
matter - materia nueva
trial - nuevo juicio, nueva audiencia *o* vista, revista
newly discovered evidence - prueba descubierta después de la sentencia
next - próximo, adyacente, subsiguiente
friend - mejor amigo, tutor informal, amigo más cercano
of kin - parientes más próximos *o* cercanos
night court - juzgado de noche, tribunal nocturno, corte nocturna
night deposit - depósito hecho después de horas laborables
nisi prius - tribunal de un solo juez con jurado, acción ante tal tribunal
no cure, no pay - si no se salva no se paga, nada de remuneración para obras de salva, mento sin éxito
no-fault - sin culpa
no-fault auto insurance - seguro automovilístico sin culpa, seguro automovilístico donde la compañía aseguradora paga los daños independiente de quien tuvo la culpa
no-fault divorce - divorcio sin culpa
no par stock - acciones sin valor nominal
no recourse - sin recurso
nolens volens - nolens volens, voluntariamente *o* de mala gana
nolle prosequi - abandono de proceso
nolo contendere - admision de culpabilidad para proceso actual, no disputaré
nominal - nominal
capital - capital autorizado

consideration - causa *o* precio nominal
damages - indemnización nominal *o* insignificante
partner - socio nominal
plaintiff - demandante nominal sin interés en la causa
trust - fideicomiso pasivo *o* nominal

nominate - nombrar, designar, nominar
nominative - nominativo
nominee - nominatario, nómino nombrado
non
bis in idem - non bis in idem, no dos veces sobre el mismo
compos mentis - non compos mentis, demente
obstante - no obstante

nonacceptance - falta de aceptación, rechazo
nonadmission - rehuso de admisión
nonadmitted
assets - activo no confirmado
carrier - compañía no aprobada

nonapparent easement - servidumbre discontinua
nonappearance - contumacia, incomparecencia
nonapportionable annuity - anualidad sin pago por muerte
nonassenting stockholders - accionistas disidentes
nonassessable stock - acciones no gravables
nonassignable - no transferible, no negociable
nonattendance - inasistencia
nonbailable - no caucionable
noncallable bond - bono no retirable
noncollectible - incobrable, irrecuperable
noncommercial - no comercial, no especulativo
noncompensable - no compensable
noncompliance - falta de cumplimiento, incumplimiento
nonconcurrent - no concurrente
nonconsolidated - no consolidado
noncontentious - no contencioso, voluntario
noncontestable - incontestable, indisputable
noncontractual - no contractual
noncumulative - inacumulable, no cumulativo
nondelivery - falta de entrega
nondepreciable - no depreciable
nondirection - falta de debida instrucción por el juez
nondisclosure - falta de revelación de hechos
nondutiable - no imponible, franco de derechos
nonenumerated calendar - lista de causas sin número
nonequity securities - títulos de interés fijo
nonfatal injury - lesión no mortal
nonfeasance - omisión, negligencia, incumplimiento
nonforfeitable - incaducable
nonforfeiture law - ley que prohibe pérdida completa por falta de pago de primas, ley de no-caducidad
nonfulfillment - falta de cumplimiento, incumplimiento
nonfundable debt - deuda no consolidable
noninterest bearing - que no devenga interés
nonissuable pleas - defensa sin efecto sobre los méritos de la causa
nonjoinder - falta de unión *o* de asociación
nonjudicial day - día inhábil
nonjury
calendar - lista de causas para vista sin jurado
cause - litigio sin jurado

nonlegal - fuera de la incumbencia de la ley, no jurídico
nonleviable - no gravable, no embargable
nonliable - no responsable
nonmailable - no enviable por correo
nonmarketable - no vendible
bond - bono no transferible

nonmedical insurance - seguro de vida sin examen médico
nonmember
bank - banco fuera de la cámara de compensación, banco fuera del Sistema Federade Reserva
broker - corredor de acciones sin puesto en la bolsa

nonnegotiable - no negociable, innegociable, intransferible
nonnotification - sin notificar
nonobservance - inobservancia, incumplimiento
nonoccupational accident - accidente no de trabajo

nonoperating
  expense - gastos fuera de la explotación *o* de la operación
  income - producto neto fuera de la operación, ingresos ajenos a la explotación
nonpar
  bank - banco fuera del sistema de compensaciones a la par
  stock - acciones sin valor nominal
nonpayment - falta *o* defecto de pago
nonperformance - falta de ejecución *o* de cumplimiento, inejecución, incumplimiento
nonprofit organization - empresa no ganancial *o* no lucrativa, sociedad no especulativa
nonrecourse - sin recurso
nonrecovery - irreivindicación
nonrecurring tax - contribución única *o* no recurrente
nonrenewable - no extendible *o* prorrogable
nonresident - no residente
nonrestrictive endorsement - endoso sin restricción
nonschedule disability - incapacidad no especificada en la ley
nonscheduled airline - empresa de fletamento aéreo
nonstock corporation - sociedad sin acciones
nonsuit - sobreseimiento, caducidad de la instancia, fallo contra el demandante por caducidad, desechar
nonsupport - falta de mantención *o* sostenimiento
nontaxable - no imponible, no gravable, exento de impuestos, libre de contribución
nontrading enterprise - empresa no mercantil
nontransferable - no traspasable, intransferible, innegociable
nontraversable - no negable, incontestable
nonuser - falta de uso
nonvoting stock - acciones sin derecho de votar
normal tax - impuesto normal, tipo básico
normative - normativo
not
  guilty - no culpable, no es responsable
  later than - no más tarde de
  less than - no menos de
  negotiable - no negociable
  otherwise herein provided - no provista en otra forma en éste
  otherwise indexed by name - no especificamente incluído en otra parte
  otherwise specified - no especificado en otra forma
notarial - notarial, notariado
  certificate - acta *o* testimonio notarial
  seal - sello notarial
notarization - atestación por notario público
notarize - escriturar, otorgar ante notario
notary, notary public - notario, escribano, corredor público
notary's
  clerk - escribiente notarial, amanuense
  office - notaría, escribanía
note - pagaré, vale, abonaré, billete, apunte, anotación, apuntar, anotar, tomar razón, atestar falta de pago
  a bill - atestar falta de atender una letra
  an exception - impugnar, protestar, anotar excepción
  of hand - pagaré
  of issue - aviso de fijación de la litis
  of protest - apunte del notario sobre el documento protestado
noteholder - tenedor de pagaré
notes payable - pagarés a pagar
notes receivable - pagarés a cobrar
noteworthy - notable, considerable
notice - aviso, notificación, advertencia, noticia, conocimiento, notificar
  of abandonment - notificación de abandono
  of action - notificación de litispendencia, notificación de demanda
  of appeal - notificación de la apelación
  of appearance - aviso de comparecencia
  of copyright - aviso de derechos de autor
  of dishonor - noticia *o* aviso de rechazo
  of judgement - notificación de sentencia registrada
  of meeting - convocatoria, citación
  of protest - aviso de protesto
  of trial - notificación del juicio *o* del proceso
  to plead - notificación al demandado para presentar defensa
  to produce - notificación a una parte para producción de un documento
notification - notificación, citación

notify - notificar, avisar, participar, hacer, saber, noticiar
notoriety - notoriedad
notorious - notorio, público, conspicuo
 insolvency - insolvencia notoria
 possession - posesión notoria
notwithstanding - sin embargo, no obstante
novation - novación
novative, novatory - novatorio
now - ahora, ya, actualmente
nubile - núbil, casadera
nude contact - contrato sin causa, nudo pacto
nugatory - nugatorio, frustráneo, ineficaz
nuisance - perjuicio, daño, acto perjuicial, molestia
 at law - perjuicio en sí mismo
 in fact - perjuicio de hecho
 per se - perjuicio per se *o* en sí mismo
 taxes - impuestos menores sobre consumo
null and void - nulo, írrito, nulo y sin valor, sin efecto ni valor, nulo y de ningún efecto
nullify - anular, invalidar, nulificar
nullity - nulidad
 of form - nulidad de forma
 of judgment - nulidad de la sentencia
 of marriage - nulidad de matrimonio
 of substance - nulidad substancial *o* de fondo
nunc pro tunc - con efecto retroactivo
nuncupate - testar oralmente
nuncupative will - testamento abierto *o* nuncupativo
nymphomania - ninfomanía

Notes

oath - juramento
in litem - juramento del demandante para probar el valor de la cosa envuelta en el pleito
of allegiance - juramento de fidelidad
of office - juramento de cargo
of a witness - juramento de decir verdad
, under - bajo juramento
obedience - obediencia
obediental obligation - obligación obediencial
obiter dictum - opinión accesoria *o* incidental
object - objeto, objetivo, objetar, impugnar
of a statute - propósito de una ley
of an action - objeto de la acción
objection - oposición, disconformidad, reparo, objeción, impugnación, recusación, excepción
objectionable - objetable, impugnable, desagradable
objective - objeto, objetivo
objectivity - objetividad
objector - impugnador, recusante, objetante, opositor
obligate - obligar, comprometer
obligation - obligación, compromiso, deber
of contract - obligación del contrato
, under - obligado, bajo obligación
under seal - contrato sellado
obligator - obligado, deudor
obligatory - obligatorio, obligacional
covenant - estipulación obligatoria
obligee - tenedor de una obligación, obligante
obligor - obligado
obliterate - destruir, tachar
obrogation - supresión de una ley por otra nueva
obscene - obsceno, indecente
obscenity - obscenidad, indecencia
obscure - obscuro, ambiguo, confuso
observe - cumplir, respetar
obstriction - obligación
obstruct justice - impedir el debido procedimiento legal
obtructing an officer - resistencia a la autoridad
obverse - anverso
obvious - obvio, evidente
danger - peligro evidente
defect - defecto evidente
risk - riesgo evidente
occasion (n) - ocasión, oportunidad
occasion (v) - ocasionar, motivar
occasionally - de vez en cuando
occupancy - ocupación, tenencia
occupant - ocupante, tenedor
occupation tax - impuesto de empleo *o* de profesión
occupational - relativo a oficio *o* a profesión, ocupacional
accident - accidente de trabajo
disease - enfermedad profesional
hazard - riesgo profesional
injury - lesión de trabajo
occupy - ocupar
occur - ocurrir
octroi - impuesto municipal, de estado *o* de provincia sobre entrada de mercancías
of
counsel - asociado con el abogado principle de una causa
course - de derecho, por supuesto
force - en vigor
grace - de gracia
record - registrado, protocolado
right or **of course** - natural, de derecho, sin intervención del juez
off calendar - removido de la lista de causas
offender - ofendedor, ofensor, injuriador, agraviador, delincuente
offense - ofensa, delito
offensive - ofensivo, gravoso
offer - oferta, propuesta, ofrecimiento, ofrecer, proponer, ofertar
and acceptance - oferta *o* propuesta y aceptación
in evidence - presentar como prueba
, make an - ofrecer, proponer
a motion - proponer, plantear una moción
offeree - ofrecido
offerer - ofrecedor, oferente
office - despacho, escritorio, oficina, cargo, encargo, oficio, agencia, negociado
copy - copia de oficina *o* de archivo, copia certificada
practice - ejercicio del abogado consultor sin representación en juicio

officeholder - empleado *o* funcionario público
officer - oficial, ejecutivo, dignatario, funcionario
official - oficial, ejecutivo, dignatario, funcionario, oficio
  act - acto de oficio, acto oficial
  bond - fianza de funcionario público
  check - cheque del banco
  misconduct - mala conducta *o* malversación *o* extravío de un funcionario público
  oath - juramento de cargo *o* de fidelidad, juramento oficial
  record - registro oficial
  seal - sello oficial
  use - uso oficial
offset - compensación, contrarreclamación, neutralización, compensar, contrarrestar
offspring - prole, sucesión, progenie
often - a menudo
old age pension - jubilación de vejez *o* por ancianidad
olograph - hológrafo, ológrafo
omission - omisión
omit - omitir, suprimir, excluir
omnibus - ómnibus
  bill - proyecto de ley sobre asuntos distintos
  count - cargo consolidado
on
  behalf of - de parte de, a favor de
  file - registrado
  or about - de fecha, aproximadamente, allá para
  or before - no más tarde de, a más tardar
onerous - oneroso, a título oneroso
  contract - contrato a título oneroso
  title - título oneroso
onerousness - onerosidad
onomastic - onomástico
onus - carga, peso de la prueba
  probandi - onus probandi, carga de la prueba, obligación de probar
open (adj) - abierto, libre, disponible, sincero
open (n) - claro
open (v) - abrir, exponer, empezar
  and notorious adultery - adulterio notorio *o* flagrante
  bids - abrir propuestas
  a case - abrir el juicio
  charter - contrato de fletamento sin especificación de carga o de destino
  court, in - en pleno tribunal, ante la sala, en audiencia pública
  court, to - iniciar la sesión
  a default - anular sentecia en rebeldía
  entry - toma de posesión franca *o* abierta
  insolvency - insolvecia sin bienes embargables, insolvencia notoria
  a judgement - volver a considerer la sentencia
  the pleadings - hacer sumario de los alegatos
  port - puerto libre *o* franco *o* abierto
  possession - posesión manifiesta *o* patente *o* notoria
  question - cuestión pendiente
  sea - alta mar
  a set of books - abrir los libros
  verdict - veredicto inconcluso del jurado de pesquisidor
open-end
  investment company - empresa inversionista de capital variable, fondo mutualista
  mortgage - hipoteca sin límite de importa
  trust - sociedad inversionista
open market - mercado abierto
  paper - efectos del mercado libre
  rate of exchange - tipo de cambio del mercado
opening - apertura, principio
  bids - apertura de propuestas
  statement of counsel - declaración inaugural, exposición inicial del caso
operating - en funcionamiento, activo
  company - compañía operadora *o* de explotación, empresa de explotación
  statement - estado de ganancias y pérdidas
operation of law, by - por efecto *o* por ministero de la ley
operative words - palábras valederas
opinion - opinión, dictamen, sentencia, resolución
  evidence - prueba pericial
  of counsel - opinión de abogado
opponent - contrario, adversario, oponente, oposicionista
opposer - oponente, opositor

opposition - oposición, disconformidad
option - opción
  warrant - certificado para compra de acciones a precio definido
optional - facultativo, discrecional, opcional, optativo, a voluntad
  appearance - comparecencia facultativa
  condition - condición potestativa
oral - verbal, oral
  contract - contrato verbal
  defamation - calumnia, difamación oral
  evidence - prueba verbal *o* testimonial
  trust - fideicomiso no solemne
orality - oralidad
order - precepto, mandamiento, decreto, comisión, encargo, pedido, orden
  bill of lading - conocimiento a la orden, carta de porte al portador
  instrument - instrumento *o* documento a la orden
  nisi - decreto condicional
  of business - temario, orden del día
  of the day - orden del día, agenda
  of filiation - decreto de filiación
  to proceed - auto de procedor, auto de sustanciación
ordinance - estatuto, ordenanza, ordenación
ordinary - ordinario, juez ordinario, regular, corriente
  annuity - anualidad ordinaria
  course of business - curso normal de los negocios
  diligence or **care** - diligencia ordinaria, cuidado normal
  hazards - riesgos profesional sin negligencia, riesgos normales
  jurisdiction - jurisdicción común *o* ordinaria *o* de primera instancia
  negligence - negligencia comparativa *o* ordinaria
  proceeding - acción plenaria *o* ordinaria, procedimiento ordinario
  stock - acciones ordinarias *o* comunes
organic
  act - ley orgánica
  law - derecho orgánico, ley fundamental
organization - organización, persona jurídica
  expenses - gastos de organización, gastos de iniciación
  meeting - asamblea *o* sesión constitutiva, reunión de instalación
organize - organizer, constituir, organizarse
organizer - organizador
original - original
  aquisition - adquisición original
  bill - demanda original en equidad referente a algún asunto no litigado anteriormente por las partes
  bill of lading - conocimiento original, conocimiemto primordial
  capital - capital inicial *o* de entrada
  conveyances - traspasos primarios
  cost - costo inicial *o* primitivo
  entry - asiento en el diario
  estate - propiedad original, aquel derecho de propiedad que no sea derivativo
  evidence - prueba original
  jurisdiction - jurisdicción de primera instancia *o* en primer grado
orphan - huérfano
orphans' court - tribunal testamentario
orthographic - ortográfico
orthography - ortografía
ostensible - ostensible
  agency - agencia ostensible
  partner - socio aparente
ouster - desahucio, desposeimiento, despojo, desalojamiento, lanzamiento
out
  of court - fuera de litigo, extrajudicialmente
  of debt - desadeudado, libre de deudas
  of term - fuera del período de sesiones
  of wedlock - fuera de matrimonio, extramatrimonial
outbid - mejorar, sobrepujar
outlaw - prescribir
outlawed - prescrito, caducado
outstanding stock - acciones en manos del público
over the counter securities - valores no vendidos en la bolsa
overbid - ofrecer más que el valor
overcapatilize - capitalizar en exceso, sobrecapitalizar
overcredit - abonar de más
overdebit - debitar de más
overdepreciation - depreciación excesiva
overdraft - sobregiro, giro en descubierto, descubierto, crédito al descubierto
  priviledge - crédito en descubierto *o* en cuenta corriente derecho a sobregirarse
overdraw - sobregirar, girar en descubierto
overdrawn - en descubierto

overdue - sobrevencido, en mora demoroso
overhead expense - gastos generales *o* indirectos
overinsurance - seguro en exceso del valor
overinsured - sobreasegurado
overinvestment - sobreinversión, inversión excesiva
overissue - emisión excesiva
overlying bond - bono inferior
overrule - denegar, desestimar, declarar sin lugar
over act - acto manifesto realizado para lograr el propósito de una conspiración
overthrow of the government by force and violence - derrocamiento del gobierno por la fuerza y la violencia
overvalue - tasar *o* valuar en exceso
owelty - igualdad
  of partition - compensación para partición desigual
owing - debido, debiente
own - poseer, tener, propio
  cost and risk - costo y riesgo propio
  outright - ser dueño absoluto
owner - propietario, dueño poseedor
  of record - propietario registrado
owners' equity - activo neto *o* líquido, patrimonio, capital fiscal, propiedad neta, capital líquido, responsabilidad neta
ownership - propiedad, pertenencia, dominio, posesión, titularidad
oyer - copia de contrato *o* de fianza para la parte opuesta
  and terminer - tribunal de lo penal
oyez - voz del oficial del tribunal para imponer silencio

Notes

P

pact - acuerdo, convenio, pacto, tratado
pactum - pacto
paid - pagado, pago, remunerado
  in full - totalmente pagado, liquidado, finiquitado, cancelado
  in surplus - superávit aportado *o* pagado, excedente de capital
paid-up
  capital - capital integrado *o* realizado *o* desembolsado *o* exhibido *o* pagado, capital cubierto, capital efectivo
  stock - acciones cubiertas, acciones liberadas
pain and suffering - dolor y sufrimiento
pais - fuera de litigio, extrajudicial, por jurado
palimony - pensión tras la separación de personas no casadas
pandects - pandectas, recopilación de derecho romano
panel - lista de personas para el jurado, panel
paper - papel, diario, periódico, instrumentos de crédito
  blockade - bloqueo en el papel
  book - sumario del expediente del juicio para apelación
  money - papel moneda, moneda de papel
  title - título dudoso
par - par, paridad
  collection or **clearance** - compensaciones bancarias sin cargo por cobro
  items - efectos cobrables sin comisión
  of exchange - cambio a la par, paridad cambiaria
  value - valor a la par *o* de paridad
paragraph - párrafo, apartado, parrágrafo
paralegal - asistente legal
paramount - supremo
  equity or **right** - derecho superior
  title - título superior
paranoia - paranoia, monomanía
paraph - rúbrica, rubricar
paraphernal property - bienes parafernales
paraphernalia - bienes parafernales
parcel-post
  receipt - guía de encomienda postal
  warranties - garantías para seguro de encomiendas
parcenary - herencia conjunta
parcener - coheredero
pardon - indulto, amnistía, absolución, indulter, amnistiar
parent - padre, madre
  company - compañía controladora *o* matriz, casa matriz
  house - casa principal, compañía matriz
parental consent - consentimiento de los padres
parental liability - responsabilidad de los padres por los actos de los hijos
parents - padres
parentage - ascendencia, padres
pari - parte, porción
  causa - con igual derecho
  delicto - igualmente culpable
  passu - del mismo grado, sin preferencia
parity - paridad
  price - precio de paridad
parliament - parlamento
parliamentary- parlamentario
  law - reglamento parlamentario
  practice - práctica parlamentaria
parol - verbal, oral, no solemne
  agreement - acuerdo verbal *o* no sellado
  arrest - detención por orden verbal del juez
  contract - contrato simple *o* informal *o* verbal
  evidence - testimonio verbal, prueba vocal *o* oral
  lease - locación informal
parole - liberación condicional del reo, libertad vigilada *o* condicional *o* provisional *o* bajo palabra
  board - junta de libertad bajo palabra
parolee - el que tiene libertad vigilada
parricide - parricida (criminal), parricidio (crimen)
part performance - cumplimiento parcial
partial - parcial
  acceptance - aceptación condicionada
  disability - incapacidad parcial, invalidez relativa, inhabilidad parcial, inutilidad física parcial
  loss - pérdida parcial, avería simple
  verdict - sentencia parcial

partible - divisible
participant - participante, partícipe
participate - participar
participating - participando
  annuity - anualidad con participación
  mortgage - hipoteca conjunta *o* de participación
  stock - accciones preferidas con participación en el beneficio sobrante, acciones participantes preferentes
particular (adj) - particular, individual, exigente
particular (n) - detalle, pormenor
  agent - agente para asunto especial
  average - avería particular *o* simple, pérdida parcial
  averment - aseveración expresa
  custom - costumbre particular
  estate - dominio precedente *o* por tiempo fijo
  lien - gravamen especifico
  malice - malicia particular
  partnership - sociedad comanditaria especial
  power - poder limitado *o* con restricciones
  successor - sucesor particular
  tenant - dominio precedente *o* por tiempo fijo
particulars - datos, detalles, explicación
partition - partición, división, partija, separación
  of a community estate - partición de una comunidad de bienes
  of a succession - partición de herencia
partitioner - contador partidor
partner - socio, asociado, aparcero, parcionero
partner's equity - derecho equitativo del socio en distribución de bienes sociales
partnership - sociedad *o* compañía colectiva, aparcería, sociedad en nombre colectivo, consorcio, asociación, participación, comanditario
  agreement - pacto social, contrato de asociación
  articles - escritura de sociedad
  assets - bienes sociales
  at will - asociación denunciable *o* sin plazo fijo de duración
  contract - contrato social *o* de asociación, contrato de compañia
  debt - deudas sociales
  in commendam - sociedad en comandita
  life insurance - seguro sobre la vida de un socio para la sociedad
  property - bienes sociales
party - parte
  aggrieved - parte dañada
  and party - demandante y demandado
  in interest - parte interesada
  of the first part - primera parte, de una parte
  of the second part - segunda parte, de la otra parte
  to be charged - parte responsable
  to the contract - contratante
parties to the suit - partes titulares de la acción, litigantes, sujetos de la acción
pass - pasar, aprobar, ser aprobado, pasar por alto, admitir
  the case - diferir la causa
  counterfeit money - circular moneda falsa
  the dividend - omitir el dividendo
  judgement - pronunciar sentencia
  a law - votar *o* legislar una ley
  a resolution - acordar una resolución
  sentence - condenar
  a test - cumplir una prueba
  title - transferir título
  upon - decidir sobre
passenger clause - cláusula de doble indemnización por muerte *o* lesión de viajero
passive - pasivo
  assets - activo intangible
  bond - bono sin interés
  debt - deuda que no lleva interés
  liabilities - pasivo fijo
  succession - sucesión de obligaciones
  trust - fideicomiso pasivo
  use - uso pasivo *o* permisivo
passport - pasaporte, pasaporte de buque, carta de mar
past
  consideration - causa pasada
  due - sobrevencido, de vencimiento atrasado
patent - patente, privilegio de invención, patentar, privilegiar, patentizar, patente, manifiesto, patentado, patentario
  ambiguity - ambigüedad patente

and trademark office - oficina de patentes y marcas
application - solicitud de patente
attorney - abogado de patentes
defect - vicio manifiesto *o* patente
infringement - violación *o* infracción de patente
law - derecho patentario
lawyer - abogado de patentes
license - licencia de patente
medicine - medicina propietaria *o* de patente
office - oficina *o* negociado *o* dirección de patentes
pending or **applied for** - patente pendiente *o* solicitada *o* en tramitación
pool - cartel para explotación de patentes
royalty - derechos de patente, derechos de fabricación, regalía por uso de patente
suit - juicio sobre violación de patente

patentable - patentable
patented - patentado
article - artículo propietario *o* de patente
process - proceso patentado

patentee - poseedor de patente, privilegiado, concesionario de la patente, patentado
patentor - dueño de patente
paternal - paterno
paternity - paternidad
patient (adj) - paciente, indulgente
patient (n) - paciente
patria potestas - patria potestad
patricide - parricida (criminal), parricidio (crimen)
patrimonial - patrimonial
patrimony - patrimonio
patrol - ronda, patrulla
patrol wagon - camión de policía, carro celular
pauper - pobre, indigente
pawn (n) - empeño
pawn (v) - empeñar, pignorar, prendar, dejar en prenda
pay - pagar, abonar, remunerar, consignar, entrar, integrar, producir ganancia
back - restituir
by installments - pagar a plazos
damages - pagar daños y perjuicios
in full - pagar integramente *o* por completo
off a mortgage - redimir la hipoteca
to the order of - páguese a la orden de
under protest - pagar bajo protesta

payable - pagadero, por pagar, pagable, debido
at sight - pagadero a la vista *o* a presentación
on demand - pagadero a la vista
to bearer - pagadero al portador
to order - pagadero a la orden

payee - portador, tenedor, tomador, beneficiario, enterante, cobrador
payer - pagador
paying agent - agente pagador
payment - pago, paga, consignación, entero
bond - fianza de pago
by intervention - pago por intervención *o* por honor
for honor - pago por honor *o* por intervención
in full - pago total
in kind - pago por entrega de bienes
into court - pago por consignación al tribunal
refused - pago rehusado *o* negado
stopped - pago suspendido *o* detenido

payroll tax - impuesto sobre planillas de sueldo
peace officers - funcionarios *o* oficiales del orden público
peculation - peculado, desfalco, distracción de fondos
peculium - peculio, pegujal
pecuniary - pecuniario, monetario
pederasty - pederastia
pellagrous insanity - insania pelagrosa
penal - penal
action - acción penal
bond - obligación penal, fianza para multa
clause - cláusula penal
code - código penal
interest - interés punitorio *o* penal *o* moratorio
laws - leyes penales, código penal
obligation - obligación penal *o* con cláusula penal
servitude - prisión con trabajo forzado
statute - ley penal
suit - juicio penal
sum - penalidad, importe de la multa

penalizable - sancionable

penalize - multar, castigar, penar, penalizar, sancionar
penalty - multa, castigo, pena, condena, penalidad
  bond - fianza para multa
  clause - cláusula penal
pendency - pendencia
pendente lite - pendente lite, mientras al juicio continúa
pending - pendiente, en trámite
  appeal - hasta la apelación
penitentiary - penitenciaría, presidio, pentenciario
pension - jubilación, pensión, jubilar, pensionar
  fund - fondo *o* caja de jubilaciones *o* de pensiones *o* de previsión, caja dotal
  rights - derechos jubilatorios
  trust - fideicomiso de pensiones
per
  autre vie - durante la vida de otra persona
  capita - por cabeza
  cent - por ciento
  curiam - por el tribunal entero, por el juez presidente
  diem - por día, dieta
  pais - por jurado
  procuration - por poder
  se - por sí mismo, per se
  stirpes - por estirpe
peremptory - perentorio
  challenge - recusación sin causa
  defense - defensa perentoria
  exception - excepción perentoria, excepción de nulidad, artículo inhibitorio, excepción perpetua
  nonsuit - sobreseimiento perentorio
  plea - instancia perentoria
  rule - fallo definitivo
  writ - auto perentivo
perfect - perfeccionar, perfecto, entero
  equity - título completo en equidad
  instrument - instrumento registrado
  obligation - obligación legal
  ownership - dominio perfecto
  right - derecho completo
  title - título perfecto
  trust - fideicomiso formalizado *o* perfecto
  usufruct - usufructo perfecto
perfidy - perfidia, deslealtad, alevosía, traición
perform - cumplir, desempeñar, ejecutar, ejercer
  an autopsy - practicar una necropsia
performance - cumplimiento, desempeño, ejecución, rendimiento
  bond - fianza de cumplimiento
perils of the sea - riesgos *o* accidentes *o* eventualidades del mar
period - período, plazo
  of grace - período *o* plazo de gracia
periodic - periódico
perish - perecer, fallecer
perjure - perjurar, perjurarse
perjured - perjuro, perjurado
perjurer - perjuro
perjury - perjurio, falso testimonio, juramento falso
permanent - permanente, fijo, estable
  damage - daño permanente
  disability - incapacidad permanente
  employment - empleo permanente
  executor - albacea definitivo
  injunction - interdicto *o* requerimiento permanente
  partial diability - incapacidad parcial permanente
  total diability - incapacidad absoluta permanente
Permanent Court of International Justice - Corte Permanente de Justicia Internacional
permissive - permisivo
  use - uso pasivo
permit - licencia, permiso, patente, pasavante, póliza, gúia, pase, permitir
permittee - tenedor de licencia *o* de patente
perpetrator - perpetrador
perpetual - perpetuo
  bond - bono sin vencimiento *o* de renta perpetua
  injunction - requerimiento perpetuo *o* permanente, mandamiento perpetuo
  loan - emprestito *o* préstamo de renta perpetua
  statute - ley permanente *o* perpetua
  trust - fideicomiso perpetuo
perpetuating testimony - registro de testimonio antes del juicio, perpetuación de una prueba testimonial
perpetuity - perpetuidad, anualidad *o* renta perpetua
  due - renta perpetua inmediata *o* anticipada

perquisites - gajes, emolumentos, obvenciones
person - persona
, **in** - en persona
personal - personal, particular, privado
action - acción personal
bond - fianza personal *o* particular
contract - contrato personal
covenant - convenio personal
defense - excepción personal
demand - intimación a la persona
disability - incapacidad particular
estate - bienes muebles
exemption - exención personal
finance company - sociedad para préstamos pequeños
injury - lesión *o* daño corporal
judgement - sentencia contra la persona
knowledge - conocimiento original *o* propio *o* de primera mano
law - derecho personal
liability - responsabilidad personal de accionistas
liberty - libertad personal
notice - notificación personal
obligation - obligación personal
property - bienes muebles
security - garantía personal, seguridad personal *o* de la persona
service - entrega a la persona, notificación personal
servitude - servidumbre personal
surety - fiador, fianza particular
tort - agravio a la persona
warranty - garantía personal
personal injury - lesión personal *o* corporal
calendar - lista *o* calendario de causas por daños corporales
liability - responsibilidad por daños corporales
personal service corporation - corporación para venta de servicios profesionales
personality - personalidad
personalty - bienes muebles
personate - hacerse pasar por otra persona
pertain - pertenecer, concernir
pertinent - pertinente, a propósito
petit jury - jurado de juicio, jurado
petition - instancia, recurso, pedido, memorial, súplica, petición, pedimento, pedida, ocurso, demanda, suplicar, pedir
for annulment - solicitud *o* pedido de anulación, pedida de anulación
for arrangement - petición de concordato
for rehearing - petición por nueva audiencia
in bankruptcy - petición de quiebra
in error - recurso de queja
in insolvency - petición de quiebra
petitioner - peticionario, recurrente, peticionante, suplicante, solicitante, demandador
petitioning creditor - acreedor recurrente *o* peticionario
petitory action - acción petitoria, juicio petitorio
pettifogger - rábula, picapleitos, leguleyo
petty - menor, trivial
average - avería ordinaria *o* menor *o* pequeña
juror - jurado de juicio
jury - jurado de juicio, jurado
larceny - hurto, hurto menor
offender - delincuente menor
offense - delito menor, contravención
photostat - fotóstato, fotostatar
photostatic - fotostático
physical - físico
assets - valores materiales
disability - incapacidad física, invalidez, inutilidad física
fact - hecho tangible
impossibility - imposibilidad material
injury - lesión corporal
inventory - inventario real *o* físico, inventario extracontable
necessity - necesidad natural *o* física
valuation - tasación a base de costo de reproducción
pickpocket - carterista, cortabolsas, ratero, caco
pignorate - pignorar
pignoration - pignoración
pignorative - pignoraticio
pilfer - ratear, sisar, hurtar
pilferage - ratería, sisa, hurto
pilferer - ratero, gallero
pillage - pillaje, saqueo, merodeo
pimp - alcahuete, tercero
pioneer patent - patente básica *o* primitiva
piracy - piratería, plagio
pirate - plagiar, piratear
pirating - piratería, plagio

place of business - local, domicilio
place of delivery - lugar de entrega
place of employment - lugar de empleo
plagiarism - plagio
plagiarist - plagiario
plagiarize - plagiar, hurtar
plain clothes man - detective, policía sin uniforme
plaint - querella
plaintiff - demandante, actor, parte actora, querellante, demandador
  in error - demandante por auto de casación
plaintiff-respondent - demandante que contesta a la apelación
plaintiff's bond - fianza de demandante
planning board - junta planificadora, comité planeador
plea - alegato, alegación, instancia, excepción, defensa
  in abatement - instancia de nulidad
  in bar - excepción perentoria
  in discharge - defensa de descargo
  in reconvention - contrademanda
  of confession and avoidance - defensa de descargo, alegación que si bien admite los hechos alega materia que excusa al que alega
  of estoppel - excepción de impedimento
  of guilty - declaración *o* alegación de culpabilidad
  of nolo contendere - admisión de culpabilidad para proceso actual
  of not guilty - declaración de inocencia
  of reconvention - reconvención, contrademanda
  of release - excepción de desobligación, alegación que admite los hechos pero alega que la obligación ha sido satisfecha
  side - sala de lo civil
  to the jurisdiction - excepción declinatoria
plead - abogar, alegar, defender
  guilty - declararse culpable
  not guilty - declararse inocente
  over - contestar alegatos defectuosos
  a statute - citar una ley como base de la defensa
  to the merits - presentar defensa sobre los méritos
pleadable - alegable, abogable
pleader - abogado, quien alega
pleading - alegación, informe
pleadings - alegatos, alegaciones, escritos
  declaration - demanda, exposición
  plea - defensa, contestación a la demanda
  replication - réplica, replicato
  rejoinder - contrarréplica, dúplica
  surrejoinder - tríplica
  rebutter - refutación, respuesta a la tríplica
  surrebutter - contestación a la refutación del demandado
plebiscite - plebiscito
pledge - prenda, caución, pignoración, empeño, empeñar, pignorar, prendar, dar en prenda, caucionar
  loan - préstamo pinoraticio *o* prendario
pleadgeable - pignorable
pledgee - tenedor de prenda, depositario
pledger - prendador
plenary - plenario, pleno, completo
  admission - admisión completa, confesión concluyente *o* decisiva
  meeting - asamblea plenaria
  suit or **action** - juicio ordinario *o* plenario
plenipotentiary - plenipotenciario
pleno jure - de pleno derecho
plenum - pleno, asamblea plenaria
plevin - garantía
plot - complot, conspiración, solar, parcela
plunder - pillaje, saqueo, despojar, pillar
plunderage - pillaje, malversación
plural - plural
  marriage - poligamia, matrimonio polígamo
plural-voting stock - acciones de voto plural
plurality - pluralidad
plus petito - plus petición
point - punto, cuestión, apuntar
  of order - cuestión de procedimiento
  reserved - cuestión de derecho decidida provisionalmente
points - proposiciones, cuestiones
poison - veneno, envenenar
police - policía
  authorities - autoridades policiales
  commisioner - comisario, corregidor de policía
  court - juzgado municipal *o* correccional *o* de guardia *o* de policía, corte de policía
  force - cuerpo policíaco *o* de policía

headquarters - jefatura *o* intendencia *o* prefectura de policía
judge or justice or magistrate - juez de policía
power - fuerza pública, facultad policial
record - antecedentes penales *o* de delincuencia
regulations - código de policía
station - estación *o* cuartel de policía
policeman - policía, polizonte, guardián, guardia, policial
policy - política, práctica, póliza, escritura
of the law - política pública, bienestar *o* orden público
of the statute - intención de la ley
proof of interest - renuncia de prueba de interés
policyholder - tenedor de póliza
poligamist - polígamo
poligamous - polígamo
poligamy - poligamia
political - político
corporation - corporación pública *o* municipal, entidad de derecho público
law - jurisprudencia administrativa, derecho político
liberty - derechos civiles
offense - crimen político
rights - derechos del ciudadano
politician - politiquero, politicastro
politics - política, politiquería, politiqueo
poll - votación, escrutar
tax - impuesto de capitación
the jury - preguntar a los jurados individualmente su conformidad con el veredicto
pollicitation - policitación, oferta no aceptada
polyandry - poliandria, bigamia de mujer
polyneurotic insanity - locura polineurítica
pool - combinación, sindicato, convenio, consorcio, fusión de interés, combinar, sindicar
poor laws - legislación sobre socorro de los indigentes
popular sense - sentido popular
port - puerto
authorities - autoridades portuarias
duties - derechos portuarios
of delivery - puerto final *o* terminal
of departure - puerto de salida
of distress - puerto de amparo *o* de emergencia
of entry - puerto aduanero *o* de entrada, puerto fiscal, puerto habilitado
of refuge - puerto de amparo *o* de arribada forzosa *o* de refugio
portfolio - lista de valores *o* de letras en mano, conjunto de riesgos transferidos por otro asegurador
portio legitima - porción legítima
position bond - fianza de fidelidad de cualquier empleado en un puesto
positive - positivo
condition - condición positiva
defense - defensa positiva *o* afirmativa
easement - servidumbre positiva
evidence - prueba directa *o* positivo
fraud - fraude flagrante *o* positivo
law - derecho positivo, ley positiva
misprision - delito menor
proof - prueba directa *o* positiva *o* afirmativa
servitude - servidumbre positiva *o* afirmativa *o* activa
posse comitatus - posse comitatus
possess - poseer, gozar, disfrutar
possession - posesión, tenencia, goce, disfrute
in deed or **in fact** - posesión efectiva *o* de hecho
in law - posesión legal *o* de jure
possessor - poseedor, posesor
bona fide - poseedor de buena fe
mala fide - poseedeor de mala fe
possessory - posesorio
action - acción posesoria, juicio posesorio
judgement - sentencia posesoria
lien - gravamen posesorio
title - título posesorio
possibility - posibilidad
coupled with an interest - expectatión de adquirir una propiedad reconocida por la ley como un derecho susceptible de cesión
of reverter - posibilidad de reversión *o* de adquirir determinado derecho de propiedad en el futuro
on a possibility - posibilidad doble *o* improbable *o* remotísima de adquirir determinado derecho de propiedad
possible condition - condición posible
post - más abajo
admission education - educación legal después de recibirse de abogado

examination - autopsia, necropsia
mortem - después de la muerte
office address - dirección postal
obit - después de la muerte
postal order - giro postal
postdated - posfechado
posteffective - postefectivo
posteriority - posterioridad
posterity - posteridad
posthumous - póstumo
child - hijo póstumo
postliminium - postliminio
postnuptial - posterior al matrimonio
postponable - aplazable, prorrogable
postpone - aplazar, diferir, dilatar
postponement - aplazamiento, prórroga, aplazada
postulate - postular
poverty - pobreza, indigencia
power - autoridad, facultad, poder, apoderamiento, potencia, fuerza motriz, energia, fuerza, potencia
appendant - poder con interés del apoderado
appurtenant or **coupled with interest** - poder que puede abarcar interés del apoderado en el negocio
in gross - poder sin interés del apoderado
of appointment - facultad de nombrar, poder de disponer de bienes raíces
of attorney - poder, carta de personería
of attorney, by - por poder
of disposition - autoridad de disposición
of revocation - autoridad de revocación
of substitute - poder de substituir
practicable - factible, ejecutable
practice - práctica, uso, costumbre, tramitación, practicar
law - ejercer la abogacía
of law - ejercicio de la profesión de abogado
a profession - ejercer una profesión
praesumptio juris et de jure - presunción de derecho y por derecho
praetorian law - derecho pretorio
pray for a judgement - pedir una sentencia
prayer - solicitación, petición
preamble - preámbulo
precarious - precario
loan - comodato sin plazo fijo
possession - posesión precaria
right - título precario
precatory - suplicante
trust - fideicomiso implícito
precedent - precedente
condition - condición precedente *o* suspensiva
precept - precepto, orden
preclude - impedir, prevenir
preconceived malice - malicia premeditada
precondition - condición precedente
precontractual - precontractual
predecease - premoriencia, premorir
predeceased - premuerto
predecessor - predecesor
predial - predial
servitude - servidumbre predial *o* real
pre-effective - preefectivo
pre-emption - prioridad, derecho de prioridad
pre-emptive right - derecho de prioridad
prefect - prefecto
prefer - dar prioridad *o* preferencia
preference - prioridad, preferencia
beneficiary - beneficiario de preferencia
bond - bono sobre ganancias
stock - acciones privilegiadas
preferential - preferente, privilegiado, prelativo
assignment - cesión con prioridadas
debts - deudas privilegiadas
preferred - preferido
as to assets - preferente de bienes, privilegiado en el patrimonio
as to dividend - preferente de dividendo
causes - causas con prioridad
creditor - acreedor privilegiado *o* preferente
debt - deuda privilegiada *o* de prioridad
dividend - dividendo sobre acciones preferidas *o* privilegiadas
lien - gravamen preferente
stock - acciones preferidas *o* privilegiados *o* de preferencia
stockholder - accionista preferido, tenedor de acciones privilegiadas
prejudge - prejuzgar
prejudgement - prejuicio
prejudice - parcialidad, prejuicio, prejudicio, perjuicio, daño, predisponer, perjudicar, dañar
prejudiced - con predisposición, perjudicado
pre-judicial - prejudicial
prejudicial - perjudicial, dañoso, lesivo
error - error perjudicial

preliminary - preliminar
examination - interrogatorio preliminar
hearing - vista preliminar, examen preliminar de una causa
injunction - mandamiento *o* requerimiento provisional, interdicto provisorio
premeditated - premeditado
premeditation - premeditación, intencionalidad
premises - local, establecimiento, premisas
premium note - pagare del asegurado para la prima
preorganization certificate - título provisional de acciones antes de la incorporación
prepare - preparar, aprontar, prepararse
prepense - premeditado
preponderance of evidence - preponderancia de prueba
prerogative - prerrogativa, privilegio
court - tribunal testamentario
writ - auto de quo warranto *o* de mandamus *o* de avocación *o* de habeas corpus
prescribe - prescribir
prescriptible - prescriptible
prescription - prescripción
prescriptive - prescriptivo
owner - propietario por prescripción
presence of, in the - ante, en presencia de, a vista de
present - presente, actual, corriente
consideration - causa actual
enjoyment - goce actual
estate - propiedad en posesión actual
interest - derecho de posesión inmediato
, to be - asistir, estar presente
use - uso actual
present - presentar, dar, entablar
for payment - presentar al pago
a report - elevar una memoria
presents, these - la presente, presentes
presentation, on - a presentación, a la vista
presently - actualmente, inmediatamente
presentment - presentación, acusación, denuncia
presidency - presidencia
president - presidente
president-elect - presidente electo
presidential - presidencial
presiding judge - juez presidente
presumption - presunción, conjetura, indicio
of death - presunción de fallecimiento
of fact - presunción de hecho
of innocence - presunción de inculpabilidad
of law - presunción legal *o* de derecho
of suvivorship - presunción de supervivencia
presumptive - presunto, presuntivo
death - muerte presunta
evidence - prueba presunta *o* por indicios, prueba conjetural
notice - notificación presunta
title - título presunto
trust - fideicomiso presunto
presupposition - presupuesto
preterition - preterición, omision que hace el testador de sus herederos legítimos en su testamento
pretermit - omitir, preterir
pretermitted heir - heredero omitido
pretext - pretexto
pretrial
calendar - lista de causas para composición
conference - conferencia del juez con las partes antes de iniciar el pleito, conferencia con antelación a juicio
hearing - conferencia antes del juicio
term - período de sesiones preliminares del tribunal
prevaricate - prevaricar, mentir
prevarication - prevaricación, prevaricato, mentira
prevenience - prevención
prevenient - preventivo
prevention - prevención
preventive - preventivo, cautelar, precautorio
action - proceso cautelar
arrest - detención preventiva
injunction - interdicto preventivo, requerimiento precautorio
justice - medios para prevención de actos criminales
measures - medidas preventivas
rights - derechos precautorios
previous - previo
endorsement - endoso anterior
question - cuestión de votar *o* no votar sin discutir más
prima facie - prima facie, a primera vista

evidence - prueba suficiente a prima facie, prueba presunta
primary - primario, fundamental, principal
easement - servidumbre primaria
election - comicios primarios
evidence - prueba primaria
liability - responsabilidad directa
powers - poder primario *o* principal
rights - derechos primarios
primitive obligation - obligación primitiva
primogeniture - primogenitura, derechos que tiene el hijo que nace primero sobre los restantes
principal - jefe, capital, valor actual, principal, poderdante, cedente, mandante, causante, delegante, constituyente, comitente, actor principal en un delito, mayor, jefe
and agent - podedante y apoderado, mandante y mandatario, principal y agente
challenge - recusación por causa principal
contract - contrato principal *o* primario
fact - hecho principal *o* fundamental
in the first degree - criminal de primer grado
in the second degree - criminal de segundo grado
obligation - obligación principal
office - casa central, oficina matriz, sede social
sum - capital, principal
principle - principio
prior - anterior, precedente, superior
art - arte anterior
claim - derecho superior
creditor - acreedor preferido *o* privilegiado
endorsements guaranteed - endosos precedentes garantizados
lien - gravamen precedente *o* anterior, obligación preferente
negligence - negligencia indirecta
preferred stock - acciones preferidas superiores
priority - prioridad, anterioridad, precedencia
of attachment - precedencia del embargo
prison - prisión, cárcel, penitenciaría, penal presidio, reclusorio
term - término de encarcelamiento
prisoner - preso, prisionero, recluso penado
at the bar - el acusado en pleno tribunal
private - particular, privado, personal, secreto
act - acto particular, ley especial
agent - agente de una persona privada
attorney - apoderado
bank - banco particular *o* privado, casa de banca sin incorporar
carrier - empresa de transporte particular, empresa particular de seguros
corporation - sociedad particular, corporación privada, entidad de derecho privado
detective - agente de policía privado, detectivo particular
easement - servidumbre particular
enterprise - empresea particular *o* privada
international law - jurisprudencia del conflicto de las leyes de las varias naciones, derecho internacional privado
law - derecho privado
nuisance - molestia *o* perjuicio particular, estorbo privado
person - persona privada
police - cuerpo de vigilancia particular, guardajurados
property - bienes particulares *o* de dominio privado
prosecutor - acusador particular *o* privado
rights - derechos de individuo, derechos particulares
sale - venta directa
seal - sello particular
statute - ley especial *o* particular
trust - fideicomiso particular *o* privado
wrong - injuria privada
privative - privativo
jurisdiction - jurisdicción privativa
privies - partes de interés común, copartícipes
in estate - personas de interés mutuo en un mismo derecho de pròpiedad
in law - los que operación de la ley son partes de interés común
in representation - mandante y mandatario
to a judgement - personas con derechos afectados por la sentencia

privilege - concesión, patente, privilegio, opción
  from arrest - inmunidad de arresto
  tax - impuesto de privilegio *o* de patente *o* sobre concesión, derechos de licencia
privileges and immunities - privilegios e inmunidades
privileged - privilegiado
  communication - communicación privilegiada *o* de confianza
  debt - deuda privilegiada *o* preferida
  plea - alegación privilegiada
  witness - testigo exento *o* privilegiado
privity - relación de partes de interés común, coparticipación
  in estate - interés mutuo en la propiedad
  of contract - relación particular de las partes contratantes
  of possession - relación de cesionario y cesionista
privy verdict - veredicto oral declarado al juez fuera de la sala
prize - premio, presa
  court - tribunal de presas
  law - derecho sobre presas de guerra
pro - por, a favor de, de parte de
  and con - a favor y en contra
  bono publico - para el bienestar público
  indiviso - pro indiviso, sin dividir
  rata - prorrata
  se - por uno mismo, pro se
  tempore - interino, pro tempore
probability - probabilidad
probable - probable
  cause - causa razonable, motivo fundado, causa presunta
  evidence - prueba presunta
probate - validar un testamento
  bond - fianza de testamentario
  code - código del tribunal testamentario
  court - tribunal testamentario *o* sucesorio
  duty - impuesto de sucesión
  jurisdiction - fuero de las sucesiones
  order - fallo de validación del testamento
  proceeding - juicio testamentario
probation - libertad condicional *o* a prueba, probatorio
  officer - agente de libertad vigilada, oficial probatario
probational - probatorio
probationary period - período probatorio
probationer - delincuente con libertad condicional
probative - probatorio
  value - valor probatorio
probatory - probatorio
  term - probatorio
procedendo - auto del tribunal superior con devolución del caso
procedural - procesal
  law - derecho procesal, ley de procedimientos, estatutos formales
procedure - procedimiento, enjuiciamiento, trámite, tramitación
proceed - proceder, iniciar la causa
proceeding - proceso, procedimiento, trámite, actuación
proceedings - actuaciones, actos
process - proceso, expediente, auto, citación, procedimiento, procesar, aparejar, elaborar, beneficiar
  of garnishment - proceso de embargo
  of interpleader - acción por la cual el tenedor de una propiedad compele a dos *o* más reclamantes de la misma litigar entre sí el derecho a la misma
  of law - procedimiento *o* curso legal
  of settlement, in - en curso *o* en proceso de liquidación
  server - notificador, entregador de la citación, ujier
processal - procesal
processing tax - impuesto sobre elaboración de materiales importados
processor's liability - responsabilidad del elaborador
proclaim - proclamar
proclamation - edicto, decreto, bando, proclamación
proctor - procurador, apoderado
procuracy - procuración
procuration - procuración, poder, agencia
  fee - comisión de prestamista
procurator - procurador
procuratory - procurador
procure - adquirir, conseguir, causar, ocasionar, procurar
procurer - procurador, adquirente, tercero
procuring cause - causa inmediata *o* próxima
prodigal - pródigo
produce - producir, rendir, rentar
  evidence - producir prueba
  a loss - acarrear una pérdida

production tax - impuesto sobre producción
productive investment - inversión reproductiva *o* productiva *o* remunerativa
profectitious - profecticio
profession - profesión, declaración
professional - profesional
  ethics - ética profesional
  man - profesionista, técnico, profesor
  services - servicios profesionales
profit - utilidad, ganancia, lucro, beneficio, ganar, sacar utilidad
  and loss - ganancias y pérdidas, lucros y daños
  and loss statement - estado de ganancias y pérdidas, balance de resultados
  sharing - participación en los beneficios, reparto de utilidades
profits tax - impuesto sobre beneficios
profitable - provechoso, beneficioso, ganancioso, productivo, lucrativo
profiteer - logrero, agiotista, acaparador, logrear, usurear
prohibition - prohibición, interdicción
  amendment - enmienda prohibicionista
prohibitive - prohibitivo
  impediments - impedimentos impedientes
prohibitory - prohibitorio
  interdict - interdicto prohibitorio
promise - promesa, compromiso
  of marriage - palabra de matrimonio
promisee - tenedor de una promesa
promisor - prometedor
promissory - promisorio
  estoppel - impedimento promisorio
  note - pagaré, vale, abonaré, nota de pago
  oath - juramento promisorio
  representation - representación promisoria
  warranty - garantia promisoria
promote - fomentar, promover, agenciar
promoter - gestor, promotor, promovedor
promotion - promoción, fomento
promulgate - promulgar
pronounce judgement - pronunciar sentencia, dictar fallo, emitir el fallo, expedir sentenciar
pronouncement - pronunciamento
proof - prueba, comprobación, demostración, probanza
  of debt - comprobación de la deuda
  of will - validar un testamento
proper - debido, conveniente, apropiado, adecuado, justo
  care - prudencia razonable
  evidence - prueba admisible
  party - parte interesada
property - bienes, haberes, propiedad
  damage - daños materiales
  dividend - dividendo de bienes *o* en especie
  rights - derechos de propiedad
  tax - impuesto real *o* sobre bienes
  tort - agravio a la propiedad
property-increment tax - impuesto de plusvalía *o* sobre incremento de valor
proponent - proponente
proposal - propuesta, proposición, oferta
proposition - proposición, propuesta, ponencia
proprietary - privilegiado, patentado, propietario, patrimonial, dominical
  article - artículo patentado *o* estancado *o* monopolizado
  company - compañia propietaria *o* privada
  equity - valor líquido de propiedad, derecho patrimonial, patrimonio
  name - nombre de comercio *o* de propiedad, marca de fábrica
  rights - derechos de propiedad
proprietor's
  manufacturing warehouse bond - fianza de almacenero para elaboración
  warehouse bond - fianza de almacenero
proprietorship - propiedad, patrimonio, activo líquido
prorate - prorratear, ratear
prorogation - prórroga
prorogue - aplazar, diferir, prorrogar
proscribe - proscribir
proscription - proscripción
proscriptive - proscriptor
prosecute - procesar, encausar, enjuiciar, proseguir
  a criminal - encausar *o* enjuiciar el reo
  a suit - seguir un pleito *o* una causa
prosecuting
  attorney - abogado acusador *o* fiscal, procurador en procesos penales, fiscal
  witness - testigo principal contra el reo
prosecution - enjuiciamento, procesamiento, proceso, prosecución
  of an action - ejercicio de la acción
prosecutor - fiscal, asucador público
  of the pleas - acusador público

prospective damages - daños anticipados
prospectus - prospecto, manifesto de emisión
prostitute - prostituta, ramera
prostitution - prostitución
protect - dejar a salvo, amparar, proteger
protection - protección, amparo, defensa
protective - protector, amparador
  committee - comité protector
  rights - derechos precautorios
protest - protesta, protesto, protestar, llevar a protesto, verificar *o* practicar el protesto, sacar el protesto
  charges - gastos de protesto, cuenta de resaca, cuenta de regreso
protestable - protestable, con gastos
protested bill - letra protestada
protestee - protestado
protester - protestador
prothonotary - protonotario
protocol - protocolo, protocolar
protocolar - protocolar, protocolario
protocolize - protocolizar
protutor - protutor
protutory - protutela
provable - demostrable, comprobable, susceptible de ser probado
prove - probar, demostrar, comprobar, verificar
proved facts - hechos probados
provided - disponiéndose, proveyendo
provincial
  bonds - bonos *o* títulos provinciales
  courts - tribunales de las provincias
provision - provisión, disposición, dispositivo
provisional - provisional, provisorio, interino
  court - tribunal provisorio
  injunction - mandato interlocutorio, requerimiento provisional
  remedy - recurso interino, proceso cautelar
proviso - condición, disponiendose
provocation - provocación
proximate - próximo, inmediato
  cause - causa inmediata *o* próxima
  consequence - consecuencia natural *o* próxima
  damages - daños inmediatos
  result - resultado natural
proxy - poder, delegación, carta poder, apoderado, mandatario
  , by - por poder
  holder - apoderado, poderhabiente
prudent - prudente, discreto
psychoneurosis - psiconeurosis
psychiatrist - psiquiatra
puberty - pubertad
public - público
  accountant - contador público
  act - acto registrado *o* inscrito
  administrator - testamentario público de una sucesión ab intestato
  attorney - abogado
  auction - subasta, venta en almoneda
  bonded warehouse - almacén afianzado para todos importadores
  carrier - empresa de transporte público
  convenience - necesidad pública
  corporation - corporación pública *o* municipal, entidad de derecho público
  document - escritura pública
  easement - servidumbre para todo el mundo
  good - bienestar público, interes público
  health - higiene *o* sanidad pública
  hearing - audiencia pública
  interest - interés del público
  law - derecho público, derecho penal, derecho internacional
  liability - responsabilidad civil *o* pública, responsabilidades ante terceros
  necessity - necesidad por mejores públicas
  notice - aviso al público
  nuisance - molestia pública, perjuicio *o* estorbo público
  official - funcionario público
  peace - orden público
  policy - política pública, orden público *o* pública
  property - bienes públicos *o* fiscales *o* de domino público
  prosecutor - fiscal, acusador público
  purposes - usos públicos
  revenue - renta fiscal
  sale - subasta con aviso anticipado
  seal - sello de autoridad pública
  statute - ley de aplicación general
  store - almacén público *o* afianzado
  treasury - erario, tesoro, hacienda pública
  trust - fideicomiso público *o* de beneficencia

utilities - empresas de servicio público, utilidades
verdict - veredicto en pleno tribunal
welfare - bienestar público
wrong - injuria pública, crimen, delito
public-service - servicio público
commission - comisión de servicio público
corporation - empresa de servicio público, compañía de utilidad pública, corporación de servicio público
public-utility securities - valores *o* títulos de empresas de servicio público
publication - publicación, edición, divulgación, revista
publicist - publicista
publicity - divulgación, publicidad
puerperal insanity - insania puerperal
punish - castigar, penar
punishable - punible, penable, castigable
punishment - castigo, pena
punitive - punitivo, penal
damages - daños punitivos, daños ejemplares
statute - ley punitiva *o* penal
pupilar, pupillary - pupilar
purchasable - mercenario, comprable
pur autre vie - durante la vida de otro
purchase - compra, adquisición, comprar
contract - contrato de compraventa
price - precio de compra
purchase-money mortgage - hipoteca por una parte del precio de compra
purchaser - comprador, adquirente
for value - adquirente a título oneroso
without notice - adquirente sin previo conocimiento
pure - puro, neto, absoluto, simple
accident - accidente inevitable
endowment - dotación pura
interest - interés puro
obligation - obligación incondicional
plea - defensa afirmativa *o* pura
purgation - purgación
purgatory oath - juramento purgatorio
purge - purgar, disculpar, justificar
purloin - hurtar, robar, ratear
purport - significado, substancia, significar
pursuant to - de acuerdo con, según
pursuit of happiness - busca del bienestar
put
in suit - entablar pleito sobre, demandar a base de
over - prorrogar, diferir
to a vote - someter a votación
putative - putativo
marriage - matrimonio putativo
pyromania - piromania

Notes

Q

quack doctor - curandero, persona que ejerce la medicina sin ser médico
qualifications - salvedades, capacidad
qualified - condicional, limitado, con salvedades, calificado, hábil, competente, apto, calificado
  acceptance - aceptación limitada *o* condicional
  elector - elector habilitado
  endorsement - endoso limitado *o* condicional
  estate - posesión contingente *o* limitada
  oath - juramento limitado *o* condicional
  owner - tenedor de interés limitado
  privilege - privilegio condicional
  prosperity - interés limitado, dominio imperfecto
  rights - derechos limitados *o* condicionales
  voter - elector habilitado
qualify - habilitar, capacitar, hacer capaz, limitar
qualifying shares - acciones habilitantes
quanti minoris - acción estimatoria, quanti minoris
quantity - cantidad
quantum
  meruit - tanto como se ha merecido
  valebat - tanto como valía
quarter stock - acciones de $25 valor nominal
quash - anular, invalidar
quasi - cuasi, casi
  contract - cuasicontrato
  corporation - cuasicorporación
  creditor - casi-acreedor
  crime - cuasidelito
  delict - cuasidelito
  liability - cuasipasivo
  possession - causiposesión
  rent - cuasirenta
  reorganization - casireorganización, recapitalización
  tort - cuasituerto
  trustee - el que tiene interés en un abuso de confianza
  usufruct - cuasiusufructo, usufructo imperfecto
quasi-contractual - cuasicontractual
quasi-corporate - cuasi-corporativo
quasi-judicial - cuasijudicial
quasi-municipal - cuasimunicipal
quasi-negotiable instrument - documento cuasinegociable
quasi-posthumous child - niño cuasipostumo
quasi-private - cuasiprivado
quasi-public corporation - empresa cuasipública *o* semipública *o* de servicio público
querela - acción, demanda, querella
question - pregunta, cuestión, interrogar, preguntar, dudar, disputar, recusar
  of fact - cuestión de hecho
  of law - cuestión de derecho
questioner - interrogador, articulante
questionnaire - cuestionario
quick assets - activo disponible *o* realizable, valores realizables
quid pro quo - quid pro quo, una cosa por otra
quiet enjoyment - quieta y pacífica posesión
quitclaim - finiquito, quitación
quittance - finiquito, descargo
quo warranto - quo warranto
quorum - quórum
quota - cuota, cupo, contingente, contribución
quote - citar, cotizar
quotient verdict - daños en una suma fijada como el promedio de todos jurados

Notes

R

race, color or previous condition of servitude raza - color *o* condición previa de escalavitud
racket - extorsión sistematizada
racketeer - socaliñero, raquetero, pandillero, extorsionador
racketeering - latrocinio, bandolerismo, extorsión por chantaje y intimidación, raqueterismo
raise - alzar, levantar, aumentar, cultivar
capital - cubrir *o* levantar capitales
a check - aumentar el importe, ampliar un cheque
an issue - llevar una disputa, levantar una controversia
a loan - hacer *o* conseguir un empréstito *o* un prestamo
money - procurar dinero, recoger fondos, procurarse efectivo, arbitrar recursos
an objection - poner una objeción
a point - presentar una cuestión
a presumption - causar presunción
ransom - rescate, redención, dinero de rescate, rescatar
rape - estupro, violación, ultraje, rapto, estuprar, violar, ultrajar
rapist - violador, ultrajador, estuprador
rash presumption - indicio leve, presunción con leve justificación
ratable - valuble, tasable
rate - tipo, tarifa, cupo, tasa, cuota, canon, contribución, rata, razón, coeficiente, tasar, valuar, justipreciar, clasificar, aforar
base - valuación que sirve de base a las tarifas, base tarifaria
of exchange - tipo *o* curso del cambio
of interest - tasa de interés
of rental - canon de arrendamiento
of return - cuota de retribución, rendimiento
rated concern - empresa clasificada por una agencia de crédito
ratification - ratificación
ratify - ratificar, confirmar, convalidar
rating - tasación, clasificación, valor asignado
bureau - agencia ajustadora de tipos de prima
rational doubt - duda razonable
reacceptance - reaceptación
reach an agreement - llegar a un acuerdo
readjust - reajustar
reaquired stock - acciones readquiridas *o* de tesorería
reactivate - rehabilitar
read law - estudiar derecho
ready - preparado, listo, pronto, aparejado
and passed - pronta y diferida
calendar - lista de causas prontas para procedimiento
for trial - preparado para el pleito, listo para juicio
money - efectivo, dinero contante, numerata pecunia
waiting list - lista de causas preparadas y en espera
reaffirm - reafirmar
real - real, verdadero, legítimo, genuino
action - acción real
assets - bienes inmuebles
chattels - bienes reales
contract - contrato real
defense - defensa legítima *o* legal
estate - bienes raíces *o* inmuebles, propiedades, propiedad real
evidence - prueba real *o* material
injury - perjuicio material
issue - cuestión verdadera *o* real, question en disputa entre las partes
law - ley real
obligation - obligación real *o* hipotecaria
par of exchange - cambio a la par comercial
party in interest - parte interesada
property - bienes raíces *o* inmuebles, arraigo
right - derecho real
security - garantía hipotecaria
servitude - servidumbre real *o* predial
statute - ley real
real-estate - inmobiliario
bond - bono inmobiliario, bono hipotecario
tax - impuesto predial, contribución inmobiliario *o* de inmuebles
realizable - realizable
value - valor a realizar
realization value - valor en liquidación
realize - realizar

realty - bienes raíces
reappraisal - reavalúo
reappraise - reavaluar, revaluar
reappraisement - revaluación, retasación
reargue - reargüir
reargument - nuevo argumento *o* alegato
rearrest - arresto nuevo, volver a detener
reasonable - prudencial, razonable, justo, equitativo
  care - prudencia razonable
  diligence - diligencia razonable
  doubt - duda razonable
  interpretation - interpretación razonable
  notice - aviso razonable
  skill - habilidad usual del oficio
  time, within - dentro de plazo prudencial
  value - valor razonable *o* equitativo de venta
reattachment - reembargo
rebate - rebaja, reembolso, descuento
rebellion - rebelión
reborrow - refundir la deuda
rebuild - reconstruir
rebut - refutar, rebatir
rebuttable presumption - presunción disputable
rebuttal - refutación, rechazo
rebutter - respuesta a la tríplica, refutación
recapitalization - recapitalización
recapitulation - resumen, recapitulación, concentración
recaption - represalia, rescate
recapture - rescate, recuperación, rescatar, recuperar, recapturar
receipt - recepción, carta de pago, recibí, recibo, cargareme, contenta, guía, talón, firmar *o* dar recibo, cancelar la factura
  in full - quitanza, finiquito, contenta, recibo por saldo
receivable - por cobrar
received payment - recibí
receiver - síndico, síndico provisional, administrador judicial, receptor
  in equity - administrador en equidad
  of taxes - recaudador de impuestos
  pendente lite - síndico *o* receptor pendente lite
receiver's certificate - obligación de sindicatura, certificado del síndico
receivership - sindicatura, administración judicial
recess - receso, vacación, recesar
recharter - refletar
recidivist - criminal reincidente, delincuente habitual
reciprocal - recíproco
  contract - contrato bilateral *o* recíproco
  covenants - garantías mutuas *o* recíprocas
  easement - servidumbre recíproca
  trade agreement - convenio de comercio recíproco
  wills - testamentos recíprocos *o* mutuos
reciprocity - reciprocidad
recital - relación, narración
recite - recitar, citar
reckless - imprudente, temerario
recklessness - temeridad, imprudencia
reclaim - reclamar, recuperar
recognition strike - huelga para reconocimiento del gremio
recognizance - reconocimiento, obligación
recognize - reconocer, admitir, conceder
  a debt - admitir *o* reconocer una dueda
  the union - reconocer el gremio
recognizee - el beneficiario de un reconocimiento
recognizor - el que hace un reconocimiento
recommend - recomendar, acreditar, aconsejar
recompense - compensación, remuneración, recompensar
reconcile - reconciliar, ajustar
reconsider - considerar de nuevo, reconsiderar
reconvene - convocar de nuevo, reunirse de nuevo
reconvention - reconvención, contrademanda
reconventional - reconvencional
reconversion - reconversión
reconvey - retranferir, traspasar de nuevo
record - registro, inscripción, acta, expediente, récord, antecedentes, historial, autos, inscribir, registrar, elevar a escritura pública
  a mortgage - registrar una hipoteca
  , of - registrado, inscrito, protocolado
  , on - registrado
  on appeal - expediente en apelación
records - registros, protocolo, archivos, actuaciones
recordable - inscribible, registrable
recorder - juez municipal, registrador, archivero

of deeds - registador de títulos de propiedad
recoup - recobrar, recuperar, reparar
recoupment - reconvención, recuperación
recourse - recurso, remedio
recover - cobrar, recobrar, recuperar, obtener sentencia
damages - cobrar daños y perjuicios
losses - recuperar pérdidas
recoverable - recuperable, recobrable, cobrable, reivindicable
recovery - recobro, recuperación, cobranza, reivindicación, sentencia favorable
recriminate - recriminar, reconvenir
recrimination - recriminación
recriminator - recriminador
recross-examination - segunda repregunta
recusable - recusable
recusation - recusación
recuse - recusar
red tape - balduque, expedienteo, papeleo, formulismo
red-handed - en flagrante, in fraganti
red-herring prospectus - prospecto antes de la fecha efectiva con notación en tinta encarnada que no es una oferta de vender
redate - poner fecha nueva
reddendum - cláusula de reservación en una escritura de propiedad
redeem - redimir, rescatar, desempeñar, amortizar
redeemable - redimible, rescatable
redeliver - devolver
redelivery - devolución
redemption - rescate, redención, retractación
redhibition - redhibición
redhibitory - redhibitorio
action - acción redhibitoria
defect or **vice** - defecto *o* vicio redhibitorio
redirect examination - segundo interrogatorio directo
redraft - resaca, recambio, giro renovado, redactar de nuevo
redress - compensación, reparación, reparar
of grievances - reparación de agravios
reduce - reducir, cambiar, someter
reducto ad absurdum - reducción al absurdo
re-establish - restablecer
re-examination - reexaminación
re-exchange - contracambio, recambio
re-execution - nuevo otorgamiento, reposición
refer - referir, remitir, someter
referee - árbitro, ponente, componedor, hombre bueno, funcionario auxiliar del tribunal
in bankruptcy - ponente de la quiebra, juez de quiebra, interventor de concurso
in case of need - recomendatario, recomendado en caso de necesidad
reference - referencia, remisión, mención
on consent - referencia al ponente con consentimiento de las partes
statute - ley que incorpora partes de otras leyes
referendum - referéndum
reform - reformar
school - escuela correccional *o* reformatoria
reformation - reposición
reformatory - reformatorio, casa de corrección
refund - devolución, reembolso, reembolsar, devolver, restituir, amortizar, refundir, reintegrar
refunding - reintegro, conversión
bonds - bonos de reintegración *o* de refundición, bonos de conversión
mortgage - hipoteca refundente *o* de reintegración *o* de refundición
refusable - rechazable, denegable
refusal - opción, denegación, negativa, repulsa, rechazo
refuse - rehusar, repulsar, rechazar, denegar
acceptance - negar la aceptación
payment - rehusar el pago, negarse a pagar
refutable - refutable, impugnable
refutation - refutación, rebatimiento
refute - refutar, rebatir, contraprobar
regicide - regicidio (crimen), regicida (criminal)
regional cartel - cartel regional *o* de región
register - registro, matrícula, registrador, registrar, inscribir, matricular, encartar, protocolar, matricularse, inscribirse
a letter - certificar una carta

of deeds - registrador de títulos de propiedad, registro de títulos
of ships - registro de buques
of trademark - registrar una marca de fábrica
of wills - registrador de testamentos
a vessel - abanderar un buque
registered - registrado, titulado, dipomado
as to principal only - registrado únicamente en cuanto al principal
bond - título *o* bono nominativo, obligación registrada
check - cheque de administración comprado al contado por el cliente
holder - tenedor inscrito
letter - carta certificada *o* recomendada, carta registrada
mail - correo certificado
trademark - marca registrada
registrable - registrable, inscribible
registrant - registrante
registrar - registrador
of deeds - registrador de la propiedad
registration - registro, matriculación, certificación, inscripción
fee - derechos de registro, derechos de certificado
of books of account - rubricación de los libros
with receipt requested - certificación y aviso de recepción
registry - registro, protocolo, matriculación, abanderamiento
of deeds - oficio *o* registro de títulos de propiedad
of vital statistics - registro demográfico
regular - corriente, ordinario, regular, formal, uniforme
course of business - curso normal de los negocios
election - elección ordinaria *o* general
endorsement - endoso en blanco por el tomador
meeting - asamblea *o* junta ordinaria
member - miembro *o* vocal titular *o* propietario *o* principal
process - proceso jurídico, citación legal
session - sesión ordinaria
term - perído ordinario de sesiones, término regular
regulations - reglamento, reglamentación
regulatory - reglamentario, regulador
agency - agencia *o* entidad reguladora
rehabilitation - rehabilitación, reposición
rehearing - nueva audiencia, revista, revisión de la causa
rehypothecate - rehipotecar
reimburse - reembolsar, reintegrar
reimbursement - reembolso, reintegración
reinstate - restablecer, reponer, rehabilitar, reincorporar
reinstatement - rehabilitación, reposición
reject - rechazar, rehusar, repulsar, desechar, negar, denegar
rejectable - rechazable
rejection - rechazo, repulsa, desecho
rejoin - hacer dúplica *o* contrarréplica
rejoinder - respuesta, réplica, contrarréplica, dúplica
relation - relación, relato, narracion, pariente
relative - relativo
fact - hecho relativo *o* secundario
impediment - impedimento relativo
impossibilty - imposibilidad moral
nullity - nulidad relativa *o* de interés privoda, anulabilidad
rights - derechos relativos
relator - relator
re-lease - rearrendar
release - descargo, liberación, finiquito, contenta, quita, librar, liberar, relevar, descargar, libertar
from an obligation - desobligar, relevar de una obligación
from an attachment - desincautar, levantar el embargo
a guaranty - levantar la garantía
on bail - poner en libertad bajo fianza
released bill of lading - conocimiento con límite de responsabilidad de la empresa de transporte
releasee - el que recibe un descargo *o* desobligación
releaser, releasor - el que otorga descargo
relet - recontratar, readjudicar
relevancy - pertinencia, relevancia
relevant - pertinente, relevante
reliability - confiabilidad, formalidad, seriedad
reliable - confiable, serio, formal, cumplidor
source of information - buena fuente, fuente confiable
reliction - terreno ganado por receso de las aguas

relief - socorro, asistencia *o* prestación social, beneficencia, desagravio, reparación, compensación
relinquish - ceder, renunciar, desprenderse de
relinquishment - renuncia, abandono
remainder - restante, resto
  estate - nuda propiedad
remainderman - nudo proprietario
remand - devolver, reencarcelar
remarry - volver a casarse
remedial - reparador
  action - acción de indemnización
  rights - derechos reparadores
  statute - ley reparadora
remedy - recurso, remedio
  of appeal - recurso de apelación
  over - recurso del demandado contra tercero
remission - remisión, remesa, devolución, perdon
remit - remitir, remesar, situar, eximir, condonar, devolver
remittance - remesa, consignación, prestación, situación
remittee - recipiente de una remesa
remitter - remitente, restitución
remittitur - devolución, remisión
remote - remoto, apartado
  cause - motivo indirecto, causa indirecta *o* remota
  damages - daños remotos *o* indirectos
removal - alejamiento, eliminación, remoción, mudanza
remover - transferencia a otro tribunal
remunerate - remunerar, recompensar
remuneration - remuneración, recompensa
render - rendir, ceder, abandonar, pagar
  an account - dar cuenta, rendir una cuenta, pasar la factura
  judgement - pronunciar una sentencia
  a service - prestar un servicio
  a verdict - rendir veredicto
renegotiable - renegociable
renegotiate - reajustar, renegociar
renegotiation - renegociación, reajuste
renew - renovar, extender, renegociar
renewal - renovación, prórroga, extensión renovación
renounce - renunciar, abandonar, repudiar
renounceable - renunciable
rent - alquiler, arriendo, arrendamiento, canon, renta, anualidad, alquilar, arrendar, dar en arriendo
rental - arrendamiento, arriendo, alquilar, renta
rents, issues and profits - las ganancias provenientes de las propiedades
renunciation - renuncia, renunciación
  of a claim - renuncia *o* renunciación a un derecho
  of citizenship - renuncia a la ciudadanía
reopen a case - rever *o* reabrir la causa
reorganization - reorganización
reorganize - reorganizar, reconstituir
reparation - reparación, satisfacción, saneamiento, indemnización
reparative - reparador, reparativo
repay - reembolsar, reintegrar, repagar
repeal - revocación, casación, revocar, abrogar, derogar, casar
repealing clause - cláusula derogatoria
repetition - demanda de reembolso
replacement cost - costo *o* valor de reproducción *o* de reemplazo *o* de reposición *o* de renovación
replead - presentar alegatos nuevos
repleader - alegatos nuevos
repledge - rehipotecar, repignorar
repleviable - reivindicable
replevisor - reivindicador
replevy, replevin - reivindicación, auto de reivindicación, reivindicar
  bond - fianza reivindicatoria
repliant - replicante
replication - réplica, replicato
reply - contestación, respuseta, contesta, réplica, contestar, responder, replicar
  to interrogatories - absolución de posiciones, contestaciones a interrogatorios, confesión judicial, prueba confesional, contestación a interrogatorios
report - informe, memoria, relación, denuncia, parte, dictamen, reporte, relevamiento, informar, denunciar, presentar informe
reports - registros oficiales de pleitos, publicación oficial de decisiones judiciales
reporter - relator, recopilador, compilador, taquígrafo del tribunal
repossess - recuperar, recobrar, reivindicar, reposeer

repossession - recuperación, reposesión
represent - representar
representation - representación
representative - representante, delegado, gestor, representativo, representante
at large - reprentatante de distrito general, representante por acumulación
reprieve - suspención temporal, suspender la ejecución de sentencia en causa criminal
reprimand - reprensión, reprender
reprisal - represalia
reproduction cost - costo de reproducción *o* de reemplazo
republication of will - renovación de testamento
repudiate - repudiar, renunciar, rechazar
repudiation - repudio, repudiación, rechazo, renuncia
repugnance - repugnancia
repugnant - repugnante
condition - condición incompatible
repurchase - readquisición, recompra, recomprar, readquirir
agreement - pacto de retroventa
by seller - retroventa
reputable - honorable, honrado, honroso, estimable
reputation - fama pública, nombre, crédito, reputación
reputed owner - propietario *o* dueño aparente
requirements - requisitos, exigencias, estipulaciones
requisition - requisitoria, solicitud, requerimiento, requisición, requisar, confiscar, pedir, solicitar, requisitar
charter - fletamento requisitorio
requisitory - requisitorio
res - cosa, asunto, res
comunes - cosas comunes
gestae - res gestae, circunstancias esenciales
inter alios acta - res inter alios acta, acto ajeno, hecho ajeno
ipsa loquitur - la cosa habla por sí misma
judicata - cosa juzgado, res judicata
nullius - res nullius, cosa de nadie
publicae - cosa pública
rescind - rescindir, disolver, deshacer, abrogar
rescindible - rescindible, abrogable
rescission - rescisión, abrogación
rescissory - rescisorio
reservation of rights - reserva de derechos
reserve - reserva, reservar, guardar, detener
calendar - lista *o* calendario de causas no listas para vista
decision - guardar *o* reservar decisión, reservar el fallo
for bad debts - reserva para deudas incobrables *o* para cuentas malas, provisión para cuentas dudosas
ratio - relación de reserva
rights - reservar derechos
residence - residencia, domicilio
resident - habitante, vecino, residente
residual - residuo, residual, restante
estate - heredad residuaria *o* residual
residuary - remanente, residual
bequest or **devise** - legado residuario
clause - cláusula sobre disposición de la heredad residuaria
estate - heredad residuaria *o* residual
legacy - legado remanente
legatee - legatario residual, heredero universal, heredero del remanente
resignation - renuncia, dimisión
resistance to arrest - resistencia a la autoridad
resolution - acuerdo, resolución, acordada, decisión, disposición
resolutive - resolutorio, resolutivo
resolutory - resolutorio, resolutivo
condition - condición resolutoria
resolve - acordar, resolver, absolver
resolved - se resuelve, acuerda
resources - medios, recursos
respite - espera, suspensión de condena
of appeal - aplazamiento de la apelación
respond - responder
respondeat superior - doctrina de que el patrono responde por actos del empleado y el principal por los del agente
respondent - demandado, apelado
respondentia - préstamo sobre carga de un barco, préstamo a la gruesa
bond - contrato *o* obligación a la gruesa
response - respuesta, contestación
responsibility - responsibilidad, obligación, solvencia

responsible - responsable, garante, fiable, solvente, autorizado
  bidder - proponente solvente y técnicamente capaz
  for, to be - responder por
  , hold - hacer responsable
responsive - respondiente
rest the case - terminar la presentación de pruebas
restitutio in inegrum - restitución in intergrum, beneficio de restitución
restitution - restitución, devolución, reintegración
restitutory - restitutorio
  rights - derechos reparadores *o* restitutorios
restoration - rehabilitación
restore a case - reponer la causa, reinstalar el caso
restrain - prohibir, vedar
restraining order - inhibitoria, interdicto, juicio de amparo, orden de entredicho
restraint of trade - restricción de comercio, represión del comercio
restricted interpretation - interpretación restrictiva
restriction - restricción, limitación
restrictive - restrictivo, represivo
  condition - condición restrictiva *o* negativa
  covenant - pacto restrictivo
  endorsement - endoso restrictivo
resulting - resultante
  trust - fideicomiso presuntivo *o* por presunción legal, fideicomiso resultante
resume payment - volver a pagar, reanudar los pagos
resummons - segundo emplazamiento
retain - retenar, guardar
retained earnings or **income** or **profits** - utilidades incorporadas, excedente de explotación
retainer - contrato para servicios de abogado, pago adelantado al abogado, iguala, retención de bienes para satisfacción de una deuda
retaining
  fee - adelanto, anticipo
  lien - gravamen del abogado
retire - recoger, retirar, rescatar
  bonds - amortizar bonos
retirement - retiro, retirada, jubilación
  annuity - pensión de retiro, pensión
  of debt - redención de la dueda
retortion, retorsion - retorción
retract - retractar, revocar
retractation - retractación
retransfer - retransmisión
retraxit - desistimiento de la acción
retrial - nuevo proceso, nueva audiencia
retributive - retributivo, retribuyente
  justice - justicia retributiva
retroactive - retroactivo
retroactivity - retroactividad
retrocede - hacer retrocesión
retrocession - retrocesión
retry - rever, conocer de nuevo, celebrar nuevo juicio
return - vuelta, regreso, devolución, restitución, producto, rendimiento, declaración, volver, devolver, producir, rendir
  a verdict - rendir *o* dar un veredicto
  day - día de contestación *o* de comparecencia
  of execution - informe de la ejecución
  of writ - contestación al auto
returnable - devolutivo, contestable
revaluation - revaluación, revalorización, revalúo
revendication - reclamación del venedor por mercancías no pagadas
revenue - ingresos, renta, entradas brutas, rendimiento
  bond - título de corto plazo por anticipación de ingresos
  laws - leyes contributivas
  stamp - sello documental *o* para impuesto de consumo, timbre fiscal *o* de impuesto, estampilla fiscal, sello de rentas internas
  tariff - derechos para renta pública, arancel fiscal *o* de renta
reversal - revocación, reposición
reverse judgement - reponer *o* anular la sentencia
reversible error - error reponible *o* que justifica revocación
reversion - reversión, derecho de sucesión
reversionary - reversible, recuperable
  interest - derecho de reversión
reversioner - tenedor de reversión
revert - revertir
reverter - reversión
revertible- reversible

revest - restablecer, devolver
review - revista, examen, revisión, revisar, criticar
reviewable - revisable
revisable - revisable, modificable
revise - enmendar, modificar, revisar, corregir
revised - enmendado, modificado
  statutes - leyes vigentes clasificadas, leyes revisadas, estatutos revisados
revision - modificación, enmienda, revisión, enmiendatura
revocability - revocabilidad
revocable - revocable
revocation - revocación, derogación
revoke - revocar, anular, desmandar, abrogar, derogar
revolt - revuelta, rebelión
revolution - revolución
revolutionary - revolucionario
reward - gratificación, premio, renumeración
rider - anexo, adición, endoso, percha
right - derecho, título, poder, autoridad, privilegio, correcto, cierto, equitativo
  in action - derecho de acción
  of action - derecho de acción, acción
  of angary - derecho de angaria
  of appeal - derecho de recurso, recurso de alzada *o* de apelación
  of assembly - derecho de reunión
  of asylum - derecho de asilo
  of common - derecho de participación en los frutos de otra persona
  of entry - derecho de entrada
  of lien - derecho prendario
  of petition - derecho de petición, recurso de súplica
  of possession - derecho de posesión
  of pre-emption - derecho de prioridad
  of privacy - derecho de guardarse de publicidad
  of property - derecho de dominio privado
  of redemption - retracto, derecho de retracto
  of retainer - derecho de retención
  of search - derecho de vista
  of way - servidumbre de paso, derecho de paso *o* de vía, permiso de paso, libertad de tránsito
  to challenge - derecho de recusación
  to discharge - derecho de despido, libertad de desahucio
  to hold office - derecho a desempeñar cargos públicos
  to indemnity - derecho indemnizatorio
  to organize - derecho sindical
  to strike - derecho de *o* a la huelga, facultad de ir al paro
  to vote - derecho de votar *o* a voto *o* como votante *o* de sufragio, franquicia del voto
  to work - libertad de trabajo
rights
  of man - derechos de gentes
  reserved, all - todos los derechos reservados
rigid trust - sociedad inversionista con restricción de colocaciones
ring - sindicato, combinación, camarilla
riot - tumulto, pelotera, motín, alboroto, bochinche, bullanga, amotinarse, alborotarse
rioter - bochinchero, alborotador, bullangero, amotinador
riotous - amotinado
riparian - ribereño
  owners - riberanos, ribereños
  rights - derechos ribereños
rising of the court - suspensión de la sesión, terminación del período de sesiones
risk - riesgo
  assessment - evaluación del riesgo
  assumed - riesgo asumido
  capital - capital de riesgo
road tax - impuesto para conversación de caminos
rob - robar, hurtar, desvalijar, pillar
robber - ladrón, hurtador, bandido
robbery - robo, hurto, ladronicio, substracción, piratería, bandolerismo, desvalijo
  insurance - seguro contra robo
rogatory - regatorio
roll - lista, rollo
  call - pase de lista
Roman law - derecho civil *o* romano
root of title - escritura original de propiedad
rough draft - borrador, borrón
round-table - de mesa redonda
round-trip charter - fletamento por viaje redondo

royalty - derechos de patente, derechos de mineraje, regalía, canon de producción
rule - auto, fallo, reglamento, regla, principio, dictaminar, fallar
 absolute - fallo imperativo *o* final
 against perpetuities - principio que limita la inalienabilidad de bienes
 nisi - fallo final tentativo
 of law - principio de derecho, máxima, precepto de ley
 to plead - orden para declaración del demandado
 to show cause - orden de presentar motivos justificantes
rules
 of court - reglamento procesal, usos de los tribunales, normas procesales
 of evidence - reglas de evidencia
 of practice - reglamento procesal
 of procedure - disposiciones procesales, reglas de procedimiento
 of the road - reglamento de navegación
ruling - decisión, fallo
ruling case law - compendio de principios de derecho con las decisiones fundamentales de cada uno
rumor - rumor
rural - rural
 homestead - hogar seguro rural
 servitude - servidumbre rústica *o* sobre terreno

Notes

S

sabotage - sabotaje, sabotear
saboteur - saboteador
saevitia - sevicia
safe-deposit
  box - caja de custodia, cajilla de seguridad
  company - empresa de depósitos en seguridad
safekeeping - custodia, buena guarda
safely - sin peligro, sin accidentes
safety paper - papel de seguridad, papel de garantía
Salary Stabilization Board - Junta de Estabilización de Sueldos
sale - venta
sales tax - impuesto sobre la venta *o* a las ventas, tributo sobre la compraventa
salvage - salvamento, recuperación, derechos de salvamento, salvar, recuperar, recobrar
  agreement - contrato de salvamento
  association - asociación de salvamento
  charges - derechos de salvamento *o* de salvador
  money - derechos de salvamento
salvageable - recuperable, salvable
salve - salvar
salvor - salvador
sample - muestra, modelo
sanction - autorización, sancion, autorizar, sancionar
satisfaction - pago, finiquito, satisfacción, cumplimiento, liquidación
  piece - escritura de satisfacción *o* de cancelación
satisfied - satisfecho
  judgment - sentencia liquidada
  lien - gravamen liquidado *o* cancelado
satisfy - liquidar, cancelar, enterar, finiquitar
saving clause - cláusula de reserva *o* de salvedad *o* de excepción
savings - ahorros
  and loan association - sociedad de ahorro y préstamo, asociación de préstamos para edificación
  bank - banco *o* caja de ahorros
  bonds - bonos para ahorros, títulos de ahorro
  deposit - depósito de ahorros
scan - recorrer con la mirada, escudriñar
schedule - planilla, lista, inventario, cédula
  bond - fianza de fidelidad para una lista de empleados
  rate - tipo según lista normal
  X - relación de bienes fuera del balance
scheme - esquema, sistema, treta
school district bonds - bonos de distrito escolar
scienter - a sabiendas
scintilla of evidence - chispa de evidencia
scrip - cédula, vale, certificado de acción fraccionaria, certificado provisional, póliza
  certificate - certificado de divendo diferido, certificado de acción fraccionaria
  dividend - dividendo en acciones *o* en pagarés
scripholder - tenedor de acción fraccionaria
script - escritura, manuscrito
scrivener - notario
scrutineer - escrutador
scrutiny - escrutinio
sea - mar, océano, marino, marítimo
  carrier - empresa de transporte marítimo
  letter - pasaporte de buque, certificado de navegación, carta de mar
  peril - accidente *o* fortuna *o* riesgos de mar
seal - sello, timbre, nema, cerrar, sellar, timbrar, lacrar
  with wax - lacrar, lacrear
sealed - sellado
  bids - propuestas cerradas *o* selladas, proposiciones en pliegos cerrados
  instrument - documento con sello, escritura sellada
  verdict - veredicto cerrado
sealing wax - lacre
search - registro, reconocimiento, allanamiento, registrar, allanar
  and seizure - allanamiento, registro e incautación
  of title - revisión *o* estudio de título
  warrant - orden de registro *o* de allanamiento, mandamiento de registro
searcher - revisador
seasonal - de temporada
seat of government - sede de gobierno

second - desecho, segunda, avería, secundar, apoyar
distress - embargo suplementario
mortgage - hipoteca de segundo grado, segunda hipoteca
the motion - apoyar la moción
of exchange - segunda de cambio
offender - reincidente
offense - delito repetido, segundo delito, reincidencia
preferred stock - acciones de segunda preferencia
vice president - vicepresidente segundo
secondary - secundario, subordinado, accesorio
bondsman - subfiador
boycott - boicot secundario
evidence - prueba derivada
liability - responsabilidad secundaria *o* subsidiaria
rights - derechos secundarios
use - uso secundario
secondhand value - valor usado
secret - secreto, oculto
partner - socio secreto
partnership - asociación secreta
police - policía secreta
trust - fideicomiso secreto
secretarial - secretarial, de secretario
secretariat - secretaría, secretariado
secretary - secretario, secretaria
Secretary
of State - Secretario de Estado *o* de Relaciones Exteriores
of State for Foreign Affairs - Ministro de Estado a Cargo de Asuntos Exteriores *o* en Negocios Extranjeros
of the Treasury - Secretario de Hacienda *o* del Tesoro
secretary-general - secretario general
secretary's office - secretaría
secretaryship - secretariado, secretaría
section - sección, párrafo, artículo
secure (adj) - seguro, cierto
secure (v) - asegurar, garantizar, afirmar
secured - asegurado, garantizado
bond - bono hipotecario *o* colateral
creditor - acreedor pignoraticio *o* garantizado, acreedor real
debt - deuda garantizada
loan - préstamo garantizado
security - seguridad, garantía, prenda, abonamiento, caución, resguardo, título
deposit - depósito de garantía
for costs - caución para costas
holders - tenedores de títulos
Security Council - Consejo de Seguridad
securities - valores, títulos, papeles, seguridades
market - bolsa, bolsa de comercio, mercado bursátil *o* de valores
Securities
and Exchange Commission - Comisión de Valores y Bolsas
Exchange Act - ley reguladora de las bolsas
sedition - sedición
seditious - sedicioso
seduce - seducir, corromper
seducer - seductor
seduction - seducción
seigniorage - derecho de monedaje, beneficio de acuñación
seisin - posesión
seize - embargar, secuestrar, confiscar, decomisar, apresar, ocupar
seized of, to be - tener en dominio absoluto
seizin - posesión
in deed - posesión efectiva
in law - derecho de posesión efectiva'
seizure - embargo, comiso, secuestro, incautación, decomiso, aprehensión
select a jury - elegir un jurado
self-defense - defensa propia, legítima defensa
self-destruction - suicidio
self-executing - de efecto inmediato, autoejecutable
self-incrimination - acto que vaya contra sí mismo, autoincriminación
self-inflicted injury - autolesión
self-insurer - asegurador propio
self-serving - para ventaja propia
sell - vender
at auction - rematar, vender en subasta
on cosignment - vender a consignación
short - vender en descubierto
up - liquidar los bienes de fallido
seller - vendedor
selling - venta
pool - convenio para control de ventas
semimonopoly - semimonopolio
semipublic enterprise - empresa semipública
senate - senado, cámara de senadores
senator - senador

senior - superior, mayor, padre
accountant - contador en jefe
counsel - abogado *o* consejero principal
creditor - acreedor superior
mortgage - hipoteca precedente *o* prior
partner - socio principal
security - título superior
seniority rights - derechos de antigüedad
sentence - codena, sentencia, oración, condenar, sentenciar, dictar la sentencia
of death - sentencia de muerte
of nullity - anulación de matrimonio
separable - separable
separate - separado, aparte
action - acción separada
covenant - pacto solidario
estate - propiedad particular *o* aparte
maintenance - manutención aparte
trial - proceso individual
separation - separación, receso
sequester - secuestrar
sequestrable - secuestrable
sequestrate - secuestrar, comisar
sequestration - secuestro, secuestración
sequestrator - secuestrador
sergeant of arms - sargento de armas, macero
serial bonds - bonos de vencimiento escalonado *o* en serie, obligaciones seriadas
serious accident - accidente grave *o* serio *o* importante
servant - criado, sirviente, empleado
serve - servir, actuar, notificar, diligenciar
a sentence - extinguir sentencia *o* codena, cumplir una sentencia
a subpoena - notificar un comparendo, cumplir la orden de citación
a summons - notificar *o* diligenciar una citación *o* un emplazamiento
service - servicio, prestación, atenciones, notificación, citación, prestar servicio, mantener, reparar, atender
by publication - citación por edicto
industry - empresa de servicios
of summons or **of process** - diligencia de emplazamiento
pensioner - jubilado por antigüedad
services rendered - servicios prestados
servient - sirviente, subordinado
estate or **tenement** - predio sirviente
servitude - servidumbre
of drainage - servidumbre de desagüe
of light and view - servidumbre de luces y vistas
session - sesión tenida, rueda, jornada, remate
set (adj) - establecido, fijo
set (n) - conjunto, serie, tendencia
set (v) - poner, establecer, ajustar
aside - abrogar, anular
down - fijar la causa en el calendario
for trial - fijar fecha para juicio
of books - juego de libros
of exchange - una letra con todas las copias
out - alegar, afirmar
over - traspasar, transferir
up - ofrecer como defensa
setoff - compensación, contrarreclamación, neutralización
settle - ajustar, componer, arreglar, transigir, allanar, dirimir, cancelar, liquidar, solventar, decidir, determinar, resolver
out of court - transar, arreglar extrajudicialmente
a strike - solucionar una huelga
up - pagar
settlement - arreglo, composición, componenda, conciliación, ajuste, saldo, liquidación, dote
, full - saldo final, finiquito
of an estate, proceedings for - juicio sucesorio *o* mortuario
settlor - fundador, fideicomitente
setup - organización, estructuración, estructura financiera
sever - separar, dividir
severable - separable, divisible
contract - contrato partible *o* divisible
several - separado, independiente, varios
covenant - pacto solidario
obligation - obligación solidario *o* de cada uno
obligor - obligado solidario
severally liable - responsable solidariamente
severalty - posesión exclusiva
severance - cesantía, separación, división, separación de las defensas de varios demandados
damage - perjuicio por división
pay - sueldo de despedida, indemnización por desahucio *o* por despido, cesantía
tax - impuesto sobre extracción
sham defense or **plea** - defensa ficticia

share - cuota, contingente, cupo, parte, participación, acción, repartir, participar
capital - capital en acciones
certificate - certificado de acciones
warrant - certificado de acciones al portador
shares of stock - acciones, partes
sharecropper - aparcero, arrendador a la parte
sharecropping - aparcería
shareholder - accionista
sheet - hoja, foja
sheriff - funcionario jefe de un condado, actuario, ministro ejecutor
sheriff's sale - venta judicial
ship's
articles - contrato de empleo de los marineros
papers - documentación del vapor *o* de a bordo
passport - pasaporte del buque, carta de mar
protest - declaración del capitán y de la tripulación, protesta de avería
receipt - recibo de bordo *o* de embarque, guía del vapor
shipowner's liability - responsibilidad de naviero
shipper's
draft - letra del embarcador
export declaration - declaración de exportación
shipping
articles - contrato de empleo de los marineros
comissioner - funcionario encargado del empleo de marineros
company - compañía armadora, empresa naviera *o* marítima
conference - asociación de empresas de transporte marítimo, junta marítima
pool - fusión de intereses de varios armadores
shoplifter - ratero de tiendas
shoplifting - ratería de tiendas
short - corto, escaso, faltante, breve
cause - causa para decisión pronta
delivery - faltante de entregar
exchange - cambio *o* letra a corto plazo
lease - arriendo de corto plazo
notice - corto plazo de aviso
rate - tipo de plazo corto
sight - corta vista, poco tiempo después de presentación
summons - emplazamiento para pronta contestación
short-dated - a corto plazo
short-term bond - bono a corto plazo
short-term bill - letra a corto plazo
show (n) - indicación, demostración, apariencia
show (v) - mostrar, demostrar, marcar
cause - presentar motivos justificantes, mostrar causa
results - acusar resultados
shyster lawyer - rábula, picapleitos, leguleyo, ave negro, chicanero, abogado de secano
sick benefit - subsidio *o* beneficio por invalidez, indemnización por enfermedad, auxilio de invalidez
sight - vista
, at - a la vista, a presentación
bill - letra a la vista
draft - giro *o* letra a la vista
letter of credit - carta de crédito a la vista
sighting - presentación de una letra
sign (n) - signo, indicación, rótulo
sign (v) - firmar, hacer señas
and seal - rubricar
up - consumar, ultimar el negocio
signatory - firmante, signatario
signature - firma
signer - firmante, signatario, subscriptor
silence - silencio
gives consent - quien calla, otorga
silent - silencioso
partner - socio comanditario *o* capitalista
partnership - comandita, sociedad en comandita
simple - simple, sencillo
assault - asalto simple, acometimiento
battery - agresión simple
bond - obligación incondicional, pagaré
confession - declaración de culpabilidad
contract - contrato simple *o* informal *o* verbal
deposit - depósito simple
interest - interés simple
larceny - hurto sencillo
negligence - imprudencia *o* negligencia simple
obligation - obligación simple *o* incondicional

promise - promesa pura *o* simple
trust - fideicomiso puro *o* simple
simulate - simular, fingir
simulated
contract - contrato falso *o* fingido
fact - hecho fabricado
judgment - fallo fabricado *o* simulado
sale - venta simulada
simulation - simulación, fingimiento
simultaneous death - commoriencia
sine
die - sin fijar fecha, sin día fijo
prole - sin prole
qua non - sine qua non, condición imprescindible
sinecure - sinecura
single - simple, sencillo, unico, solo, soltero, soltera
adultery - adulterio de una persona casada con otra soltera
bill or **bond** - obligación incondicional
condition - condición única
creditor - acreedor de gravamen único
obligation - obligación sin penalidad
tax - impuesto único
single-entry bond - fianza de declaración única
single-life annuity - anualidad vitalicia *o* de vida única
single-name paper - letra de una sola firma, pagarés sin endoso, documentos de una firma
single-payment loan - préstamo pagadero íntegramente
single-premium annuity - anualidad de prima única
singular - singular
succession - sucesión particular
successor - sucesor singular *o* a título singular
title - título singular
sinking fund - fondo *o* caja de amortización
sister ship - buque del mismo armador
sit - celebrar sesión, ser miembro del tribunal, sentar
sit-down strike - huelga sentada *o* de brazos cruzados *o* de brazos caídos, huelga de ocupación, huelga pasiva
sitting - sesión, reunión, junta, asentada
in bank - sesión de todo el tribunal
situs - lugar, localidad
skeleton bill of exceptions - nota de excepciones con omisión de varios documentos
skilled witness - testigo perito
slander - calumnia, difamación oral, calumniar, infamar
of title - imputación falsa sobre titularidad de bienes
slanderer - calumniador, infamador
slanderous - calumnioso, injurioso, infamatorio
slave labor - trabajo esclavo
sleeping partner - socio secreto
slight - leve, remoto, insuficiente
care - diligencia simple
evidence - evidencia no convincente
fault - culpa *o* negligencia leve
negligence - negligencia simple *o* leve
slow-pay - moroso
slush fund - dinero para cabildeo *o* para soborno
smart money - gratificación por lesíon de un operario, daños punitivos
smuggle - matutear, contrabandear, chancuquear
smuggler - contrabandista, matutero, metedor
smuggling - matute, contrabando, contrabandeo, mateduría, chanchullo
sneak thief - ratero
so - así, del mismo modo, de esta forma, tanto, igualmente
help me god - así Dios me ayude
ordered, it is - petición admitida
social - social
insurance - seguro social
security - seguridad *o* previsión *o* prevención *o* amparo social, seguro social
service - prestación social, beneficencia, prestaciones aistenciales
societas - asociación, sociedad
leonia - sociedad leonina
society - sociedad, asociación
sodomy - sodomía
software - programas de computadora
sold - vendido, convencido
up - de bienes liquidados para acreedores
sole - único, solo, exclusivo
agency - agencia exclusiva
and unconditional owner - propietario único de dominio pleno

copy of a bill of exchange - única de cambio
corporation - sociedad anónima de una sola persona
heir - heredero único
licensee - concesionario único
proprietorship - propiedad de una sola persona
representative - representante *o* agente exclusivo *o* único
solemn - según requisitos legales, solemne
oath - juramento solemne
solemnity - solemnidad, formalidad
solemnize - solemnizar, celebrar, formalidad
solicit - solicitar, peticionar
solicitation - solicitación
solicitor - procurador, abogado, solicitante, solicitador
solidarity - solidaridad
solidary - solidario
solidum - solidum
, in - solidarimiente, in solidum
solitary confinement - prisión incomunicada
solutio indebiti - solutio indebiti, pago de lo que no se debe
solvency - solvencia
solvent - solvente
debt - deuda exigible y cobrable
son - hijo
sororicide - asesino de una hermana, asesinato de una hermana
sound - solvente, confiable, productivo, sano, sin avería, correcto, prudente
and disposing mind and memory - mente y memoria sanas
health, in - bien de salud
mind - cabal juicio, mente sana
value - valor justo, valor en estado sano
source - fuente, origen, principio
, at the - en la fuente, en el origen
of information - fuente de información
sources of the law - fuentes jurídicas *o* de derecho
sovereign - soberano
sovereignty - soberanía
speaker - orador
Speaker of the House - Presidente de la Cámara
speaking
demurrer - excepción a base de materia nueva
order - providencia que contiene materia explicativa
special - especial, extraordinario, particular
acceptance - aceptación condicional de una letra
agent - agente de poder limitado, mandatario *o* apoderado singular
appearance - comparecencia limitada *o* especial
assessment - tasación para mejoras
assumpsit - proceso por incumplimiento de contrato expreso
authority - autorización especial
bail - fianza especial *o* de arraigo
bastard - bastardo legitimado
benefits - provechos particulares
calendar - lista de causas para vista pronta
case - causa especial *o* extraordinaria
charge - instrucción al jurado sobre un punto especial
consideration - causa especial
constable - policía especial *o* de emergencia
contract - contrato real *o* solemne *o* sellado
count - demanda especial
damages - daños indirectos
defense - defensa especial
demurrer - excepción especial
deposit - depósito especial
endorsement - endoso completo *o* perfecto *o* especial
exception - excepción especial
finding - decisión incidental *o* parcial
guaranty - garantía especial *o* particular
guardian - tutor *o* curador de autoridad limitado
injunction - interdicto, requerimiento prohibitivo
issue - cuestión especial
jurisdiction - juridicción especial, competencia excepcional
jury - jurado especial
legacy - legado específico
lien - gravamen específico
malice - malicia particular
meeting - junta *o* sesión *o* asamblea extraordinaria
motion - petición al arbitrio del juez
partner - comanditario, socio de responsabilidad limitada
plea - alegación nueva *o* especial

pleadings - alegatos especiales
power - poder especial
privilege - privilegio particular
property - propiedad provisional *o* condicional
replication - réplica de materia nueva
retainer - iguala para una causa específica
rule - regla especial, providencia concedida conforme a una moción, regla para gobierno de una causa particular
session - sesión especial *o* extraordinaria, legislatura extraordinaria
term - perído extra de sesiones
traverse - negación con explicación y limitaciones
trust - fideicomiso especial
verdict - veredicto sobre los hechos sin decisión
specialty - especialidad, contrato sellado
contract - escritura de convenio, contrato real *o* con sello
debt - deuda escriturada
specie - moneda, metálico, moneda sonante
reserve - encaje metálico
specific - específico
bequest - legado de cosa cierta
denial - nagación de un punto específico
devise - legado de terreno específico
duties - derechos específicos
legacy - legado específico
performance - cumplimiento específico, cumplimiento material
specifications - especificaciones, pliego de condiciones
specify - especificar
specimen signature - espécimen *o* ejemplar de firma, modelo de la firma
speculative - especulativo
damages - daños eventuales *o* anticipados
speech - discurso
, make a - pronunciar un discurso, hacer uso de la palabra
speedy - pronto, rápido, veloz
execution - ejecución en seguida
remedy - recurso pronto y efectivo
trial - proceso imparcial sin demora
spendthrift - pródigo, derrochador
clause - cláusula de inembargabilidad de los beneficios
trust - fideicomiso sin discreción en el beneficiario, fideicomiso para los pródigos
spinster - mujer soltera
spite fence - valla construida para incomodidad del vecino
split - dividido
sentence - sentencia de multa con suspensión de la encarcelación
the commision - dividir la comisión
split-up - aumento del número de acciones sin capital nuevo
spoiled check - cheque inutilizado
spokesman - vocero, portavoz, relator
spoliation - expoliación
spoliator - expoliador
sponsor - fiador, patrocinador
spurious - espurio, falso, contrahecho, imitado
spy - espía, espión, espiar
squatter - colono usurpador, el que se establece en tierras ajenas
SS - a saber
stale debt - deuda caducada
stale-dated - de fecha atrasada *o* tardía
stamp - timbre, sello, estampilla, estampar, imprimir, timbrar, estampillar, fijar estampillas
tax - impuesto cobrado por estampillas, impuesto de sellos, derechos de timbre, impuesto del timbre
stamped paper - papel sellado *o* timbrado, especies timbradas, especies valoradas, formularios valorados, valores timbrados, papel valorado
stand (n) - estrado, alto, posición, opinión
stand (v) - someterse, sufrir, comparecer, permanecer, pararse
stand-by
charge - tipo pequeño de interés por crédito no aprovechado
underwriting - compromiso para compra de valores no vendidos
standard mortgage clause - cláusula en póliza contra incendio que protege el acreedor hipotecario
standing
committee - comisión permanente
master - ayudante permanente del canciller
mute - negándose a contestar una acusación de delito

stare decisis - acatar las decisiones, observar los precedentes
state - condición, situación, estado, la nación, el estado, estatal, estadual, fiscal, declarar, enunciar, afirmar, tasar
banks - bancos estatales *o* de los estados
capitalism - capitalismo de estado
carrier - agencia estatal de seguros
courts - tribunales de los estados
law - ley de un estado
of war - estado de guerra
prison - prisión estatal
tax - impuesto estatal
unemployment compensation - compensación estatal por desempleo *o* por cesantía
State Department - Secretaría de Relaciones Exteriores, Ministerio de Negocios Extranjeros, Departmento de Estado
stated capital - valor declarado de acciones sin valor nominal, capital declarado *o* escriturado
statehood - existencia como estado, estadidad
statement - declaración, relación, enunciación, relato, dicho, relevamiento, estado, estado *o* liquidación de cuenta, cuenta, balance
of account - estado de cuenta, extracto de cuenta
of condition - estado de situación
of damage - acta de avería
of financial position - balance general, estado de situación, balance de situación
state's
evidence - testimonio contre el reo, prueba de cargo
prison - prisión estatal
statism - economía dirigida, estatismo
statistics - estadística
status - estado legal, estado civil
quo - in statu quo, en el mismo estado, estado anterior
statute - estatuto, ley
law - derecho escrito *o* estatutario
of distributions - ley de división de caudales hereditarios
of frauds - ley de fraudes *o* contra fraudes *o* sobre fraudes
of limitations - ley de prescripción, estatuto de limitaciones
statutes - estatutos, escritura de constitución
at large - leyes del congreso en orden de su legislación, compilación de estatutos
statutory - foral, estatuído, estatutario
action - acción estatutaria
bond - fianza conforme a la ley
crimes - crímenes establecidos por la ley
dedication - dedicación estatutaria
foreclosure - ejecución hipotecaria estatutaria
liability - responsabilidad estatutaria
lien - gravamen estatutario
obligation - obligación legal
reserves - reserva legal
stay - suspención, suspender
of execution - suspención de ejecución
of proceedings - suspensión de la instancia *o* de los procedimientos
steal - hurto, robo, hurtar, robar
stealing - hurto, robo
stellionate - estelionato
stenographer - estenógrafo
stenographic record - acta taquigráfica, transcripción estenográfica
step-rate premium insurance - seguro con primas variables
stepbrother - hermanastro
stepchild - alnado, alnada, hijastro, hijastra
stepdaughter - alnada, hijastra
stepfather - padrastro
stepmother - madrastra
stepparent - padrastro, madrastra
stepsister - hermanastra
stepson - alnado, hijastro
stereotype - estereotipo
sterling exchange - divisas en libra esterlina, divisas inglesas, cambio de la libra
stick up - saltear, atracar, robo a mano armada, atraco
man - salteador, bandolero
stillbirth certificate - certificado de natimuerto
stillborn - nacido muerto
stipend - estipendio, sueldo
stipendiary - estipendiario
stipital - por estirpes
stipulate - estipular, pactar, convenir
stipulated damages - daños convencionales

stipulation - estipulación, convenio
stipulator - estipulante
stirpital - por estirpe
stirpes - estirpe
stock - acciones, existencias, semovientes
  carrier - sociedad anónima de seguros
  certificate - certificado *o* título de acciones, acción
  company - sociedad anónima, sociedad *o* compañía por acciones
  dividend - dividendo en acciones
  exchange - bolsa de valores
  market - bolsa de valores
  note - pagaré garantizado por acciones
  power - carta poder sobre acciones
  rights - derechos de subscripción *o* de compra de acciones, derecho del tanto
  split-up - aumento del número de acciones sin aumentar la cuenta de capital
  warrant - certificado de derechos
  watering - aumento de número de acciones sin aumento de bienes, dilución del capital
stock-exchange securities - valores bursátiles *o* de bolsa
stock-transfer tax - impuesto sobre transferencia de acciones
stockholder - accionista, tenedor de acciones
stockholders'
  liability - responsibilidad de los accionistas ante los depositantes
  meeting - asamblea *o* junta *o* reunión de accionistas
stockjobbing - especulación
stockowner - accionista, ganadero
stolen - hurtado, robado
stop payment - suspender pago, detener el pago
stoppage in transit - embargo por el vendedor de mercancías en tránsito
straight - derecho, recto, directo, honrado
  bill of lading - conocimiento no traspasable, carta de porte nominativa
  letter of credit - carta de crédito confirmado irrevocable
  loan - préstamo no amortizado
straw
  bail - fianza sin valor
  bond - caución *o* fianza falsa *o* ficticia
stream of commerce - bienes en movimiento comercial
stricken - eliminado
strict - estricto, exacto
  construction - sentido reguroso
  foreclosure - ejecución forzosa
  liability - responsabilidad objetiva
strictly confidential - estrictamente confidencial
strictly construed - interpretado estrictamente
strike - huelga, paro, paro abrero, parar, ir a la huelga
  and lockout clause - cláusula de huelga y cierre patronal
  a bargain - llegar a convenio, cerrar un trato, completar un negocio
  call - emplazamiento de huelga
  a jury - escoger jurado especial
  off the rolls - excluir del ejercicio de la abogacía, desaforar
  out - tachar, borrar, testar, suprimir, eliminar
strikes, riots and civil commotions - huelgas, tumultos y conmociones civiles, huelgas, motines y disturbios civiles, huelgas, disturbios y alborotos populares
striking a docket - prestación de juramento y fianza por un acreedor en concurso
struck jury - jurado especial escogido
structural defect - vicio estructural
structure - estructura
study law - estudiar derecho
stultify - probar locura, alegar locura
style - estilo
suable - procesable, justiciable
sub judice - sub judice, pendiente de una resolución judicial
subagent - subagente
subbid - propuesta para subcontrato
subbureau - subdirección
subcharter - subfletamento, subfletar
subcharterer - subfletante
subclause - cláusula subordinada
subcommissioner - subcomisario
subcompany - compañía subsidiaria
subconcession - concesión secundaria
subcontract - subcontrato, subcontratar
subcontractor - subcontratista
subdelegate - subdelegado
subexecutor - albacea auxiliar
subhead - rubro, acápite, subrubro, subcabecera

subholding company - compañía matriz secundaria
subject - súbdito, asunto, materia, objeto, sujeto, súbdito
matter - asunto a considerar, cuestión en controversia
matter jurisdiction - jurisdicción sobre el asunto
subject to
acceptance - para aceptar, sujeto a la aceptación
approval - por aprobar, ad referendum, para la aprobación
arrival - siempre que llegue
collection - salvo buen cobro
duty - gravable, imponible, sujeto a derechos
particular average - con avería simple
tax - tributable, imponible, sujeto a impuesto
subjugate - subyugar
sublease - subarriendo, subalquiler, sublocacion, subarrendar, subalquilar
sublessee - subarrendatario, sublocatario
sublessor - subarrendador, sublocador
sublet - subcontratar, subarrendar, subalquilar
sublicense - sublicencia, sublicenciar
submission - sumisión
bond - fianza de sometimiento
submit
to arbitration - someter *o* referir al arbitraje
to a vote - someter al voto
submortgage - hipoteca con garantía de otra hipoteca, subhipoteca
suborn - sobornar, cohechar
subornation - soborno
of perjury - instigación de perjurio por soborno
suborner - sobornador, cohechador
subparagraph - subinciso
subpartnership - acuerdo de tercero con un solo socio para participación en las utilidades de éste sin responsabilidad por deudas
subpoena - citación, comparendo, citar, emplazar, orden judicial
ad testificandum - citación de un testigo
duces tecum - subpoena duces tecum, citación para comparecer y exhibir documentos
subrental - subarriendo
subreption - subrepción
subreptitious - subrepticio
subrogate - subrogar, substituir
subrogation - subrogación, substitución
subrogee - el que tiene derechos por subrogación
subrogor - substituidor
subsale - reventa
subscribe - subscribir
subscribed and sworn to - suscrito y declarado bajo juramento
subscriber - subscriptor, infrascrito
subscribing witness - testigo subscriptor
subscription - subscripción, firma
warrant - certificado *o* resguardo *o* cédula de subscripción
subsecretary - subsecretario, subsecretaria
subsection - inciso, subsección
subsequent - subsecuente, subsiguiente
condition - condición subsecuente
creditor - acreedor subsecuente
endorsers - endosantes posteriores
negligence - negligencia subsecuente
purchaser - comprador subsiguiente
subsidiary - subsidiario, subordinado, dependiente
company - compañía filial *o* subsidiaria *o* dominada
subsidize - subvencionar, subsidiar
subsidy - subvención, subsidio
subsistence - mantenimiento, subsistencia, manutención
wage - sueldo mínimo para vivir
substance - fondo, substancia
substancial - substancial, material, real
damages - daños cuantiosos *o* considerables
error - error grave
increase - aumento substancial
justice - justicia substancial
performance - cumplimiento esencial *o* verdadero
substantially - substancialmente, esencialmente
substantiate - comprobar, justificar
substantive - substantivo, sustantivo
due process - garantía constitucional de que la legislación será justa y razonable, debido proceso substantivo
evidence - prueba substantiva
felony - delito independiente

law - derecho substantivo, ley substantiva, disposiciones substantivas, jurisprudencia substantiva
rights - derechos primarios *o* substantivos
substitute (n) - substituto
substitute (v) - substituir
defendant - demandado substituto
judge - juez alterno
trustee - fideicomisario substituto
substituted
executor - albacea sucesivo
service - notificación por edicto *o* por correo, citación que no es a la persona
substitution - substitución, delegación
substitutional - substituidor
substitutionary evidence - prueba en substitución
subtenant - subarrendatario, subinquilino
subterfuge - subterfugio
subtitle - subrubro
subtraction - substracción
subtreasurer - subtesorero, tesorero ayudante
subvendee - comprador en reventa
subvention - subvención
subversive - subversivo
succession - sucesión
duties - impuestos de sucesión
tax - impuesto de sucesión *o* sobre herencias
to the presidency - sucesión *o* suplencia presidencial
successor - sucesor, causahabiente, derechohabiente
successors - sucesores, causahabientes
and assigns - sucesores y cesionarios
in interest - sucesores en interés
successoral - sucesorio
sue - demandar, poner pleito, procesar, pleitar
for damages - demandar por daños y perjuicios
out - pedir y obtener
suffer loss - sufrir una pérdida
sufferance - tolerancia, consentimiento
sufficient - suficiente, bastante
consideration - causa suficiente *o* adecuada
evidence - prueba satisfactoria *o* suficiente
suffrage - sufragio, voto
suffragist - sufragista
suggestion - sugestión, sugerencia
sui
generis - sui generis, de su género
juris - sui juris, por derecho propio, de plena capacidad legal
suicide - suicidio, suicida
to commit - suicidarse
suit - pleito, litigio, acción judicial, juicio, procedimiento
for damages - acción por daños y perjuicios
for libel - acción de difamación
money - alimentos provisionales durante juicio matrimonial
suitor - actor, demandante, litigante
sum - suma de dinero, total, suma, resumen, compendio
at risk - capital bajo riesgo, suma máxima por la cual un asegurador es responsable en una póliza
certain - suma cierta
insured - suma asegurada
payable - suma pagadera
summarily - sumariamente
summarize - resumir, recopilar, compendiar
summary - resumen, recopilación, digesto, extracto, compendio, sumario, sumarial
conviction - condena por juez sin jurado
judgment - sentencia sumaria
jurisdiction - jurisdicción sumaria, juridicción forzosa, jurisdicción coactiva
proceeding - sumario, juicio sumario, información sumaria, instrucción sumaria
process - proceso sumario
summation - resumen, conclusiones
summing up - sumario, resumen, alegación de bien probado
summon - convocar, llamar, citar, emplazar, aplazar, apercibir
summons - aplazamiento, convocatoria, citación, comparendo, citatoria, comparición, emplazamiento, notificación, requerimiento, auto de comparecencia, orden de comparecer
and complaint - emplazamiento y demanda
by publication - emplazamiento por edicto
summoner - emplazador

sumptuary law - ley suntuaria
Sunshine Laws - leyes que requieren que las reuniones de las agencias gubernamentales sean públicas
superficial - superficial
superfluous - superfluo
superintend - vigilar, dirigir
superintendent - superintendente
superior - superior
  court - tribunal superior
  fellow servant - empleado superior
  force - fuerza mayor
  lien - privilegio de rango superior, gravamen de rango superior
  title - título superior
supersede - sobreseer, reemplazar, anular
supersedeas - auto de suspensión del juicio
  bond - fianza para auto de suspensión
superseding cause - causa que altera los resultados de una cadena de acontecimientos
supersession - reemplazo, sobreseimiento
supertax - sobretasa, impuesto adicional, recargo tributario
supervening - sobreviniente
  cause - causa sobreviniente
  negligence - negligencia sobreviniente
supplemental - suplemental, suplementario
  act - ley suplementaria
  affidavit - declaración jurada suplementaria
  answer - contestación suplementaria
  bill - escrito suplemental
  claim - reclamación suplemental
  complaint - demanda suplemental
  deed - escritura suplementaria
  plea - alegación suplemental
  pleading - alegato suplementario
  summons - segundo emplazamiento
  tax - impuesto suplementario
supplementary - suplementario, suplemental
  proceedings - trámite para examinar al deudor buscando bienes embargables
  tax - impuesto adicional
suppletory - supletorio
  oath - juramento supletorio, juramento necesario
suppliant - suplicante
supply and demand - oferta y demanda
supply bond - fianza de cumplimiento *o* de suministro
support of child - mantenimiento de un menor
support of family - mantenimiento de una familia
support price - precio sostenido *o* garantizado por gobierno
support trust - fideicomiso en que se le da al beneficiario sólo lo necesario para mantenerse
supported by oath - apoyado en el juramiento
supporting documents - documentos justificativos *o* comprobantes
supposition - suposición, supuesto
suppress - suprimir, reprimir, ocultar, prohibir
supra - supra, sobre
supraprotest - supraprotesto, intervención bajo protesto
supreme court - tribunal supremo, suprema corte
Supreme Court of Judicature - Suprema Corte de la Judicatura
surcharge - recargo, sobretasa, demostrar omisión de una partida de abono
surety - fiador, garante, caución, fianza, recaudo
  bond - fianza, fianza de caución *o* de seguridad responsiva
  company - institución de fianzas
  insurance - seguro de fidelidad
suretyship - fianza, garantía, seguridad, afianzamiento
  bond - fianza
Surgeon General - Cirujano General
surmise - conjeturar
surname - apellido
surplus - superávit, excedente
  earnings - ganacias excedentes, utilidades sobrantes, superávit de utilidades
  from consolidation - superávit de consolidación
  reserves - reservas del excedente, superávit reservado
surplusage - sobrante, excedente, materia impertinente
surrebutter - contestación a la refutación del demandado
surrejoinder - tríplica
surrender - cesión, entrega, renuncia, ceder, entregar
  of charter - renuncia de la concesión social

surrenderee - cesionario
surrenderor - cesionista
surreptitious - subrepticio
surrogate - juez del tribunal testamentario, subrogar
surrogate's court - tribunal testamentario
surtax - sobretasa, sobreimposición, recargo tributario, impuesto complementario, sobreimpuesto
survival - supervivencia
  actions - acciones las cuales sobreviven a la persona lesionada
surviving - superviviente, sobreviviente, supérstite
  children - hijos sobrevivientes
  partner - socio sobreviviente
  spouse - cónyuge sobreviviente
survivor - superviviente, sobreviviente
survivorship annuity - anualidad de supervivencia
suspend - interrumpir, discontinuar, cesar
  payment - cesar *o* suspender pagos
suspended sentence - sentencia suspendida, condena condicional
suspension - suspensión
  of a right - suspensión de un derecho
  of a statute - suspensión de una ley
  of action - suspensión de una acción
  of business - suspensión de las operaciones de negocios
  of payment - suspensión de pagos
  of performance - suspensión del cumplimiento
  of statute of limitations - suspensión del término de prescripción
suspensive condition - condición suspensiva
suspensory condition - condición suspensiva
suspicion - sospecha, desconfianza
suspicious character - sospechoso
sustain - sostener, mantener, sufrir
  damage - sufrir *o* experimentar daño
  the objection - sostener la objeción
sustainable - sustentable
swear - jurar, declarar bajo juramento, juramentar
  the charges - jurar cargos
swearing in - administrar juramento
sweat equity - equidad obtenida a través del trabajo del dueño en la propiedad
swindle - estafa, timo, estafar, timar, embaucar, esquilmar, escamotar, trampear, coyotear
swindler - estafador, embustero, embaucador, escamoteador, timador, trampeador
sworn - jurado
  affidavit - declaración jurada escrita
  appraisal - juramento estimatorio, valuación jurada
  copy - copia certificada bajo juramento
  declaration - declaración jurada
  statement - declaración jurada
syllabus - compendio, resumen, sumario del dictamen
symbolic delivery - tradición *o* entrega simbólica
sympathetic strike - huelga solidaria *o* por solidaridad, huelga como ayuda para otros huelgistas
synallagmatic - sinalagmático
syndic - síndico
syndicalism - sindicalismo
syndicate - sindicato, consorcio, sindicar
synopsis - sinopsis
syphilitic insanity - insania sifilítica
system - sistema
systematic - sistemático

Notes

T

tabetic dementia - demencia tabética
table of cases - lista alfabética de casos juzgados que aparecen en un texto legal
tacit - tácito, implícito
  acceptance - aceptación implícita
  admission - reconocimiento tácito
  consent - consentimiento tácito
  dedication - dedicación implícita
  hypothecation - hipoteca por operación de la ley
  law - ley de común acuerdo sin legislación
  mortgage - hipoteca legal *o* tácita
  procuration - procuración implícita
  remission - condonación tácita
tacking - la unión de diversas garantias para evitar que un comprador intermedio satisfaga un gravamen preferente sin extinguir a la vez el segundo gravamen
tail - limitación de propiedad, limitado, reducido
take - tomar, recibir, llevar, sacar, escoger, recibir título
  against a will - recibir por testamento
  as heir - recibir por testamento
  back - revocar
  bids - licitar, rematar, subastar
  delivery - tomar posesión, aceptar, hacerse cargo de
  effect - entrar en vigencia, empezar a regir
  exception - impugnar, protestar
  the floor - tomar la palabra
  in intestacy - recibir por sucesión intestada
  an inventory - hacer inventario
  issue - disputar
  note - tomar razón
  an oath - prestar juramento
  office - posesionarse de un cargo, tomar posesión
  out insurance - asegurarse, efectuar seguro
  out a patent - sacar patente, patentar
  over - hacerse cargo de
  possession - apoderarse, apropiarse, adueñarse, tomar posesión
  the stand - dirigirse al banquillo
  title - titular, tomar título de propiedad
  under a will - recibir por testamento
  up - pagar, aceptar, tratar
taker - tomadar, adquirente
taking the fifth - ampararse bajo la quinta enmienda constitucional
tale quale - como y donde está, tal cual
tales - jurados adicionales *o* suplentes
talesman - jurado suplente
tally - contar
tamper - alterar, interferir, falsificar, sobornar
  with - falsificar, hacer modificaciones fraudulentas
  with jury - intento criminal de sobornar a un jurado
tangible - tangible
  assets - bienes tangibles, activo tangible
  net worth - activo neto tangible
  property - bienes tangibles
tantamount - equivalente
tape-record - grabar en cinta
tape recorder - grabadora
tape recording - grabación en cinta
tapping - intercepción de señales telefónicas
target - objetivo
  company - compañía de la cual se quiere adquirir control
  date - fecha fijada
tariff - tarifa, derecho, arancel, arancelario, aduanal
  law - ley arancelaria, código de aduanas
  making - tarificación
  treaty - tratado sobre derechos aduaneros
  union - unión aduanera
Tariff Commission - Comisión de Derechos Aduaneros
tariffication - tarificación
tax - impuesto, contribución, gravamen, gabela, canon, renta, gravar, cargar, imponer, acensuar, tasar, impositivo, contributivo
  assessment - valuación fiscal
  audit - auditoría fiscal
  base - base imponible
  bond - bono admisible para impuestos
  burden - carga tributaria
  certificate - certificado de compra de bienes raíces vendidos por impuestos atrasados
  collection - recaudación de impuestos

credit - crédito impositivo, crédito fiscal
deduction - deducción impositiva, deducción fiscal
deed - escritura traslativa de dominio por impuestos no pagados
district - distrito fiscal
evasion - evasión fiscal
exempt bond - bono exento de impuestos
exemption - exención *o* exoneración de impuestos
foreclosure - ejecución fiscal
fraud - fraude impositivo
free - libre de impuestos
laws - leyes impositivos *o* fiscales *o* tributarias *o* contributivas
levy - imposición fiscal
liability - obligación contributiva *o* tributaria
lien - gravamen por impuestos no pagados
purchaser - quien adquiere en una venta por incumplimiento de los deberes impositivos
rate - tipo *o* cuota de impuesto, cupo
refund - devolución *o* recuperación de impuestos
report or **return** - declaración, manifestación, planilla
roll - lista de bienes gravables, censo de contribuyentes, registro tributario
sale - venta de bienes por impuestos no pagados
shelter - estratagema para reducir *o* aplazar la carga impositiva
stamp - timbre fiscal
tables - tablas impositivas
title - título de quien compra en una venta por incumplimiento de los deberes impositivos
year - ejercicio *o* año impositivo *o* gravable *o* fiscal
tax anticipation bond - bono contra impuestos por recaudar
tax-collector's office - administración de impuestos *o* de rentas
tax deductible - restable de la utilidad imponible
tax-exempt - libre *o* exento de impuestos de *o* contribución
tax-paying ability - capacidad tributaria *o* contributiva
tax-purpose statement - estado con fines contributivos
taxability - imponibilidad, tributabilidad
taxable - imponible, gravable, tributable, sujeto a impuesto
estate - patrimonio imponible, patrimonio gravable
gift - donación imponible, donación gravable
incident - evento tributable
income - renta *o* utilidad imponible, ingreso tributable
profits - ganancias gravables, beneficios imponibles, beneficio impositivo, beneficio fiscal
value - valor gravable, cuota imponible
taxation - imposición de impuestos, tributación
of costs - tasación *o* imposición de costas
taxing
district - distrito impositivo, zona fiscal
power - autoridad fiscal *o* de gravar
taxpayer - pagador de impuestos, contribuyente, contributario, causante, tribuyente
technical - técnico
error - error de poca importancia
interpretation - interpretación técnica
mortgage - hipoteca formal
overdraft - sobregiro aparente
total loss - pérdida total constructiva
technocrat - tecnócrata
technological - tecnológico
technology - tecnología
transfer - transferencia de tecnología
telephone tapping - intercepción de señales telefónicas
tel quel - como y donde está, tal cual
teller - cajero, pagador, contrador, escrutador
temere - con temeridad
temporary - provisorio, provisional, temporal, temporario
chairman - presidente provisional
injunction - requerimiento provisional
insanity - demencia momentánea
life annuity - anualidad vitalicia temporal
partial disability - incapacidad parcial temporal
total disability - incapacidad absoluta temporal
tenancy - inquilinato, tenencia, arrendamiento
at sufferance - posesión por tolerancia

at will - arrendamiento por un periodo indeterminado
by the entirety - tenencia conjunta entre cónyuges
for life - tenencia vitalicia
from month to month - arrendamiento renovable de mes a mes
in common - tenencia en común
tenant - inquilino, arrendatario, alquilón, poseedor
at will - inquilino sin plazo fijo
for years - inquilino a término
from year to year - inquilino sin plazo fijo
in fee - poseedor en dominio absoluto
in severalty - inquilino exclusivo
tender - propuesta, oferta, ofrecer, ofertar, proponer, presentar
of issues - palabras en una alegación las cuales someten la cuestión litigiosa a decisión
of payment - oferta de pago
tenement - heredamiento
tenor - tenor, contenido, usanza, plazo, trasunto, traslado
tentative balance sheet - balance provisorio *o* tentativo
tenure - tenencia, posesión, pertenencia
term - plazo, término, tiempo, vigencia
for years - dominio por tiempo fijo
loan - préstamo de término
of court - período de las sesiones, término judicial
of imprisonment - término de encarcelamiento
of insurance - vigencia de la póliza
of office - tenencia, disfrute, plazo
of a patent - duración de la patente
of years - plazo *o* tiempo fijo
terms
of payment - plazos, condiciones de pago
of sale - condiciones *o* terminos de venta
terminable - terminable
terminer - tribunal de lo penal
terminus - término, límite, fin
ad quem - punto de llegada
a quo - punto de partida
terms - términos, condiciones
net cash - estipulación en un contrato de venta de pago en efectivo
of sale - condiciones *o* terminos de venta
of shipment - condiciones de transporte, condiciones de embarque
of trade - condiciones de comercio
territorial - territorial
bonds - bonos de Puerto Rico, Hawaii y las Filipinas
jurisdiction - jurisdicción territorial
waters - aguas jurisdiccionales, mar territorial
test - prueba, ensayo, probar, ensayar
case - causa instrumental, acción constitutiva, caso de prueba
testable - que puede hacer testamento
testacy - estado de testado
testament - testamento
testamentary - testamentario
capacity - capacidad de testar
disposition - disposición por testamento
executor - albacea testamentario
guardian - cuidador *o* tutor testamentario
heir - heredero testamentario
succession - sucesión testamentaria
trust - fideicomiso testamentario, fideicomiso sucesivo *o* gradual
trustee - fiduciario por testamento
testate - testado
testator - testador
testatrix - testadora
teste clause - cláusula de cierre seguida por las firmas
testes - testigos
testifier - testigo, testificador
testify - atestar, atestiguar, testificar, brindar testimonio
testimonial - testimonial
evidence - prueba verbal
testimony - testimonio, declaración, testigo
whereof, in - en testimonio de lo cual
testis unus testis nullis - un solo testigo equivale a ninguno
theft - hurto, robo, substracción, ladronicio
insurance - seguro contra hurto
theory - teoría
of the case - bases de la acción, mérito procesal
thereby - en consecuencia, por medio de, con lo cual
therefor - por eso, para eso
therefore - por lo tanto, en consecuencia
therefrom - de allí, de eso
therein - adentro, en eso
thereinafter - posteriormente, adelante
therein before - anteriormente, más arriba
thereinto - dentro de eso
thereof - de eso, de esto

thereon - encima
thereto - a eso
theretofore - hasta entonces
thereunder - bajo eso, debajo
thereupon - sin demora, encima de eso, por consiguiente
therewith - con esto, con eso
therewithal - con esto, con eso
thief - ladrón, hurtador, ratero, caco
things - cosas
  appendant - cosas accesorias
  in action - derecho de acción
  of value - cosas de valor
  personal - bienes muebles
  real - bienes inmuebles
third - third, terciario
  degree - interrogatorio severo de un preso
  of exchange - tercera de cambio
  party - tercero
  possessor - tercer poseedor
third-party - tercero
  claimant - tercero pretendiente *o* reclamante, tercerista
  defendant - tercero demandado
  insurance - seguro contra responsabilidad civil *o* contra recurso de tercero
thoroughfare - vía pública
threat - amenaza, conminación
threaten - amenazar, conminar
threatening - amenazador, conminatorio
three-name paper - efectos a tres obligados *o* a tres firmas
three-tiered consolidation - compañías consolidadas en tres estratos
through bill of lading - conocimiento corrido *o* directo
thus - así, de este modo, por esto
tie vote - empate
time - tiempo, hora, plazo, época, lapso
  bill - letra a plazo *o* a término
  charter - fletamento por tiempo *o* a término, arrendamiento a tiempo
  deposit - depósito a plazo
  draft - giro a plazo
  immemorial - tiempo inmemorial
  is of the essence of contract - el plazo del contrato es de esencia
  letter of credit - carta de crédito a plazo
  of legal memory - tiempo inmemorial
  out of mind - tiempo inmemorial
title - denominación, inscripción, título, sección, artículo, capítulo
  bond - fianza de título *o* de propiedad
  by limitation - título por prescripción
  by precription - título por prescripción adquisitiva
  closer - el que funciona en la consumación del traspaso del título
  deed - escritura de propiedad, título traslativo de dominio
  documents - documentos de título
  in fee simple - propiedad en dominio pleno
  insurance - seguro de título
  of an act - rótulo de la ley
  of a cause - nombre de una causa
  of record - título registrado
  retaining note - pagaré del comprador sin traspaso de título
  search - revisión *o* investigación de título
titular - titular
token payment - pago parcial en señal de una obligación
tomb - tumba
tombstone - lápida
tonnage dues - derechos de tonelaje
tontine - tontina
top holding company - compañía matriz principal
Torrens system - sistema de registración de títulos de propiedad inmueble
tort - agravio, entuerto, culpa, lesión jurídica, daño legal, perjuicio
  calendar - lista de causeas por agravio
tort-feasor - agraviador, agresor, injuriador
tortious - agravioso, culpable, torticero
total - total, entero
  breach - incumplimiento total
  dependency - mantenencia completa, dependencia absoluta
  disability - incapacidad *o* invalidez absoluta, inhabilitación total, inutilidad física total
  loss - pérdida completa
totally-held subsidiary - compañía subsidiaria totalmente controlada
tower's liability - responsabilidad del remolcador
towing charges - derechos de remolque
toxicomania - toxicomanía
trade - comercio, tráfago, tráfico, mercancía, mercaduría, trueco, oficio,

gremio, profesión, tratar, traficar, negociar, comerciar, marchantear, mercar, operar, comercial, gremial, profesional
acceptance - aceptación comercial
agreement - tratado *o* convenio comercial, acuerdo de intercambio
association - asociación comercial *o* de comerciantes *o* del renglón, asociación *o* sociedad gremial
bill - letra de cambio comercial
name - razón social, nombre *o* denominación comercial, nombre de marca *o* de fábrica, marca de fábrica *o* de comercio
notes - documentos *o* pagarés comerciales
secret - datos reservados sobre procesos industriales
usage - costumbre de plaza
trade-union - gremio, sindicato gremial, gremio profesional *o* de oficio, asociación profesional obrera
trade-unionism - sindicación profesional
trademark - marca registrada *o* comercial *o* de fábrica, marca industrial, aplicar la marca, registrar la marca
law - derecho marcario
name - razón social, nombre *o* denominación comercial, nombre de marca *o* de fábrica, marca de fábrica *o* de comercio
trading - comercio
corporation - sociedad mercantil
enterprise - empresa mercantil
income - utilidad bruta
on the equity - emisión de valores de renta fija para aumentar la ganancia por acción común
partnership - sociedad mercantil en nombre colectivo
tradition - tradición
traditionary - tradicional
traffic - tráfico, tránsito, circulación, comercio, comerciar, traficar
accident - accidente de circulación *o* tránsito
court - juzgado de circulación *o* de tráfico, sala de tránsito
policeman - policía de tráfico, guardia de tránsito, agente de circulación
regulation - control *o* vigilancia del tránsito
rules - reglamento de tránsito *o* de tráfico, código del camino *o* de circulación, disposiciones de tránsito
squad - brigada del tránsito
ticket - papeleta por infracción al tránsito
traitor - traidor
tramp corporation - sociedad anónima constituída por un estado donde no tiene negocios
transact - hacer, tramitar, gestionar, negociar
transaction - negocio, transacción, gestión
transactional - transaccional
transcribe - transcribir, copiar, traslador
transcript - traslado, trasunto, apógrafo, copia
of record - registro literal del juicio
transfer - transferencia, traspaso, remesa, situación, cesión, transbordo, enajenar, alienar, transferir, traslador, transbordar
agent - agencia de transferencias
of a cause - traspaso de una causa
of ownership - transferencia de propiedad
of title - transmisión de la propiedad, traslación de dominio
tax - impuesto de transferencia, contribución sobre transmisión de bienes
transferability - transferibilidad, transmisibilidad, cesibilidad
transferable - transferible, transmisible, cedible, cesible
transferee - cesionario
transference - transferencia
transferor - transferidor, cesionista, cedente, tradente, enejenante
transgress - transgredir, violar, infringir
transgression - transgresión, ofensa, delito
transgressive - transgresor
transgressor - transgresor, infractor
transient - transitorio, transeúnte
transit duties - derechos de tránsito
transitive - transitivo
transitory - transitorio
action - acción transitoria
provisions - disposiciones transitorias
translate - traducir
translation - traducción
translator - traductor, traductora, intérprete
transmission - transmisión
traumatic insanity - insania traumática

traveler's check - cheque de viajero, cheque turista
traveler's letter of credit - carta de crédito dirigida a un banco corresponsal
traversable - negable, contestable
traverse - contradicción, negación
jury - jurado de juicio
traversar - negante, negador
treason - traición
treasonable - desleal, traidor
treasury - tesorería, tesoro
bill - obligación del gobierno a corto plazo, bono *o* letra de tesorería, bono de caja, libranza
bonds - bonos del estado, bonos en caja
department - ministerio *o* secretaría de hacienda, dirección de tesorería
note - billete estatal *o* del tesoro, vale de tesorería, cédula de tesorería, pagaré fiscal *o* de tesorería
stock - acciones en caja, acciones amortizadas *o* de tesorería
treatise - tratado
treaty - tratado, trato, pacto, convenio
treble damages - daños triplicados
trespass - transgresión, violación, translimitación, traspasar, violar, infringir
on the case - acción civil proveniente de culpa, acción ex delicto
to try title - juicio de desahucio
trespasser - transgresor, quien entra ilícitamente a una propiedad ajena
triable - procesable, conocible, enjuiciable
trial - juicio, pleito, vista, proceso, prueba, ensayo
amendment - enmienda durante el juicio
at bar - juicio ante todos jueces del tribunal
at nisi prius - tribunal de un solo juez con jurado, acción ante tal tribunal
brief - escrito de promoción, información
by jury - juicio por jurado *o* ante jurado
by the record - juicio a base de registros sin testimonio
calendar - lista *o* calendario de causas por conocer
court - tribunal de primera instancia, juzgado de instrucción, juzgado de sustentación
de novo - nuevo juicio, nueva audiencia
docket - orden del día
judge - juez del juicio, juez instructor, magistrado sustanciador
jury - jurado procesal *o* de juicio
lawyer - abogado litigante
list - lista de litigios, orden del día, calendario
, on - enjuiciado, a prueba
term - período de juicios *o* de pleitos
tribunal - tribunal, juzgado, sala de justicia
tribute - tributo
trickery - trampería, astucia
trier - juez
trivial - frívolo, trivial
trover - acción de recuperación de propiedad mueble
trucking company - empresa camionera *o* de transporte vial
true - verdadero, exacto
and lawful attorney - mandatario real y verdadero
bill - acusación aprobada por el gran jurado
copy - copia fiel
value - valor del mercado
verdict - veredicto sin compulsión
trust - fideicomiso, comisión de confianza, confidencia, confianza, crédito, sindicato, combinación, consorcio, confiar, tener confianza en, vender al fiado, fideicomisario, fiduciario
agreement - convenio de fideicomiso, contrato de fiducia
bond - obligación de fideicomiso
certificate - certificado de participación en una sociedad inversionista
company - compañía *o* institución fiduciaria, sociedad de fideicomiso, banco fiduciario
deed - escritura fiduciaria, contrato de fideicomiso, título constitutivo de hipoteca
department - departamento fiduciario *o* de fideicomiso, sección fiduciaria
deposit - depósito especial *o* en un fideicomiso
estate - bienes de fideicomiso
ex delicto - fideicomiso ex delicto *o* por delito
funds - fondos fiduciarios
, in - en fideicomiso
in invitum - fideicomiso con mala gana del fiduciario

indenture - escritura de fideicomiso, contrato fiduciario
legacy - legado en fideicomiso
mortgage - hipoteca fiduciaria
officer - funcionario de la sección de fideicomisos, jefe de comisiones de confianza, delegado fiduciario
receipt - recibo fiduciario *o* de confianza
trustee - fiduciario, síndico, patrono, consignatario
ex maleficio - fiduciario ex delicto
in bankruptcy - síndico, síndico definitivo, liquidador, intendente de liquidación, síndico de una quiebra
process - embargo de propiedad del deudor en posesión de tercero
stock - valores legales para inversión por fiduciarios
trusteeship - cargo fiduciario
trustor - fideicomitente
truth - verdad, veracidad, exactitud
in lending act - ley federal que dispone que se divulgue la información pertinente al otorgar crédito
serum - suero de la verdad
try a case - ver *o* conocer una causa
tuition - matrícula, instrucción
turnover tax - impuesto sobre ingresos brutos
turpis - vil
causa - consideración deshonrada
contractus - contrato inmoral
turpitude - torpeza, infamia
tutela - tutela
tutelage - tutela, curaduría
tutor - curador, tutor
tutorship - curaduría, tutoría, tutela
by nature - curaduría *o* tutela natural
by will - curaduría *o* tutela testamentaria
tutrix - curadora, tutora
two-name paper - obligaciones a dos firmas *o* a dos obligados, giros endosados, documentos mancomunados
two-party draft - giro endosado *o* aceptado
tying contract - obligación del detallista de comprar de cierto productor y mantener precios

Notes

U

uberrima fides - uberrima fides, completa buena fe
ubi jus ibi remedium - donde hay derecho hay remedio
ultima
  ratio - recurso *o* argumento final *o* definitivo
  voluntas - última voluntad
ultimate issue - cuestión decisiva
ultimatum - ultimátum
ultra
  reprises - neto, líquido, despues de deducciones
  vires - ultra vires, fuera de la facultad
umpirage - arbitraje, tercería, laudo del árbitro
umpire - tercero, compromisario, árbitro, secuestro
unabated - no disminuido
unadjusted - no ajustado, por ajustar, pendiente, ilíquido
  liabilities - pasivo transitorio, pasivo por ajustar
unadmitted assets - activo no confirmado
unaffiliated company - compañía no afiliada
unalienable - inalienable, inenajenable
unambiguous - no ambiguo, inequívoco
unamortized - no amortizado, pendiente de amortizar
unanimity - unanimidad
unanimous - unánime
unanimously - unánimamente, por unanimidad
unappealable - inapelable, no sujeto a recurso
unappropriated - no asignado, no consignado
  profits - utilidades por aplicar, beneficio no asignado
  surplus - excedente sin consignar, superávit disponible
unascertained - no determinado, ilíquido
unassented securities - valores de los disidentes
unassignable - intransferible
unattached - no embargado
unattainable - inalcanzable, irrealizable
unauthorized - desautorizado, no autorizado
  signature - firma no autorizada
  use - uso no autorizado
unavoidable - inevitable, fortuito, ineludible
  accident - accidente inevitable
  cause - causa inevitable
unbalanced budget - presupuesto desnivelado
unbeknown - desconocido, ignorado
unbiased - indiferente, imparcial
unborn beneficiaries - beneficiarios aún sin nacer
unbribable - insobornable
unchallengeable - irrecusable
unclaimed - no reclamado
  goods - bienes no reclamados
unclean bill of lading - conocimiento tachado *o* con observaciones
unclean hands doctrine - doctrina que le niega reparaciones a la parte demandante si ésta es culpable de conducta injusta en la materia del litigio
uncognizant - sin conocimiento de
uncollectible - incobrable, irrecuperable, no colectable
uncompensable - incompensable
unconditional - incondicional, absoluto
  credit - crédito incondicional
  delivery - entrega incondicional
  pardon - amnistía *o* indulto incondicional
unconfirmed credit - crédito inconfirmado *o* no confirmado
unconscionable - desmedido, abusivo, falto de escrúpulo
unconsolidated - no consolidado
unconstitutional - inconstitucional, anticonstitucional
unconstitutionality - inconstitucionalidad
uncontested - no disputado, no contencioso
uncontradicted - no impugnado
uncovered - descubierto, discubierto
uncrossed cheque - cheque sin cruzar
undeclared - no declarado
undefended - sin defensa
under - bajo de, subordinado a, conforme a
  average - en estado de avería
  bond - bajo fianza
  contract - contratado, bajo contrato
  date of - con fecha de
  instructions from - por orden de

my hand and seal - sellado y firmado por mí
oath - bajo juramento
obligation - obligado
penalty of - so pena de, bajo pena de
protest - bajo protesta, con reserva
seal - bajo sello
the influence - bajo la influencia, ebrio
undercapitalization - subcapitalización
undercapitalized - con capital insuficiente
undercover - secreto, confidencial
agent - agente encubierto
underlease - subarriendo
underlie - ser obligación superior
underlying - básico, fundamental, precedente, superior
company - compañía subsidiaria
mortgage - hipoteca superior *o* precedente
properties - bienes hipotecados
undersecretary - subsecretario
undersigned - infrascrito, suscrito, abajo firmado, suscribiente
understanding - acuerdo, arreglo, entendimiento
reach an - llegar a un acuerdo
undersubscription - déficit de suscripción
undertaking - empresa, compromiso, garantía
undertenant - subarrendatario
undervalue - tasar en menos, desestimar, menospreciar
underwrite - subscribir, asegurar
underwriter - subscriptor, empresa aseguradora, subscriptor, oficial que acepta *o* rechaza solicitudes, agente asesor
underwriting
contract - contrato de subscripción de valores
syndicate - grupo de casas subscriptoras, sindicato de suscripción
undisclosed principal - comitente encubierto *o* no revelado
undisputed - que no se disputa, incontestable, indiscutible
fact - hecho indisputable
undistributed earnings - utilidades no distribuídas
undivided - indiviso, completo
profits - ganancias no distribuídas, utilidades no repartidas *o* a repartir *o* a dividir, beneficios sin repartir, utilidades indivisas
surplus - superávit no repartido
undue influence - coacción, influencia indebida
unduly - indebidamente, excesivamente
unearned - no ganado, no devengado, prepagado
income - renta de inversiones, haberes diferidos
increment - mayor valía, plusvalía, plusvalor
unemployment - desocupación, para forzoso, cesantía, desempleo
compensation - compensación por paro
insurance - seguro de paro *o* contra desempleo, seguro de cesantía
unenacted law - derecho no escrito
unencumbered - libre de gravamen, desahogado, sáneado
unenforceable - que no se puede hacer cumplir, inexigible
unequal - desigual, injusto, discriminatorio
unequivocal - inequívoco
unerring - infalible
unethical - no ético
unevinced assent - consentimiento no indicado
unexceptionable - irrecusable, que no admite excepción
unexpendable - no fungible
unexpired - no vencido
coupon - cupón no vencido
insurance - seguro vigente *o* prepagado, seguro no vencido *o* no caducado
term - plazo no cumplido
unextinguished - no liquidado, no finiquitado
unfair - inicuo, hostil a los gremios
competition - competencia injusta, concurrencia *o* competencia desleal *o* inequitativa
unfaithful - infiel, desleal, inexacto
employee - empleado desleal
husband - marido infiel *o* infidente
unfamiliarity - desconocimiento
unfinished - incompleto, imperfecto
business - asunto pendiente
case - causa no terminada
unfit - incapaz, incompetente
unforeseeable - imprevisible
unforeseen - imprevisto
unfounded - improcedente, sin lugar
unfulfilled - incumplido, insatisfecho

unfunded
  debt - deuda flotante
  trust - fideicomiso sin depósito de fondos
unicameral - unicameral
unified mortgage - hipoteca consolidada
uniform - uniforme
  straight bill of lading - carta de porte nominativa uniforme, conocimiento uniforme no traspasable
  through export bill of lading - conocimiento directo uniforme de carga para exportación
Uniform
  Commercial Code - Código Uniforme de Comercio
  Negotiable Instruments Act - Ley Uniforme de Instrumentos de Crédito Negociables
  Partnership Act - ley uniforme de varios estados sobre sociedades en nombre colectivo
unilateral - unilateral
unimpeachable - intachable, irrecusable
unincorporated - no incorporado
uninsured - sin seguro, no asegurado
unintelligible - ininteligible
union - gremio, sindicato obrero, asociación, unión, sindical, sindicalista, gremialista, gremial
  label - marbete de artículo hecho en una fábrica agremiada
  labor - brazos agremiados, trabajo organizado
  man - agremiado, sindicalista, unionista
  membership - afiliación sindical
  shop - taller agremiado
union-maintenance clause - provisión para afiliación continua con el gremio, cláusula de mantenimiento de matrícula
unionize - agremiar, sindicar, sindicalizar, gremializar, unionar
unissued stock - acciones no libradas *o* por emitir
unit-price contract - contrato a precios unitarios *o* por medida
United Nations - Naciones Unidas
United States
  Code - compilación de la legislación federal, Código de la Federación
  Statutes at Large - publicación cronológica de las leyes del Congreso
  Rule - método según Corte Suprema de los Estados Unidos
unity - unidad
  of interest - unidad de interés
  of possession - posesión conjunta
universal - universal
  agent - apoderado general
  heir - heredero universal
  legacy - legado a título universal
  legatee - legatario universal
  partnership - cada socio se compromete contribuir a la asociación todos sus bienes actuales y futuros
  succession - sucesión universal
  successor - sucesor universal *o* a título universal
  suffrage - sufragio universal
universitas - el total
  facti - universalidad de hecho
  juris - universalidad jurídica *o* de derecho
unjust - injusto, inicuo
  enrichment - enriquecimiento torticero *o* injusto *o* sin causa
unjustifiable - injustificable
unjustified - injustificado, inexcusable
unknown - desconocido, ignorado
unlawful - ilegal, ilícito, ilegítimo
  assembly - reunión ilegal
  detainer, action of - juicio de desahucio
  entry - entrada ilegal
  possession - posesión ilegítima
  search - allanamiento ilegal
unlawfulness - ilegalidad
unlicensed - sin licencia, sin autorizar
unlimited - ilimitado
  authority - autorización no limitada
  liability - responsabilidad sin límite
unliquidated - no liquidado, sin determinar
  damages - daños ilíquidos *o* no liquidados *o* no determinados
  debt - deuda ilíquida
unlisted securities - valores no inscritos en la bolsa
unmarketable - invendible, incomerciable
  title - título incierto
unnecessary averment - aseveración superflua
unnegotiable - innegociable
unofficious will - testamento con omisión de herederos naturales
unpaid - no pagado, sin pagar, impago, impagado, insoluto, en descubierto, sin cancelar

unpayable - impagable
unpleaded - no alegado
unprecedented - sin precedente
unprecise - impreciso, indefinido
unprejudiced - sin predisposición
unpremeditated - impremeditado
unprofessional - antiprofesional
unproved - no probado, no demostrado
unqualified - incondicional, absoluto, incompetente, incapaz
  certificate - certificado sin salvedades
  endorsement - endoso completo
unquestionable - indubitable, indisputable, indiscutible
unreasonable - irrazonable, exorbitante, absurdo, arbitrario
  search and seizure - registro y embargo arbitrario, registros *o* secuestros arbitrarios
unrecorded - no registrado, no inscrito
unrecoverable - no recobrable, irrecuperable
unrefundable - no restituíble
unrefusable - indeclinable
unregistered securities - títulos *o* valores mobiliarios
unrelated - no relacionado
unresolved - no resuelto, no aclarado
unrestricted - sin restricción
unsatisfactory - no satisfactorio
  title - título viciado
unsatisfied - no liquidado, insatisfecho
unscrupulous - inescrupuloso
unsecured - no garantizado, sin colateral
  creditor - acreedor quirografario *o* común *o* no garantizado
  debt - deuda quirografaria *o* sin garantía
  loan - préstamo sin caución *o* descubierto *o* a sola firma
  note - pagaré quirografario
unserved - no notificado
unsettled - sin pagar, pendiente, insatisfecho
unsolemn will - testamento informal *o* sin nombrar albacea
unsolicited - no solicitado
unsound
  mind, of - no de mente sana, demente
  securities - valores especulativos
unstable - inestable, fluctuante
unstamped paper - papel corriente *o* sin sellar
unsubscribed stock - acciones no suscritas
unsworn - sin juramentar
untenable - insostenible
untransferable - intransferible
untrue - falso, mendaz, engañoso
unvalued - inestimado
unverifiable - que no se puede verificar
unwarranted - no garantizado, injustificable
unwritten - no escrito
  constitution - constitución consuetudinaria
  law - derecho no escrito
upper house - cámara alta, Senado *o* Cámara de los Lores
upon condition - bajo condición
upset price - precio mínimo fijado, mínimo para posturas, tipo de subasta
upstream loan - préstamo de una empresa subsidiaria a la compañía matriz
urban - urbano
  homestead - hogar seguro urbano
  servitude - servidumbre urbana
usage - costumbre, uso, usanza
usance - usanza, uso, plazo, condiciones de pago
  bill - letra a plazo
use - uso, empleo, aprovechamiento, goce, costumbre, usar, emplear, utilizar
  plaintiff - beneficiario de una acción por demandante nominal
  tax - impuesto sobre utilización de bienes
useful ownership - dominio útil
user - usuario, consumidor, uso, goce
usual - usual
  covenants - pactos usuales, garantías usuales
  interpretation - interpretación usual
  place of abode - domicilio actual
usucapio - usucapión, prescripción adquisitiva
usufruct - usufructo
usufructuary - usufructuario, usuario, usufructuador
usurer - usurero, logrero, agiotista
usurious - usuario
usurp - usurpar, arrogarse
usurpation - usurpación
usurper - usurpador
usury - usura, agiotaje
uterine - uterino
utility - utilidad, servicio público
  company - compañía de servicios públicos
  services - servicios públicos

uti possidetis - como poseéis, uti possidetis
uxoricide - uxoricida, uxoricidio

Notes

vacant - vacante, desocupado
possession - posesión abandonada
succession - sucesión sin reclamante
vacate - evacuar, dejar vacío, desalojar, desocupar, anular, revocar
vacatio - inmunidad, privilegio
vacation - vacaciones, feria judicial, anulación, revocación
vacillate - vacilar, titubear
vadium - empeño, fianza
mortuum - hipoteca
vagabond - vagabundo, vago, vagamundo
vagrancy - vagancia
vagrant - vagabundo, vago, vagamundo
valid - válido, valedero
validate - validar, convalidar, legalizar
validating statute - ley de validación *o* de convalidación
validity - validez, fuerza legal, vencimiento, plazo de validez
valorization - valorización
valorize - valorar
valuable - valioso, apreciable
consideration - causa onerosa, remuneración valiosa, causa valorable
improvements - mejora permanente *o* útil, mejoras substanciales
papers - documentos importantes
valuables - artículos de valor, valores
valuation - apreciación, avaluación, aprecio, avalúo, avalorización, valoración, valuación
value - valor, valorar, tasar, apreciar
added tax - impuesto al valor agregado, impuesto de plusvalía
agreed upon - valor entendido
at maturity - valor al vencimiento
in account - valor en cuenta
of a note - monto pagadero al vencimiento
received - valor recibido
retained - valor retenido
secured - valor en prenda *o* en garantía
upon - girar a cargo de
valued policy - póliza avaluada *o* de valor prefijado *o* declarado
valued-policy law - ley de póliza valuada
valuer - tasador, valuador
valuta - valor en cambio, divisas
vandalism - vandalismo
variable - variable, inconstante
annuity - anualidad variable
interest rate - tasa de interés variable
rate mortgage - hipoteca con tasa de interés variable
variance - variación, discrepancia, desacuerdo
various - varios, diverso
vary - variar, discrepar
varying - variable
vault - bóveda, caja fuerte, subterráneo
vehicle - vehículo, medio
venal - venal, mercenario, corruptible
venality - corruptibilidad, venalidad
vend - vender
vendee - comprador
vender - vendedor
vendible - vendible, mercenario
vendition - venta
venditor - vendedor
vendor - vendedor
vendor's lien - gravamen de vendedor
vendue - venduta, almoneda
venire facias - auto de convocación del jurado
venireman - uno de la mesa de jurados
venture - riesgo, aventura, ventura
capital - capital empresario *o* aventurado, acciones ordinarias
venue - jurisdicción, competencia
veracity - veracidad
verbal - verbal, de palabra, oral, de viva voz
verbally - verbalmente
verbatim - al pie de la letra
verdict - fallo, sentencia, veredicto, decisión
contrary to law - veredicto en oposición a la ley
of guilty - veredicto de culpabilidad *o* de condenación
of no cause of action - sentencia en favor del demandado, veredicto de falta de causa
of not guilty - veredicto absolvente *o* absolutorio *o* de no culpabilidad, sentencia de no responsable
verifiable - verificable
verification - verificación, comprobación, constatación
verified copy - copia autenticada *o* verificada

verify - verificar, averiguar, comprobar, constatar, acreditar
the signature - reconocer la firma
versus - contra
vertical - vertical
combination or **consolidation** or **merger** - combinación *o* empresa *o* sindicato vertical
union - sindicato *o* gremio industrial
vessel term bond - fianza de buque a término
vest - dar posesión, transferir un derecho, conferir
estate - propiedad en dominio pleno
the title - traspasar el título, ceder la propiedad
vested - fijado, absoluto, efectivo
devise - legado incondicional
estate - propiedad en dominio pleno
in interest - con derecho de goce futuro, interés adquirido
in possession - con derecho de goce actual
interests - intereses establecidos *o* creados
legacy - legado incondicional
pension - derecho de pensión adquirido
remainder - nuda propiedad efectiva
rights - derechos intrínsecos *o* adquiridos
veto - veto, vedar, vetar, prohibir
vexatious delay to pay - demora de pago injustificada
vexatious refusal to pay - negación injustificada de pago
vicarious - vicario, indirecto, sustituto
liability - responsabilidad indirecta
vice - defecto, vicio, desviación
vice-chancellor - canciller ayudante
vice-principal doctrine - hace el patrón responsable por negligencia de su agente
videlicet - a saber
vigilance - vigilancia, cuidado
vigilant - vigilante, atento
vigilante - vigilante
vinculo matrimonii - vínculo matrimonial
vindicatory - vindicatorio
vindictive damages - daños punitivos
violate - infringir, violar, estuprar
violation - violación, infracción, atentado, atropello, contrafuero, estupro
violence - violencia
violent - violento
death - muerte violenta
means - medios violentos
presumption - indicio violento *o* vehemente
virtual - virtual
vis - fuerza
vis a vis - cara a cara, vis a vis
vis major - fuerza mayor
visa - visa, visar, refrendar
visible balance of trade - balanza visible *o* de comercio
visit - inspección, visita
visitation - inspección, supervisión
visitor - inspector, visitador
visitorial power - autoridad de examinar
vitiate - viciar
viva voce - de viva voz
viz - a saber, es decir
vocation - vocación, profesión
voice identification - identificación de una voz
void - nulo, inválido, írrito, anular, invalidar, inutilizar
contract - contrato inválido
judgment - sentencia nula
marriage - matrimonio inválido
process - procedimiento ilegal *o* nulo
tax - impuesto ilegal
voidability - anulabilidad
voidable - anulable, cancelable, irritable
preference - pago anulable en anticipación de quiebra
voidance - invalidación, anulación
voided - anulado
voiding - anulativo
volitional insantiy - insania volitiva
voluntary - voluntario
arbitration - arbitraje voluntario
assignment - cesión voluntaria
association - asociación voluntaria
bankruptcy - concurso voluntario, bancarrota voluntaria
confession - confesión espontánea
conveyance - cesión sin causa valiosa
deposit - depósito voluntario
ignorance - ignorancia innecesaria
jurisdiction - jurisdicción voluntaria
nonsuit - sobreseimiento voluntario
oath - juramento voluntario
payment - pago voluntario
petition - petición voluntaria
trust - fideicomiso voluntario

volunteer - voluntario, adquirente a título gratuito
vote - voto, votación, votar, balotar
  by proxy - voto por poder, voto mediante apoderado
  down - rechazar por votación
  of confidence - voto de confianza
voter - votante, votador
voting - votación, balotaje
  stock - acciones votantes *o* con derecho de votar
  trust - fideicomiso para votación, trust de votar
vouch - comprobar, atestiguar, certificar
  for - responder de, acotar
vouchee - defensor del título
voucher - comprobante, vale, póliza, boletín, justificante, conocimiento, documento creditivo *o* probatorio, cargareme, resguardo
vouchered - con comprobantes
voyage charter - fletamento de viaje redondo

Notes

wafer - oblea
wage - jornal, salario
  board - comisión *o* consejo de salarios, junta ajustadora de jornales
  dispute - controversia *o* disputa sobre salarios, desacuerdo sobre jornales
Wage Stabilization Board - Junta de Estabilización de Salarios *o* de Jornales
wages - jornal, salario, sueldo
wager policy - póliza apostadora *o* de juego
wagering contract - contrato de juego
wageworker - asalariado, trabajador
waif - bienes mostrencos
waiting - espera, período de espera
  list - causas en espera
  period - término suspensivo, período antes de recibir compensación
waive - renunciar, desistir
waiver - renuncia, abandono
  of exemption - renuncia de exención
  of immunity - renuncia de inmunidad
  of jury - renuncia del derecho de juicio ante jurado
  of notice - renuncia de citación *o* de aviso
  of notice of dishonor - renuncia de aviso de rechazo
  of performance - renuncia de cumplimiento específico
  of protest - excusa de protesto
  of rights - renuncia de derechos
  of tort - renuncia de daños por agravio
wallet - cartera
want (n) - falta, necesidad
want (v) - necesitar, requerir, querer, faltar
  of consideration - falta de precio *o* de causa
  of issue - falta de descendencia
  of jurisdiction - falta de jurisdicción
wanton - perverso, gravemente negligente, malicioso, imperdonable, lascivo
  act - acto perverso, acto gravemente negligente
  injury - perjuicio intencional, agravio protervo
  misconduct - acción perjudicial proterva
  negligence - negligencia *o* imprudencia temeraria
war - guerra
  tax - impuesto *o* contribución de guerra
ward - guarda, custodia, pupilo
  in chancery or **of the court** - menor *o* pupilo en tutela dativa
warden - guardián, custodio, alcaide
warehouse - almacén, depósito, bodega
  acceptance - aceptación del almacén
  bond - fianza de almacén
  entry - entrada para almacén afianzado, guía de almacenaje
  loans - préstamos contra guías de almacén
  receipt - certificado *o* guía *o* conocimiento *o* resguardo de almacén, guía de depósito, vale de prenda, recibo de almacén
  warrant - duplicado del certificado de almacén
warehouse-entry bond - fianza de entrada para almacén afianzado
warehouseman - almacenero, almacenador, almacenista, barraquero
warning - advertencia, aviso, caución, amonestación
warrandice - garantía
warrant - comprobante, certificado, vale, libramiento, autorización, poder, póliza, certificado de depósito, auto, decreto, certificado para compra de acciones a precio definido, derecho de subscripción
  in bankruptcy - auto de bancarrota
  of arrest - auto de detención, mandamiento de arresto
  of attorney - poder
  of commitment - auto de detención, mandamiento de encarcelamiento
  of merchantability - garantía de vendibilidad
warranted - garantizado, justificado
warrantee - garantizado
warranter - garante, fiador
warrantless arrest - arresto sin orden judicial
warrantor - garante, fiador
warranty - garantía, condición de seguro
  deed - escritura de propiedad con garantía de título
  of fitness - garantía de aptitud
  of title - garantía de título

waste - daños negligentes a la propiedad, uso abusivo de la propiedad, desperdicios
water level - nivel del agua
water-logged - inundado
water-mark - marca del nivel de agua
water pollution - contaminación de aguas
water rights - derechos del uso de aguas
watered stock - acciones diluídas, capital inflado
wax seal - sello de lacre, sello para lacrar
ways and means - medios y arbitrios
wedlock - matrimonio
weight of evidence - preponderancia de la prueba
welfare - bienestar, previsión
  fund - fondo de previsión *o* de bienestar
  work - prestaciones asistenciales, asistencia pública
welsh - repudiar una obligación
welsher - estafador, rechazador de una obligación
whenever - cuando quiera que, tan pronto como
whensoever - cuando quiera que
whereabouts (adv) - donde, por donde
whereabouts (n) - paradero
whereas - por cuanto, visto que, considerando, en vista de
  clauses - considerandos, por cuantos
whereat - a lo cual
whereby - por medio del cual, según el cual
wherefore - por lo cual
wherefrom - desde donde
wherein - en qué, en donde
whereinto - en donde, en que
whereof - de lo que, de que
whereon - en que, sobre que
wheresoever - dondequiera que
wherethrough - a través de lo cual
whereto - adonde
whereunto - adonde
whereupon - después de lo cual, sobre que
wherewith - con lo cual
wherewithal - con lo cual
whether - si
whichsoever - cualquiera
while - mientras
whistle blower - empleado que se rehusa a participar en actividades ilícitas en su empresa, empleado que informa sobre actividades ilícitas en su empresa
white-collar crimes - crímenes cometidos sin violencia por individuos y entes jurídicos tales come hurto y desfalco
wholesale - venta al por mayor
  dealer - comerciante mayorista
  price - precio al por mayor
wholly - enteramente, totalmente
wholly owned subsidiary - subsidiaria en propiedad absoluta
whomever - a quienquiera, a cualquiera
whomsoever - a quienquiera, a cualquiera
whosesoever - de quienquiera
whom it may concern - a quien pueda interesar, a quien corresponda, a quien concierna
widows and orphans - viudas y huérfanos
widow's pension - viudedad
widower - viudo
widowhood - viudez
wife - esposa, mujer
  murder - uxoricidio
wildcat - ilícito, no autorizado
wildcat strike - huelga no autorizada por el sindicato
willful - premeditado, intencional
  act - acto intencional
  misconduct - mala conducta intencional
  neglect - descuido porfiado
  negligence - negligencia intencional
  tort - agravio intencional
will - testamento
  contest - litigación sobre un testamento
willing - dispuesto, voluntario
windfall profits - ganancias inesperadas
windfall profits tax - impuesto sobre las ganancias inesperadas
winning litigant - litigante victorioso
wiretapping - intercepción de señales de telecomunicaciones
with - con, para
  all faults - tal cual, a riesgo del comprador
  malice aforethought - con malicia premeditada
  prejudice - sin derecho de juicio nuevo
  recourse - con recurso
withdraw - retirar, retractar
  a bid - retirar *o* rescindir la propuesta
  charges - retirar acusaciones
  from membership - desafiliarse, separarse, darse de baja
  funds - retirar *o* sacar fondos
  a motion - rescindir la moción

a suit - desistir del pleito
withdrawal - retirada, recogida
withhold at the source - retener en la fuenta *o* en el origen
withholding agent - agente de retención, retentor
withholding tax - retención de impuestos
without - sin
detriment - sin perjuicio, sin menoscabo
due notice - intempestivamente, sin debido aviso
due process of law - sin debido procedimiento legal
her consent - contra su voluntad
impairment - sin perjuicio, sin menoscabo
justification - sin justa causa
legal recourse - sin recurso legal
obligation - sin compromiso
par value - sin valor nominal
prejudice - sin perjuicio, sin menoscabo
protest - sin protesto, libre de gastos
recourse - sin recurso
reserve - sin precio mínimo fijado
withstand - resistir
witness - testigo, declarante, atestación, constancia, atestar, testificar, atestiguar, dar fe
witnessing - testificativo, testificante
woman - mujer, dama
criminal - felona
lawyer - abogada
president - presidenta
suffrage - sufragio femenino *o* de la mujer
thief - ladrona
words - palabras, promesas, avisos, mandatos
, in - en palabras, en letras
of limitation - las palabras en una escritura que limitan el derecho que se traspasa
of procreation - las palabras en una escritura por las cuales se limita el traspaso del derecho a los descendientes del primer adquirente
of purchase - las palabras en una escritura que indican la persona que ha de adquirir el derecho que se traspasa
work permit - permiso oficial de trabajo de extranjero
working - utilizable, trabajador, adecuado
control - control efectivo
papers - permiso oficial de trabajo
partner - socio activo
workmen's compensation - compensación legal por accidentes de trabajo
World Bank - Banco Mundial, Banco Internacional de Reconstrucción y Fomento
worth - valor, precio, riqueza, mérito
worthless - sin valor
check - cheque sin fondos, cheque girado conta una cuenta no existente
wraparound mortgage - hipoteca que incorpora otra hipoteca existente
writ - mandamiento, auto, decreto, escrito, orden, proveído, mandato
of assistance - interdicto de despojo, mandamiento de lanzamiento
of attachment - mandamiento de embargo, providencia de secuestro
of certiorari - auto de avocación, auto de certiorari
of covenant - auto por incumplimiento de pacto
of debt - acción en cobro de dinero
of delivery - mandamiento para entrega de bienes muebles
of ejectment - mandamiento de desalojo, providencia de lanzamiento
of entry - auto de posesión, acción para recobrar posesión de un inmueble
of error - auto de casación
of execution - auto ejecutivo, mandamiento de ejecución, ejecutoria, providencia ejecutoria
of expropriation - auto de expropiación
of habeas corpus - auto de habeas corpus
of inquiry - auto de indigación
of mandamus - mandamiento, auto de mandamus
of possession - auto de posesión, interdicto de despojo
of prevention - providencia preventiva
of process - citación
of prohibition - inhibitoria
of quo warranto - auto de quo warranto
of replevin - auto de reivindicación
of restitution - auto de restitución
of review - auto de revisión
of summons - emplazamiento

of supersedeas - auto de suspención *o* de sobreseimento, providencia ordenando la paralización de los procedimientos

write - escribir

in - intercalar, insertar

off - anular, eliminar, suprimir

written - escrito, manuscrito

agreement - acuerdo por escrito

contract - contrato escrito

law - derecho escrito, ley escrita

notice - aviso escrito

warranty - garantía escrita

wrong - daño, entuerto, agravio, injuria, perjuicio, errado, equivocado, erróneo, incorrecto, inexacto, inicuo, agraviar, injuriar

wrongful - ilegal, ilícito, perjudicial, injusto

act - acto injusto *o* contrario a la ley

attachment - embargo ilegal

death - muerte por negligencia de otro

Notes

x ray - rayo x
xenodochy - hospitalidad

Y

yardstick - norma para avaluación de servicios públicos
yea - voto afirmativo
yea-and-nay vote - votación por lista
year-end
  balance sheet - balance de fin de año
  dividend - dividendo al fin del año
year to year, tenancy from - arrendamiento renovable de año por año
yellow-dog contract - contrato que prohibe afiliación con un gremio
yield - rendimiento, producto, producir, rendir, valer, redituar, rentar, ceder
  to maturity - rendimiento al vencimiento

Z

zonal - zonal
zone - zona
zoning - zonificación
  regulations - reglamentos de zonificación

Notes

Notes

Español to English Reference Guide

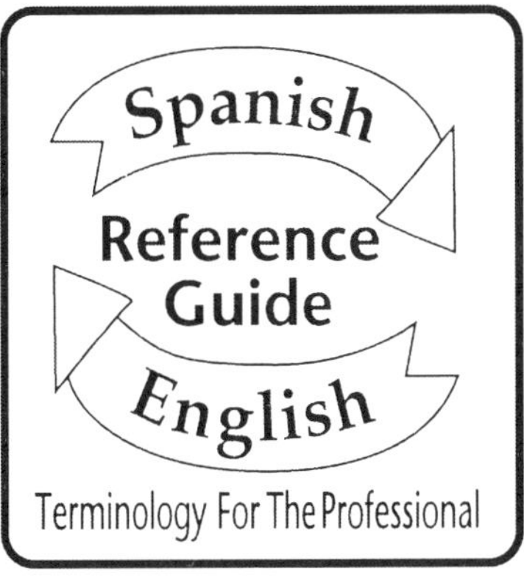

a
- **beneficio de inventario** - to the benefit of inventory
- **bordo** - on board
- **cargo de** - in charge of, payable by
- **ciegas** - blindly
- **condición** - upon the condition that
- **condición que** - provided that
- **contrario sensu** - on the other hand
- **corto plazo** - short term, in the short term
- **crédito** - on credit
- **cuenta** - on account
- **cuenta de** - for the account of, on behalf of
- **destajo** - by the job
- **discreción** - left to the discretion
- **la letra** - to the letter, literally
- **la orden de** - to the order of
- **la par** - at par, simultaneously
- **la presentación** - at sight
- **la vista** - at sight
- **largo plazo** - long term, in the long run
- **medio plazo** - medium term
- **plazos** - in installments
- **posteriori** - from what comes after
- **priori** - from what goes before
- **prueba** - on approval
- **quo** - from which
- **vinculo matrimonii** - from the bond of marriage
- **vista de** - in the presence of, in consideration of

ab
- **ante** - in advance
- **antecedente** - beforehand
- **initio** - from the beginning
- **intestato** - intestate
- **irato** - in anger

abajo firmado - undersigned
abanderar - to register a vessel
abandonamiento - abandonment, carelessness, negligence
abandonante - one who abandons
abandonar - to abandon, to waive, give up
abandono - abandonment, waiver, dereliction, desertion, relinquishment
- **de acción** *o* **de la instancia** - abandonment of action
- **de apelación** *o* **de recurso** - abandonment of appeal
- **de bienes** - abandonment of goods
- **del buque y de los fletes** - abandonment of ship and freight
- **de cónyuge** - abandonment of husband *or* wife
- **de cosas aseguradas** - abandonment of insured property
- **de derechos** - abandonment of rights
- **del hogar** - abandonment of domicile
- **de menores** - failure of father to provide for children
- **de niños** - abandonment of children

abarcador - monopolist, monopolistic, enterprising
abarcar - to monopolize, corner, to include
abarrotar - to monopolize, corner
abastecedor - purveyor
abastecer - to supply
abastecimiento - supply, supplying
abdicación - abdication
abducción - abduction
abierto - open, clear, evident, frank
abigeato - cattle stealing
abigeo - cattle thief, abactor, abigeus
abintestado - judicial proceeding to settle estate of an intestate, heir of an intestate, intestate estate
abintestato - intestate proceedings
abjuración - abjuration, renunciation on oath
abjurar - to retract, abjure, repudiate, disavow
abnegación - abnegation
abogable - pleadable
abogacía - legal staff, the legal profession
- **aduanera** - customs bar
- **de sociedades anónimas** - practice of a corporation lawyer
- **procesal** - practice of a trial lawyer

abogada - woman lawyer
abogadil - relating to the legal profession
abogado - lawyer, attorney at law, public attorney, counsel, barrister, solicitor
- **acusador** - counsel for the plaintiff, prosecuting attorney
- **ad hoc** - attorney ad hoc
- **aduanero** - customs attorney
- **asociado** - associate counsel
- **auxiliar** - junior counsel
- **civilista** - civil lawyer
- **consultor** - legal adviser

del estado - government attorney
de incorporaciones *o* **de sociedades anónimas** - corporation lawyer
de oficio - counsel appointed by court for poor defendant
de patentes - patent lawyer
de record - attorney of record
de secano - shyster lawyer, pettifogger
defensor - counsel for the defense
desprestigiado - attorney fallen into professional disrepute
en ejercicio - practicing attorney
fiscal - state *or* prosecuting attorney
litigante - trial lawyer
mediador - judge advocate
notario - attorney and notary public
penalista - criminal lawyer
picapleitos - ambulance chaser, shyster lawyer
que consta - attorney of record
secundario - junior counsel

abogar - to advocate, to plead a case
abolengo - inheritance, ancestry, lineage
abolición - abolition, abrogation
abolir - to repeal, revoke, abolish
abonable - payable
abonado - trustworthy, subscriber
abonador - bondsman, surety
abonamiento - surety, security, guaranty, guarantee, bail
abonar - to guarantee, become bondsman, to pay, to make good, to credit
de más - to overcredit, to overpay
en cuenta - to credit an account

abonaré - promissory note, due bill
abono - backing, guarantee, voucher, certificate, credit entry, payment, allowance, discount
a cuenta - payment on account
de intereses - payment of interest
de testigos - certification of character of witnesses
de tiempo de prisión - commutation of sentence
parcial - payment on account

abordaje, abordo - fouling of two vessels, collision of vessels
culpable - collision due to negligence
fortuito *o* **casual** - unavoidable collision
recíproco - both-to-blame collision, collision of vessels where both are at fault

abortar - to fail, be unsuccessful, to abort
abortista - abortionist
abortivo - abortive
aborto - abortion, miscarriage
abreviación - abridgement, abbreviation
abrigo tributario - tax shelter
abrir - to open
a pruebas - to begin taking testimony
el juicio - to open the case
la licitación - to open the bidding
la sesión - to call the meeting to order
los libros - to open a set of books
propuestas - to open bids
un crédito - to open a line of credit
una cuenta - to open an account

abrogable - annullable, cancelable, repealable
abrogación - abrogation, repeal
abrogar - to repeal, abrogate, annul, set aside
absentismo - absenteeism
absentista - absentee
absolución - acquittal, absolution, pardon, dismissal
con reserva - dismissal without prejudice *or* with reservation of rights to plaintiff
condicionada - conditional pardon
de la demanda - finding for the defendant, dismissal of complaint
de derecho - acquittal in law
de hecho - acquittal in fact
de la demanda - dismissal of the complaint, finding for the defendant
de la instancia - dismissal of the case
del juicio - dismissal of action
de posiciones - reply to interrogatories
libre - verdict of not guilty, acquittal
perentoria - summary dismissal of criminal action

absoluto - absolute, unconditional
dominio - fee simple, freehold

absolutorio - absolving, absolutory, acquitting
absolvente - one who replies to an interrogatory
absolver - to absolve, release, to acquit, to resolve, solve
de la instancia - to acquit for lack of evidence
una consulta - to furnish the information requested
las posiciones *o* **las preguntas** - to answer an interrogatory

absorver la pérdida - to absorb the loss
absorción - absorption, takeover
  de empresas - corporate takeover
abstemio - abstainer
abstención - abstention
  de procedimientos - refusal to continue a process, refusal to prosecute
abstencionista - abstainer
abstinencia - abstinence
abstracto - abstract
absuelto - acquitted, absolved
absurdidad, absurdo - absurdity
abusar - to abuse
abusivo - abusive
abuso - abuse, misuse
  de autoridad - abuse of authority
  de confianza - breach of trust, betrayal of confidence, embezzlement
  crédito - misuse of credit
  de derecho - abuse of process
  de discreción - abuse of discretion
  de libre albedrío - abuse of discretion
  de menores - abuse of minors
  de poder - abuse of authority
  de privilegio - abuse of privilege
acaloradamente - ab irato, angrily, heatedly
acaparador - one who corners the market, profiteer
acaparar - to monopolize, corner
acaparrarse - to agree, come to terms, close a deal
acápite - paragraph, clause, subhead
acarreador afianzado - bonded truckman
acarrear - to carry, convey, transport, haul, to cause, occasion
acaso - perhaps, by chance, chance, accident
acatamiento - compliance, respect, acknowledgement, acceptance
acatar - to comply with, accept
accesión - accession, right of owner of property to everything produced thereby *or* united thereto *or* incorporated therewith naturally *or* artificially
acceso - access
  violento - forcible entry
accesoria - annex
accesorio - accessory, appendant, additional
accidental - accidental, contingent
accidente - accident, casualty, chance
  corporal - personal injury
  de circulación o **de tránsito** - traffic accident
  de trabajo - industrial, occupational accident
  inculpable - accident not due to negligence
  mortal - fatal accident
  no de trabajo - nonoccupational accident
  operativo - industrial accident
  professional - occupational accident
accidentes del mar - perils of the sea, marine risk
acción - action, act, right of action, lawsuit, share of stock, stock certificate
  a que hubiere lugar - action which may lie
  a que tuviere derecho - whatever recourse is available
  accesoria - accessory action
  ad exhibendum - actio ad exhibendum
  administrativa - administrative act
  amigable - friendly suit, amicable action
  antimonoplista - antitrust suit
  bajo derecho común - common law action
  cambiaria o **de cambio** - action for collection of a bill of exchange
  cambiaria de regreso - action against secondary endorsers
  caucionable - bailable action
  caucional - giving bond
  cautelar - action for provisional remedy
  civil - civil action
  communi dividundo - proceeding for partition of property
  con lugar - action which lies
  concertada - concerted action
  confesoria - action for enforcing an easement, dispossess proceeding
  conjunta - joint action
  constitutiva - test action, action to establish a legal principle
  contra la cosa - action in rem
  contractual - action on contract
  contraria de mandato - action of borrower against lender, action of agent against principal
  criminal - criminal action
  de apremio - action of debt, summary process for collection of taxes
  de cobro de dinero - action of debt
  de condena - prosecution

de conducción - tenant's action to keep possession
de desahucio - unlawful detainer action, eviction proceeding
de desalojo - ejectment action
de deslinde - action to define a property line
de despojo - dispossess proceeding
de difamación - suit for libel *or* slander
de divorcio - action of divorce
de dominio - replevin
de enriquecimiento indebido - action for restitution after unjust enrichment
de estado civil - action to establish status
de jactancia - action in jactitation
de libelo - action for libel
de locación - action to collect rent
de mandamiento - mandamus action
de nulidad - action to declare void
de posesión - possessory action
de regreso - action of recourse
de transgresión - action in trespass
declarativa - declaratory action
directa - direct action, action on contract
directa de mandato - action of lender against borrower, action of principal against agent
ejecutiva - executive action, execution
ejercitoria - action against shipowner for supplies furnished
en cobro de dinero - action for recovery of money
enemiga o **del enemigo** - act of public enemies
estatutaria - statutory action
estimatoria - quanti minoris, action for price reduction for defects
hipotecaria - foreclosure proceedings
imprescriptible - action which has no statute of limitations
in rem - action in rem
in solidum - joint and several action
incidental - accessory action
inmobiliaria - suit relating to real estate
interdictal - injunction proceeding
judicial - suit, lawsuit
litigiosa - lawsuit
mancomunada - joint action
mixta - mixed action (real and personal)
mobiliaria - action relating to personal property
negatoria - action to repel claim for easement
negatorium gestorum - action of an agent to collect expenses
oblicua - action for subrogation
ordinaria - ordinary proceeding
para cuenta y razón - action for accounting *or* of account
particular - personal action
pauliana - action to nullify fraudulent acts of a bankrupt
penal - penal action
perpetua - action without time limit
personal - personal action, action in personam
petitoria - petitory action
pignoraticia - action of pledge, actio pignoratitia
plenaria - ordinary *or* full proceeding (as distinguished from summary)
por daños y perjuicios - suit for damages
por cumplimiento de contrato - action ex contractu *or* ex delicto *or* of assumpsit
posesoria - possessory action
prejudicial - preliminary *or* preparatory action, incidental proceeding
prescriptible - action which has a statute of limitations
preservativa o **preventiva** - action for provisional remedy
privada - action for private injury
procedente - action which lies
procesal - lawsuit, legal action
prohibitoria - action to enforce an easement, ejectment action
proveniente de delito - action ex delicto, action on the case
pública - criminal action
publiciana - action to acquire property by prescription
real - real action, action concerning real estate
real y personal - mixed action
redhibitoria - redhibitory action
reivindicatoria - action for recovery of possession based on title, ejectment
rescisoria - rescissory action
revocatoria - action for revocation
sin lugar - action which does not lie
solidaria - joint and several action
sostenible - action which lies

subrogatoria - proceeding for subrogation
sumaria - summary proceeding
temporal - action with time limit, actio temporalis
transitoria - transitory action
útil - actio utilis, indirect action
accionario - shareholder
acciones - shares of stock, stock certificates
comunes - common stock
cubiertas - paid-up stock
de aportes - stock issued for property turned in
de beneficio - stock issued for services
de capital - capital stock, stock paid for in cash
de favor o **de premio** - stock issued for services
de fundador - founders' *or* management shares
de goce - certificates giving certain rights to holders of stock retired
de industria - stock issued for services
de preferencia acumulativa - cumulative preferred stock
de preferencia no acumulativa - noncumulative preferred stock
de primera preferencia - first preferred stock
de tesorería - treasury stock
de trabajo - stock issued for services
desiertas o **desertoras** - stock payment for which is in default
en cajo o **en tesorería** - treasury stock
en especie - stock issued for property turned in
exhibidas - full-paid shares
habilitantes - qualifying shares, dummy stock
liberadas - bonus stock, stock full-paid and issued
ordinarias - common stock
pagadas - full-paid shares
participantes preferentes - participating preferred stock
preferidas - preferred stock, stock preferred as to dividends
privilegiadas - preferred stock, stock preferred in liquidation
privilegiadas en el patrimonio - stock preferred as to assets
redimibles - callable stock
sin valor nominal - no-par-value stock
votantes - voting stock
accionante - one who brings an action, plaintiff, prosecutor
accionar - to act, take action, to operate, to litigate, to bring suit, to activate
accionario - pertaining to capital stock
accionista - stockholder, shareholder
comanditario - holder of stock in a joint-stock company
preferido - holder of preferred stock
registrado - stockholder of record
accionistas - stockholders
consentientes - assenting stockholders
constituyentes - founding stockholders
de la minoría - minority stockholders
disidentes - dissenting stockholders
minoritarios - minority stockholders
acensuador - one entitled to receive a perpetual ground rent
acensuar o **acensar** - to encumber real estate with a charge of perpetual rental
aceptación - acceptance, acceptance bill
absoluta o **expresa** - absolute acceptance
bancaria o **de banco** - bank *or* banker's acceptance
cambiaria - accepted bill of exchange
comercial - trade acceptance
condicional - qualified *or* conditional acceptance
del almacén - warehouse acceptance
de la excepción - joinder in demurrer
de favor - accommodation acceptance
en blanco - blank acceptance
implícita - constructive *or* implied acceptance
libre - clean *or* general acceptance
limitada - qualified *or* conditional acceptance
mercantil - trade acceptance
por acomodamiento - accommodation acceptance
por intervención o **por honor** - acceptance by special endorser *or* for honor *or* supraprotest
aceptador - acceptor
aceptar - to accept, to admit
a beneficio de inventario - to accept subject to an inventory
con reserva - to accept conditionally
por cuenta de - to accept for the account of, accept on behalf of

una resolución - to adopt a resolution
acepto - acceptance, accepted, admitted, acceptable
acertamiento incidental - ruling which forms basis for additional actions
acertar - to determine a question of law
acervo - total assets of a bankrupt *or* of an estate, common property
hereditario - net worth of an estate
social - corporate assets
aclaración de sentencia - clarification of the judge's decision
acoger - to receive, accept, to conceal a crime
a - to resort to
un giro - to honor a draft
acogida - acceptance, reception, asylum
de una letra - honoring a draft
acogido a la franquicia postal - admitted to franking privilege, licensed to use a postage-metering machine
acometedor - aggressor, enterpriser
acometer - to assault, attack, to undertake
acometida - attack, assault
acometimiento - assault
y agresión grave - aggravated assault and battery
y agresión simple - simple assault and battery
acomodación - accommodation, adjustment, compromise, arrangement
acomodamiento - accommodation, composition
aconsejador - adviser, advisory
aconsejar - to advise
acoquinar - to intimidate
acordada - decision, resolution, decree
acordado - ruling that a question has already been decided, agreed, stipulated
acordar - to agree, to resolve, to pass a resolution
interés - to allow interest
una dilación - to grant a delay
un dividendo - to declare a dividend
una patente - to grant a patent
acordarse - to come to terms, agree
acorde - agreed
acostumbrado - customary, accustomed
acotación - annotation
acrecencia - accretion, increase in portion of coheirs by nonacceptance of legacy of others
acreditación - accreditation, crediting
acreditado - accredited, credited
acreditar - to authorize, to verify, to evidence, to prove, to answer for, guarantee, to credit
acreedor - creditor
alimentario - one to whom alimony is awarded
común - general creditor
concursal - creditor of a bankrupt
de dominio - creditor of a bankrupt who claims title to some of the assets
de regreso - one who demands payment of a dishonored bill
ejecutante - execution creditor
embargante - lien creditor, attaching creditor
escriturario - creditor of whose claim there is an official record
garantizado - secured creditor
hereditario - creditor of a deceased person
hipotecario - mortgagee
inferior - junior creditor
interventor - creditor appointed by court to audit statement
mancomunado - joint creditor
ordinario - general creditor
peticionario - petitioning creditor
por contrato sellado - speciality creditor
por juicio o **por fallo** o **por sentencia** - judgment creditor
preferente - preferred creditor
prendario - holder of a chattel mortgage
quirografario - unsecured creditor
real - secured creditor
refaccionario - creditor for money advanced to a farmer, merchant, or builder, crop-loan creditor
sencillo - general creditor
simple - general creditor
social - creditor of a partnership
solidario - joint and several creditor
subsecuente - subsequent creditor
superior - senior creditor
testamentario - legatee
verbal - creditor with no written record
acreedores
del fallido - those with claims arising before bankruptcy proceeding
de la masa - those with claims arising from the cost of liquidation

en el concurso - creditors of the receivership
acreencia - amount due, credit balance
acriminador - accuser, incriminatory
acriminar - to accuse, incriminate, charge, to impeach, to exaggerate a criminal charge
acta - record, certificate, memorandum of action signed by parties thereto, act of the legislature
auténtica - authentic act
constitutiva o **de constitución** - incorporation agreement, incorporation papers
de asamblea - minutes of a meeting
de audiencia - record of a hearing signed by judge, clerk, and parties
de avenamiento - memorandum of agreement
de cesión - conveyance, transfer, assignment
del congreso - act of congress
de defunción - death certificate
de deslinde - description of property line, certificate of dividing boundary line
de incorporación - articles of incorporation
de matrimonio - record of a marriage
de nacimiento - birth certificate
de organización - incorporation papers
de posesión - certificate of office
de protesta - master's protest
de protesto - protest of a note or draft
de sesión o **de una reunión** - minutes of a meeting
de última voluntad - will
electoral - certificate of election
legislativa - act of the legislature
notarial - notarial certificate, acknowledgment
orgánica - constitution
taquigráfica - stenographic record, bill of evidence
actas - minutes of a meeting, proceedings, docket, file, papers
de juicios - court records
de navegación - navigation laws
action bonae fidei - act of good faith
actio civilis - civil action
action criminalis - criminal action
action ex contractu - action for breach of contract
actio ex delicto - tort action, actio ex delicto
action in personam - personal action, actio in personam
action in rem - action against the thing
action personalis - personal action
actividad lucrativa - gainful employment
activo - assets, active
a mano - cash assets
abandonado - abandoned assets
acumulado - accrued assets
agotable - depletable assets
aparente - intangible assets
aprobado o **confirmado** - net *or* admitted assets
capital - capital assets
circulante - liquid *or* current assets, working capital
computable - admitted assets
corriente - current *or* liquid *or* floating assets
demorado - deferred assets
disponible - cash assets, liquid assets, funds available
efectivo - cash assets
en circulación - working capital
eventual - contingent assets
fijo o **inmovilizado** o **permanente** - capital assets, fixed capital
flotante - current *or* circulating assets
intangible - intangible assets, passive assets
invisible - goodwill, concealed assets
líquido - net worth, liquid assets
neto - net worth
nominal - goodwill, intangible assets
oculto - concealed assets
permanente - fixed assets
realizable - current *or* liquid assets, quick assets
social - assets of a partnership
acto - act, action, proceeding
anulable - voidable act
anulativo - nullifying act
bélico o **de guerra** - act of war
conciliatorio o **de conciliación** - proceeding for conciliation
concursal - bankruptcy proceeding
continuo - immediately thereafter
del alguacil - official notice
de avería - jettison
de buena fe - act in good faith
de comisión - act of commission

del congreso - act of congress
de comercio - commercial transaction
de dominio - act of state, act of ownership
de insolvencia - act of bankruptcy *or* of insolvency
de intervención - act of honor
de omisión - act of omission
del otorgamiento - execution
de presencia - attendance, presence
de quiebra - act of bankruptcy
judicial - judicial act
jurídico - legal proceeding, juristic act, act of law
ministerial - ministerial act
omisivo - omission
posesorio o **de posesión** - possessory action
procesal - suit, legal action
público - act witnessed by a notary, public act *or* affair
actos - acts, actions
administrativos - acts of a governmental authority
conservativos - acts for preservation of rights
de comercio - commercial transactions
de documentación - ccurt records
de ejecución - execution proceedings
inexistentes - void acts
actor - plaintiff, impleader, complainant, claimant
civil - plaintiff
criminal - prosecutor
actora - woman plaintiff
actore incumbit probatio - burden of proof rests on the plaintiff, actori incumbit onus probandi
actuable - actionable
actuación - proceeding, judicial action, performance
actuaciones - proceedings, records
judiciales - judicial orders, resolutions
tribunalicias - court proceedings
actual - present, current
actuar - to perform judicial acts, to litigate, to proceed, to act, discharge a duty
actuario - actuary, clerk of the court, marshal, sheriff
acuerdo - agreement, accord, understanding, resolution, decree, directors' meeting, cabinet meeting
armónico - gentlemen's agreement
de caballeros - gentlemen's agreement
de voluntades - meeting of the minds
expreso - express agreement
extrajudicial - settlement out of court
no sellado - parol agreement
verbal - parol agreement
acuerdo-ley - resolution with force of law
acuerdos fiscales internacionales - international tax agreements
acumulable - cumulative, subject to joinder
acumulación - accumulation, joinder
de acciones - joinder of actions
de autos - one decision to settle several cases
de sentencias - judicial decisions that establish principles of law
acumular - to try jointly, to accrue
acumulativo - cumulative, accumulative
acuñar moneda - to coin money
acusación - accusation, arraignment, indictment, information, impeachment, presentment
fundada - true bill
maliciosa - malicious accusation
por gran jurado - indictment
acusado - defendant, accused
acusador - complainant, prosecutor, accuser, accusatory
particular o **privado** - private prosecutor
público - public prosecutor
acusar - to accuse, criminate, to arraign, to prosecute, to charge, to indict
una ganancia - to show a profit
una pérdida - to show a loss
por gran jurado - to indict
recibo - to acknowledge receipt
resultados - to bring results
acusatorio - accusing, criminative, accusatory
acuse - acknowledgment (receipt)
ad
efectum - ad efectum, to the effect
hoc - ad hoc, for this special purpose
honorem - ad honorem, for the honour, gratuitously
interim - ad interim, in the meantime
libitum - ad libitum, at will
litem - ad litem, for the suit, during pendency of the action
literam - literal
perpetuam - ad perpetuam, in perpetuity
quem - ad quem, to which

referendum - ad referedum, for further consideration, for approval by higher authority
rem - ad rem, to the point
valorem - ad valorem, according to value
adatar - to date, to credit
adención - ademption
adeudar - to owe, to debit
adeudo - debt, obligation, indebtedness, debit, customs duty
adherencia - adherence
adherir el sello - to affix the stamp or seal
adherirse a la apelación - to concur in the appeal
adhesión - assent, accession, adherence
adhesivo - concurring, agreeing
adición - addition
de la herencia - acceptance of a legacy
adir la herencia - to accept the inheritance
adjetivo - adjective
adjudicación - adjudication, award
de quiebra - adjudication in bankruptcy
procesal - judgment, judicial award
adjudicador - adjudicator
adjudicar - adjudicate, adjudge, to award
el contrato - to let the contract
adjudicatario - one who receives an award, successful bidder
adjudicativo - adjudicative
adjunción - adjunction
adjunto - herewith, enclosed, attached
adminicular - to provide additional proof, corroborate
adminículo - corroboration, additional proof
administración - administration, management, manager's office
accesoria - ancillary administration
con testamento anexo - administration with will attached
de bienes de ausente - administration of property of an absentee
de impuestos - tax administration, tax collector's office
de justicia - administration of justice, department of justice
de la quiebra - administration of the affairs of a bankrupt
de la sucesión - administration of an estate
judicial - receivership, judicial administration
judicial en equidad - equity receivership
administrador - manager, administrator, executive
concursal - receiver or trustee in bankruptcy
de bienes de enemigos - alien property custodian
de contribuciones - collector of taxes
judicial - receiver
administradora - administratrix
administrar - to manage, administer, direct
un juramento - to administer an oath
justicia - to administer justice
administrativista - specialist in administrative law
administrativo - administrative, executive
admisible - admissible
admisión - confession, admission, acceptance
completa - plenary *or* full admission
concomitante - incidental admission
de parte - admission by a party
de sentencia - confession of judgment
desventajosa - admission against interest
directa - direct *or* express admission
implícita - implied admission
plenaria - plenary *or* full admission
procesal - judicial admission
admitir - to admit, acknowledge, to receive, accept, to take congnizance of
en consorcio - to admit to partnership
un reclamo - to allow a claim
admonición - admonition, warning
adolescencia - adolescence
adopción - adoption
adoptar un acuerdo - to pass a resolution
adoptivo - adopted (child)
adquirente - buyer, taker, purchaser
a título gratuito - volunteer, grantee in a voluntary conveyance, donee
a título oneroso - purchaser for value
de buena fe - bona fide purchaser
sin previo conocimiento - purchaser without notice
adquirir por título de compra - to acquire by purchase
adquisición - purchasing, acquisition, production
derivada - derivative acquisition
original - original acquisition
procesal - rights acquired by third parties through judicial decisions
adscribir - to appoint, to attach, to assign

aduana - customhouse
aducción de pruebas - production of proof *or* evidence
aducir pruebas - to adduce evidence, produce proof
adúltera - adulteress
adulteración - adulteration
  de documentos - falsification
adulterar - to adulterate, to falsify, to commit adultery
adulterino - adulterine, falsified, forged
adulterio - adultery
adúltero - adulterer, adulterous
adulto - adult
advenimiento del plazo - maturity
adventicio - accidental, adventitious (said of property not acquired by direct inheritance)
adveración - certification
  de testamento - attestation of will
adverado - attested, witnessed
adversario - adversary
advertencia - warning, admonition, notice
advertir - to give notice, to observe
afección - pledging, mortgaging, charge, assessment
afectable - that may be encumbered, mortgageable
afectación - appropriation, charge, encumbrance
  preventiva - tentative appropriation
afectar - to affect, pledge, encumber, to allocate, earmark, assign, appropriate
afecto - subject to lien, affected, encumbered, earmarked, pledged
affines - relatives by marriage
afianzado - in bond, bonded, on bail
  para derechos aduaneros - customs-bonded
  para rentas interiores - internal revenue bonded
afianzador - bondsman
afianzar - to bond, to bail, to guarantee
afidávit - affidavit
afiliado del gremio - member of the union
afinidad - affinity, relationship
afirmación - affirmation, affirmance
afirmante - affirmant
afirmar - to affirm, assert, aver, contend
  bajo juramento - to swear, state under oath
afirmativa - affirmative, affirmation
afirmativo - affirmative, assertory
aforador - appraiser, gager
aforar - to appraise, to gage
aforo - appraisal, gaging, measurement
agencia - agency, bureau, office
  exclusiva - exclusive agency
  implícita - implied agency
  ostensible - ostensible agency
  por impedimento - agency by estoppel
  real - actual agency
Agencia de Derechos Aduaneros - Bureau of Customs
agenciar - to negotiate, to promote
agente - agent, statutory agent for foreign corporation
  administrador - managing agent
  aparente - apparent *or* ostensible agent
  de circulación - traffic policeman
  de comercio - commission man, broker
  de plaza - local representative
  de retención - withholding agent
  de transferencia - transfer agent
  encubierto - undercover agent
  especial - special agent
  fiduciario - trustee, fiduciary agent
  financiero - fiscal agent
  fiscal - treasury representative, fiscal agent, government attorney, tax agent
  general - general agent
  inculpable - innocent agent
  ostensible - apparent *or* ostensible agent
  retendor - withholding agent
agentes auxiliares de comercio - brokers, auctioneers, warehousemen, factors, and common carriers
agio - profit on money lending *or* on exchange transactions, usury, extortion
agiotista - usurer, money changer, profiteer
agnación - agnation
agnados - agnates
agnaticio - agnatic
agravante - aggravation, aggravating circumstance, aggravating
agravar - to impose a tax *or* an assessment, to aggrieve
agravatorio - aggravating, demanding compliance with an order issued
agraviada, parte - aggrieved party
agraviador - violator, tortfeasor, offender
agraviar - to injure, damage, wrong, offend
agravio - injury, damage, tort, affront, insult, offense
  a la persona - personal tort

civil - civil injury
malicioso - malicious mischief
marítimo - maritime tort
procesable - actionable wrong *or* tort
protervo - wanton injury
agravioso - tortious, injurious
agredir - to attack with intent to do bodily harm
agregar - to incorporate, add
agremiado - union man, unionized
agremiar - to unionize
agresión - assault, aggression, battery
simple - simple battery
agresor - infringer, violator, tortfeasor, aggressor, assailant
agrupación, agrupamiento - grouping, cartel, association, group
horizontal - horizontal combination (competing companies)
vertical - vertical combination (successive steps in production)
aguar acciones - to water stock
ahorcar - to hang
ahorro - saving
ajustador - adjuster
de derechos - liquidator
de reclamaciones - claim adjuster
de seguros - insurance claim adjuster
ajustar - to adjust, to reconcile, to settle, compose, compound, to fix lump sum compensation for job
ajuste - agreement, settlement, composition, accommodation
de trabajo - piecework rate
ajusticiado - executed criminal
adjusticiar - to execute (criminal)
al contado - cash
al contrario - to the contrary
al corriente - current, up-to-date
al fiado - credit
al pie de la letra - literally, exactly as indicated, by the book
al tanteo - approximately
al unísono - unanimously
alargar el plazo - to extend a time period
albacea - executor
administrativo - administrator of a will
auxiliar - subexecutor
consular - consular executor
dativo - executor of an intestate appointed by the court
definitivo - permanent executor
especial - special executor
mancomunado - joint executor, coexecutor
provisional - temporary executor
sucesivo - substituted executor
testamentario - testamentary executor
universal - general executor
albaceazgo - executorship
albedrío - judgment, free choice, award of an arbitrator, precedent, free will
alborotador - rioter, agitator
alborotarse - to riot
alboroto - brawl, tumult, riot
alborotos populares - civil commotion
alcabala - excise tax
alcabalatorio - relating to excise tax
alcabalero - collector of excise taxes
alcahuete - procurer, pimp
alcaide - warden, jailer
alcalde - mayor, magistrate, justice of the peace
letrado - magistrate who is a lawyer
mayor - mayor
municipal - mayor
alcaldesa - woman mayor
alcaldía - mayor's office, city hall
alcoholismo - alcoholism
alcurnia - lineage
aleatorio - aleatory
alegable - pleadable
alegación - allegation, affirmation, declaration, argument, plea, contention
de bien probado - summing up
de culpabilidad - plea of guilty
de inocencia - plea of not guilty
falsa o **ficticia** - false plea
privilegiada - privileged plea
alegaciones - pleadings
alegar - to affirm, allege, to plead, to claim, contend
agravios - to claim damages
de buena prueba - to argue the evidence
falsamente - to misallege
alegato - allegation, summing up, brief, plea
de bien probado - brief, summing up
de réplica - reply brief
suplimental - supplemental plea
alegatos - pleadings
de instancia - pleadings
aleve - dishonest, treacherous
alevosía - breach of trust, treachery
alguacil - bailiff, constable, court officer, marshal

mayor - sheriff
alianza - agreement, pact, allegiance
alias - alias
alienable - alienable
alienación - alienation
alienar - alienate, transfer, abalienate
alienista - alienist
alijar - to jettison
alijo forzoso, alijamiento - jettison
alimentante - one who pays alimony *or* allowance
alimentaria - receiver of alimony
alimentista - one who receives alimony *or* an allowance
alimento - alimony, support, maintenance
alimentos - board, allowance, foodstuffs, alimony, compensation, resources, estovers, any maintenance provided by law, testamentary disposition or contract
alindar - to define a boundary line *or* property line
allanamiento - trespass, unlawful entry, raid, inspection, search and seizure
a la demanda - acceptance of the claim by the defendant
de morada - breaking into a house, burglary, official entry and search
allanar - to settle, adjust, to raid, to search, inspect, to trespass
allanarse - to accept, abide by
allonge - allonge, extra sheet for endorsements attached to a negotiable instrument
almacén - warehouse,store
aduanero - bonded warehouse
afianzado - bonded warehouse
de adeudo - bonded warehouse
almacenador - warehouseman
almacenero - warehouseman
almacenista - warehouseman
almirantazgo - admiralty, maritime *or* admiralty court
alocución - allocution, address
alodial - alodial
alodio - alodium, estate in fee simple
alongadero - dilatory
alquilador - lessor
alquilar - to rent, to employ
alquilarse - to take a job as employee
alquiler - rent, rental, hire, wages
del terreno - ground rent
imputado - imputed rent
alquilón - tenant
alta
corte de justicia - high court of justice
mar - high seas
altas partes contratantes - high contracting parties
alterable - alterable, ambulatory
alteración - alteration
del orden o **de la paz** - breach of the peace
alternativo - alternative
aluvión - alluvion
alzada - appeal
alzado - absconder, fraudulent, bankrupt
alzamiento - absconding, concealment of assets by a bankrupt, uprising, rebellion, raising the bid
alzarse - to appeal, to abscond, to go into a fraudulent bankruptcy, to rebel
amalgamar - to merge
amancebamiento - concubinage
amanuense - notary's clerk (one who under civil law may not act as witness to notarial will)
ambigüedad - ambiguity
latente - latent ambiguity
patente - patent ambiguity
ambiguo - ambiguous
amenaza - threat
amenazador - threatening
amenazar - to threaten, menace
amicus curiae - amicus curiae, friend of the court, party voluntarily appearing to aid the court in deciding importance case
amigable - amicable, friendly
componedor - arbitrator, referee
amillarar - to assess a tax
amistoso - amicable, friendly
amnistía - amnesty, pardon
incondicional - absolute *or* unconditional pardon
amnistiar - to pardon
amo de casa - householder
amonestación - admonition, order, warning
amonestaciones matrimoniales - banns of matrimony
amonestar - to warn, admonish, to advise, to require
amortizable - callable, redeemable
amortizar - to amortize, to redeem, to refund, to abolish
amotinado - mutinous, riotous
amotinador - rioter
amotinarse - to riot, to mutiny

ampara - attachment, seizure
amparar - to protect, cover, to pardon, to support, to hold harmless, to vouch for, guarantee
la posesión - to protect a tenant from eviction
la propiedad - to confirm the title
ampararse - to get protection or relief
amparo - protection, shelter, aid, relief, exemption, pardon, mining right, constitutional guarantee for protection of civil rights
de, al - covered by, under the protection of, by authority of
social - social security
ampliación del plazo - extension of the stipulated term
amplificación - enlargement, extension, development of an area or proposition
amplificar, ampliar - to enlarge, amplify, extend
un cheque - to raise a check
analogía - analogy
analógico - analogous, similar
análogo - analogous, similar
anarquía - anarchy
anarquista - anarchist
anatocismo - anatocism, compound interest, usury
anejar - to annex, to attach
anexar - to annex, to attach
anexidades - incidental rights *or* questions
anexión - annexation
angaria - angaria (civil law), angary (international law)
angustias mentales - mental anguish *or* suffering
ánimo - animo, animus, intention
criminal - animus furandi, intent to steal
de donar - animus dedicandi, intention of donating
de lucro - animus lucrandi, intention to make a profit
de revocar - animus recovandi, intention to revoke
anómalo - anomalous
anónimo - unsigned letter, anonymous
anotación - note, annotation
contable - entry in the books
de embargo - filing a writ of attachment
preventiva - provisional notation in Registry of Property of pending suit or of controverted real property right
anotar - to annotate, to file, to enter, to register
ante - in the presence of, before
mí - before me
la sala - in open court
antecedentes - record, history, antecedents, information, data
criminales o **penales** - criminal record
de policía - police record
antecontrato - preliminary agreement
antedata - antedate
antedatar - to antedate, date back
antedicho - aforesaid, above-mentioned, aforenamed, aforementioned
antefechar - to antedate, foredate
antemencionado - above-cited, before-mentioned
antenupcial - antenuptial, prenuptial
antepagar - to prepay, to pay beforehand
anteprocesal - occurring before trial
anteproyecto - tentative plan
de contrato - first draft of contract
anterioridad - priority, preference
anteriormente - heretofore
antes - before
citado - before-cited, above-mentioned
escrito - above-written, before-written
mencionado - aforenamed, aforementioned
anticoalicionista - antitrust
anticonstitucional - unconstitutional
anticresis - antichresis, civil contract whereby creditor manages debtor's property for mutual benefit
anticresista - obligee in contract of antichresis, antichretic
anticrético - antichretic
antifernales - property transferred to a wife in a marriage contract
antiguo - ancient
antijurídico - unlawful, illegal
antilegal - unlawful, illegal, contrary to law
antilogía - contradiction between two legal precepts
antimonopólico - antitrust
antimonopolio - antimonopoly, antitrust
antimonopolista - antitrust
antinomia - antinomy
antípoca - deed acknowledging a censo
antipocar - to acknowledge a censo by deed
antiprofessional - unprofessional
antor - seller of stolen goods

antoría - right of recovery from seller of stolen goods
anualidad - annuity, rent, annual charge
  acortada - curtate annuity
  acumulada - accumulated annuity
  anticipada - annuity due
  cierta - annuity certain
  condicional - contingent annuity
  de supervivencia - survivorship annuity
  de última vida - last-life *or* joint-and-survivor annuity
  incondicional - annuity certain
  ordinaria - ordinary annuity
  pasiva - annuity payable
  perpetua - perpetuity
  vitalicia o **de vida única** - life *or* single-life annuity
anuencia - consent, agreement
anulabilidad - voidability, relative nullity, annullability
anulable - cancelable, annullable, voidable, avoidable, defeasable
anulación - cancellation, annulment, extinguishment, vacation, defeasance, avoidance
  de la instancia - dismissal
anular - to annul, void, cancel, set aside, invalidate, to reverse, to vacate, to defeat, to quash, to abate, to write off, to disaffirm
  el título - to defeat *or* annul the title
  la sentencia - to annul, set aside, vacate, reverse the judgment
anulativo - voiding, annulling
anverso - face of a document, obverse
añadido - allonge, something added
añadir - to add, to increase
año - year
  bisiesto - leap year
  calendario - calendar year
  civil - calendar year
  comercial - commercial year (360 days)
  continuo - calendar year
  contributivo - tax *or* taxable year
  económico o **social** - fiscal year
  financiero - fiscal year, financial year
  fiscal - fiscal year
  gravable - taxable year, tax year
  impositivo - tax year
  muerto - year of grace (before payments begin)
  útil - year excluding days when courts are not in session

apalabrar - to make a verbal agreement
aparcería - partnership, sharecropping
aparcero - partner, one who works on shares, sharecropper
aparejada ejecución - condition of a document which is in proper shape to compel execution
aparejar nulidad - to nullify
apariencia de título - apparent title, color of title
apartado - paragraph, post-office box, section
apartamiento - waiver, withdrawal, separation
apartarse - to withdraw, desist
apelable - appealable
apelación - appeal
  adhesiva o **accesoria** - appeal by losing party agreed to by winning party
  con efecto devolutivo - appeal that does not suspend execution of judgment
  con efecto suspensivo - appeal with suspension of execution
  desierta - appeal abandoned
  extraordinaria - appeal for annulment
  parcial o **limitada** - limited appeal
  principal - counterappeal
apelado - appellee, respondent, decision subject to appeal
apelante - appellant
apelar - to appeal
  recursos - to file an appeal
apellido - surname
apeo - survey, description of boundaries
apercibimiento - warning, admonition, summons
apercibir - to receive, to collect, to warn, to summon
apersonado - party to a suit
apersonamiento - appearance
apersonarse - to appear, to become party to a suit
apertura - opening
  de asamblea - calling to order, opening the session
  de las propuestas o **de las licitaciones** - opening of bids
  del testamento - opening of a will, reading of the will
aplazable - postponable
aplazada - extension of time

aplazamiento - deferment, adjournment, continuance, summons
aplazar - to postpone, extend, to adjourn, to summon
aplicación de una ley - enforcement *or* application of a law
aplicar - to adjudicate, award, to allocate, to appropriate, to apply
  un impuesto - to impose a tax
ápoca - receipt, apocha
apoderado - attorney, agent, proxy, attorney in fact, assignee, donee, appointor
  general - universal *or* general agent, managing partner
  judicial - attorney
  singular o **especial** - special agent
apoderamiento - authority, power, taking possession
apoderar - to empower
apoderarse - to take possession
apógrafo - transcript, copy, apograph
aporrotar - to corner, monopolize
aportar - to arrive in port, to contribute
  fondos - to finance, furnish funds
aporte - contribution, payment
  jubilatorio - dues to a pension fund
apostar - to bet
apostilla - marginal note, annotation
apoyar la moción - to second the motion
apreciador - appraiser
apreciar - to appraise, value, to appreciate, increase in value
aprehender - to seize, to arrest, to think
aprehensión - seizure, arrest, apprehension
apremiar - to urge, to dun, to compel
  el pago - to compel payment
apremio - court order, decree, legal proceedings for collection
  administrative - action of an executive department
  judicial - court action
  personal - suit for collection
  real - sale of attached property
apresar - to capture, seize, to imprison
aprieto - legal proceedings for collection
apriorismo - apriorism, a priori reasoning
apriorístico - aprioristic, a priori
aprisionar - to imprison
aprobación - approval
aprobar la moción - to carry the motion
aprontar - to prepare, get ready, to meet an obligation promptly
  dinero - to advance money
apropiación - appropriation
  ilícita - conversion
  implícita - constructive conversion
  indebida - misappropriation
  virtual - constructive conversion
apropiarse - to take possession
aprovechar un derecho - to exercise a right
aptitud legal - legal competency
apto - apt, suitable, capable
apud acta - apud acta, among the recorded proceedings
apuesta - bet, wager
apuntamiento - annotation, entry, summary of the court record
apuro - legal proceedings for collection
aquel a quien pueda interesar - whom it may concern
aquí dentro - herein
aquiescencia - consent, acquiescence
arancel - tariff, schedule of fees
  aduanera o **de aduana** - schedule of customs duties
  consular - list of consular fees
  de corredores - schedule of broker's commissions
  de exportación - export duties
  de honorarios - scale of fees
  de procuradores - schedule of legal fees
  fiscal o **de renta** - revenue tariff
  judicial - schedule of court costs
  notarial - schedule of notary's fees
arancelario - tariff
arbitrable - arbitrable
arbitración - arbitration
arbitrador - arbitrator, arbitrator not bound by legal principles, arbitrager
arbitraje - arbitration, arbitrage
  comercial - commercial arbitration
  de cambio - arbitration of exhange, arbitrage
  extrajudicial - arbitration without court procedure
  forzoso - compulsory arbitration
  industrial - industrial arbitration (labor disputes)
  judicial - arbitration under rules of court procedure
  necesario u obligatorio - compulsory arbitration

voluntario - voluntary arbitration
arbitrajista - arbitrager
arbitral - arbitral, arbitrational
arbitramento - arbitration, arbitration award
arbitramiento - arbitration, arbitration award
arbitrar - to arbitrate, to devise, contrive
fondos - to raise money
arbitrariedad - arbitrariness, unjust *or* illegal action
arbitrario - arbitrary, arbitral, arbitrational
arbitrativo - arbitrative
arbitrio - arbitrament, discretion, tax, fee, recourse, expedient, award of an arbitrator
judicial - judicial decision, judicial discretion
rentístico - revenue measure
arbitrios - local excise taxes, means, resources
arbitrista - promoter of unsound financial schemes
árbitro - arbitrator, referee, arbiter, umpire, judge acting as arbitrator *or* layman bound by legal principles
de derecho - arbitrator who is bound by legal principles
extrajudicial - amicable compounder
professional - professional arbitrator
propietario - regular arbitrator
reemplazante - alternate arbitrator
archivero, archivista - file clerk, archivist, registrar
general - custodian of notarial protocols of deceased or retired notaries
archivos - archives, files
argumentador - arguer, disputant, argumentative
argumentar - to argue
argumentativo - argumentative
argumento - argument in a brief *or* before court
arma mortífera - deadly weapon
arqueo - audit
arquetipo - archetype, original from which copies are made
arraigado - person out on bail
arraigar - to give bond
arraigo - real estate, bail, bond, obligation
arras - earnest *or* hand money, down payment, bond, security, marriage settlement
arrastre - hauling, strain on other concerns caused by a failure
arreglador - adjuster
de averías - average surveyor *or* adjuster
arreglar - to arrange, adjust, compose, compound
una causa - to settle a case
una cuenta - to settle an account
una reclamación - to adjust a claim
arreglarse - to compromise, agree, settle, come to an agreement
arreglo - settlement, agreement, understanding, arrangement, compromise, composition, accommodation
de avería - average adjustment
extrajudicial - settlement out of court
arrendable - rentable, demisable, leasable
arrendación - lease, renting
arrendador - landlord, lessor, lessee, tenant
a la parte - sharecropper
arrendamiento - lease, rent
a tiempo - time charter
de servicios - employment contract
arrendante - lessor
arrendar - to rent, lease
arrendatario - lessee, leaseholder, tenant, rent
arrendaticio - rent
arrepentimiento - reconsideration, revocation, annulment, derogation
arrepentirse - to reconsider, to withdraw, to revoke
arrestable - arrestable
arrestar - to arrest, to imprison
arresto - arrest, imprisonment
correccional - imprisonment
ilegal - false arrest
arriendo - rental, lease, hire
arrogación - arrogation
arrogar - to arrogate
arrogarse - to usurp
arte - art, skill, trade, profession
anterior - prior art
artemañas legales - legal stratagems
articulado - series of articles *or* clauses *or* paragraphs, sections of a statute
articulaje - series of articles
articulante - questioner
articular - to divide into articles, to formulate, to question
posiciones - to prepare interrogatories

artículo - article, question of an interrogatory, incidental question
del contrato - clause of the contract
de especial pronunciamiento - dilatory exception
de marca - branded *or* trademarked article
de muerte - articulo mortis, at the point of death
de previo pronunciamiento - dilatory exception
inhibitorio - peremptory exception
proprietario o **de patente** - patented *or* trademarked article
artículos y servicios - goods and services
Artículos de la Confederación - Articles of Confederation
asaltador - assailant, holdup man
asaltante - assailant, holdup man
asaltar - to assault
asalto - assault, assault and battery
con arma mortífera - assault with a deadly weapon
con intento homicida - assault with intent to murder
con intento hurtador - assault with intent to rob
con lastimado - assault and battery
con lesión - assault and battery
en segundo grado - assault in the second degree
simple - simple assault
y agresión - assault and battery
asamblea - meeting, assembly, convention
constitutiva - organization meeting
constituyente - constitutional convention
de accionistas - shareholders' meeting
de acreedores - creditor's meeting
extraordinaria - special meeting
legislativa - legislature
municipal - municipal council, board of aldermen
ordinaria - regular meeting
plenaria - full meeting
asambleísta - one who takes part in a meeting, member of a council *or* assembly
ascendencia - parentage, ancestry, total amount
ancendiente - ascendant relative
aseguración - insurance
asegurado - the insured *or* assured, covered, insured
asegurador - insurer, assurer, insurance carrier
a la gruesa - underwriter of the interest of a lender on bottomry
aseguradores - underwriters
contra incendios - fire underwriters
contra riesgos marítimos - marine underwriters
de crédito - credit underwriters
aseguramiento - insuring, securing
de bienes litigiosos - embargo on property in litigation
de la prueba pericial - taking expert testimony before trial
de sentencia - securing the effectiveness of a judgment
aseguranza - insurance
asegurar - to insure, underwrite, to affirm, aver, to secure
asegurarse - to take out *or* carry insurance
aseguro - insurance, assurance
asentamiento - accession, attachment, seizure
asentimiento - assent
asentir - to assent, agree
asertórico - assertory
asertorio - sworn statement of fact, assertory
asesinar - to murder, assassinate
asesinato - murder, assassination
en primer grado - first-degree murder
en segundo grado - second-degree murder
genérico - murder unclassified as to degree, jury to decide
asesino - murderer, assassin, homicidal
asesor - consultant, adviser, assessor, lawyer advising a lay judge, adjuster, advisory, consulting
jurídico o **legal** - counsel, legal adviser, counselor
letrado - legal adviser
asesorado - office of a consultant *or* adviser, lay judge advised by a lawyer, well informed *or* advised
asesorar - to advise, to adjust
asesorarse - to take advice
asesoría - advice, consultation, fee of a consultant, consultant's office
aseveración - affirmation, averment, asseveration
de la notificación - averment of notice

expresa - particular averment
impertinente - immaterial *or* impertinent averment
negativa - negative averment
superflua - unnecessary averment
aseverar - to affirm, assert, aver
asiento - entry
de presentación - entry of a real-estate mortgage in the daily book
asignación - allotment, allowance, quota, appropriation
asignado - allottee, appropriated
asignar - to allot, appropriate, earmark, to appoint
asignatario - beneficiary, legatee
asilo familiar - homestead right
asistencia - attendance, assistance, relief, fee for attendance in court
jurídica - legal services, advice
médica - medical attendance
social - relief, social welfare
asistencial - pertaining to relief *or* social service
asistencias - alimony, allowance
asistente - assistant, one present at a meeting
asistir - to help, assist, to be present
a una reunión - to attend a meeting
asociación - association, company, union, partnership
anónima - corporation, stock company
de abogados - bar association
de ahorro y préstamos - savings and loan association
de crédito - credit union
de derramas - assessment association
de préstamos para edificación - building and loan association
del renglón - trade association
denunciable - partnership at will
general - general partnership
gremial - trade association, labor union
impersonal - corporation
no pecuniaria - nonprofit organization
obrera - labor union
patronal - employer's association
personal - partnership
professional - professional association, trade association
professional obrera - trade union
secreta - secret partnership
sindical - labor union
voluntaria - voluntary association, business *or* common-law trust, Massachusetts trust
asociado - associate, partner, copartner, joint
asocio - association, company
asunción de la deuda - assumption of indebtedness
asunción de hipoteca - assumption of mortgage
asunción del riesgo - assumption of risk
asuntar - to litigate, sue
asunto - matter, business, affair, subject, issue
contencioso - subject of litigation
incidental - collateral issue, incidental issue
pendiente - unfinished business
atacable - contestable, refutable
atacar - to attack, assault, to oppose, contest, rebut, challenge
ataque - attack
a mano armado - assault and battery
para cometer asesinato - assault with intent to murder
atenciones - matters, affairs, business
atender - to attend to, take care of, deal with
el compromiso - to meet the obligation *or* engagement
la deuda - to provide debt service, to meet a debt
un giro - to honor a draft
atenerse a - to abide by, to rely on
atentación - illegal *or* criminal act
atentadamente - illegally
atentado - offense, transgression, violation, crime, attempt
a la vida - attempt to kill
atentar - to attempt *or* to begin a criminal action
atentatorio - unlawful, unjust, with criminal intent
atenuación - extenuation, mitigation
atenuante - extenuating circumstance, extenuating
atestación - attest, attestation, affidavit, testimony
por notario público - notarization
atestado - certificate, certification, attested, witnessed
atestar - to attest, depose, witness, certify
falta de pago - to note nonpayment
la firma - to witness the signature

atestiguación - affidavit
atinado - relevant, pertinent
atracar - to hold up and rob
atraco - robbery, holdup, stick-up
atrasado - delinquent, in arrears
  de pago - in default
atrasarse - to be in arrears, to be late
atraso, en - in arrears
atrasos - arrears
atribuir jurisdicción - to extend the jurisdiction of a judge
atrocidad - atrocity
atropellar - to violate, to run over, to treat arbitrarily
atropello - violation, running down and injuring, arbitrary treatment
audición - hearing, audience, audience chamber, court
  de alegatos - interlocutory proceeding
  de avenimiento - conciliation hearing
  de lo criminal - criminal court
  de juzgamiento - hearing at which judgment is pronounced
  de trámite - court proceeding
  pública, en - in open court
  verbal - oral hearing
audiencia - hearing, court, courtroom
  de lo criminal - criminal court
audienciero - court officer
auditor - auditor, judge, judge advocate
ausencia - absence
  en - in absentia, in absence of the accused
ausentismo - absenteeism
auténtica - attestation, certificate
autenticar - to attest, to authenticate
autenticidad - authenticity
auténtico - genuine, authentic, officially certified
autentificar - to authenticate
autentizar - to authenticate
auto - decree, writ, warrant, ruling, act
  acordado - decision of a supreme court with all its branches taking part
  alternativo - alternative writ
  de avocación - certiorari
  de casación - writ of error
  de certiorari - writ of certiorari
  de comparecencia - summons
  de deficiencia - deficiency decree
  de detención - warrant of arrest
  de ejecución - writ of execution
  de embargo - writ of attachment
  de enjuiciamiento - judgment
  de expropiación - writ of expropriation
  de indagación - writ of inquiry
  de mandamus - writ of mandamus, judicial order to perform a statutory duty
  de nulidad - decree of nullity
  de oficio - writ issued by judge of his own motion
  de pago - official demand for payment
  de posesión - writ of possession
  de prisión - commitment, warrant for arrest
  de proceder - order to proceed
  de procesamiento - indictment
  de providencia - temporary mandatory writ
  de quiebra - declaration of bankruptcy
  de quo warranto - writ of quo warranto
  de reivindicación - writ of replevin
  de restitución - writ of restitution
  de revisión - writ of review
  de sobreseimiento - stay of proceedings
  de sustanciación - order to proceed
  definitivo - final decision *or* decree
  ejecutivo - writ of execution
  en bancarrota - warrant in bankruptcy
  inhibitorio - inhibition, writ of prohibition
  interlocutorio - interlocutory decree, intermediate order
  para mejor proveer - order to furnish better proof
  perentorio - peremptory writ
  por incumplimiento de pacto - writ of covenant
  preparatorio - writ preparatory to judgment
  provisional - temporary writ
autos - file, record of the case, civil process
  para sentencia - judge's announcement that case is closed and he is considering his judgment
autocomposición - settlement out of court
autocopiar - to produce copies of a document
autoejecutable - self-executing
autoincriminación - self-incrimination
autolesión - self-inflicted injury
autonotificación - service by the party in interest
autopsia - autopsy, post-mortem examination

autor - principal, perpetrator of a crime
autoridad - authority, faculty
  amplia - full authority
  competente - competent authority
  completa - full authority
  de disposición - power of disposition
  de revocación - power of revocation
  judicial - judicial authority
Autoridad sobre Hogares - Housing Authority
autoridades - authorities
  aduaneras - customs authorities
  constituídas - constituted authorities
  de sanidad - health authorities
  edilicias - municipal authorities
  jurídicas - legal authorities
  policiales - police authorities
autorización - authorization, authority
  amplia - full authority
  aparente - apparent authority
  de compra - authority to purchase *or* to negotiate
  de libros - legalization of a new set of books by public authority
  de pago - authority to pay
  especial - special authority
  expresa - express authority
  general - general authority
  implícita - implied authority
  judicial - judicial authorization
  limitada - limited authority
  no limitada - unlimited authority
  por impedimento - authority by estoppel
  real - actual authority
  unilateral - naked authority
autorizar - to authorize, empower, to legalize, to attest, to execute deed as a notary
auxiliatoria - order of a superior court to compel compliance with the decree of another court
aval - aval, special guarantee *or* accommodation endorsement
  absoluto - full endorsement
  limitado - qualified endorsement
avalado - one to whom **aval** is given, guarantee, indorsee
avalar - to back, support, guarantee, vouch for, to endorse
avalista - special endorser, guarantor, accommodation endorser
avalo - aval
avaloración - appraisal, valuation
avalorar - to appraise, value, to price
avaluación - appraisal, valuation
avaluador - appraiser
avaluar - to appraise, assess, value
avalúo - appraisal, valuation, evaluation, assessment
  catastral - assessed valuation of real estate
  certificado - certified appraisal
  fiscal - appraisal for taxation
  , por - ad valorem
  preventivo - expert appraisal of value or of damage for evidence in possible court action
  sucesoral - appraisal of an estate
ave negro - shyster lawyer
avenencia - agreement, bargain, compromise
avenidor - mediator, arbitrator
avenimiento - agreement
avenirse - to agree, to settle, to compromise
aventura - adventure, risk
aventurero - adventurer
avería - damage, average
  gruesa o **común** - general *or* gross average
  menor o **pequeña u ordinaria** - petty average
  simple o **particular** - common *or* particular average
aviar - to equip, fit out, to finance, advance money to
avieso - malicious
avisar - to notify, advise, inform, to counsel
aviso - notice, advice, monition, announcement, advertisement
  de comparecencia - notice of appearance
  de protesto - notice of protest
  de rechazo - notice of dishonor
  emplazatorio - summons
  judicial - judicial notice
  oportuno - fair warning, due notice
  razonable - reasonable notice
avocación - removal to a superior court, evocation
avocarse el conocimiento - to take over the case from a lower court
avulsión - avulsion
ayuntamiento - municipal council, city government

Notes

B

bachiller en leyes - bachelor of laws
bajo - under
  apercibimiento - under penalty
  contrato - under contract
  esto - hereunder
  fianza - under bond
  juramento - under oath
  obligación - under obligation
  palabra - on parole
  pena de - under penalty of
  protesta - under protest
  sello - under seal
balance - balance, balance sheet, business, budget
  cambista - balance of international payments
  comercial - balance of trade
  de contabilidad - balance sheet
  de fusión - consolidated balance sheet
  de liquidación - balance sheet for liquidation of business
  de resultados - profit and loss statement
  de situación - statement of condition, balance sheet
  fiscal - balance sheet for income-tax report
  general consolidado - consolidated balance sheet
  impositivo - balance sheet for income-tax return
  provisorio - interim balance sheet
  simulado - pro forma balance sheet
  tentativo - tentative balance sheet
balancete - tentative balance sheet
balanza - balance, scale
  cambista - balance of international payments
  comercial o **de comercio** - balance of trade
  de intercambio - balance of trade
  de mercancías - balance of trade
  mercantil - balance of trade
  visible - commodity *or* visible balance of trade
balazo - shot, bullet wound
balística - ballistics
balduque - red tape
balota - ballot
balotaje - voting, balloting
balotar - to vote, ballot
baluquero - counterfeiter
banas - banns of matrimony
banca - banking
  central - central banking
  de inversiones - investment banking
  de sucursales - branch banking
  inversionista - investment banking
bancable - bankable, negotiable
bancarrota - bankruptcy
bancarrotero - bankrupt
banco - bank, bench
  capitalizador o **de capitalización** - bank for capitalization of savings. It guarantees a principal amount at a fixed time in return for deposits at fixed intervals. It issues certificates and holds periodic drawings for anticipated payment of principal.
  central - central bank
  comercial - commercial bank, bank of discount
  de los acusados - defendant's seat in court
  de ahorros - savings bank
  de ahorros por acciones - joint-stock savings bank
  de bancos - central *or* banker's bank
  de crédito agrícola - farm loan bank
  de crédito inmobiliario - mortgage bank
  del estado - government bank
  de liquidación - clearinghouse
  emisor o **de emisión** - bank of issue, issuing bank, opening bank
  estatal - government bank, state bank
  fiduciario - trust company
  hipotecario - mortgage bank
  mutualista de ahorro - mutual savings bank
  nacional - government bank, national bank
  particular o **privado** - private *or* unincorporated bank
  sucursal - branch bank
Banco
  de Reserva Federal - Federal Reserve Bank
  del Rey - King's Bench
  Mundial - World Bank, International Bank for Reconstruction and Development
bandidaje - banditry
bandido - bandit, gunman

bando - decree, edict, proclamation
bandolerismo - racketeering, robbery, banditry
bandolero - racketeer, thief, stickup man, bandit
banquillo - defendant's seat in court
  de los acusados - defendant's seat
  de los testigos - witness stand
baratería - fraud, barratry, official graft
  de capitán y marineros - barratry of master and mariners
  de patrón - barratry of the master
baratero - barrator, grafter, briber
barragana - concubine
barraganería - concubinage
barraquero - warehouseman
barras
  aviadas - shares of a partner who furnishes no capital
  aviadoras - shares of a partner who furnishes capital
base - base, basis
  de costo - cost basis
  de efectivo - cash basis
  imponible - tax base
  impositivo - tax base
bases - terms, conditions, fundamentals
  constitutivas - incorporation papers, charter
  de la acción - ground of action, theory of the case
bastantear - to officially accept the credentials of an attorney
bastanteo - official acceptance of the credentials of an attorney *or* proxy
bastantero - official who checks powers of attorney
bastardear - to falsify, alter
bastardeo - falsification, alteration
bastardía - bastardy
bastardo - bastard
beligerancia - belligerency
beligerante - belligerent
beneficencia - welfare, social service, relief, free medical assistance
beneficiado - beneficiary
beneficiar - to benefit, to process, to develop, exploit, to sell commercial paper at a discount
beneficiario - beneficiary, payee
  condicional - contingent beneficiary
  de preferencia - preference beneficiary
  eventual - contingent beneficiary
  en expectativa - expectant beneficiary
beneficio - processing, gain, profit, equity, benefit, benefit payment
  de acuñación - seigniorage
  de cesión de acciones - beneficium cedendarum actionum, right of surety who pays full debt of principal debtor to demand that creditor assign to him his action against cosureties
  de competencia - beneficium competentiae, privilege of competency
  de deliberación - right of an heir to consider whether to accept the inheritance
  de división - benefit of division, privilege of a cosurety to insist on paying only his prorata share
  de la duda - benefit of the doubt
  de excarcelación - right to release on bail
  de excusión - benefit of discussion, right of surety to compel creditor to exhaust remedies against principal debtor before having recourse against surety
  de inventario - benefit of inventory, right of an heir to limit his liability for decedent's debts to the value of the estate
  de orden - benefit of discussion, preference, priority, beneficium ordinis
  de probreza - privilege of coming to court without liability for costs
  de restitutión - restitutio in integrum, restoration to the condition before the injury
  fiscal - taxable profit
  impositivo - taxable profit
  justo - fair return
  líquido - net profit
  por muerte - death benefit
  tributable - taxable gain *or* profit
beneficios
  a tributar - taxable profits
  acumulados - undivided profits, earned surplus
  de indemnización - indemnity benefits
  extraordinarios - excess profits
  imponibles - taxable profits
  por accidente - accident benefits
  por incapacidad - disability benefits
  sin repartir - undivided profits
beneficioso - beneficial, profitable
beodez - drunkenness, intoxication

beodo - drunkard, intoxicated
bicameral - bicameral
bien de familia - homestead
bienes - property, assets, estate, goods, effects
accesorios - property affixed permanently to the land
acensurados - property subject to a **censo**
adventicios - property not acquired by direct inheritance
alodiales - property free from liens or charges
antifernales - property which a husband settles on his wife
de capital - capital assets, capital goods
de dominio privado - private property
de dominio público - public property
de fortuna - property
de sucesión - property of estate of a decedent
disponibles en mano del albacea - assets in hand
dotales - dowry
equitativos - equitable assets
extradotales - paraphernal property
fiscales - government property
forales - leasehold estate
fungibles - fungible things
gananciales - property of a couple acquired after marriage, community property, property of conjugal partnership
hereditarios - assets of a decendent's estate
herenciales - assets of a decedent's estate
incorporales - intangible assets
incorpóreos - intangible assets
inmovilizados - fixed assets
inmuebles o **raíces** o **sedientes** - real estate, real assets, bona inmobilia
litigiosos - property title to which is in suit
mobiliarios - movables, personal property
mostrencos - property having no known owner, waif
muebles - personal property, chattels, personalty, bona mobilia
nullíus - property without an owner
parafernales - paraphernal property, separate property of a married woman
patrimoniales - capital assets, public property
por heredar - hereditaments, property that may be inherited
privativos - property of a married person not belonging to the conjugal partnership
profecicios - inherited property (acquired by son or daughter under patria potestas)
reales - real chattels
relictos - estate of a deceased
reservables - property being held legally for someone else
reservatorios - property being held legally for someone else
semovientes - livestock
sociales - property of a partnership or corporation
sucesorios - assets of the estate of a decedent
vacantes - real estate without known owner
vinculados - entailed property
y servicios - goods and services
bienestar - good condition, welfare
público - public policy, public welfare
social - social welfare
beinhechuría - improvements on real estate
bienquerencia - goodwill
bigamia - bigamy
bígamo - bigamist
bilateral - bilateral
bínuba - person married a second time, pertaining to a second marriage
bínubo - person married a second time, pertaining to a second marriage
blasfemia - blasphemy
bloquear - to blockade
bloqueo - blockade
en el papel - paper blockade
bochinche - riot, civil disturbance
bochinchero - rioter
bodega - warehouse, hold, cargo space, cellar
fiscal - bonded warehouse
boicot, boicoteo - boycott
secundario - secondary boycott
boicotear - to boycott
boleta - ticket, slip, ballot, certificate, rough draft of a document
bancaria - certificate of deposit

de comparendo o **de citación** - judicial notice, summons
de consignación - certificate of deposit
de depósito - deposit slip, certificate of deposit
de garantía - certificate of deposit to guarantee performance of a contract
de registro - certificate of registry

boletín - bulletin, ticket, voucher, warrant
de ahorro - receipt for savings deposit
de garantía - surety, guarantee deposit
judicial - law journal

boleto - ticket, ballot, first draft of a contract
de carga - bill of lading
de compraventa - bill of sale
de empeño - pawn ticket

bolsa - stock *or* commodity exchange, bourse
de comercio - commodities exchange, stock exchange
de valores - stock exchange

bonificación - bonus, discount, allowance
tributaria - tax rebate

bonista - bondholder

bono - bond, any evidence of indebtedness, bonus
asumido - assumed bond
colateral o **de garantía colateral** - collateral-trust bond
comercial - bond backed by commercial paper
de ahorro - savings bond
de caja - short-term government note, treasury bill, certificate of time deposit
de consolidación - funding bond
de conversión - refunding bond
de crédito territorial - bond of the Mortgage Bank
de fundador - bond issued to a promoter for services
de interés sobre utilidades - income bond
de obligación preferente - prior-lien bond
de opción - bond carrying the right to subscribe to stock
de prenda - note issued for loan against goods in warehouse
de primera hipoteca - first-mortgage bond
de rendimientos - income bond
de renta - income bond
de renta perpetua - perpetual bond
de tesorería - government bond, treasury bill
fiscal - government bond, exchequer bond
hipotecario - mortgage bond, bond of a mortgage bank
inmobiliario - real-estate bond
moratoriado - bond subject to special laws regulating maturity and interest rates
nominativo - registered bond
participante - bond with participation in profits in addition to fixed interest
refundente o **de reintegración** - refunding bond
retirable o **redimible** - callable bond
sobre equipo - equipment-trust note, equipment bond
talonario - coupon bond

borrachera - drunkenness, carousing

borrachez - intoxication, drunkenness

borrachín - drunkard

borracho - drunkard, intoxicated

borrador - eraser, rough draft, worksheet
de acuerdo - rough draft of agreement

borradura - erasure, deletion

borrar - to erase, blot out, delete, expunge, to close account

borrón - rough draft, blot, erasure

botín - booty

braceros contratados - contract labor

brazos - labor, workmen

buen - good
comportamiento - good behavior
nombre - goodwill, good name *or* reputation

buena - good
conducta - good behavior
fama - good name *or* reputation
fe - good faith, bona fides
guarda - safekeeping
paga - of good credit
pro - award to a bidder

buenos oficios - good offices

bufete - desk, lawyer's office

bullanga - riot, tumult

bullangero - rioter

burdel - house of prostitution

Buró de Investigaciones - Bureau of Investigations

buscas - perquisites, graft

Notes

C

cabal juicio, de - of sound mind
cábala - conspiracy
cabecera de condado - county seat
caber recurso - to carry the right of appeal
cabeza - head, head of cattle, seat of local government
  de casa - head of a family
  de proceso - court order for investigation of a crime
  de sentencia - preamble to court's judgment
cabezalero - executor of a will
cabildante - member of the council
cabildear - to lobby
cabildeo - lobbying
cabildero - lobbyist, lobbyer
cabildo - municipal council, association, city hall, municipal corporation, meeting
cabotaje - coastwise shipping, cabotage, dues paid by coasting vessel
  aéreo - coastwise trade by air
caco - thief, pickpocket
cachero - swindler, crook
cadena - chain
  of título - chain of title
  perpetua - life imprisonment
caducable - forfeitable
caducar - to lapse, expire, be outlawed, to be forfeited
caducidad - lapsing, expiration, caducity, forfeiture
  de la fianza - forfeiture of a bond
  de la instancia - lapsing of a legal action, nonsuit, discontinuance
caduco - lapsed, expired
caer - to fall, to fall due
  en comiso - to be forfeited
  en mora - to become delinquent on a debt
caída - fall, drop
  de una casa - bankruptcy *or* ruin of a concern
caído - due, matured
caídos - arrears, perquisites, graft
caja - box, cash, safe, fund, cashier's office, cashbox
  anónima de ahorros - joint-stock savings bank
  de amortización - sinking fund
  de caudales - safe, safe-deposit box
  de compensación - pension fund, equalization fund, clearinghouse
  de conversión - government agency for control of foreign exchange
  de crédito agrario - farm-loan bank
  de crédito hipotecario - mortgage bank
  de jubilaciones o **de pensiones** o **de previsión** - pension fund
  de seguridad - safe-deposit box, safe
  dotal - pension fund
  fiscal - national treasury
  fuerte - safe
  mutua de ahorros - mutual savings bank
  recaudadora - tax collector's office
  rural - bank for small loans to farmers
cajero - teller
cajilla de seguridad - safe-deposit box
calabozo - jail, cell
  judicial - jail
calendario - calendar, schedule, agenda, court calendar
  de señalamientos - docket
  judicial - court calendar
  oficial - list of days when courts are in session
calificación - qualification, judgment, opinion
  de delito - determination of the nature of the crime, the identity of the criminal and the penalty involved
calificado - qualified, competent, authorized, conditional, qualified
calificar - to rate, classify, to authorize, to certify, to judge, pass on
caligrafía - calligraphy, handwriting
calígrafo perito - handwriting expert
calumnia - calumny, slander, aspersion
calumniador - calumniator, slanderer
calumniar - to slander, defame
calumnioso - slanderous, calumnious, defamatory
callar - to conceal, fail to make known, to keep silent
cámara - chamber, room, legislative body
  alta - upper house of legislative body
  arbitral - arbitration board
  baja - lower house of legislative body
  compensadora o **de compensiones** - clearinghouse
  de apelaciones - court of appeals
  del juez - judge's chambers, camera

de representantes - house of representatives
de senadores - senate
letal - death chamber
municipal - municipal council

Cámara
de Diputados - Chamber of Deputies
de los Comunes - House of Commons
de los Lores - House of Lords

camarilla - lobby, ring, combine
camarista - member of the council, judge of court of appeals
cambial - bill of exchange
domiciliado - domiciled bill
cambiar una letra - to negotiate a bill
cambiario - concerning a bill of exchange
cambio - exchange, commission, exchange, rate of exchange
a corto plazo - short exchange, short-sight exchange
a la par comercial - real *or* commercial *or* arbitrated par of exchange
a la par de moneda - mint par of exchange
a término - foreign exchange futures
a la vista - check exchange, exchange at sight
de contrabando - black-market exchange
de la libra - sterling exchange
dirigido - controlled exchange
exterior - foreign exchange
libre - rate of exchange in free market
marítimo - bottomry, respondentia, marine interest
negro - exchange on the black market
cambios de entrega - foreign-exchange futures
cambista - cambist, trader in money
camión de policía - patrol wagon
camionero afianzado - bonded truckman
canalla organizada - gangsterism
cancelable - voidable, annullable, cancelable
cancelación - cancellation, annulment, avoidance
cancelar - to cancel, annul, countermand, to discharge, to expunge
un cheque - to cancel a check
la factura - to receipt the bill
un giro - to honor a draft
una reclamación - to settle a claim
canciller - minister of foreign affairs, chancellor
cancillería - ministry of foreign affairs
canje - exchange, conversion, clearing checks
canjeable - exchangeable, convertible
canjear - to exchange, to convert, to clear checks
canon - precept, rule, tax, rate, rent, royalty
de arrendamiento - rate of rental
cantidad - quantity, sum
capacidad - capacity, ability, competency
civil - legal capacity
contributiva - tax-paying ability
de ejercicio o **de actuar** - capacity to act
de goce - legal capacity
financiera - financial standing, credit rating
jurídica o **legal** - legal capacity, legal standing
para contratar - capacity to contract
para ser parte - capacity to sue
plena - full authority
procesal - capacity to sue
capacitar - to empower, commission, delegate, to qualify, prepare, enable
capaz - able, capable, competent
capitación - capitation, head tax, poll tax
de la deuda - per capita debt
capital - capital, principal, money
accionario - capital stock
antecendente - original *or* initial capital
autorizado - authorized capital
aventurado - venture capital
comanditario - capital of a silent partner
computable - taxable capital
consecuente - capital surplus
cubierto - paid-up capital
de obligaciones - borrowed capital
declarado - stated *or* declared capital
desembolsado - paid-up capital
escriturado - stated *or* declared capital
efectivo - paid-up capital
en acciones - issued stock
en giro - operating *or* working capital
exhibido - paid-up capital
fiscal - net worth
fundacional - original capital
inicial - original capital
integrado - paid-up capital
líquido - net worth
neto - net worth

pagado - paid-up capital
propio - equity capital
realizado - paid-up capital
social - capital stock, capital of a partnership, public property
capitalizar - to capitalize, convert, compound, to save, to invest
capitis diminutio - abridgement of legal capacity, capitis diminutio
capitulaciones - capitulations
matrimoniales o **de matrimonio** - marriage articles
capitulante - accuser
capitular - to make an agreement, to impeach, to file charges
capitulear - to lobby
capituleo - lobbying
capitulero - lobbyist, politician
capítulo - chapter, title, count, item, heading
captación - captation
captador - captator
captura - capture, seizure, arrest
cárcel - prison, jail
de condado - county jail
estatal - state's prison
federal - federal prison
carcelería - imprisonment, forcible detention
carear - to compare, check, to confront
careo - comparison, confrontation
de testigos - confrontation of witnesses
carga - load, cargo, freight, charge, duty, burden, tax, impost, encumbrance
de la afirmación - burden of proof
de la demanda - obligation as to filing suit
de la herencia - charge attributable to a decedent's estate
de la prueba - onus probandi, burden of proof
impositiva o **tributaria** - tax burden
cargas procesales - duties of parties to a suit
cargareme - receipt, voucher
cargo - cargo, freight, commission, duty, office, charge, accusation
consolidado - omnibus count
de confianza - trust, office of a trustee, fiduciary position
de la prueba - burden of proof
fiduciario - trusteeship
carnal - carnal, full relationship
carpetazo, dar - to lay on the table, to pigeonhole
carro celular - patrol wagon
carta - letter, document, chart, map, charter
acompañatoria - letter of transmittal
blanca - carte blanche, full power
certificada - registered letter
confirmatoria - confirming *or* confirmatory letter
constitucional - incorporation papers, charter
constitutiva - corporation charter
credencial - credentials, letters of credence
de administración - letters of administration
de autorización - letter of authority
de citación - summons, subpoena
de ciudadanía - naturalization papers
de comisión - delegation of special duty to a judge by a superior court
de compromiso - letter of undertaking
de crédito - letter of credit, bill of credit
de crédito a plazo - time letter of credit
de crédito a la vista - sight letter of credit
de crédito auxiliar - ancillary *or* back-to-back letter of credit
de crédito circular - circular note *or* letter of credit
de crédito confirmado irrevocable - straight *or* confirmed irrevocable letter of credit
de crédito simple - clean letter of credit, simple letter of credit
de derechos - bill of rights
de embarque - bill of lading
de emplazamiento - summons
de espera - letter granting extension of a note
de examen - diploma, license to practice
de fletamento - charter party
de garantía - letter of guaranty
de mar - ship's passport, sea letter
de naturalización o **de naturaleza** - naturalization papers
de pago - receipt, acquittance
de personería o **de procuración** - power of attorney
de porte - bill of lading, waybill, freight bill
de porte a la orden o **al portador** - order bill of lading

de porte aéreo - air waybill *or* bill of lading
de porte nominativa - straight bill of lading
de privilegio - franchise, concession
de privilegios - bill of rights
de transmisión - letter of transmittal, cover letter
de transporte aéreo - air waybill *or* bill of lading
de tutoria - letters of guardianship
de venta - bill of sale
ejecutoria - summary of the record of a case
estatutaria - charter
fianza - letter of guaranty
fundamental - constitution
orden - order from a superior court to a lower one, mail transfer
orden de crédito - letter of credit
orgánica - corporate franchise, organic act
poder - proxy, power of attorney
poder sobre acciones - stock power
registrada con acuse de recibo - registered letter with receipt requested
receptoría - search warrant
rogatoria - letters rogatory
testamentaria - letters testamentary

carta-patente - corporation charter
cartel - poster, placard, bulletin, cartel
de condiciones - cartel for fixing uniform terms of sale
de limitación - cartel for limitation of production
de precios - cartel for price fixing
regional o **de región** - regional cartel

cártel - cartel
cartelizar - to cartelize
carteo - exchange of letters
cartera - portfolio, briefcase, portfolio, list of assets, office of a cabinet minister
dactilar - record of fingerprints
de colocaciones - loans and discounts
de hacienda - ministry of the treasury

carterista - pickpocket
cartular - of record
cartulario - registry, book of records, archivist, notary
casa - house, firm, concern
bancaria o **de banca** - bank, banking house
cambiaria - money-exchange office
central - main *or* home office
consistorial - city hall
de aceptaciones - acceptance house, merchant banker
de amonedación - mint
de ayuntamiento - city hall
de contratación - stock *or* commodity exchange
de corrección - reformatory
de correos - post office
de depósito - warehouse
de empeño - pawnshop
de liquidación - clearinghouse
de moneda - mint
matriz - main *or* home office, parent company
solariega - homestead

casación - repeal, abrogation, cassation, annulment
casadera - nubile
casamiento - marriage, matrimony
consensual - consensual marriage (by simple agreement)
por acuerdo y cohabitación - common-law marriage

casar - to annul, repeal, abrogate, to marry
casi-acreedor - quasi creditor
casi-corporativo - quasi corporate
casi-contrato - quasi contract
casi-reorganización - quasi reorganization
caso - case, question
fortuito - act of God, inevitable accident Sometimes restricted to natural phenomenon such as an earthquake to distinguish from an act of man such as war.
incierto - contingency, act of God
omiso - casus omissus, contingency not covered by law
perdido - hopeless case

castigable - punishable, finable
castigar - to penalize, to punish, to write down, charge-off, to revise, correct
castigo - penalty, fine, charge-off, write-off, depreciation, punishment
cruel y desacostumbrado - cruel and unusual punishment

casual - casual, accidental, occasional
casualidad - accident, casualty, hazard
casus belli - casus belli, occurrence justifying war
catastro - official record of real estate in a district

catástrofe - catastrophe
caución - guarantee, surety, security, pledge, bail, bail bond, caution, warning
absoluta - bail absolute
de arraigo - bond for court costs
de fidelidad - fidelity bond
de indemnidad - indemnity bond
de licitador - bid bond
de rato - bond of plaintiff's attorney
juratoria - caution juratory
para costos - security for costs
caucionable - bailable
caucionar - to bond, to pledge, to give collateral, secure, guarantee, to bail
caucus - caucus
caudal - wealth, means, estate, capital
hereditario - corpus, estate of a deceased person
social - assets of a partnership
causa - lawsuit, prosecution, case, cause, consideration
actual - instant case
adecuada - adequate *or* sufficient consideration
arreglada o **ajustada** - case settled
civil - civil case
concurrente - concurrent consideration
conocida y terminada - case heard and concluded
continua - continuing consideration
continuada - case continued
criminal - criminal prosecution
de acción o **de la demanda** - cause of action
de almirantazgo - suit in admiralty
de divorcio - cause for divorce
de insolvencia - bankruptcy proceedings
de pedir - cause of action
debendi - juristic act which is basis of suit
determinante - leading case, test case
directa - direct cause
eficiente - efficient *or* moving cause
ejecutada o **efectuada** - executed consideration
enjuiciada - case on trial
equitativa - equitable *or* moral consideration
excipiendi - grounds of exception
expresa - express consideration
gratuita - gratuitous consideration
ilícita - illegal consideration
impracticable - impossible consideration
inadecuada o **insuficiente** - inadequate consideration
indirecta - remote cause, causa remota
inmediata o **próxima** - proximate cause, causa proxima
instrumental - test case
interventora - intervening cause
justificada - just cause
lícita - legal consideration
nominal - nominal consideration
onerosa - valuable *or* good consideration
pasada - past consideration
por efectuarse - executory consideration
presente - instant case
probable - probable cause
razonable - fair consideration
remota - causa remota, remote *or* mediate cause
sobreviniente - supervening cause
suficiente - adequate consideration
tácita - implied consideration
valiosa - good *or* valuable consideration
valorable - valuable consideration
causas
aplazadas - adjourned causes
de inimputabilidad o **de irresponsabilidad** - circumstances indicating innocence
de justificación - justifying *or* excusing circumstances
ordinarias - regular causes
privilegiadas - preferred causes
causahabiente - assign, successor
causal - cause, reason, ground, causal
de divorcio - ground for divorce
de recusación - grounds for challenge
causales de casación - grounds for annulment
causalidad - causality
causante - constituent, principal, de cujus, predecessor in title, one from whom a right is derived, originator, taxpayer
causar - to occasion, cause, to sue
estado - to definitely end a case
impuesto - to be subject to tax
interes - to bear interest
causativo - causative
causídico - concerning litigation

cautelar - to guard against, to safeguard, precautionary, preventive
cedente - constituent, principal, assigner, conveyor, transferor, endorser, grantor, maker
ceder - to assign, cede, convey, transfer
  el uso de la palabra - to recognize, give the floor
cedible - transferable
cedido - assignee
cédula - certificate, official document, order, bond
  de aduana - customhouse permit
  de cambio - bill of exchange
  de capitalización - certificate issued by a **banco capitalizador**
  de citación - subpoena
  de ciudadanía - citizenship papers
  de dividendo - dividend warrant
  de empadronamiento - registration certificate, license
  de emplazamiento - summons, subpoena
  de fundador - bond issued to a promoter for services
  de privilegio de invención - letters patent
  de subscripción - subscription warrant
  de tesorería - treasury bond *or* note
  hipotecaria - bond of the National Mortgage Bank, mortgage bond, mortgage certificate, court order for foreclosure
  inmobiliaria - real-estate bond, mortgage certificate
  personal - certificate of identity, civil status, citizenship
cédulas
  de inversión - investment securities
  preferentes o **beneficiarias** o **de emisión** - founders' shares with special powers of control
cedulación - registration, publication, inscription
cedular - to register, list, enroll
cedulón - public notice, official advice
celebrar - to formalize, execute, carry out
  actos - to act, take action
  asamblea - to hold a meeting
  elecciónes - to hold an election
  negocios - to transact business
  un acuerdo - to make an agreement
  un contrato - to make or enter into a contract
  un juicio - to go to trial
  un matrimonio - to solemnize a marriage
  una audiencia - to hold a hearing
  una elección - to hold an election
  una entrevista - to hold an interview
  una junta o **una reunión** - to hold a meeting
  una oposición - to hold a competitive examination
  una subasta - to hold an auction
  una vista - to hold a hearing, to have an interview
censario - one who pays ground rent
censatario - lessee, person obliged to pay rent in a contact of **censo**, taxpayer
censo - census, ground rent, tax, income, leasehold, contract whereby real property is subjected to payment of annuity in compensation for money advanced
  consignativo - ground rent
  de bienes - inventory
  de contribuyentes - tax list *or* roll
  de por vida - life annuity
  electoral - voting list
  enfitéutico - emphyteusis, transfer of beneficial ownership of real estate reserving legal ownership and right to receive an annuity
  perpetuo - perpetual annuity
  reservativo - transfer of full ownership reserving right to receive annuity
  vitalicio - life of annuity
censual - pertaining to annuity, rent, or lease
censualista - annuitant, lessor, obligee in contract of **censo**
censuario - annuitant, payer of ground rent
certification - certification, registration
  y aviso de recepción - registration with receipt requested
certificado - certificate, warrant, attestation
  catastral - certificate of valuation
  de acciones - stock certificate
  de adeudo - certificate of indebtedness, scrip
  de avalúo - appraisal certificate
  de averías - average statement, certificate of damages
  de cambio - exchange certificate

de ciudadanía - citizenship papers
de constitución - certificate of incorporation
de defunción - death certificate
de depósito - warehouse warrant, bond note, certificate of deposit
de divisas - exchange certificate
de duda razonable - certificate of reasonable doubt
de goce - certificate issued to a partner in a limited-liability company whose interest has been redeemed
de incorporación - corporation charter, incorporation papers
de matrimonio - marriage certificate
de nacimiento - birth certificate
de natimuerto - stillbirth certificate
de necesidad - certificate of convenience and necessity
de paz y salvo - certificate of no unpaid taxes
de propiedad - ownership certificate, deed
de protesto - certificate of protest
de utilidad pública - certificate of public convenience
del síndico - receiver's certificate
del tesoro - treasury note
para reintegro - debenture
certificar - to certify, attest, acknowledge, to certificate, to warrant, to register
una firma - to attest a signature
certificatorio - certificatory, certifying
cesación - discontinuance, cessation
de la acción - discontinuance of an action
de pagos - suspension of payments
del procedimiento - discontinuance of proceedings
cesantía - unemployment, severance, severance pay
cesabilidad - transferability
cesible - transferable
cesión - assignment, conveyance, cession, transfer, concession, grant, resignation
contractual de bienes - voluntary assignment
de bienes - general assignment in favor of creditors
de crédito - extension of credit, assignment of claim
de derechos - assignment of rights
de derechos y acciones - assignment of rights and actions
general - general assignment
judicial de bienes - assignment by court order
libre o **sin condiciones** - absolute conveyance
pro tanto - assignment pro tanto
secundaria - derivative *or* secondary conveyance
voluntaria - voluntary assignment
cesionario - assignee, transferee, cessionaire, grantee
conjunto o **mancomunado** - coassignee, joint assignee
de bienes del fallído - assignee in bankruptcy
de derecho - assignee in law
de hecho - assignee in fact
cesionista - grantor, assigner, transferor
cierre patronal - lockout
circuito - circuit
judicial - judicial circuit
promiscuo - jurisdiction of a circuit court that tries both civil and criminal cases
círculo judicial - judicial district
circunscripción judicial - judicial district
circunstancial - circumstantial
circunstancias
agravantes - aggravating circumstances
atenuantes - extenuating circumstances
eximentes - excusing *or* exculpatory circumstances
financieras - financial condition
modificativas - extenuating circumstances
circunstantes - bystanders
cita - summons, citation, appointment, engagement
citación - citation, call, summons, subpoena, notice of a meeting, quotation
a comparecer - summons, subpoena
a juicio - summons
a licitadores - call for bids, invitation to bidders
de remate - notice of public sale
para sentencia - notice that court is ready to announce judgment
por edicto - service by publication
y emplazamiento - subpoena
cítanse
opositores - objections called for
postores - bids invited

citar - to make an appointment with, to cite, summon, to give notice, to quote
  a comparendo - to summon
  a junta - to call a meeting
citatoria - summons, notice to appear
citatorio - citatory
ciudadanía - citizenship
ciudadano - citizen
  nativo o **por nacimiento** - native citizen
  por naturalización - naturalized citizen
  por opción - one born abroad who chooses the country of his parents
civil - civil, individual, personal
civilista - lawyer versed in civil laws, civil-law
clasificación de gravámenes - marshaling of liens
clasificar - to classify, sort, grade, rate
  bienes - to marshal assets
cláusula - clause, article
  antirrenuncia - antiwaiver clause
  compromisaria o **compromisoria** - arbitration clause
  de arbitraje forzoso - compulsory-arbitration clause
  de escape - escape clause
  de salvedad - saving clause
  derogativa - clause in a will declaring no subsequent will to be valid
  penal - penalty clause
  resolutiva - cancellation clause
  resolutoria - defeasance clause
clausulado - series of clauses *or* articles
clausura - closing, closure
  de sesiones - adjournment
  mercantil - suspension of business by a commercial house
clemencia - clemency, mercy
cleptomanía - kleptomania
cleptomaníaco - kleptomaniac
cleptómano - kleptomaniac
cliente - client
coacción - coaction, coercion, duress, undue influence, compulsion
coaccionar - to coerce
coacreedor - cocreditor, joint creditor
coactivo - coactive, compulsory, restrictive
coacusado - joint defendant in criminal law
coadjutor - coadjutor
coadministrador - coadministrator
coafianzamiento - cobonding
coagente - coagent, joint agent
coalbacea - coexecutor, coexecutrix
coalición - coalition
coarrendador - colessor, joint lessor
coarrendatario - colessee, cotenant, joint tenant
coartación - restriction, limitation
coartada - alibi
coasegurador - coinsurer
coaseguro - coinsurance
coasociado - partner
coavalista - coguarantor
cobrabilidad - collectibility
cobrable, cobradero - collectible, recoverable
cobrador - collector, receiving teller, payee
  de impuestos - collector of taxes
cobranza - collection, recovery
  en - in process of collection, subject to collection
cobrar - to collect, recover, to demand
cobro - collection
cocesionario - coassignee, joint assignee
codelincuente - accomplice, accessory
codemandado - correspondent, codefendant, joint defendant
codeudor - codebtor, joint debtor
codicilo, codicilio - codicil
codificación - codification
codificador - classifier, digest, codification
  arancelario - schedule of import duties
codificar - to codify
código - code
  civil - civil code
  de aduanas - tariff law
  del camino o **de circulación** - traffic rules
  de comercio - commercial code, commercial code
  de construcciones - building code
  de edificación - building code
  de enjuiciamiento - code of procedure
  de ética profesional - code of professional ethics
  de policía - police regulation
  de procedimiento civil o **en los civil** - code of civil procedure
  de procedimiento penal o **en lo criminal** - code of criminal procedure
  de pruebas - law of evidence
  de las quiebras - bankruptcy law
  del trabajo - labor laws
  fiscal - tax laws
  fundamental - constitution, organic law
  laboral - labor laws

marítimo - maritime *or* admiralty law
mercantil - commercial law *or* code
penal - penal *or* criminal code
procesal - code of procedure
substantivo de trabajo - substantive labor law
telegráfico - telegraph *or* cable code
Código
de la Federación - United States Code
Judicial - Judicial Code
de Justiniano - Justinian Code
Napoleónico - Code Napoleon
codirector - codirector, associate director
coemitente - codrawer
coencausado - joint defendant
coercible - coercible
coerción - coercion, restraint
coercitivo - coercive, restraining
cofiador - cosurety, coguarantor
cofiduciario - cotrustee, joint trustee
cofirmante - cosigner
cofradía - brotherhood, association, trade-union
cogirador - comaker, codrawer
cognación - cognation, kindred by consanguinity
cognados - cognates
cognaticio - cognatic
cognición - cognizance, cognition
judicial - judicial knowledge
limitada - limited jurisdiction
cognitivo - cognitive
cohabitación - cohabitation
cohechador - briber, embracer, suborner
cohechar - to bribe, suborn
cohecho - bribe, bribery, embracery
coheredero - coheir
coima - graft
coime - servant, grafter
coimear - to graft
coimero - grafter
coincidencia de la voluntad - meeting of the minds
coinquilino - cotenant
cointeresado - jointly interested
coito - carnal knowledge, coitus
colación - comparison, checking, collation, hotchpot
colacionable - collatable
colacionar - to collate
colateral - collateral
colección - collection
colecta - collection, receipts
colectable - collectible
colectar - to collect
colectiva e individualmente - all and singular, joint and several
colectivismo - collectivism
colectivo - joint, collective
colector - collector
de derechos aduaneros - collector of the port
de impuestos o **de contribuciones** - collector of taxes
de rentas internas - collector of internal revenue
fiscal - tax collector
colecturía - collector's office
colegatario - collegatory, joint legatee
colegiado - member of a professional jurisdiction
colegiarse - to form *or* to join an association
colegio - college, professional association
de abogados - bar association
de leyes - law school
de procuradores - association of solicitors
electoral - electoral college
Colegio Interamericano de Abogados - Inter-American Bar Association
colericamente - angrily, ab irato
coligación - alliance, association, combination
coligarse - to form an association *or* union
colindante - adjoining owner, abutting property
colindar - to adjoin, to abut
colisión - collision, conflict
de derechos - conflict of rights, conflict of laws
colitigante - colitigant
color - color
coludir - to conspire
colusión - collusion
colusorio - collusive
comandita - silent partnership, limited copartnership
por acciones - joint-stock company, stock association
simple - commandite, limited copartnership
comanditado - active partner
comanditar - to finance, float an enterprise without assuming any liability
comanditario - special partner, partnership

combinación - combination, cartel, pool
vertical - vertical combination *or* consolidation *or* trust
combinar - to merge, combine, consolidate pool
comentador - commentator
comentario - commentary, gloss
comentarista - commentator
comerciable - marketable, merchantable
comercial - commercial enterprise, commercial
comercializar - to commercialize
comerciante - merchant, dealer, trader, jobber, distributer
accidental - one engaged in a commercial transaction without having an established business
almacenista - middleman, jobber, wholesaler
comisionista - commission merchant
intermediario - middleman, jobber, wholesaler
comerciar - to trade, deal, merchandise, market
comercio - commerce, trade, business, store, shop
de altura - overseas trade
de comisión - commission business
de ultramar - overseas trade
interestatal - interstate commerce
cometer - to entrust, commit, charge, to commit, perpetrate
asesinato - to commit murder
suicidio - to commit suicide
cometido - commission, charge, duty, assignment
comicial - concerning elections
comicio - election board *or* commission
comicios - election
generales - general election
primarios - primary election
comisar - to forfeit, to confiscate
comisaría - commissary, police headquarters
comisario - deputy, delegate, commissioner, police official, manager, policeman, court attendant, corporation official who keeps check on the management in the interest of all the stockholders
de averías - average surveyor
de comercio - trade commissioner
de patentes - commissioner of patents
comisión - committee, commission, order, mandate, commission, assignment, perpetration, committing
asesora - consulting board, advisory commission
de cobro - collection fee *or* commission
de confianza - trust, commission of a trustee
de control de cambios - exchange-control board
de delito - commission of a crime
de divisas - exchange-control board
de encuesta o **de indagación** - fact-finding board
de higiene - board of health
de medios y arbitrios - ways and means committee
de servicio público - public-service commission
de todos miembros - committee of the whole
de vigilancia - committee of control, committee of creditors to watch action of debtor, of receiver, and of trustee
directiva - executive *or* governing committee
ejecutiva - executive *or* governing committee
gestora - executive *or* governing committee
paritaria - joint board of employers and employees
rogatoria - letters rogatory
Comisión
Arancelaria - Tariff Commission
de Comercio Interestatal - Interstate Commerce Commission
de Derechos Aduaneros - Tariff Commission
entre Estados - Interstate Commerce Commission
de Fomento Interamericano - Inter-American Development Commission
de la Marina Mercante - Maritime Commission
de Reserva Federal - Federal Reserve Board
de Valores y Bolsas - Securites and Exchange Commission
Federal de Comercio - Federal Trade Commission

Interamericana de Arbitraje Comercial - Inter-American Commercial Arbitration Commission
Nacional de Comunicación - Federal Communications Commission
comisionado - commissioner
comisionar - to commission, empower
comisionista - commission merchant, anyone who works on commission, agent
de confianza - trustee
comisivo - commissive
comiso - confiscation, seizure, attachment, forfeit, loss
, en - forfeited
comité - committee, commission
administrador - managing *or* executive committee
conjunto - joint committee
consultivo - advisory committee, consulting board
de aforos - board of appraisers
de agravio - grievance committee
de fiduciarios - board of trustee
directivo - managing *or* executive committee
ejecutivo - executive committe
planeador - planning board
protector - protective committee
comitente - constituent, principal, one who ships goods on consignment
comitir - to name an agent for consignment of goods
comodante - lender, gratuitous bailor
comodatario - borrower, bailee, commodatary
comodato - gratuitous bailment *or* loan, commodatum, commodate
compañerío - concubinage
compañero de trabajo - fellow workman
compañía - company, corporation, partnership, association
anónima - stock company, corporation
armadora - shipping company
asociada - affiliated *or* associated company
cerrada - close corporation
civil - civil corporation
colectiva - partnership
comanditaria - special *or* limited partnership
controladora - holding company
de afianzamiento - bonding company
de crédito territorial - mortgage bank *or* company
de fianzas - bonding company
de fideicomiso - trust company
de responsabilidad limitada - limited-liability company
de seguros mutuales - mutual insurance company
de sustitución de valores - investment trust
de transporte - common carrier
de utilidad pública - public-utility company, public-service corporation
dominada - controlled company
dominatriz - holding company
en comandita - limited partnership
en nombre colectivo - general partnership
fiadora - bonding company
fiduciaria - trust company
filial - subsidiary *or* controlled company
fiscalizada - government enterprise
inversionista o **de inversiones** o **de rentas** - investment trust, investing company, mutual fund
inversionista de acciones ordinarias - common-stock fund
matriz - parent company
matriz secundaria - subholding company
mercantil - partnership, corporation
mutualista de inversión - mutual investment company
operadora o **de explotación** - operating company
por acciones - stock company
propietaria - proprietary company, close corporation
regular colectiva - general partnership
tenedora - holding company
terrateniente - real-estate company
comparecencia - appearance
condicionada - conditional appearance
en juicio - appearance in action
especial - special appearance
general - general appearance
obligatoria - compulsory appearance
voluntaria - voluntary appearance
comparecer - to appear in court
para objeto especial - to appear specially
sin limitaciones - to appear generally
compareciente - one who appears, appearing
comparendo - summons, subpoena

comparición - appearance, summons
comparte - coparty, colitigant, joint party
compatible - consistent, suitable
compeler - to compel, constrain
compendiar - to summarize, condense
compendio - compendium, summary, condensation, abridgment
compensable - compensable, balancing, equalizing
compensación - compensation, pay, balancing, offset, relief
  a obreros - workmen's compensation
  estatal por desempleo - state unemployment compensation
  extraordinaria - overtime pay
  por accidentes de trabajo - workmen's compensation
  por paro - unemployment compensation
compensaciones bancarias o **de cheques** - bank clearings
compensatorio o **compensativo** - compensatory, countervailing
competencia - competence, fitness, capacity, extent, field, province, competition, competency, cognizance, jurisdiction, venue
  desleal - unfair competition
  eventual - limited *or* special jurisdiction
  excepcional - special jurisdiction
  exclusiva - exclusive jurisdiction
  funcional - functional jurisdiction
  material - jurisdiction of subject matter
  necesaria - general jurisdiction
  originaria - original *or* general jurisdiction
  por territorio - territorial jurisdiction
  principal - general jurisdiction
competente - competent, capable, able, applicable, appropriate, competent
competer - to concern, be incumbent on
compilador - compiler, reporter
cómplice - accomplice, accessory, abettor
  encubridor - accessory after the fact
  instigador - accessory before the fact
complicidad - complicity
complot - conspiracy, plot
  para represión de comercio - conspiracy in restraint of trade
complotados - conspirators
complotarse - to plot, conspire
componedor - arbitrator, referee, conciliator, compounder
componenda - compromise, settlement, arbitration
componentes de una comisión - members of a commission
componer - to compose, make up, make out, to compromise, settle, adjust, compound, to repair
componible - capable of adjustment *or* settlement
compos mentis - sound of mind, compos mentis
composición - adjustment, settlement
  procesal - settlement out of court *or* by agreement
compostura - repair, overhauling, settlement, adjustment, compromise
comprador - buyer, purchaser, vendee, negotiator
  de buena fe - bona fide purchaser
  de chueco - dealer in stolen goods, fence
  inocente - innocent purchaser, purchaser in good faith
compraventa - sale, buying and selling, bargain and sale
comprobación - check, proof, verification
  de la deuda - proof of debt
comprobante - voucher, evidence, warrant, proving, vouching
  de adeudo - evidence of indebtedness
  de venta - bill of sale
comprobar - to check, audit, verify, to prove
comprobatorio - vouching, proving
comprometedor - compromising, incriminating
comprometer - to compromise, to appropriate, to bind, promise
comprometerse - to become liable, bind oneself
compromisario - arbitrator, umpire
compromiso - obligation, commitment, undertaking, engagement, appointment, appropriation, compromise, arbitration
  arbitral - arbitration agreement, arbitration award
  colateral - collateral undertaking
  eventual - contingent liability
compromisorio - relating to arbitration, compromissary
compromitentes - parties to an arbitration
compulsa - attested copy of a document, check, audit
compulsar - to compare, check, to make an official copy
compulsión - compulsion, duress
compulsivo - writ, compulsive

compulsorio - court order for copying a document
compurgador - compurgator, witness for the defense
comunero - joint owner of land, one who shares in profits
comunicación - communication, dispatch, call
  privilegiada o **de confianza** - privileged communication
comunicado - official announcement
comunicar - to communicate, to inform, advise, announce, to transmit
comunidad - association, society, corporation, joint ownership, commonwealth
  convenida - conventional community
  de bienes - community property, joint ownership
  de interés - community of interest
  en mancomún - joint tenancy
  legal - legal community
comuníquese - let it be known, know all men
comunismo - communism
comunista - communist, communistic
conato - attempted crime
concedente - licensor, grantor
conceder - to grant, to concede, allow
  una comisión - to allow a commission
  crédito - to extend credit
  franquicia postal - to issue permit for postage metering
  interés - to allow interest
  plazos - to give terms of payment
  un préstamo - to make a loan
  una patente - to grant a patent
concentración - concentration, consolidation, recapitulation
  de empresas - merger, consolidation
  horizontal - horizontal combination
  industrial - syndicate, trust, cartel
  vertical - vertical combination
concepción - conception
concertar, concertarse - to adjust, arrange, agree, to conclude, close a deal
  un contrato - to make a contract
  un préstamo - to negotiate a loan
concesible - grantable
concesión - concession, privilege, franchise, grant, allowance, rebate
  de crédito - extension of credit
  social - corporate franchise *or* charter
concesionar - to grant a concession
concesionario - holder of a concession, concessionary, licensee, grantee, concessionaire, concessionary
  de la patente - patentee
  único o **exclusivo** - sole agent *or* licensee
concesivo - grantable
conciencia - justice, equity
  limpia - with clean hands
concierto - arrangement, bargain agreement
  de voluntades - meeting of the minds
conciliación - conciliation, settlement
conciliador - conciliator
conciliativo - conciliating
conclusión - close, closure, conclusion, finding
  definitiva - final decision
  provisoria - provisional decision
conclusiones - conclusions, findings
  de derecho - conclusions of law
  de hecho - findings of fact
conclusivo - final, concluding, conclusive
concluyente - conclusion, determining
concomitante - concomitant
concordancia - conformity
concordar - to agree, be in accord, to agree, tally
concordatario - relating to an agreement with creditors
concordato - concordat, agreement between insolvent and creditors, arrangement, composition
  preventivo - arrangement with creditors to avoid bankruptcy
concubina - concubine
concubinario - man who lives with a concubine, concerning concubinage
concubinato - concubinage
concubinos - couple who live in concubinage
concúbito - coitus
conculcador - infringer, violator
conculcar - to infringe, violate
concurrencia - competition, attendance, concurrence, equality
  de acciones - joinder
  de normas - concurrence of legal principles
  desleal - unfair competition
concurrente - one who attends *or* competes, concurrent

concurrir - to meet, to attend, to compete, to concur, agree
a una licitación - to submit a bid in competition
a una reunión - to attend a meeting
concursado - bankrupt
concursal - bankruptcy
concursante - one who takes part in a meeting, bidder, competitor
concursar - to declare bankrupt, to compete
concurso - meeting, conference, assembly, insolvency proceedings, competition, competitive bidding, aid, cooperation
civil - proceedings in bankruptcy of an individual
comercial - proceedings in bankruptcy of a mercantile concern
de acreedores - creditors' meeting, bankruptcy proceeding
de competencia o **de precios** - competitive bidding
de derechos - conflict of rights, conflict of laws
necesario - involuntary bankruptcy
voluntario o **preventivo** - voluntary bankruptcy
y consentimiento - advice and consent
concurso-oposición - competitive examination for employment
concusión - extortion, concussion, graft
concusionario - extortioner
condado - county
condena - penalty, sentence, jail term
acumulativa - accumulative sentence
con reserva - judgment with reservation of rights to defendant
condicional - suspended sentence
de futuro - judgment with stay of execution
en costas - order to pay costs
judicial - conviction
perpetua o **vitalicia** - life sentence
condenación - condemnation, judgment, sentence
condenado - convicted, condemned, sentenced
condenar - to condemn, to convict, to sentence
en corte - to convict
en costas - to assess the costs against
condenatorio - condemnatory, pronouncing judgment
condición - condition, state, consideration, stipulation, proviso, condition, quality, class
afirmativa - affirmative condition
callada - implied condition
casual - casual condition
compatible - consistent condition
constitutiva - essential condition
copulativa - copulative condition
de derecho - implied condition, condition in law
de hecho - express condition, condition in deed
dependiente - dependent condition
disyuntiva - disjunctive condition
expresa o **precisa** - express condition
extintiva - extinguishing condition
ilegal - unlawful condition
implícita - implied condition
imposible de derecho - condition impossible under the law
imposible de hecho - physically impossible condition
incompatible - repugnant condition
independiente - independent condition
legal - unlawful condition
mixta - mixed condition
mutua - mutual condition
negativa - negative *or* restrictive condition
posible - possible condition
potestativa - optional condition
precedente o **previa** - condition precedent
resolutoria o **resolutiva** - resolutory condition, defeasance
restrictiva - restrictive *or* negative condition
retroactiva - retroactive condition
subsecuente - condition subsequent
supuesta - implied condition
suspensiva - suspensive condition
tácita - implied condition
única - single condition
condiciones - conditions
concurrentes - concurrent conditions
de pago o **de venta** - terms, conditions of sale
condicionado - conditions, terms, conditioned, conditional
condicional - condition, requirement, conditional, contingent
condicionar - to impose conditions, to qualify
condominio - joint ownership, condominium

condómino - joint owner, co-owner
condonación - remitting, condonation
  expresa - conventional remission
  tácita - tacit remission
condonar - to remit, to pardon, condone
conducente - pertinent, relevant
conducta indebida - misconduct
condueño - co-owner, joint owner
conexidades - incidental rights *or* questions
confabulación - conspiracy, collusion, plotting
  para restringir el comercio - conspiracy in restraint of trade
confabularse - to conspire
confederación - federation, association
  de sindicatos - labor federation
  patronal - employers' association
conferencia - conference, consultation, interview, conversation, congress, assembly, pool, syndicate, cartel
conferenciar - to consult, confer, interview
conferir - to confer, consult, to concede, to award
  poderes - to empower
confesante - one who confesses
confesar - to confess, admit
  de plano - to make a full confession
confesión - confession, admission, acknowledgment
  calificada - qualified admission
  de la deuda - confession of indebtedness
  dividua - divisible confession
  en juicio - judicial confession, deposition
  en pleno tribunal - judicial confession
  espontánea - voluntary confession
  expresa - express *or* direct admission
  extrajudicial - extrajudicial confession
  ficta - implied confession
  implícita o **tácita** - implied confession
  individua - indivisible confession
  involuntaria o **provocada** - involuntary confession
  judicial - judicial confession, deposition, reply to interrogatories
  simple - simple confession
  y anulación - confession and avoidance
confesional - concerning confession *or* deposition
confeso - one who confesses *or* acknowledges
confiable - reliable, trustworthy
confiador - cosurety, joint surety
confiar - to entrust, commit
confidencial - confidential
confinado - prisoner
confinamiento - confinement
confirmación - confirmation, acknowledgment, corroboration
  de sentencia - affirmance of judgment
confirmar - to confirm, ratify, affirm, to verify, corroborate
confirmatorio, confirmativo - confirming, affirming, upholding
confiscable - confiscable, expropiable
confiscación - confiscation, condemnation, expropriation
confiscador - confiscatory
confiscar - to confiscate, requisition, expropriate, condemn
confiscatorio - confiscatory
conflicto - dispute, conflict
  de derechos - conflict of rights, conflict of laws
  de evidencia - conflict of evidence
  de leyes - conflict of laws
  jurisdiccional o **de competencia** - conflict of jurisdiction
conformarse - to agree, come to terms
conforme - approval, acknowledgment, acceptance, agree, OK, accordant, correct in order
  a derecho - according to law
conformidad - agreement, approval, consent
confronta - comparison, checking
confrontar - to compare, check, to confront
confusión - confusion, confusio
  de bienes - confusion of goods
  de derechos - confusion *or* merger of rights
  de deudas - confusion of debts
confutación - disproof, refutation
confutar - to disprove, refute, confute
congresista - congressman, congresswoman, delegate to a convention
congreso - congress
Congreso Continental - Continental Congress
congruencia - congruity
conjetura - conjecture, presumption, circumstantial evidence
conjuez - associate justice
conjunción - adjunction
conjunto - co-owner, coheir, coassignee, joint, common, conjunctive

conjura - conspiracy
conjuración - plotting, conspiracy
conjurador - conspirator
conjuramentar - to swear in, administer an oath
  conjuramentarse - to take an oath
conjurar - to conspire, plot
conminación - threat, admonition, judgment
conminar - to threaten, to warn
conminatorio - comminatory, threatening
conmixtión - commixtion
conmoción civil - civil commotion
conmutación - commutation
  de sentencia - commutation of sentence
  impositiva - commutation of taxes
conmutar - to commute, to exchange, barter
conmutativo - commutative
connivencia - connivance
conocedor - expert
conocer - to know, to observe, to consider, take up
  de, - to take cognizance of
  de la apelación - to hear the appeal
  de una causa - to try a case
  de instrucción - to try a case
  de nuevo - to retry
  en arbitraje - to arbitrate
conocible - cognizable, triable
conocimiento - knowledge, notice, hearing, cognizance, voucher, bill of lading
  a la orden - order bill of lading
  al portador - negotiable bill of lading
  acumulativo - concurrent *or* co-ordinate jurisdiction
  con observaciones - foul bill of lading
  de almacén - warehouse receipt, dock warrant
  de carga o **de embarque** - bill of lading
  de causa - knowledge of the basic facts
  de favor - accommodation bill of lading
  judicial - judicial notice *or* knowledge
  limpio o **sin tacho** - clean bill of lading
  nominativo o **no traspasable** - straight bill of lading
  original o **de primera mano** - personal knowledge
  personal - personal knowledge
  primordial - original bill of lading
  real - actual knowledge
  sucio o **tachado** - foul bill of lading
  y creencia - knowledge and belief
consanguinidad - consanguinity
  colateral - collateral consanguinity
  lineal - lineal consanguinity
consecuencial - consequential
consecuente - consequential
consejero - member of the board, counsel, attorney, adviser, consultant
  de sociedades anónimas - corporation lawyer
  inferior - junior counsel
  jurídico o **legal** - legal adviser
consejeros directores - board of directors
consejo - commission, board, council, advice
  administrativo o **de administración**- board of directors, governing board
  consultivo - consulting board, advisory council
  de conciliación - conciliation board
  de dirección - board of directors
  de familia - family council
  de ministros o **de gabinete** - cabinet, council of ministers
  de vigilancia - committee that keeps check on the management in the interest of the stockholders and of the government
  ejecutivo - executive council
  jurídico o **legal** - legal advice
  y aprobación - advice and consent
Consejo de Seguridad - Security Council of the United Nations
consenciente - assenting, consenting
consenso - consensus, agreement
consensual - consensual, by agreement
consensus facit legem - consensus facit legem, consent makes the law
consentido - judgment which is not appealed
consentimiento - consent, assent, acquiescence
  expreso - express consent
  implícito - constructive assent
  tácito - implied consent
consentir - to acquiesce, consent, to admit
  la sentencia - to accept the judgment
conservador - conservator, custodian, conservative
consideración - consideration, advisement
considerando - whereas, whereas clauses
consignación - consignment, remittance, payment, deposit, consignation, appropriation

en pago - deposit in payment of a debt
judicial - judicial deposit
consignar - to consign, to make a deposit, to pay, to make an appropriation, to earmark, to hold for trial, to remand
en corte - to deposit in court
consignatario - consignee, trustee
consiliario - adviser, counselor
consocio - copartner, associate
consolidable - fundable
consolidación - consolidation, funding
de compañías múltiples - multicompany consolidation
de fincas - merger *or* consolidation of two or more properties for purposes of recording
horizontal - horizontal combination *or* consolidation
vertical - vertical combination *or* trust
consolidar - to consolidate, combine, merge, to fund
consorciado - syndicated, pooled
consorcial - pertaining to a syndicate *or* pool
consorcio - syndicate, consortium, conference, cartel, pool, partnership
bancario - bank syndicate
de reaseguro - reinsurance pool *or* syndicate
consortes - colitigants, spouses
conspiración - conspiracy, plot
conspirador - conspirator
conspirar - to conspire, plot, to combine
constancia - record, evidence
de deuda - evidence of indebtedness
escrita - written record *or* evidence
notarial - notary's attestation
constancias - records, vouchers
judiciales - judicial records
constar - to be evident, to be recorded, to show
, hacer - to spread upon the record
constatar - to verify, substantiate, confirm
conste por el presente documento - know all men by these documents
constitución - constitution, founding, establishing
consuetudinaria - unwritten constitution
constitucional - constitutional
constitucionalidad - constitutionality
constituir - to establish, create, to appoint, depute, to organize, incorporate, found
quórum - to constitute a quorum
una sociedad - to found *or* organize a company
constituirse fiador - to make oneself liable, vouch for, go surety
constitutivo - essential, constitutive
constituyente - constituent
consuetudinario - customary, common
consulaje - consular fee
consulta - consultation, conference, question, inquiry, legal opinion
y consentimiento - advice and consent
consultar - to consider, study, review, to consult
consultivo - advisory
consultor jurídico - legal adviser
consultorio - office of a professional man
consumación - completion, consummation
consumos - municipal excise tax
contabilidad - accounting
contador - accountant, cashier, teller, auditor
autorizado o **diplomado** o **titulado** - certified public accountant, chartered accountant
judicial - auditor, accountant named by court
juramentado - certified public accountant
partidor - partitioner, auditor who distributes the assets of an estate
perito - expert accountant
público autorizado - certified public accountant
contaduría - auditor's office, accounting, accounting office
contención - dispute, contention, lawsuit
contencioso - contentious, contested, in dispute, litigious, concerning legal action
contencioso-administrativo - relating to action under administrative law
contendedor - opponent, competitor, contestant
contender - to contest, to litigate, to dispute, discuss, argue
contendor - opponent, antagonist
contenta - receipt, release, endorsement
contestabilidad - contestability
contestable - contestable, returnable
contestación - answer, reply, dispute
a la demanda - plea, answer to the complaint

judicial - lawsuit
contestar - to answer, reply, to contest, to confirm, corroborate
la demanda - to defend a suit
en juicio - to defend a suit
conteste - witness who confirms testimony of another
contexto - context
contextual - contextual
contienda - dispute, contest
judicial - litigation
continencia - unity of and consistency in the proceedings
contingencia - contingency
contingente - contingent
continuación - continuance, continuation
continuar - to continue
contra
el orden público - against the peace
la preponderancia de la prueba - against the weight of evidence
contraapelación - counterappeal
contraapelar - to cross-appeal, counterappeal
contrabandear - to smuggle
contrabandeo, contrabando - smuggling
contrabandista - smuggler, contrabandist
contrabando de guerra - contraband of war
contracambio - re-exchange
contractual - contractual
contradeclaración - counterdeclaration, counter-affidavit
contrademanda - counterclaim, cross-demand, reconvention
contrademandante - counterclaimant
contrademandar - to counterclaim
contradenuncia - counterclaim, counteraccusation
contradicción - contradiction
contradictorio - in the presence of both parties to an action
contradocumento - document that annuls a previous one
contraendosar - to return a bill of exchange to the endorser
contraer - to contract, make a contract
deudas - to incur debts
matrimonio - to marry
una obligación - to contract an obligation
contraescritura - document that annuls a previous one
contraespionaje - counterespionage
contraevidente - against the weight of evidence
contrafiado - indemnitee
contrafiador - indemnitor
contrafianza - indemnity bond, countersecurity, back bond
contrafuero - infringement, violation of law
contragarantía - counterguaranty
contragiro - redraft
contrahacer - to forge, counterfeit, falsify
contrahecho - spurious, counterfeit
contrainterrogar - to cross-examine, cross-question
contrainterrogatorio - cross-examination
contraparte - other party to a contract, adversary in a lawsuit, counterpart
contrapetición - counterclaim, cross-motion
contraprestación - counterclaim, counter-plea, consideration, price, debt service, repayment of a loan
insuficiente - inadequate consideration
contraprobanza - counterproof
contraprobar - to refute
contraproposición - counteroffer, counter-proposal, counterproposition, countermotion
contraprotesto - second protest of a dishonored bill made to the **recomendatario**
contraprueba - rebutting evidence, counterevidence, counterproof
contrapuntear - to dispute
contrapunto - dispute, disagreement
contraquerella - cross-action, cross-bill, cross-complaint
contrariar - to oppose, to infringe, to contradict
contrario - other party to a suit, adversary
a la prueba - against the weight of evidence
contrarreclamación - counterclaim, offset, setoff
contrarréplica - rejoinder
contrarrestar - to offset, to oppose
contrasellar - to counterseal
contrasello - counterseal
contrasentido - absurdity, opposite meaning
contrata - contract
a la gruesa - bottomry bond
de arriendo - lease

de fletamento - charter party
contratable - contractable
contratación - contracting, undertaking, enterprise
contratante - contracting party, covenantee, covenanter
comprador - bargainee
vendedor - bargainor
contratar - to make a contract
contratiempo - misadventure, misfortune
contratista - contractor, covenanter
contrato - contract, covenant
a corretaje - general contract under which all work is sublet
a costo más honorario - cost-plus *or* fee contract
a la gruesa - bottomry bond, respondentia bond
a precio global o **a suma alzada** - lump-sum contract
a precios unitarios - unit-price contract
a título gratuito - gratuitous contract
a título oneroso - onerous contract
accesorio - accessory contract
aleatorio - aleatory *or* hazardous contract
bilateral - bilateral *or* synallagmatic contract
colectivo de enganche - contract with a labor agent
colectivo de trabajo - contract with a labor union
condicional - conditional contract
conjunto - joint contract
conmutativo - commutative contract, certain contract
consensual - consensual contract
de aceptación - acceptance agreement
de adhesión - contract accepted by one party without negotiation
de administración - management contract, cost-plus contract
de ajuste - employment contract
de aparcería - contract for working a farm on shares
de arrendamiento - lease
de asociación - partnership contract
de cambio - exchange agreement
de cambio marítimo - bottomry
de comodato - commodatum *or* gratuitous bailment contract
de compañía - partnership contract, incorporation agreement
de compraventa - purchase contract, contract of bargain and sale
de compromiso - arbitration agreement
de conchabo - employment contract
de depósito - contract of bailment
de edición - contract between author and publisher
de embarque o **de embarco** - seaman's employment contract
de empeño - collateral contract
de enganche - employment contract, temporary contract with men recruited for work elsewhere
de enrolamiento - employment contract
de entrega y venta - marketing agreement
de equipo - contract with a union making it responsible for execution of the work
de espacio - space contract
de fideicomiso - trust deed
de fiducia - trust agreement
de fletamento - charter party
de juego - wagering contract
de locación - lease
de locación de obra - construction contract
de locación de servicios - contract for services
de mandato - mandate, contract of mandate
de mutuo - mutuum, loan for consumption
de organización - incorporation papers
de palabra - verbal contract
de prenda - collateral contract, contract of pledge
de refacción - crop-loan contract
de renta de retiro - retirement income contract
de renta vitalicia - life annuity agreement
de retrovendendo - sale with option to buy back
de sociedad - partnership contract, incorporation papers
de tarea - taskwork contract
de trabajo o **de empleo** - employment contract
de transporte - contract of carriage
de venta condicional - conditional sales contract

divisible - divisible contract, severable contract
escrito - written contract
expreso - express contract
fiduciario - trust indenture
fingido o **falso** - simulated contract
implícito o **sobrentendido** - constructive contract
individual de trabajo - contract of each employee with the employer
indivisible - indivisible contract, entire contract
informal o **simple** - simple *or* parol contract
innominado - special contract *or* one not specifically provided for by law, innominate contract
justo de fletamento - clean charter
leonino - onerous contract from which only one party receives benefit
matrimonial - marriage articles, marriage contract
mutual - mutuum
nominado - contract specifically provided for by law
normativo - standard form of contract
notarizado - contract signed before a notary
partible - divisible contract, severable contract
perfecto - formal contract, contract of record
pignoraticio - contract of pledge
presunto - implied contract
privado - contract not officially recorded
real - specialty contract, real contract
sin causa - nude contract, nudum pactum, contract without consideration
sinalagmático - synallagmatic *or* bilateral contract
sindical - contract with a labor union
social - partnership contract, incorporation papers
solemne - covenant, formal contract, contract under seal
tácito - implied contract
unilateral - unilateral contract
verbal - oral *or* parol contract

contrato-ley - union contract which the Government has made official for all of a trade or an industry
contravalor - collateral
contravención - infringement, violation, breach of contract, misdemeanor, contravention
contravenir - to violate, infringe, transgress
contraventa - repurchase by seller, countersale
contraventor - infringer, offender, transgressor
contrayente - contracting party
contribución - tax, impost, contribution, assessment, quota

de avería - average contribution
de herencia - estate tax
de mejoras - assessment for improvements
electoral - poll tax
fiscal - national government tax
inmobiliaria o **de inmuebles** - real-estate tax
notarial - notary's fee
sobre beneficios extraordinarios - excess-profits tax
sobre ingreso - income tax
sobre la propiedad - property tax
sobre transmisión de bienes - transfer tax
territorial - land tax
única - nonrecurrent tax

contributario, contribuyente - taxpayer, contributer
controversia - controversy, dispute
controvertible - contestable, disputable, controvertible
controvertir - to contest, controvert, dispute
controvertista - one who disputes or objects
contubernio - cohabitation
contumacia - nonappearance, contempt of court, default, contumacy

en derechos consuetudinario - common-law contempt
indirecta - constructive contempt

contumacial - concerning nonappearance *or* contempt of court
contumaz - contumacious, guilty of contempt of court
convalecer - to recover legal efficacy
convalidación - confirmation, ratification, acquiescence
convalidar - to confirm, ratify, validate
convencimiento - conviction, belief, convincing
convención - convention, assembly, contract, agreement

colectiva de industria - labor agreement that by government decree governs an entire industry
constituyente - constitutional convention
de trabajo - labor agreement
convencional - conventional, contractual, by agreement, customary, conventional
convencionarse - to agree
convencionista - delegate to a convention, holder of a confession
convenido - defendant, agreed, conventional
convenio - agreement, accord, contract, covenant, deal, convention, pool, entente
afirmativo - affirmative covenant
colectivo de trabajo - collective bargaining agreement with a labor union
comercial - trade agreement
concursal - creditors' agreement with bankrupt
condicionado - conditional agreement
de comercio recíproco - reciprocal trade agreement
de compensaciones - clearing agreement
de fideicomiso - trust agreement
de garantía - covenant of warranty
escrito - written contract *or* agreement
expreso - express covenant
implícito - implied covenant
patrón o **maestro** - master agreement
personal - personal covenant
real - real covenant
transitivo - transitive covenant
verbal - verbal agreement
convenir - to convene, assemble, to agree, covenant, to arrange, to concur
convenirse - to come to terms, make a deal, to convene
conversión - refunding, conversion
convertible - convertible
convicción - conviction, certainty, conviction of a crime
convicto - convict, convicted
convincente - convincing
convocación de acreedores - call for creditors' meeting
convocar - to call, summon, convene
a licitación - to call for bids
de nuevo - to reconvene
una sesión - to call a session
convocatoria - notice of a meeting, summons, call
de acreedores - creditors' meeting
para propuesta - call for bids
conyugal - conjugal
cónyuge - spouse
culpable - guilty party in a divorce case
sobreviviente - surviving husband *or* wife
conyugicida - murderer of husband *or* wife
conyugicidio - murder of husband *or* wife
coobligado - co-obligor, joint obligor
cooperativa - co-operative enterprise
de consumo - consumers' league *or* union
de crédito - credit union
de productores - producers' co-operative
cooperativista, cooperativo - concerning co-operative enterprise
copar - to corner, monopolize
coparticipación - copartnership, sharing in common
copartícipe - copartner, joint
copartícipes - privies
copia - copy, transcript
autenticada - certified copy
autorizada - certified copy
carbón - carbon copy
certificada - certified copy, office copy
fiel - true copy
legalizada - certified copy
limpia o **en limpio** - fair copy
copiacartas - copybook
copiador de cartas o **de correspondencia** - copybook
coposeedor - co-owner
coposesión - joint ownership, joint possession
copresidente - cochairman
copropiedad - joint ownership, joint estate
copropietario - co-owner, coproprietor, joint owner
cópula - carnal knowledge, coitus
corporación - corporation, company, body, guild
afiliada - associated *or* affiliated *or* allied company
controlada o **dominada** - controlled company
de servicios públicos - public-service corporation
edilicia o **municipal** - municipal corporation
especulativa - commercial enterprise
filial - subsidiary company

no especulativa - nonprofit organization
privada o **propietaria** - close corporation, proprietary company
subsidiaria - subsidiary corporation
corporal - corporeal
corporativo - corporative, corporate
corpóreo - corporeal
correccional - correctional, corrective
correctivo - corrective, penalty, corrective
corredor - broker
conjunto - cobroker
notario - notary public
público - notary public
corregidor - magistrate, mayor
de policía - police commissioner
corren en autos - are contained in the records
correo - mail, post, post office, accessory to a crime
certificado - registered mail
correspondencia - mail, correspondence
certificada - registered letters
registrada - registered letters
corretaje - brokerage
notarial - attestation by a notary
corroborar - to confirm, corroborate
corroborativo - corroborating, corroborative
corromper - to corrupt, bribe, to seduce
corrompido - corrupt, crooked, dishonest
corrupción - corruption, bribery, seduction, depravity
corruptela - corruption, illegal practice, malpractice
corruptibilidad - corruptibility, venality
corruptible - perishable, corruptible, venal, purchasable
cortabolsas - pickpocket
corte - court
de almirantazgo - court of admiralty
de apelación - court of appeals
de casación - court of cassation *or* of appeal
de distrito - district court
de equidad - court of equity *or* of chancery
de juicios ordinarios - court of common please
de justicia - court of justice
de policía - police court
de registro - court of record
de sucesiones - court of probate
en lo civil - civil court
municipal - municipal court
nocturna - night court
plena - full court
superior - superior court
suprema - supreme court
Corte Permanente de Justicia Internacional - Permanent Court of International Justice
Cortes - Spanish Parliament
cortesía - extension of time for payment, days of grace
cosa - thing, chose, res
de Dios - act of God
de nadie - res nullius, property of nobody
en posesión - chose in possession
juzgada - res judicata, former adjudication
litigiosa - matter in dispute
pública - res publica, public property
cosas
accesorias - things accessory
inmuebles - things real *or* immovable
muebles - things personal *or* movable
cosecha - harvest, yield, crop, emblements
cosignatario - cosigner, cosignatory
costas - costs
procesales - court costs
costear - to finance, meet the cost of
costo - cost, expense
de adquisición - first cost
de desplazamiento - replacement cost
de inversión - historical cost
de reproducción o **de reposición** - replacement cost
histórico o **incurrido** - historical cost
inicial - first cost
o mercado, el que sea más bajo - cost or market, whichever is lower
original o **primativo** - original *or* historical cost
, seguro, flete, comisión e intereses - cost, insurance, freight, commission, and interest
, seguro, flete, desembarcado - CIF landed
, seguro, flete y cambio - cost, insurance, freight, and exchange
, seguro y flete (CSF) - cost, insurance, and freight (CIF)
y riesgo propio - own cost and risk
costumbre - custom, practice
comercial - business practice
, de, - customary, usual

de plaza - custom of the trade
costumbres
del comercio - custom of the trade
generales - general customs
locales - local customs
mercantiles - commercial usage
particulares - particular customs
cotejo de letra - comparison of handwriting
coyote - speculator, broker, unscrupulous operator, shyster lawyer
coyotear - to speculate, to swindle
credenciales - credentials
credibilidad - credibility
crédito - credit, accommodation, loan, reputation, standing, claim
a sola firma - unsecured credit
comercial - goodwill
confirmado - confirmed credit
de aceptación - acceptance credit
de avío o **de habilitación** - credit granted for a particular business purpose and secured on the equipment and on the product
descubierto - overdraft privilege
documentario o **documentado** - documentary credit
en cuenta corriente - overdraft privilege
hipotecario - mortgage credit
irrevocable - irrevocable credit
libre - open credit, unconfirmed credit
mobiliario - credit secured by personal property, chattel mortgage
pignoraticio - secured credit
prendario - credit on chattel mortgage
quirografario - unsecured credit
territorial - credit secured by real estate
créditos incobrables - bad debts
creíble - credible
cretinismo - cretinism
crimen - crime, felony
político - political offense
criminal - criminal, felon, felonious
habitual o **reincidente** - habitual criminal, recidivist
criminalidad - criminality
criminalista - criminalist
criminología - criminology
crueldad mental - mental cruelty
cuartel de policía - police station
cuasicontractual - quasi contractual
cuasicontrato - quasi contract
cuasicontumacia - civil contempt, quasi contempt
cuasicorporación - quasi corporation
cuasidelito - quasi crime, quasi delict
cuasijudicial - quasi-judicial
cuasimunicipal - quasi-municipal
cuasinegociable - quasi-negotiable
cuasipasivo - quasi liability
cuasiposesión - quasi possession
cuasipúblico - quasi-public
cuasirenta - quasi rent
cuasituerto - quasi tort
cuasiusufructo - quasi usufruct
cuatrerismo - cattle stealing
cuatrero - cattle thief
cubiletear - to evade obligations, to use trickery to accomplish a purpose
cuenta - account, bill, statement
ajena - account of another
auxiliar - adjunct account
convenida - account states
custodial o **de custodia** - custodian *or* safekeeping account
de costas - bill of court costs
de crédito - line of credit, loan account
de quien corresponda, por - for account of whom it may concern
de regreso - protest charges
de resaca - charges for redraft, protest charges
de venta - bill of sale
fiduciaria - trust account
mala - bad debt
particional - account for division of an estate
stimulada - pro forma account
sujeto a preaviso - notice account
y riesgo de, por - for account and risk of
cuentas - accounts, bills, statements
de orden - memoranda accounts, items that do not affect the balance sheet, items held in trust
incobrables - bad debts
judiciales o **en gestión** - accounts in process of collection by legal means
cuerda
floja - papers attached to the file that are not part of official record
separada, por - to be settled apart from main trial
cuerpo - body, corps, party
consular - all the consuls in a city, consular staff
de bienes - total of assets

del delito - corpus delicti, body of a crime, corpse of a murdered person
del derecho - corpus juris, body of laws
de la herencia - amount of the estate, corpus
de leyes - body of law, corpus juris
de vigilancia particular - body of private watchmen or police
legislativo - legislative body
municipal - municipal corporation
policíaco o **de policía** - police force
cuestión - question, matter, affair, issue
artificial - feigned issue
colateral - collateral issue
de derecho - issue in law, question of law
de hecho - issue in fact, question of fact
de procedimiento - point of order, question of procedure
discutible - debatable question
en disputa - matter in issue
especial - special issue
fabricada - framed issue
general - general issue
previa - previous question, special issue that must be disposed of before main trial
substancial - matter of substance, substantial question *or* issue
cuestiones idénticas - identical issues
cuestionar - to dispute, question, to question, interrogate
cuestionario - questionnaire
cuidado - care, caution, custody, charge
culpa - guilt, fault, negligence
contractual - breach of contract
extracontractual - violation of a right not dependent on contract
lata - culpa lata, gross negligence, failure to act with a minimum degree of diligence
leve - culpa levis, ordinary negligence
levisima - culpa levisima, slight negligence, failure to act with highest degree of diligence
objectiva - strict liability
culpabilidad - guilt, culpability
culpable - culpable, tortious, guilty, to blame
culpado - guilty
culpar - to accuse, to find guilty
culposo - culpable, guilty
cumplidor - reliable, trustworthy
cumplimiento - performance, fulfillment, completion
de la ley - compliance with the law
específico - specific performance
material - specific performance
parcial - part performance
procesal - complying with the rules of procedure
cumplir - to perform, fulfill, discharge, execute, carry out, to implement
con especificaciones - to meet specifications
el pedido - to fill the order
la prueba - to pass the test
una sentencia - to serve a sentence
cumplirse el plazo - to mature, expire
cumulativo - cumulative
cuota - quota, share, contribution, allotment, fee, commission, installment
contributiva - tax rate, assessment
de importación - import quota
de impuesto - tax rate
de retribución - rate of return
en avería gruesa - general average contribution
imponible - taxable value
litis - lawyer's contingent fee
mortuoria - death benefit
obreropatronal - employer's assessment for workmen's social security
viudal - usufructuary portion of surviving spouse
cupo - tax rate, share, quota
cupón - coupon, dividend warrant
de acción - dividend coupon, fractional share
de deuda - coupon cut from a bond and negotiated
de dividendo - dividend coupon
curador - administrator, curator, conservator, guardian, tutor
ad bona - curator bonis
ad litem - curator ad litem, guardian for the suit
de ausente - curator of the estate of an absentee
de herencia - executor, administrator
natural - natural guardian
para el caso - curator ad hoc
curadora - tutrix
curaduría - guardianship, curatorship, tutorship, tutelage
curatela - guardianship, curatorship

curia - the bar, legal profession
curial - attorney, court officer
curso - course, rate
  del cambio - rate of exchange
  normal de los negocios - ordinary source of business
custodia - custody, custodianship, safe-keeping
  legis - in legal custody
custodial - custodial
custodiar - to have custody of
custodio - custodian, custodial

Notes

Ch

chancelar - to cancel, to pay
chancillería - chancery
chancuquear - to smuggle
chanchullo - sharp practice, trickery, graft, smuggling
chantaje - blackmail
chantajear - to blackmail
chantajista - blackmailer
cheque - check, cheque
  alterado - altered check
  aprobado o **certificado** o **intervenido** - certified check
  cambiable - check eligible for clearing-house liquidation
  cancelado - cancelled check
  conformado - certified check
  cruzado o **rayado** - crossed cheque
  cruzado en general - check crossed generally
  cruzado especialmente - check crossed specially
  cruzado para contabilidad - crossed check used for transfer of funds between branches of the same bank
  de caja o **de cajero** - cashier's check
  de gerencia - cashier's check
  de gerente - cashier's check
  de tesorería - treasury *or* government check
  de viajero - traveler's check
  en blanco - blank check
  en descubierto - check not covered by funds
  nominativo - check not transferable by endorsement
  propio o **de administración** - cashier's check
  postal - postal money order
  rehusado - dishonored check
  sin cruzar - uncrossed cheque
  sin fondos - bad check
  visado - certified check
chicana - sophistry, deception, trickery, chicanery
chicanear - to practice trickery *or* deception
chicaneo - practice of a shyster lawyer
chicanería - sharp practice, trickery
chicanero - trickster, shyster lawyer
chivo - illicit business, graft, contraband
choque - collision, shock
  nervioso - nervous shock

Notes

D

dación - delivery, dation, surrender, dedition
de arras - payment of earnest money
en pago - dation in payment, payment in kind
dactilar - digital
dactilograma - fingerprint, dactylogram
dactiloscopia - dactylography, dactyloscopy
dactiloscópico - dactyloscopic
dactiloscopista - fingerprint expert
dádiva - gift, grant, donation
dador - drawer, issuer, giver, donor
a la gruesa - lender on bottomry bond
de préstamo - lender
de trabajo - employer
damnificado - injured, damaged
damnificar - to damage, injure
damnum absque injuria - damnum absque injuria, damage without wrong, loss that does not give rise to an action for damages
dañado - aggrieved, damaged
dañar - to damage, injure
dañino - damage, injurious
daño - damage, loss, injury, nuisance
emergente - indirect *or* consequential damages
marítimo - average
daños - damaging, injurious, prejudicial
anticipados - prospective damages
compensatorios - compensatory damages
condicionales - contingent damages
continuos - continuing damages
convencionales - stipulated damages
corporales - bodily injuries
directos o **generales** - direct *or* general damages
e intereses - damages direct and indirect, damages and loss of profit
efectivos - actual damages
ejemplares - exemplary *or* punitive damages
especulativos - speculative damages
eventuales - speculative damages, contingent damages
ilíquidos - unliquidated damages
indirectos o **especiales** - indirect *or* special *or* consequential damage
inmediatos - proximate damages
inmoderados - excessive damages
irreparables - irreparable damage
liquidados - liquidated damages
materiales - property damage
no determinados o **no liquidados** - unliquidated damages
nominales - nominal damages
pecuniarios - pecuniary damages
personales - bodily injuries
punitivos - vindictive *or* punitive damages, smart money
remotos - remote damages
sobrevenidos - losses incurred
y menoscabos - damages
y perjuicios - damages
dar - to give, to convey, to donate, to offer, to bestow
a conocer - to make known
a la gruesa - to lend on bottomry bond
audiencia - to give a hearing
aviso - to give notice
carpetazo - to lay on the table
conocimiento - to serve notice, to report
cuenta - to report, render an account
de baja - to cancel, eliminate, charge off
en arriendo - to lease, rent
en prenda - to pledge
fe - to attest, witness, certify
fianza - to give bond *or* bail
lectura - to read out, have read
parte - to report, communicate
poder - to empower, to give a proxy
por recibido - to acknowledge receipt
por terminado - to denounce an agreement, to adjourn a meeting
por vencido - to cause to become due and payable
prestado - to lend
prórroga - to extend the time
la razón a - to sustain, uphold
un veredicto - to return a verdict
vista - to give a hearing, to keep the record open for inspection
darse - to give to another, to give in
por citado - to accept a summons
por notificado - to accept service
datar - to date, to credit, to enter, post
dativo - dative
datos - data, particulars
de
bene esse - de bene esse, provisionally

cujus - de cujus, principal
derecho - de jure, by law, of right
facto - in fact, de facto
fuero - de jure, lawful
gracia - de gracia, by favor, of grace
hecho - de facto, in fact
jure - by right, de jure
mancomún - jointly
novo - anew
oficio - by the judge without request of either party
oídas - by hearsay
quota litis - agreement for a contingent fee *or* to divide the amount of a recovery with someone who helps
sana mente - of sound mind

debate - discussion, debate
debatir - to discuss, debate, argue
debenture - a bond, either mortgage or income and either private, provincial, or municipal
debenturista - holder of debentures
deber - to owe
deberes - duties
impositivos - tax obligations
procesales - requirements *or* rules of procedure

debida - due, owing, payable, due, proper
deliberación - due consideration
diligencia - due diligence

debidamente - duly
juramentado - duly sworn

debido - due, owing, payable, proper
aviso - due notice
echamiento al correo - due posting
procedimiento legal o **de ley** - due process of law
proceso - due process

debiente - debtor, owing
debitar - to debit
de más - to overdebit

decadencia - lapsing, outlawing, depression, slump
decaer - to lapse
decano - dean, president of a bar association
deceso - natural *or* civil death
decidir - to find, decide, determine
decisión - decision, resolution, verdict, judgment, finding
completa o **general** - general finding

decisorio - judgment, verdict, decisive, decisory
declaración - declaration, statement, report, deposition, testimony
arancelaria o **de aduana** o **de entrada** - bill of entry, customs declaration
constituída la asamblea - call to order
de concurso o **de quiebra** - declaration of bankruptcy
de contribución sobre ingresos - income-tax return
de culpabilidad - confession, plea of guilty
de derechos - bill of rights
de fideicomiso - declaration of trust
de impuestos - tax return
de inocencia - plea of not guilty
de nulidad - annulment
de rebeldía - declaration of contempt of court
de rechazo - notice of dishonor
de renta - income-tax return
de utilidad - declaration of public use for condemnation
falsa - false return
fiscal - income-tax report
implícita - implied declaration
inaugural - opening statement
indagatoria - statement by a criminal defendant
inmediata - verbal statement
instructiva - accusation, indictment
judicial - decree, court order
jurada - sworn declaration, affidavit
mediata - declaration by mail *or* through a third party
personal - verbal statement
real - written statement
receptiva - statement of which other party must be advised
sin lugar - dismissal
tácita - implied declaration
testimonial - testimony

Declaración de Independencia - Declaration of Independence
declarado - declared, manifested
de más - overstated
de menos - understated

declarador - deponent, declarant
declarante - deponent, witness, affiant
declarar - to declare, state, to depose, to testify, to order, to enter
bajo juramento - to make an affidavit, to testify, declare, or state under oath
con lugar - to allow, admit, uphold

culpable - to find guilty
desierto - to dismiss
un dividendo - to declare a dividend
inocente - to acquit
sin lugar - to dismiss, to overrule, deny
declararse - to make a declaration
culpable - to plead guilty
inocente - to plead not guilty
insolvente o **en quiebra** - to go into bankruptcy
declarativo - declaratory
declaratoria - declaration, statement, order
de deserción - decree of forfeiture
de herederos - declaration of heirship
de probreza - order allowing a poor person to be party to a suit without liability for costs
de quiebra - declaration of bankruptcy
declaratorio - declaratory
declinar - to decline, to refuse jurisdiction
declinatoria - plea *or* demurrer to the jurisdiction
de jurisdicción - declinatory exception, plea to the jurisdiction
declinatorio - declinatory
decomisable - confiscable, forfeitable
decomisar - to forfeit, seize, confiscate
decomiso - forfeit, loss, seizure, confiscation
decretada - decree, resolution
decretal - decretal
decretar - to decree, decide, resolve
un dividendo - to declare a dividend
una ley - to enact a law
el paro - to call a strike
decrétase - be it enacted
decreto - decree, act, proclamation, order, writ, warrant
con fuerza de ley - executive decree ratified by congress, decree having force of law
de cajón - routine judicial order
por consentimiento - consent decree
decreto-ley - decree law, executive decree having the force of law
decreto-reglamento - regulation having the effect of law
decursado - elapsed
decursas - arrears of rents
dedicación - dedication
consensual - common-law dedication
estatuaria - statutory dedication
expresa - express dedication
implícita - implied dedication
deducción - implication, deduction, inference
deducible - deductible, deducible
deducir - to deduct, subtract, to plead, allege, offer, to deduce
demanda - to present a claim
un derecho - to claim a right
excepción - to except
oposición - to object
recurso - to take an appeal
deductivo - deductive, inferential
defecto - defect, flaw, fault, insufficiency, shortage
constitutivo - inherent defect
de forma - defect of form
de pago - nonpayment, default
de partes - defect of parties
de presentación - failure to present for payment
formal - defect of form
inherente o **intrínsico** o **propio** - inherent vice *or* defect
insubsanable - incurable defect upon recording a deed
latente - latent defect
material - defect of substance
oculto - latent defect
patente o **manifiesto** - patent defect
subsanable - curable defect upon recording a deed
defectuoso - defective, faulty, imperfect
defendedero - defendable, defensible, maintainable
defendedor - counsel for the defense
defender - to defend, to protect, to prohibit
defendible - defendable, defensible
defensa - defense, answer, plea, protection
afirmativa - affirmative defense *or* plea
de descargo - plea in discharge *or* of confession and avoidance
de hecho - self-defense
dilatoria - dilatory plea *or* defense
ficticia - sham *or* fictitious defense
legítima - legal defense, self-defense
perentoria - peremptory defense
propia o **personal** - self-defense
defensión - defense
defenso - person defended
defensor - counsel for the defense
de oficio - defense counsel appointed by court
defensorio - defense, plea

deferir - to yield, submit
el juramento - to administer the oath
déficit - deficit, shortage
definición - decision, determination, definition
definimiento - judgment, verdict, decision
definitivo - final, conclusive, definitive
defraudación - fraud, defalcation
defraudador - defaulter, defrauder
defraudar - to defraud, cheat
defunción - death, demise
defunto - decease, defunct
dejación - abandonment, assignment, renunciation of an inheritance
dejar - to leave, to permit, to yield, produce
a salvo - to hold harmless, protect
constancia - to put on record, to give evidence of
de cuenta de - to charge to, hold responsible for
sin efecto - to cancel, annul, set aside
deje de cuenta - notice of charge or of claim
del crédere - del credere, concerning the commission of a factor who guarantees the credit of the customer
delación - accusation, information, delation
delatante - accuser, informer
delatar - to accuse, denounce
delator - accuser, informer
delegable - delegable, that can be delegated
delegación - committee, delegation, agency, proxy, delegation of power, substitution, novation
de deuda - novation
de poderes - delegation of powers
delegado - delegate, deputy, representative, judge in a court of special jurisdiction
de libertad vigilada - probation officer
de tránsito - judge of traffic court
único - committee of one
delegante - constituent, principal, judge who transfers jurisdiction to another
delegar - to delegate, depute
autoridad - to delegate authority
delegatorio - delegatory, pertaining to delegated authority
deliberación - advisement, deliberation
deliberadamente - deliberately, advisedly, with premeditation
deliberado - deliberate, aforethought
deliberar - to deliberate, consider, consult
delict - criminal offense, a wrong, tort
delictivo - criminal, delinquent
delictuoso - delinquent, illegal
delincuencia - delinquency
fiscal - tax liability
juvenil o **de menores** - juvenile delinquency
delincuente - defaulter, delinquent, criminal
habitual - habitual offender
juvenil - juvenile delinquent
delinquir - to break the law, commit a crime
delito - felony, crime, offense
calificado - aggravated crime
caucionable - bailable offense
civil - civil injury, tort
común - common-law crime
continuado - continuous crime
de incendiar - arson
especial - statutory crime
fiscal - tax crime
flagrante - crime detected by authority
grave - felony, high-crime
infamante - infamous crime
mayor - felony crime
menor - misdemeanor, misprision
penal - criminal offense
político - political offense
demanda - demand, request, claim, declaration, complaint, petition, libel, necessity, purchase order
alternativa o **analítica** - complaint based on several legal grounds that are inconsistent, complaint for alternative relief
articulada - articulated plea, itemized complaint
condicionada - complaint conditioned on the decision of another case
contenciosa - suit, legal action
de apelación - bill of appeal
de daños y perjuicios - claim for damages
de impugnación - exception, objection
de nulidad - motion to vacate
de pobreza - application for privilege of being party to a suit without liability for costs
declarativa - petition for declaratory judgment
en equidad - bill in equity
en juicio hipotecario - bill for foreclosure

incidental - incidental complaint
introductiva - declaration, complaint, petition
judicial - judicial complaint
plural - complaint on several grounds, double pleading
principal - declaration in chief
simple - complaint in brief form
sintética - petition for determination of legal principle
sucesiva - subsequent *or* secondary complaint
suplementaria - supplemental complaint
demandada - woman defendant
demandado - defendant, respondent
demandador - plaintiff, claimant, demandant, appellant, impleader
por auto de casación - plaintiff in error
demandante - plaintiff, complainant
demandar - to demand, claim, to file suit, implead
en juicio - to sue
demencia - insanity, lunacy, dementia
precoz - dementia praecox
tabética - tabetic dementia
demente - insane, demented
demonomanía - religious insanity
demora - delay, ampliation, demurrage
demoroso - overdue, in default
demostrable - provable, demonstrable
demostración - demonstration, proof
demostrar - to prove, demonstrate, show
demostrativo - demonstrative
denegación - denial, refusal
completa o **general** - general denial
de justicia - denial of justice
denegar - to refuse, to disallow, overrule
denegatorio - rejecting, denying
denominación comercial - firm name, trade name
denuncia - report, announcement, advice, notice, accusation, denouncement, notice of termination, presentment, arraignment, denunciation, filing a claim for public land
de accidente - accident report
del contribuyente - income-tax return
de extravío - notice of loss
de obra muerta - petition for injunction to prevent new construction
de pérdida - notice of loss
denunciable - that may be terminated *or* denounced
denunciación - denunciation, denouncement, report
denunciador - denouncer, one who makes a report
denunciante - informer, denouncer, accuser, one who makes a report, claimant
denunciar - to report, to accuse, to arraign, to proclaim, to denounce, give notice of termination, to file a claim for public land
datos - to furnish information
un convenio - to denounce an agreement
un saldo - to show a balance
denuncio - denouncement, report
deponente - deponent, affiant
deponer - to depose, attest, to remove from office
deportación - deportation
deposición - deposition, evidence, attest, affirmation
depositante - depositor, bailor
depositar - to deposit, to impound
depositaría - depositary
depositario - depositary, trustee, bailee
de plica - escrow agent
judicial - receiver
depósito - warehouse, depository, store, deposit, down payment, bailment
a plazo o **término** - time deposit
a la vista - demand deposit
accidental - involuntary bailment
afianzado - bonded warehouse
bancario - bank deposit
civil - gratuitous bailment
de ahorros - savings deposit
de garantía - guarantee deposit
de giro - demand deposit
de personas - custody of individuals for their protection
derivado - derivative deposit
efectivo - actual bailment
en avería gruesa - general-average deposit
en mutuo - mutuum, loan for consumption
gratuito - gratuitous deposit *or* bailment
irregular - irregular deposit
judicial - judicial deposit
mercantil - bailment
necesario - necessary deposit
regular - regular deposit

sujeto a preaviso - deposit in notice account
voluntario - voluntary deposit
deprecante - petitioner
depreciable - depreciable
depreciación - depreciation, malversation
excesiva - overdepreciation
depreciar - to depreciate
depredación - depredation
depuración de créditos - elimination of doubtful assets
derecho - law, right, equity, claim, concession, grant
a desempeñar cargos públicos - right to hold office
a la huelga - right to strike
a sufragio - right to vote
al trabajo - right to work
absoluto - absolute *or* uncontestible right
adjetivo - adjective law, procedural as distinguished from substantive law
administrativo - administrative law
adquirido - acquired right, vested right
aéreo - air law
angloamericano - Anglo-American *or* common law
antecendente - antecedent right
cambiario - right arising out of a bill of exchange
casuístico - common law
civil - civil law
comercial - commercial law, law merchant
como votante - right to vote
comparado - comparative jurisprudence
común - common *or* general law
consuetudinario - common *or* unwritten law
constitucional - constitutional law
constituyente - constitutional law
corporativo - corporation law
creditorio - creditor's rights
, de - de jure
de acción o **de accionar** - chose in action, right in action
de acrecer o **de acrecencia** o **de acrecimiento** - right of accession
de angaria - right of angary
de apelación o **de alzada** - right of appeal
de arrendamiento - leasehold
de asilo - right of asylum
de asociación - right of self-organization
de autor - copyright, literary property
de bosque o **de monte** - timber rights, stumpage
de contrato - law of contracts
crédito - creditor's right
de despido - right to discharge
disfrute - right of enjoyment
de entrada - right of entry
de federación o **de coalición** - right to organize
de gentes - international law, rights of man
de gestión procesal - right to a day in court
de guerra - laws of war
de hogar seguro - homestead right
de huelga - right to strike
de imposición - taxing power
de impresión o **de reproducción** - copyright
de insolvencia o **de las quiebras** - bankruptcy law
de llaves - key money
de minas - mining rights
de monedaje - seigniorage
de la navegación - admiralty law
de los negocios - commercial *or* business law
de paso - right of way, freedom of passage
de patente - patent right
de permanencia - right of continued occupancy
de pesca - fishing rights
de petición - right of petition
de prelación - right of first refusal
de prioridad - right of preemption
de propiedad - proprietary rights, equity
de propiedad literaria - copyright
de recurso - right of appeal
de recusación - right to challenge
de redención o **de rescate** - equity of redemption
de representación - right of representation
de retención - lien
de retracto - right of redemption
de reunión - right of assembly
de sindicalización - right to organize
de sufragio - right to vote
de tanteo - preferential right to purchase, right of preemption

del tanto - stock subscription rights
del trabajo - labor code *or* law
de tránsito - freedom of passage
de vía - right of way
de visita - right of search
electoral o **de votar** - voting power, right to vote
escrito - statute law, written law
estatutario - statute law
fiscal - tax law
foral - local *or* provincial law
fundamental - organic *or* constitutional law
hipotecario - mortgage right, law of mortgages
impugnatorio - right of objection
indemnizatorio - right to indemnity
inglés - common law
inmobiliario - law of real estate
intelectual - copyright
internacional - international law
judicial - laws governing the judiciary
jurisprudencial - common law
justicial - law of procedure
laboral - labor code *or* laws
lato - equity
marcario - trademark law
marítimo - maritime *or* admiralty law
material - substantive law
mercantil - business law, law merchant
natural - natural law, natural right
no escrito - unwritten *or* common law
obrero - labor legislation
orgánico - organic *or* fundamental *or* constitutional law
parlamentario - parliamentary law
patentario - patent law
patrimonial - proprietary equity
patrio - law of particular country
penal - criminal law
personal - personal law
político - constitutional law, political law
positivo - statute law, positive law
preferente - prior claim
prendario o **de prenda** - lien
pretorio - praetorian law
primario - antecedent right
privado - private law
procesal - law of procedure, procedural law
público - public law
real - real right, ju ad rem, right in rem
rituario - law of procedure
romano - Roman *or* civil law
subjetivo procesal - right of action
substancial - substantive law
substantivo - substantive law, substantive right
superior - prior claim, paramount equity *or* right
supletorio - general principles applying in default of specific legislation, common *or* unwritten law
usual - customary law, everyday law
y equidad - in law and equity

derechos - taxes, duties, fees, rights
absolutos - absolute rights
accidentales - qualified rights
acuáticos - aquatic rights
aduaneros o **arancelarios** o **de aduana** - customs duties
ajustables o **flexibles** o **variables** - flexible tariff
al valor - ad valorem duties
civiles - civil rights
consulares - consular fees
de las acciones - stock rights
de entrada o **de importación** o **de internación** - import duty
de exclusividad - exclusive rights
de exportación o **de salida** - export duty
de fabricación - patent royalty
de guarda - custodian's fee
de licencia - license fees
de patente - patent royalty
de propiedad - property rights
de quilla o **de puerto** - port dues, keelage
de represalia - retaliatory tariff
de salvamento o **de salvador** - salvage money
de secretaría - fees of court clerk
de sello - stamp tax
de subscripción - stock rights
de sucesión - death duties, inheritance tax
de terceros - rights of third parties
de timbre - stamp tax
equitativos - equitable rights
esenciales - absolute rights
estatales - government fees *or* duties *or* taxes
expectativos - expectant rights
hereditarios - hereditary rights, inheritance

impositivos - duties, taxes
jubilatorios - pension rights
judiciales - court costs
limitados - qualified rights
para renta pública - revenue tariff
personales - personal rights
políticos - political rights
portuarios - port duties
precautorios - preventive rights
protectores o **de protección** - protective duties
reales - federal taxes, franchise tax on corporations
relativos - relative rights
reparadores o **restitutorios** - remedial *or* restitutory rights
ribereños - riparian rights
secundarios - secondary rights
singulares - absolute rights
subjetivos - civil rights
sucesorios - inheritance tax, death duties
y acciones - rights and actions
derecho-equidad - equity
derechohabiente - successor, beneficiary
derogable - annullable
derogación - annulling, annulment, repeal, rescission, derogation
derogar - to annul, repeal, revoke
derogatoria - annulment
derogatorio - repealing, annulling, derogatory
derramar - to apportion, distribute, divide up
sangre - to shed blood
derrocamiento del gobierno por la fuerza y la violencia - overthrow of the government by force and violence
desacato - contempt, disregard
al tribunal o **a la corte** - contempt of court
civil - civil contempt
criminal - criminal contempt
indirecto - constructive contempt
desaconsejar - to advise against
desacuerdo - disagreement, mistake
desadeudarse - to pay debts
desafianzar - to release the bond
desaforar - to deprive of a privilege *or* right, to disbar
desaforo - disbarment
desafuero - misdemeanor, violation, deprivation of rights
desagravaciones - tax reductions
desagraviar - to indemnify, compensate, redress
desagravio - compensation, satisfaction, redress, indemnity, relief
desaguisado - offense, injury, wrong, tort, illegal, unjust
desahogado - unencumbered, wealthy
desahuciador - dispossessor
desahuciar - to dispossess, evict, to denounce, to discharge
desahucio - dispossession, eviction, ejectment, discharge, dismissal, severance pay, denouncement, notice of discharge *or* of resignation *or* of termination of lease, unlawful detainer
en precario - unlawful detainer suit for nonpayment of rental *or* for occupancy without a lease
desairar - to refuse, dishonor, default
desalojamiento - dispossession, eviction, displacement
desalojar - to dispossess, evict, to vacate, move out
desalojo - eviction, dispossession, ouster
físico - actual eviction
virtual o **implícito** o **sobrentendido** - constructive eviction
desamortizar - to disentail
desamparar - to abandon, forsake
desamparo - abandonment, dereliction, desertion
desapoderar - to cancel power of attorney, to dispossess, to deprive of authority
desaposesionar - to dispossess
desaprobar - to disallow, disapprove, condemn
desapropiar - to transfer property, to cancel an appropriation
desapropio - transfer of property
desarrendar - to terminate a lease
desarrollo - development, exposition
desasegurar - to cancel insurance
desasociar - to dissolve an association
desatender - to disregard, neglect, to default, dishonor
desautorización - want of authority, withdrawal of authority
desautorizado - unauthorized
desautorizar - to deny *or* to rescind authority, to disavow
desavenencia - disagreement
desavenirse - to disagree

descabalar - to pilfer, to damage, impair
descalificar - to disqualify, to withdraw authorization
descargar - to unload, to discharge, release, to clear, exonerate
  la responsabilidad - to transfer responsibility
descargarse - to answer an accusation, to resign, quit
descargo - unloading, acquittal, acquittance, receipt, release, discharge, answer to a charge
  en quiebra - discharge in bankruptcy
descasar - to annul a marriage
descendencia - issue, descendants, descent
  colateral - collateral descent
  legítima - legal descendants
  lineal - lineal descent
descendiente - descendant
desconfianza - lack of confidence, distrust, suspicion
desconfiar - to distrust, to suspect
desconformar - to object, dissent, disagree
desconforme - disagreement, in disagreement, contrary
desconformidad - dissent, disagreement, objection
desconocer - to disavow, repudiate, disclaim
descontable - bankable, discountable, eligible
descontador - payee of a discounted bill
descontante - payee of a discounted bill
descontar - to deduct, allow, to discount
descrestar - to swindle
descreste - fraud, swindle
descripción - description, inventory
descubierto - shortage, overdraft, uncovered
  , a - unsecured loan
  , en - unpaid, overdrawn, lacking sufficient funds
  en cuenta - overdraft
descuidado - careless, negligent
descuidar - to neglect, to be negligent
descuido - carelessness, negligence, neglect
  culpable - culpable neglect
  porfiado - willful neglect
desechar - to discard, to reject, to dismiss, nonsuit, to vote down
desembargar - to disembargo, release from attachment
desembargo - raising an embargo *or* attachment
desembolsar - to disburse, to pay
desembolso - disbursement, payment
desemejanza - dissimilarity
  de alegatos - multifariousness
desempatar - to decide a tie vote
desempeñar - to redeem, recover, to perform, carry out, to fill
desempeño - performance, fulfillment, making good, redeeming a pledge
desemtramparse - to discharge indebtedness
deserción - desertion, abandonment, forfeiture
desertar - to desert, to abandon
  la apelación - to abandon the appeal
desestimar - to undervalue, to overrule, reject, to dismiss, deny
desestimatorio - rejecting, denying
descalcador - embezzler, defaulter
desfalcar - to embezzle, defalcate
desfalco - embezzlement, defalcation, peculation
desflorar - to rape, violate
desglosar - to remove annotations, to separate sheets from the file, to withdraw a document from the court record
desgracia - misadventure, mishap, accident
desgravamen - disencumbrance
desgravar - to remove a lien, disencumber, to exempt from tax
deshacer - to destroy, to cancel, annul
  el contrato - to rescind *or* cancel the contract
  la estiba - to break bulk
desheredación - disinheritance
desheredar - to disinherit, abdicate
deshipotecar - to pay off a mortgage
deshonestidad - dishonesty
deshonesto - dishonest, crooked, dishonorable, unchaste
deshonor - dishonoring
deshonrar - to dishonor, to seduce a woman
deshonroso - dishonest, dishonorable
desierto - forfeited, lapsed, void
designar - to nominate, to designate, to intend
desincautar - to release from attachment

desincorporar - to dissolve a corporation
desinvestidura - disqualification
desistimiento - abdication, abandonment, voluntary dismissal of action
  de la acción - abandonment of action
  de la demanda - abandonment of action, abandonment of suit
  de la instancia - abandonment of suit
  del recurso - abandonment of appeal
  tácito - implied abandonment
desistir - to relinquish, to waive, to abandon, to dismiss action voluntarily, to desist
desistirse de la demanda - to abandon the action
desleal - unfair, unfaithful, deceitful, false, treasonable
deslindar - to define a property line
deslinde - survey, marking of boundaries
  y amojonamiento - survey and marking of boundaries
desmandar - to revoke, repeal, countermand
desmedro - detriment, prejudice, injury
desmembrarse - to dissolve partnership
desnaturalizar - to void, vitiate, to denaturalize, to deport
desobligar - to release from an obligation
desocupación - unemployment, unoccupancy, dispossession
desocupar - to vacate
  judicialmente - to dispossess
desocuparse - to quit a job, to leave a firm
desorden público - disorderly conduct
despacho - office, shipment, business, trade, custom, dispatch, message, official communication, court order, judge's chambers
  aduanal o **de aduana** - customhouse clearance
despejar de sala - to clear the court
despignorar - to release a pledge
despojante - deforcer, despoiler
despojar - to despoil, to discharge, dismiss, to dispossess
despojo - plunder, spoliation, dispossession, ouster
desposeer - to dispossess, divest
desposeimiento - dispossession, ouster, divesture
desposesión - dispossession
desposorios - mutual promise of marriage
destierro - deportation
destitución - dismissal from office, abandonment
desuso - obsoleteness, disuse, desuetude
desvalijar - to rob
desvalijo - robbery
desviación - deviation, vice
  jurídica - vice
desvincular - to disentail
detallar - to itemize, to specify in detail
detalles - particulars
detective - detective
detectivismo - detective service
detector de mentiras - lie detector
detención - detention, arrest, detainer, distraint
  de la sentencia - arrest of judgment
  maliciosa - malicious arrest
  por orden verbal - parol arrest
  preventiva - preventive arrest *or* detention
  violenta - forcible detainer
detener - to retain, reserve, to detain, delay, to arrest, to distrain
  el pago - to stop payment
detentación - deforcement
detentador - deforcer, deforciant, detainer
detentar - to deforce, keep illegally
determinación - determination
detrimento - loss, damage
deuda - debt, indebtedness
  a largo plazo - long-term debt
  a plazo brevo o **a corto plazo** - short-term debt
  amortizable - amortizable debt
  asentada - funded debt
  caducada - stale debt
  en consolidada o **titulada** - funded debt, capital obligations
  en gestión - debt being collected by legal means
  escriturada - specialty debt
  flotante - floating debt
  ilíquido - unliquidated debt
  impositiva - tax liability
  incobrable o **mala** - bad debt
  líquida - liquidated debt
  mancomunada - joint debt
  mancomunada y solidaria - joint and several debt
  por juicio - judgment debt, debt of record
  privilegiada - preferred debt
  quirografaria - unsecured debt
  vencida - matured debt

deudas
hereditarias - debts of a deceased person
mortuarias - expenses of last illness and of burial
testamentarias - legacies
deudor - debtor, indebted
alimentario - payer of alimony
concordatorio - bankrupt who has made an agreement with his creditors
convocatorio - debtor whose creditors are meeting
hipotecario - mortgagor
mancomunado - debtor liable for a pro rata share of the whole
moroso o **en moro** - delinquent debtor
por juicio o **por fallo** - judgment debtor
prendario - maker of a chattel mortgage
solidario - one of several each of whom is liable for whole debt
deudores de regreso - antecedent parties of a bill, those liable on an action of recourse
deudos - relatives, kindred
devaluación - devaluation
devengado - accrued, earned, due
devengar - to accrue, to draw interest
devolución - refund, drawback, devolution, redelivery, return, remission, uncollectible document returned to owner
de impuesto - tax refund
devolutivo - returnable, to be returned, devolutive
devolver - to return, redeliver, to refund, to remit, remand
día - day
ante el tribunal - day in court
cierto o **fijo** - day certain
dado - given day, day certain
de comparecencia - appearance day
de contango - continuation day
de fiesta oficial - legal holiday
de hacienda - working day
de indulto - day of pardon
de reporte - contango day, making-up day
de vacancia - day when courts are not in session
en corte - day in court
feriado o **festivo** - holiday
hábil - working *or* business day, juridical day
inhábil - nonworking day, nonjuridical day
útil - working day
días naturales - calendar days
diacrítico - diacritical
diario - journal, book of original entry of deeds for record
dicente - speaker, declarer, deponent
dictamen - judgment, opinion, report, dictum
de auditoría - auditor's certificate
judicial - judicial decision
pericial - expert opinion
dictaminar - to pass judgment, given an opinion, to rule
dictar - to dictate, to direct, prescribe
fallo o **sentencia** o **providencia** - to pronounce judgment
la sentencia - to sentence
un auto - to issue a writ
un decreto - to issue a decree
una opinión - to render an opinion
dictógrafo - dictograph
dicho - statement, declaration, deposition
dies a quo - dies a quo, day from which
dieta de testigo - witness fee
difamación - libel, defamation
criminal - criminal libel
escrita - libel
oral - slander
verbal - slander
difamar - to libel, defame
difamatorio - libelous, calumnious
diferir - to defer, postpone, adjourn, put over, to extend, prolong, delay
difunto - deceased, decedent, dead
digesto - summary, digest, compilation of laws
digitales - fingerprints
arcos - arches
presillas - loops
verticilos - whorls
compuestas - composites
dignatario - official, officer
digno de confianza - reliable, worthy of confidence
dilación - delay
deliberatoria o **probatoria** - time allowed for answering complaint
dilapidación - dilapidation
dilatar - to defer, delay, extend, postpone
dilatorio - dilatory, delaying
diligencia - affair, business, measure, step, action, proceeding, diligence, care, service
de embargo - attachment proceedings

de emplazamiento - service of summons
de lanzamiento - dispossess proceedings, ejectment
de prueba - taking of evidence
extraordinaria - great care *or* diligence
judicial - judicial proceeding
ordinaria o **normal** - ordinary diligence *or* care
procesal - court proceeding
propia - due diligence
razonable - reasonable diligence
simple - slight care
sumaria - summary proceeding
diligencias - formalities
del protesto - steps taken to protest a note *or* draft
para mejor proveer - proceedings to furnish additional evidence
probatorias - methods of presenting proof
diligenciador - business representative, agent, negotiator
diligenciar - to conduct, carry through, prosecute, to serve process
diligenciero - agent, representative
diligente - diligent
dilogía - ambiguity
dimisión - resignation, renunciation, waiver
dinero - money, funds
en efectivo - cash
falso - counterfeit money
diplomado - professional man, licenses, registered
dipsomanía - dipsomania
diputado - deputy, delegate, congressman
propietario - regular member of a board
suplente - alternate member of a board
diputar - to delegate, commission, empower, deputize
dirección - the chief executives, board of directors, management, address
general - headquarters
directiva - board of directors *or* of governors
directivo - director, directive, managerial, executive, directory
directo - direct
director - director, manager, executive
directorio - board of directors, directory
directorios
encadenados - interlocking directorates
entrelazados - interlocking directorates
dirigir - to direct, manage, to address letter
dirigirse
al banquillo - to take the stand
al tribunal - to address the court
dirigismo estatal u oficial - government intervention in business
dirimir - to settle, adjust, to annul
discernimiento - appointment, swearing in of person appointed
discernir - to appoint, to swear in
disconforme - dissenting, objection, opposition, disapproval, disagreement
discordancía - difference, dissent
discordia - disagreement, dissent
discreción - discretion
discrecional - discretionary, optional
disculpar - to exonerate, excuse, exculpate
discurso - speech, conversation
al jurado - address to the jury
de informe - summing up, address to the jury
discusión - discussion, debate
de la pretención - defendant's denial of the claim
discutible - debatable, controvertible
discutir - to discuss, debate
disenso - dissent, disagreement
disentir - to disagree, dissent, differ
disfrutar - to enjoy, possess, have the benefit of
disfrute - term of office, satisfaction, enjoyment, possession
disidencia - dissent
disidente - dissenting
disolución - dissolution, liquidation, cancellation
del consorcio - dissolution of partnership
disolver - to dissolve
el contrato - to rescind the contract
una corporación - to liquidate a corporation
la reunión - to adjourn *or* dissolve the meeting
disparate - blunder, absurdity
disparejar - to pilfer, to embezzle
dispensa - exemption, dispensation, privilege
dispensable - excusable
dispensación - exemption, dispensation
dispensar - to excuse, exempt, to absolve
disponer - to dispose, to order, direct, to arrange for

disponiéndose - provided that
disponible - disposable, available, liquid, demandable
disposición - disposition, disposal, arrangement, requirement, specification, resolution, order, provision of law, availment
  de última voluntad - last will
disposiciones - arrangements, requirements, provisions
  discrecionales - legal provisions leaving discretion to the judge
  legales - statutory *or* legal provisions
  procesales - rules of procedure
  sustantivas - substantive law
  transitorias - transitory provisions
  tributarias - tax laws
  vinculadas - legal provisions leaving no discretion to the judge
dispositivo - device, provision, disposition, dispositive
disputa - dispute, contest, argument
  , en - at issue, in dispute
  obrera - labor dispute
disputabilidad - contestability
disputable - contestable, disputable, controvertible
disputar - to dispute, question, contest, debate, to compete for
distracción de fondos - misappropriation
distracto - annulment of contract by mutual consent
distraer - to divert, misappropriate
distrito - district
  aduanero - customs district
  impositivo - taxing district
  judicial - judicial district
disyuntivo - disjunctive
dita - surety, bondsman, bond, guaranty, debt
dividendo - dividend
  activo - dividend
  acumulativo - cumulative dividend
  atrasado - late dividend
  de bienes o **en especie** - property dividend
  de capital o **de liquidación** - capital *or* liquidating dividend
  en acciones - stock dividend
  en pagarés - scrip dividend
  ocasional o **casual** - irregular dividend
  pasivo - installment payment on stock subscribed for
  preferente o **preferencial** - preferred dividend
  provisorio o **provisional** - interim dividend
dividendos atrasados - arrears of dividends
dividuo - divisible
divisa - device, emblem, national currency, slogan, devise
divisas - foreign exchange, foreign currency, valuta, Devise
  a la vista - demand exchange
  de compensación - exchange available under clearing agreements
divisibilidad - divisibility
divisible - divisible, partible, severable
divorciar - to divorce
divorcio - divorce
  contencioso - contested divorce
  en rebeldía - divorce granted for nonappearance of defendant
  limitado - limited divorce
  por causal - divorce for cause
  vincular - divorce a vinculo matrimonii
divulgación - publication, publicity
doble exposición - double jeopardy
doble imposición - double taxation
doble tributación - double taxation
doctor en derecho - doctor of laws
doctrina - doctrine
doctrinal - doctrinal
doctrinario - doctrinal, doctrinary
documentación - documents, documentation
  comprobatoria o **justificativa** - supporting documents, vouchers
documentador - court clerk
  público - notary public
documental documentario - documentary, documental
documentar - to document, furnish documents, to prepare documents
  una deuda - to give a note or other evidence of indebtedness
documento - document
  a la orden - order paper
  al portador - bearer paper
  anónimo - unsigned document
  auténtico - document officially recorded, document authenticated before a notary
  autógrafo - document with personal signature

cambiario - bill of exchange
comercial - commercial paper
constitutivo o **de constitución** - incorporation papers
de crédito - credit instrument
de giro - draft
de tránsito - bill of lading
de transmisión - deed, bill of sale
de venta - bill of sale
declarativo - document that declares a purpose
formal - legal document
heterógrafo - document prepared by someone not its author
negociable - negotiable instrument
nominado o **nominal** - document bearing its author's name
notarial - notarial document
privado - document not officially recorded
probatorio - voucher
público - document registered with official notary, public document
simple - document not officially recorded, uncertified copy
solemne - formal *or* legal document, covenant, sealed instrument
transmisible - negotiable instrument

documentos
al portador - bearer instruments
comerciales o **de comercio** - commercial paper
con una sola firma - single-name paper
creditorios - credit instruments
de título - documents of title, muniments
justificativos - supporting documents
mancomunados - two-name paper
transmisibles - negotiable instruments

dolo - fraud, deceit, dolus, deceitful representations, acts and omissions that induce a party to make a contract that he would not otherwise have made
civil - misdemeanor
negativo - dolus in which something is feigned to induce party to contract
penal - criminal offense
positivo - dolus in which positive acts of deceit are inducement to contract

doloso - fraudulent

doméstico - internal, national, domestic, home

domiciliación - domicilation, residence, legal address, home office, headquarters

domiciliar - to domiciliate, domicile

domiciliario - domiciliary

domicilitario - payer of a domiciled bill

domicilio - address, residence, domicile, place of business
comercial - business address, commercial domicile
constituído - legal residence, elected domicile
convencional - elected domicile
conyugal - conjugal domicile
de hecho - de facto domicile
de origen - domicile of origin, natural domicile
de las personas morales - domicile of corporation
fiscal - domicile for tax purposes
legal - legal address, legal residence
municipal - municipal *or* domestic domicile
nacional - national domicile
necesario - necessary domicile
real - domicile of choice
social - main office, domicile of corporation
verdadero - domicile of choice

dominante - dominant

dominical - proprietary, Sunday

domínico - proprietary

dominio - ownership, control, fee, domain, command, mastery
absolute - fee simple, freehold
directo - legal ownership, dominium directum
durante la vida - life estate
eminente - eminent domain, dominium eminens
fiduciario - possession in trust
fiscal - government ownership
fluvial - riparian ownership
imperfecto - imperfect ownership, qualified property
perfecto - perfect ownership
pleno - fee simple, dominium plenum
por tiempo fijo - estate for years
simple - fee simple
supremo - eminent domain
territorial - territorial jurisdiction, ownership of land

útil - useful ownership, usufruct, dominio utile
vitalicio - life estate
don - gift, donation, ability
donación - donation, gift, contribution
en vida - gift inter vivos
por causa de muerte - gift causa mortis
donador - donor
donante - donor
donar - to donate, contribute, give
donatario - donee, appointee
donativo - donation, gift, donative
dorso - back of a document
dotación - dowry, settlement, endowment, allowance, emolument, personnel, crew
pura - pure endowment
dotar - to provide, furnish, to endow, to give a dowry, to man
dote - endowment, dowry, capability, talents
doy fe - I attest *or* certify
drafoneante - provisional officeholder
duda razonable - reasonable doubt
dudable, dubitable - doubtful
dudoso - doubtful, dubious, questionable
dueño - owner, proprietor
en derecho - legal owner
en equidad - equitable owner
matriculado - registered owner
sin restricciones - absolute owner
dúplica - rejoinder
duplicidad - duplicity
duración - duration, life
de la patente - term of a patent
durante ausencia - durante absentia

Notes

e contra o **converso** - on the contrary
ebriedad - drunkenness
ebrio - drunkard, intoxicated, drunk
  habitual - habitual drunkard
economato - office of guardian *or* curator
economía dirigida o **intervenida** - managed economy, statism
ecónomo - trustee, curator, custodian
echar - to expel, to throw out, to dismiss
  al mar - to jettison
  bando - to publish a decree *or* edict *or* proclamation
echazón - jetsam, jettison
  aboyada - lagan, ligan
edición - publication, edition
edicto - edict, proclamation, decree, notice
  emplazatorio - summons
edificio de los tribunales - courthouse
edilicio - civic, municipal
efectivar - to cash, negotiate, collect
efectivo - cash, effective, actual, final
efecto - effect, commercial document
  cambiario - bill of exchange
  de complacencia - accommodation bill
  devolutivo - devolutive effect
  legal - legal effect
  liberatorio de pago - releasing effect of payment
  retroactivo - retroactive effect
  suspensivo - suspensive effect
efectos - goods, effects, chattels, bills, drafts, commercial paper
  al portador - bearer paper
  a tres firmas - three-name paper
  cotizables - listed securities *or* commodities
  cuasinegociables - quasi-negotiable instruments
  de comercio - commercial *or* business paper, negotiable instruments
  de cortesía o **de favor** - accommodation paper
  de difícil cobro - trouble items
  desatendidos - dishonored bills
  documentarios - documentary bills
  extranjeros - foreign bills of exchange
  financieros - finance bills
  jurídicos - legal purposes, legal effects
  negociables - negotiable instruments
  pasivos - bills payable
  personales - personal property, personal effects
  públicos - public securities, government bonds
  redescontables - eligible paper
  timbrados - stamped paper, stamped documents
efectuar - to effect, carry out
  cobros - to collect
  seguro - to take out insurance
  un contrato - to make a contract
  un pago - to make a payment
  una garantía - to furnish a guaranty
  una reunión - to hold a meeting
  una venta - to make a sale
eficacia - efficacy, efficiency, force, validity
  probatoria - value as evidence, probative value
eficaz - effective, efficacious
ejecución - execution, fulfillment, performance, judgment, enforcement, levy, attachment, foreclosure
  capital - capital punishment
  coactiva - foreclosure
  concursal - bankruptcy proceedings
  de hipoteca - foreclosure of a mortgage
  de sentencia - execution of judgment
  definitiva - final process
  estatuaria - statutory foreclosure
  forzosa - enforcement of judgment
  hipotecaria - mortgage foreclosure
  individual - foreclosure by one creditor
  inferior o **posterior** - junior execution
  general - bankruptcy proceedings
  procesal - execution of judgment
  provisional - dormant execution
  singular - levy by one creditor
  universal - bankruptcy proceedings
  voluntaria - voluntary performance
ejecutable - workable, practicable, enforceable, executionable
ejecutado - one whose property is attached for debt, executed
ejectutante - executant, one who forecloses *or* executes
ejecutar - to perform, execute, discharge, carry out, to attach, to execute (criminal)
  bienes - to attach property
  un ajuste - to make an adjustment *or* an agreement *or* a settlement
  un contrato - to fulfill a contract
  un pedido - to fill an order

una hipoteca - to foreclose a mortgage
ejecutividad - right of foreclosure *or* execution
ejecutivo - executive, official, officer, administrative, executory
ejecutor - executor, court officer, sheriff, executing, attaching
testamentario - executor of a will
ejecutoria - executorship, writ of execution, judgment, executive officers
ejecutoriar - to get a judgment, to issue a writ of execution
ejecutoriedad de la sentencia - executability of the judgment
ejecutorio - executory, enforceable, executable
ejemplar - copy (document), number (publication)
de firma - specimen signature
duplicado - duplicate copy
ejercer - to practice, to perform
el comercio - to engage in trade
la abogacía - to practice law
un derecho - to exercise a right
una acción - to bring action
una profesión - to practice a profession, to work at a trade
ejercicio - fiscal *or* business year, accounting period, practice, exercise
contable o **financiero** - fiscal year
de la acción - prosecution of the action
económico o **social** - fiscal year
impositivo o **gravable** - tax year
profesional - practice of a profession
ejercitable - enforceable
ejercitar - to put into practice
un derecho - to exercise a right
un juicio - to sue, bring suit
una acción - to bring action, prosecute
elección - election
electivo - elective
elector - elector
electrocución - electrocution
elegir un jurado - to impanel *or* select a jury
elevar - to raise, elevate
a instrumento público - to put on record, convert into a public document *or* deed
a ley - to enact, pass a law
al tribunal - to take to court
en consulta a la Corte Suprema - to refer a case to the Supreme Court
el recurso - to appeal, to file a motion
parte - to make a report
el proceso - to refer to a higher court
una memoria - to submit a report
una reclamación - to make a claim
eludir impuestos - to evade taxes
elusión - evasion
emancipar - to emancipate
embajada - embassy, legation
embajador - ambassador
embargable - attachable
embargado - garnishee, lienee
embargador - distrainor, lienor
embargante - attacher, distrainor, garnisher
embargar - to attach, seize, arrest, garnishee, distrain, distress
embargo - embargo, attachment, garnishment, arrest, distress, distraint, injunction
preventivo o **precautorio** - embargo, attachment, lien
provisorio o **provisional** - temporary injunction, to prevent waste of assets by debtor
subsecuente - ancillary attachment
embaucador - cheat, swindler, chiseler
embaucar - to cheat, swindle, trick
embriaguez - drunkenness, intoxication
embuste - fraud, trick, lie, falsehood
embustería - imposture, trickery, lying, deceit
embustero - crook, cheat, trickster, liar
emigrado - emigrant
emigrante - emigrant
emisible - issuable
emisión - issue, emission, issuance
consolidada o **de reintegración** - consolidated bond issue
de acciones - stock issue
de títulos - issuance of securities
emisionismo - unlimited issue of paper money
emisor - issuer
emitente - drawer of a check *or* bill
emitir - to issue
el fallo - to pronounce judgment
un cheque - to draw a check
una opinión - to express an opinion
emolumento - emolument
emolumentos de asistencia - directors' fees
empadronamiento - tax list, census, voting list, census taking

empadronar - to register
empatar - to be a tie
empecer - to damage, injure, to prevent
empeñar - to hypothecate, pledge, pawn, to obligate
empeñarse - to undertake
empeño - pledge, contract, engagement, commitment, pawnshop
empezar a regir - to take effect
emplazador - one who serves a summons
emplazamiento - summons, citation, monition, arrangement, location
  a huelga - strike call
  por edicto - summons by publication
emplazante - one who issues a call or summons
emplazar - to summon, subpoena
empleado - employee, office worker
empleador - employer
empleo - employment
  provechoso - gainful employment
empozar - to deposit, to pigeonhole, to impound
empresa - undertaking, enterprise, company, concern, adventure
  camionera - motor-trucking company
  colectiva - joint venture, partnership, corporation
  común - joint venture
  conductora - common carrier
  conjunta - common enterprise, joint venture
  de depósitos en seguridad - safe-deposit company
  de explotación - operating company
  de fianzas - bonding company
  de servicios públicos - public-utility company
  de transporte afianzada - bonded carrier
  de transporte particular - private carrier
  de transporte por ajuste - contract carrier
  de transporte vial - motor carrier
  de utilidad pública - public utility
  especulativa - commercial enterprise, business concern
  fiadora - bonding company
  filial - subsidiary company
  fiscal - government enterprise
  lucrativa - commercial enterprise
  no lucrativa - nonprofit organization
  operadora - operating company
  , por - by contract
  porteadora - carrier
  subsidiaria - subsidiary company
  tenedora - holding company
  vertical - vertical combination *or* trust *or* merger
empresas municipales - municipal utilities
empresario - contractor, employer, operator of an enterprise, entrepreneur
emprestar - to lend, to borrow
empréstito - loan
  a la gruesa - bottomry bond
  con garantía - collateral loan
  de guerra - war loan
  de renta perpetua - perpetual loan
  forzoso - forced loan
en atraso - in arrears
en ausencia - in absence
en blanco - blank
en cuanto ha lugar - pursuant to law
en cuotas - in installments
en descubierto - overdrawn, uncovered
en especie - in kind
en fe de lo cual - in witness whereof
en fianza - in trust
en gestión - in process
en la fuente - at the source
en mora - in arrears
en nombre de - on behalf of
en testimonio de lo cual
en vie - in life
enajenable - alienable
enajenación - alienation, selling
  de afectos - alienation of affections
  forzosa - expropriation, condemnation
  mental - insanity
enajenador - alienor, aliener, seller
enajenante - alienor, aliener, seller
enajenar - to alienate, transfer, sell, dispose of
encaje - cash position, cash reserve
  bancario - bank reserves
  excedente - excess reserves
  legal - legal reserve
  metálico - specie reserve
encante - auction, public sale
encarcelación ilegal - false imprisonment
encarcelar - to imprison
encargo - office, position, commission, assignment, charge
  de confianza - trust, confidential commission
encarpetar - to defer, lay on the table

encartar - to list, register, enroll, to summon, to sentence
encausable - indictable
encausado - defendant
encausar - to prosecute, sue, to indict
encomendar - to commission, entrust, to recommend
encomendero - agent
encomienda - commission, charge
  de ferrocarril - express
  postal - parcel post
encubierta - fraud, swindle
encubridor - accessory, one who conceals a crime
encubrimiento - concealment
  activo - active concealment
encuesta - inquiry, investigation, inquest
endeudado - indebted
endeudarse - to contract a debt
enditado - indebted
enditarse - to contract debts
endorsar - to endorse
endorso - endorsement
endosable - endorsable
endosada - endorsement
endosado - endorsee, endorsed
endosador - endorser
endosante - endorser
endosar - to endorse
  en blanco - to endorse in blank
endosatario - endorsee
endose - endorsement
endoso - endorsement
  al cobro - endorsement giving power of attorney
  a la orden - full endorsement, endorsement to order
  absoluto - absolute endorsement
  anterior - previous *or* prior endorsement
  calificativo - qualified endorsement
  comercial - blank endorsement
  completo o **perfecto** - full *or* special endorsement
  condicional o **limitado** - qualified *or* conditional endorsement
  de favor - accommodation endorsement
  de regreso - endorsement to a prior party
  en garantía - endorsement pledging as collateral
  en prenda - endorsement pledging as collateral
  en procuración - endorsement giving power of attorney
  en propiedad - endorsement transferring title
  especial - special endorsement
  falsificado - forged endorsement
  irregular - anomalous endorsement
  por acomodamiento - accommodation endorsement
  regular o **pleno** - full endorsement
  restrictivo - restrictive endorsement (forbids transfer)
enfermedad - illness, disease
  inculpable - illness of employee due to negligence
  industrial - industrial disease
  profesional - occupational disease
enfiteusis - emphyteusis
enfitéutico - emphyteutic
enganche de trabajadores - contracting of laborers for work elsewhere
engañar - to cheat, defraud, deceive
engaño - cheating, fraud, double-dealing, deceit
engañoso - misleading, false, fraudulent
enjaranado - in debt
enjuague - plot, scheme
enjuiciable - actionable, triable
enjuiciado - defendant, accused, on trial
enjuiciamiento - judgment, prosecution, procedure, suit
  civil - civil procedure
  criminal o **penal** - criminal procedure
  malicioso - malicious prosecution
  procesal - procedure
enjuiciar - to prosecute, bring suit, to pass judgment on, to try a case
enmendar - to revise, amend, correct
enmienda - revision, amendment, correction, indemnity, compensation
  quinta - Fifth Amendment
enmiendatura - amendment
enquimbrarse - to contract debts
enriquecimiento - enrichment
  injusto - unjust enrichment
  sin causa - unjust enrichment
  torticero - unjust enrichment
enseres - chattels, fixtures
entablar - to begin, initiate
  acción - to bring suit
  demanda - to present a demand, to bring suit
  denuncia - to accuse

ejecución - to levy under an execution
juicio hipotecario - to foreclose
negociaciones - to open negotiations
pleito - to bring *or* file suit
un protesto - to protest
querella - to file a complaint
reclamación - to file a claim
ente - entity, institution
autónomo - autonomous branch *or* department
de existencia jurídica - legal entity
jurídico - legal entity
moral - nonprofit institution
entender en - to have jurisdiction of
enterante - one who receives a payment
enterar - to advise, inform, to pay, discharge, satisfy
entereza de contrato - entirety of contract
entero - payment, balance, whole number, whole, integral
, por - entirely, in extenso
entidad - entity, bureau, department, agency, concern, institution
anónima - corporation, stock company
aseguradora - insurance carrier
bancaria - banking house
comercial - business concern
contable - accounting entity
de derecho privado - private corporation
de derecho público - public corporation
jurídica o **legal** - legal entity *or* existence
política - political body
porteadora - common carrier
privada - private entity
sindical - labor union
social - partnership
entrada - entrance, entry, admission, admittance, entry, cash receipts, deposit, down payment
a consumo - consumption entry
entradas - income, revenue, receipts, entries
a caja - cash receipts
brutas - gross income *or* receipts, revenue
de operación o **de explotación** - operating revenue
netas - net income
entrampado - in debt
entrar en vigor - to become effective
entre
sí - inter se, among themselves
vivos - inter vivos, between living persons
entredicho - injunction, interdict, prohibition
entrega - delivery, payment
efectiva - actual delivery
real o **material** - actual delivery
simbólica - symbolic *or* constructive delivery
entregable - deliverable
entregadero - deliverable
entregado en comodato - loaned, lent
entregador de la citación - process server
entregar - to deliver, turn over, surrender, to pay
entregarse - to give oneself up, to yield to the demands of another
entrelinear - to interline
entrelíneas - interlineation
entrerrenglón - interlineation
entrerrenglonadura - interlineation
entrerrenglonar - to interline
entuerto - wrong, injury, tort
enunciar - to state, declare
enunciativo - declaratory, enunciative, illustrative
envenenar - to poison
epígrafe - caption, heading, title, article
epiqueya - equity, prudent interpretation of the law
epistolar - by letter, by correspondence
época - period, time, date
de pago - due date
equidad - equity, justice
compensatoria - countervailing equity
consuetudinaria - natural equity
no tolera ningún agravio sin una reparación - equity suffers not a right without a remedy
presume que está consumado aquello que debe realizarse - equity looks upon that as done which ought to be done
sigue a la ley - equity follows the law
equitativo - fair, equitable, pertaining to equity
equivalencia procesal o **de la prueba** - full proof
equivocación - error, mistake
equívoco - equivocal, ambiguous
erario - public treasury
erotomanía - erotomania
error - error
común - common error

de derecho - error in law, error of law
de hecho - error in fact, error of fact
de pluma - clerical error
esencial - fundamental error
excusable - harmless error
inexcusable - harmful error
judicial - judicial error
perjudicial - prejudicial error
reponible - reversible error
sobre la cosa - error of fact
es decir - namely, id est, that is to say
escalador - burglar, burglarous
escalamiento - housebreaking, burglary
en primer grado - burglary in the first degree
escalar - to break and enter, commit burglary
escalfar - to embezzle, to discount, rebate
escalo - housebreaking, burglary
en tercer grado - burglary in the third degree
escamoteador - swindler
escamotear - to swindle, trick, cheat
escamoteo - swindling, trickery
escisión procesal - elimination of some questions in court action involving several
escoliar - to annotate
ecribanía - clerkship, notary's office
escribano - court clerk, notary public
de registro - notary public
público - notary public
secretario - court clerk
escribiente - clerk
notarial - notary's clerk
para calendario - calendar clerk
escrito - bill, brief, writ, written
de acusación del gran jurado - bill of indictment
de agravios - complaint
de ampliación - supplemental complaint
de apelación - bill of appeal
de calificación - indictment
de conclusiones - brief
de contestación - defendant's reply
de demanda - declaration, complaint
de presentación - pleadings, brief
de promoción - trial brief
de recusaciones - bill of exceptions
de reposición - petition for reconsideration
, por - in writing
privado - any document not a matter of public record
escritos de conclusión - final pleadings
escritorio - office, desk
escritura - contract, deed, policy, legal instrument, handwriting
a título gratuito - gratuitous deed
constitutiva o **de constitución** - corporation charter, articles of association
constitutiva y estatutos - constitution and bylaws
corrida - longhand
de cancelación - satisfaction piece
de cesión - deed of assignment
de compraventa - deed, bill of sale
de concordato - letter of license (creditor's agreement with bankrupt)
de constitución de hipoteca - trust, deed, mortgage deed
de convenio - specialty contract, deed
de donación - deed of gift
de emisión de bonos - bond indenture
de enajenación - deed
de fideicomiso - trust indenture, deed of trust
de fundación - incorporation papers, certificate of organization
de hipoteca - mortgage deed
de nacimiento - birth certificate
de organización - charter, incorporation papers
de pleno dominio - deed in fee
de préstamo e hipoteca - bond and mortgage, deed of mortgage loan
de propiedad - title deed
de reforma - amendment
de satisfacción - satisfaction piece
de seguro - insurance policy
de traspaso - deed
de venta - bill of sale, deed
fiduciaria - trust deed
guarentigia - warranty
hipotecaria - mortgage deed
matriz - the original of a notarial deed which always remains in his/her protocol
notarial - acknowledgment, notarial certificate
privada - instrument not officially recorded
pública - public document, contract registered with the official notary

sellada - sealed instrument
social o **de sociedad** - charter, incorporation papers, partnership agreement
traslativa de dominio - deed
escriturar - to make a written contract, to notarize, to enter, record
escriturario - pertaining to records of official notary
escrutador - scrutineer, teller
escrutinio - scrutiny, canvass
escuela - school
correccional - reform school
de derecho - law school
de procuradores - law school
esencia, de - essential, of the essence
especialidad - specialty, contract under seal
especie - kind, sort, specie
, en - in kind, in specie
especies - goods
fiduciarias - fiat money
fiscales - government obligations
monetarias - currency, circulating medium
timbradas - stamps and stamped paper
valoradas - postage stamps, revenue stamps, stamped paper, paper money
especificación - specification
especificaciones - specifications
especificar - to specify
especioso - specious, deceiving, colorable
especulativo - commercial, for profit, speculative
espera - waiting, stay, respite, extension of time, grace period, abeyance
, en - in abeyance
espía - spy
espión - spy
espionaje - espionage
esponsales - engagement
esposa - wife
esposas - handcuffs
esposo - husband
espúreo - spurious, false, bogus, counterfeit
espurio - spurious, false, bogus, counterfeit
esquilmar - to swindle, cheat, to exploit, to harvest
establecer - to establish, set up, found, to enact, to decree
una apelación - to file an appeal
demanda - to institute proceedings
impuestos - to impose taxes
juicio - to bring suit
la ley - to enact a law
una reclamación - to present a claim
establecimiento - establishment, institution, plant, place of business, statute, law
estación - station, season
del juicio - stage of the proceeding
de policía - police station
estadidad - statehood
estadizar - to nationalize
estado - state, condition, status, statement, report, staff, nation
bancario - bank statement
civil - status (whether married or single)
con fines contributivos - tax-purpose statement
condensado - condensed balance sheet
contabilístico - balance sheet
del activo y pasivo - balance sheet
de concurso - state of bankruptcy
de contabilidad - balance sheet
de cuenta - statement
de ganancias y pérdidas - income *or* profit-and-loss statement
de guerra - state of war
de liquidación - liquidation statement
de resultados - earnings statement
de situación - general balance sheet
, en - ready for decision (trial)
financiero - financial statement, balance sheet
intermedio - interim statement
legal - legal status
Estado Libre Asociado de Puerto Rico - Commonwealth of Puerto Rico
Estados Unidos - United States
estadual - government, state
estafa - swindle, fraud, cheating, double-dealing
estafador - swindler, crook, welsher
estafar - to defraud, swindle, cheat
estampilla - stamp
de timbre nacional - documentary stamp
fiscal - revenue stamp
estanco - monopoly, corner, store where goods that are a government monopoly are sold
estanquero - retailer of goods under government monopoly
estar a derecho - to be at bar *or* in court *or* involved in a suit
estatal - state, government

estatismo - statism
estatuído - statutory
estatuir - to enact, to stipulate, provide
estatutario - statutory
estatuto - statute, ordinance, bylaw, charter, constitution
  de limitaciones - statute of limitations
  expositivo - expository statute
  formal - law of procedure
  orgánico - organic *or* fundamental law
  personal - basic law governing the person and personal rights of a citizen
  real - basic law governing real property located in state or nation
  sobre fraudes - statute of frauds
estatutos - articles of association, bylaws
  revisados - revised statutes
  sociales - bylaws of a corporation
estelionato - stellionate
estilar - to draft, draw up
estilo - correct form, standard method, style
  caligráfico - handwriting
estimar - to estimate, appraise
estimativo - estimated, concerning appraisal
estipendario - stipendiary
estipendio - fee, stipend
estipulación - specification, condition, stipulation, covenant
  condicionada - conditional stipulation
estipulante - stipulator
estipular - to specify, stipulate, covenant
estirpe - lineage, stirpes
estorbo público - common nuisance
estrado - platform, stand
  de testigos - witness stand
estrados - courtrooms
estraperlista - operator on the black market
estraperlo - black market
estructura - building, structure
  del capital - capital structure
estudiar derecho - to study law
estudio - study, investigation, lawyer's office
estuprador - rapist
estuprar - to rape, ravish
estupro - rape, violation, ravishment
ética - ethics
  de los negocios - business ethics
  profesional - professional ethics
ético - ethical
evacuar - to empty, to vacate
  las diligencias - to comply with the formalities
  protesto - to protest
  prueba - to furnish proof, adduce evidence
  la respuesta - to file an answer
  un encargo - to execute an order, to carry out an assignment *or* commission
  un informe - to make a report
  un traslado - to give notice
  una consulta - to answer an inquiry, to furnish a legal opinion
  una protesta - to file a protest
evadir - to evade
evadirse - to abscond
evaluación - valuation, appraisal, computation, evaluation
  de los daños - measure of damages, appraisal of damages
evaluar - to appraise, assess, value, rate
evasión - evasion
  de capitales - flight of capital
  de divisas - loss of foreign exchange
  del impuesto - tax evasion
  fiscal - tax evasion
evasiva - evasion
evasivo - evasive
evasor - evader
evento - event, accident, chance, contingency
eventual - fortuitous, contingent, occasional
eventuales - contingencies
eventualidad - fortuitousness, eventuality, accidentalness
eventualidades - contingencies
  del mar - perils *or* accidents of the sea
evicción - eviction
eviccionar - to evict
evidencia - evidence, proof
  circunstancial - circumstantial evidence
  de opinión - opinion evidence, opinion testimony
  indiscutible - conclusive evidence
  moral - moral certainty
  por referencia - hearsay evidence
evidencial - evidentiary
evidenciar - to evidence, prove
evitable - avoidable
evitación de accidentes - accident prevention
ex
  adverso - on the other side

aequeo et bono - ex aequeo et bono, in justice and fairness
contractu - ex contractu, from a contract
cupón - ex interest
delicto - ex delicto, from a tort *or* crime
dividendo - ex dividend
officio - ex officio, by virtue of the office
parte - ex parte, by or for one party
penado - ex-convict
post facto - ex post facto, after the fact
testamento - ex testamento, by will
exacción - exaction, extortion, levy, tax
exactor - tax collector
exageración - overstatement, exaggeration
examen - examination, inspection, inquiry, investigation
examinador - examiner
bancario - bank examiner
examinar - to examine, inspect, investigate
cuentas - to audit
excarcelar - to release from jail
excedente - excess, overage, surplus
de capital - capital *or* paid-in surplus
de explotación - earned surplus, retained earnings
repartible - distributive surplus
sin consignar - unappropriated surplus
excedentes - surplus sugars under controlled sugar-production program
excepción - exception, demurrer, defense, plea, objection
anómala - anomalous plea
coherente - exceptio in personam, personal defense
de arraigo - plea that plaintiff give bond for costs
de compensación - exception of counterclaim against plaintiff
de compromiso previo - defense of previous accord *or* settlement
de cosa juzgada - exceptio rei judicatae, defense of res judicata
de demanda insuficiente - plea of insufficiency of complaint
de derecho - exception of no cause of action
de dinero no entregado - defense of money not paid
de excusión - plea claiming benefit of discussion
de falta de acción - exception of no cause of action *or* of no right to action
de falta de cumplimiento - defense of non-performance
de falta de personalidad - defense of incapacity of party
de hecho - exceptio in factum, exception on the fact
de jurisdicción - defense of lack of jurisdiction
de la incapacidad de la parte - plea *or* defense of incapacity of party
de incompetencia - foreign plea
de nulidad - peremptory defense *or* exception
de oscuridad - objection that allegations of pleading are indefinite
de unión indebida - exception of misjoinder
declarativa - declaratory exception *or* plea
declinatoria - plea to the jurisdiction *or* of improper venue
dilatoria o **temporal** - dilatory exception *or* plea
especial - special exception
general - general denial *or* demurrer
mixta - anomalous plea
perentoria - peremptory exception *or* defense, demurrer to jurisdiction *or* for failure to state facts constituting an offense
perpetua - peremptory defense
personal - exceptio in personam, personal defense
perjudicial - plea based on prejudicial error
previa - demurrer
procesal - defense based on defect of procedure
procuratoria - exception of lack of capacity
real - exceptio in rem, real defense
rei-coherente - exception in rem, real defense
substancial - exception to a point of law
superveniente - defense appearing after trial is under way
excepcionable - demurrable
excepcionante - one who files an objection *or* exception
excepcionar - to object, demur, except
excepcionarse - to except, to object
exceptio regulam probat - the exception proves the rule, exceptio probat regulam

exceptuar - to except
exceso - excess, surplus, overage
  de explotacióm - earned surplus
  de pérdida - excess loss
  de seguro - overinsurance
  de siniestralidad - excess loss
  de utilidades - excess profits
exclusión - exclusion, exception, estoppel
  del foro - disbarment
exclusivista - exclusive, monopolistic
exclusivo - exclusive
excluyente - justification, excuse, justifying, excusing, exculpatory
excrex - property given to a wife by her husband, increase of dowry
excursión - excursion, discussion
excusa - excuse, exception, exemption
  de noticia de rechazo - waiver of notice of dishonor
  de protesto - waiver of protest
  para conocer - disqualification to hear a case
excusas absolutorias - justifying circumstances
excusación - disqualification by a judge
excusar - to excuse, to exempt
excusarse - to disqualify oneself
excusión - discussion, excussio
  de bienes - right of surety to require that creditor first execute on property of debtor
excutir - to discuss, excuss
exención - exemption, dispensation
  arancelaria - exemption from customs
  contributiva o **tributaria** - tax exemption
  fiscal - tax exemption
  personal - personal exemption
  por personas a cargo - exemption for dependents
exencionar - to exempt
exentar - to exempt
exento - exempt, free, clear
  de contribución - tax-exempt
  de derechos - duty-free
  de impuestos - tax-exempt
exequátur - exequatur
exheredación - disinheritance
exheredar - to disinherit
exhibición - exhibition, exposition, discovery, payment of an installment, partial payment for stock subscription
  de documentos - production of documents
  íntegra - full payment
exhibiente - one who presents a document for payment
exhibir - to exhibit, display, to make a payment
exhibitorio - exhibitory
exhortante - judge who issues letters requisitorial
exhortar - to issue letters requisitorial
exhorto - letters requisitorial, application, request
exigencia - demand, requirement, exigency
exigibilidad - liquidity, demandability
exigibilidades - current liabilities
  a la vista - demand deposits
exigible - demandable, exigible, requirable, withdrawable
exigir - to demand, exact, levy
  sin derecho - to extort
eximente - exemption, exempting, justifying, exculpatory, excusing
eximir - to exempt, except, to remit
  de derechos - exempt from duties *or* dues
existencia - validity
exoneración - release, exemption, discharge, exoneration
exonerar - to exonerate, acquit, to relieve, release, to discharge, dismiss
  de impuestos - to exempt from taxes
  de responsabilidad - to free from liability
exorbitante - exorbitant, extortionate
exordio - exordium, introductory part of a speech
expectante - expectant, abeyant
expectativa - expectancy, abeyance
  de vida - life expectancy
expedición - shipping, shipment, issue
  de aduana - customhouse clearance
expedidor - shipper, forwarder, maker
expedientación - arranging papers in a file
expediente - file of papers, record, action, proceeding, process, expedient, measure
  de abordaje - documents in a collision case
  de apremio - proceeding for collection
  de construcción - documents of an application for building permit
  de conversión - proceeding to change a possessory title to one in fee simple
  de despido - notice of discharge

de dominio - judicial proceeding to record a title in fee simple
de reintegro - replevin
en apelación - record on appeal
judicial - documents of a court case
posesorio - judicial proceeding to record a possessory title
provisional - temporary expedient, emergency measure
expedienteo - red tape, procedure
expedir - to ship, send, forward, to expedite, to issue
un auto - to issue a writ
un cheque - to draw a check
disposiciones - to hand down decisions
una factura - to make out a bill
una orden judicial - to issue a judicial writ *or* order
una patente - to issue letters patent, to grant a license *or* concession
una resolución - to announce a decision
sentencia - to pronounce judgment
expendedor - dealer, retail merchant, distributor of stolen *or* illegal goods *or* of counterfeit money
expendeduría - shop where goods are sold that are a government monopoly
expender - to sell, handle, deal in, to disburse, to sell on commission, to pass counterfeit money
expensas - costs
experticia - expert testimony, expert advice, expert appraisal
experto - expert
contabilista - expert accountant
en huellas digitales - fingerprint expert
tributario - tax expert
expirar - to expire, lapse
explicable - accountable
explicativo - explanatory, expository
explícito - explicit
explotación - operating, working
de una patente - use of a patent
fiscal - government operation
expoliación - spoliation
expoliar - to despoil
exponente - deponent
exponer - to declare, expound, explain
exportar - to export
exposición - complaint, declaration, libel, statement
expósito - foundling
expositor - commentator, exhibitor
expresar - to state, tell, progress, to ship by express
agravios - to plead
expreso - express
expropiable - expropriable
expropiación - expropriation, condemnation
colectiva - expropriation of debtor's property for all of his creditors
concursaria - seizure of a bankrupt's assets
forzosa - condemnation under sovereign right of eminent domain
individual - expropriation for one creditor
singular - expropriation for one creditor
expropiado - condemnee
expropiador, expropiante - expropriator, condemner
expropiar - to expropriate, condemn, to commandeer
extender - to extend, to expand, to prolong, to draw up
el plazo - to extend the time
las actas - to write up the minutes
los asientos - to make the entries
un contrato - to draw up a contract
un cheque - to draw *or* write a check
una patente - to issue letters patent
extensible - extendible
extensión - extension, extent, scope
del plazo - extension of time
extinción - paying off, liquidation, extinguishment, wiping out, annulment, exhaustion
extinguir - to extinguish, to annul, to pay off
sentencia - to serve a sentence
extinguirse - to expire, lapse
extintivo - extinctive, extinguishing
extornar - to refund, to make a reversing entry
extorno - refund, drawback, reversing entry
extorsión - extortion, blackmail, trouble, difficulty
extorsionador - extortioner, extortionist
extorsionar - to blackmail, extort money
extorsionista - profiteer, racketeer, extortioner, blackmailer
extorsivo - extortionate
extracartular - not on the record, unofficial
extracontable - not shown in the books
extracontractual - not in the contract

extracta - true copy
extracto - abstract, summary, excerpt
  de balance - condensed balance sheet
  de cuenta - statement of account
  de la litis - record of the case
extradición - extradition
extrajudicial - extrajudicial, out-of-court
extrajurídico - extralegal
extralimitación - transgression
extramatrimonial - out of wedlock
extranjería - status of an alien, alienage
extranjero - alien, foreigner, foreign
  enemigo - alien enemy
extraoficial - unofficial
extrapetición - petition for ruling that decides questions not involved in the case
extraprocesal - out-of-court
extraterreno, extraterritorial - exterritorial, extraterritorial
extraterritorialidad - extraterritoriality
extratributario - other than for taxation
extremo - extreme, end, terminal, last
  de la demanda - amount demanded
  de sentencia - amount of judgment asked
extremos - details, particulars
  de la acción - facts on which action is based
  de la excepción - grounds of defense *or* objection
extrínsico - extrinsic

Notes

fabricado - fabricated
facción de testamento - testamentary capacity
activa - competency to make a will
pasiva - competency to inherit
facilitar informes - to furnish information
factor - agent, factor
factoraje - factorage, agency
factoría - factorage, agency
factum - factum, fact
factura - invoice, bill
comercial - commercial invoice
común - invoice
consular - consular invoice
de venta - bill of sale
facturar - to invoice, bill
facultad - authority, power, faculty
de derecho - law school
de ir al paro - right to strike
de nombrar - power of appointment
de testar - competence to make a will
policial - police power
procesal - right to sue
facultar - to authorize, empower
facultativo - optional
falacia - perfidy, deceit
falencia - mistake, misrepresentation, bankruptcy
falsario - forger, counterfeiter
falsas
apariencias - false pretenses
representaciones - false pretenses
falsear - to falsify, forge, counterfeit
falsedad - falsehood, falsity, misrepresentation, double-dealing, perfidy, error
fraudulenta - false *or* fraudulent misrepresentation
importante - material misrepresentation
inculpable o **inocente** - innocent misrepresentation
justiciable - actionable misrepresentation
negligente - negligent misrepresentation
falsía - fraud, duplicity, double-dealing
falsificación - forgery, falsification, misrepresentation
de cheques - check forgery
de documentos - forgery
de moneda - counterfeiting
falsificador - counterfeiter, forger
de moneda - counterfeiter
falsificar - to falsify, counterfeit, forge
falso - false, spurious, imitation, bogus, counterfeit, artificial, dishonest, incorrect, untrue, fictitious
cobro - return commission, service charge for uncollectible document
falsos pretextos - false pretenses
falta - fault, defect, flaw, deficiency, failure, shortage, error, misdemeanor, violation
de aceptación - nonacceptance
de aviso - failure to give notice
de capacidad - lack of legal capacity
de causa - want of consideration
de competencia - improper venue
de cumplimiento o **de ejecución** - noncompliance, nonperformance, nonfulfillment, nonfeasance
de entrega - nondelivery
de jurisdicción - want of jurisdiction
de manutención - nonsupport
de pago - nonpayment, default, dishonor, want of consideration
de partes - defect of parties
de prueba - lack of evidence
de uso - failure to use, nonuser
faltan fondos - insufficient funds
faltar - to be short *or* lacking, to default
faltista - habitually in default
faltón - habitually in default
falla - failure, breakdown, defect
de causa - failure of consideration
en caja - cash shortage
fallar - to fail, break down, to be lacking, to render judgment, rule, find
sin lugar - to dismiss
fallecimiento - death, bankruptcy, failure
fallero - absentee
fallido - insolvent, bankrupt
culpable - bankrupt due to bad management, fraudulent bankrupt
fraudulento - fraudulent bankrupt
rehabilitado - discharged bankrupt
fallir - to fail
fallo - verdict, finding, decision, judgment, rule, flaw, defect
administrativo - executive order
arbitral - award of an arbitrator
condenatorio o **de culpabilidad** - conviction
condicionado - conditional judgment

de deficiencia - deficiency judgment
del jurado - jury's verdict
definitivo - absolute rule
fabricado o **simulado** - simulated judgment
judicial - judicial decision, court judgment
fama pública - reputation
familia - family, household
fatal - fatal, final, obligatory, not postponable
fautor - abettor, instigator, accessory
favor - accommodation, favor
favorecedor - endorser of an accommodation bill, client, customer
favorecido - maker of an accommodation bill, winner in any drawing of lots
fe - testimony, credence, assertion, validity
, dar - to attest, certify
de lo cual, en - in witness whereof
notarial - the faith to which a notary's certification is entitled
pública - authority to attest documents
fecha - date, day and date
de registro - date of record
de valor o **de vigencia** - effective date
efectiva - effective date, value date
media de vencimiento - average due date, equated date
fechar - to date
fecho - executed, carried out
fechoría - malfeasance, misdeed
fedatario - one who attests *or* certifies, notary public, evidence, proof
federación - federation
federal - federal
federalizar - to nationalize
federarse - to form an association, federation *or* union
fehaciente - evidencing, certifying, attesting, authentic
felón - felon, criminal, felonious
felona - woman criminal
felonía - treachery, disloyalty, felony
feria judicial - period of closed courts, vacation
feticida - one guilty of feticide, feticidal
feticidio - feticide
feto - fetus
feudatario - feoffee
de uso - feoffee to uses
feudo - fee, feud, feoffment
fiable - responsible, trustworthy
fiado - person under bond
, al - on credit
fiador - fastener, bondsman, surety, guarantor, bailor, backer
mancomunado - cosurety, joint surety
solidario - cosurety in solido
fiadora, sociedad o **empresa** - bonding *or* surety company
fianza - bond, bail
antidumping - antidumping bond
carcelaria - bail
conforme a la ley - statutory bond
de acarreador - customs cartman's bond
de aduana - customs bond
de almacén - warehouse bond
de almacenero - proprietor's warehouse bond
de almacenero para elaboración - proprietor's manufacturing warehouse bond
de apelación - appeal bond
de arraigo - bail above *or* to the action, special bail
de averías - average bond
de barquero - lighterman's bond
de buque a término - vessel term bond
de caución - surety bond
de conocimiento - bond to produce bill of lading
de conservación - maintenance bond
de contratista - contract bond
de cumplimiento - performance bond, supply bond, construction bond
de declaración a consumo - consumption-entry bond
de declaración de exportación - bond to produce export declaration
de declaración única - single-entry bond
de demandado - defendant's bond
de depósito - depository bond, warehouse bond
de desembarque - landing bond
de embargo - attachment bond
de empresa porteadora - carrier's bond
de entrada - entry bond
de entredicho - injunction bond
de exportación - export bond
de falsificación - forgery bond
de fidelidad - fidelity bond
de fraude - fraud bond
de garantía - surety bond

de horas extraordinarias - overtime bond
de levantamiento de embargo - discharge-of-attachment bond
de licitador - bid bond
de litigante - court bond
de manejo - fidelity bond
de manutención - maintenance bond
de neutralidad - neutrality bond
de pago - payment bond
de postura - bid bond
de productos de prisiones - bond for convict-made goods
de reclamante - claim bond
de seguridad - surety bond
de sometimiento - submission bond
de subastador - auctioneer's bond
de título o **de propiedad** - title bond
de vapor a término - vessel term bond
en avería gruesa - general average bond
especial - special bail, bail above *or* to the action
general - blanket bond
hipotecaria - mortgage
judicial - judicial bond
mancomunada - joint bond
notarial - bond of notary
ordinaria - bail below, common bail
particular o **personal** - personal surety
pignoraticia o **prendaria** - collateral security
por auto de casación - bail in error
reivindicatoria - replevin bond
simple - common bail
solidaria - joint and several bond

fiar - to bond, go surety for, to give credit
fíat - fiat
fiat justitia et ruat coelum - fiat justitia ruat coelum, let right be done though the heavens should fall
ficción - fiction
de derecho - fiction of law
legal - legal fiction, fiction of law
ficticio - fictitious
ficto - implied
ficha dactiloscópica - record of fingerprints
fidedigno - trustworthy
fideicomisario - fideicommissary, beneficiary of trust, cestui que trust, trustee,
en una quiebra - trustee in bankruptcy
judicial - judicial trustee
fideicomiso - trust, fideicommissum
activo - active trust
caritativo - charitable trust
comercial - business trust
condicional - contingent trust
conservatorio - testamentary trust
constructivo - implied *or* constructive trust
de fondos depositados - funded trust
de pensiones - pension trust
de seguro de vida - life-insurance trust
de sociedad anónima - corporate trust
definido o **directo** o **expreso** - direct *or* express trust
directivo - directory trust
discrecional - discretionary trust
, en - in trust
familiar - testamentary trust
formalizado - executed *or* perfect trust
forzoso - constructive trust
gradual - testamentary trust
implícito - constructive *or* implied trust
impuesto - constructive trust
múltiple - multiple trust
para los pródigos - spendthrift trust
para votación - voting trust
particular o **privado** - private trust
pasivo - passive *or* dry *or* naked trust
perfecto - executed *or* perfect trust
perpetuo - perpetual trust
por formalizar - executory trust
presunto o **por presunción legal** - resulting trust
público o **de beneficencia** - public trust
puro o **simple** - simple trust
resultante - resulting trust
secreto - secret trust
sin depósito de fondos - unfunded trust
singular - private trust
sobrentendido - involuntary *or* constructive trust
sucesivo - testamentary trust
testamentario - testamentary trust
universal - trust covering an entire estate
voluntario - living *or* voluntary trust

fideicomisor - trustee
fideicomitente - founder of a trust
fidelidad - fidelity, faithfulness
fiducia - trust, confidence
fiduciante - one who appoints a trustee, trustor
fiduciario - trustee, fiduciary, fiducial

fiel - government inspector, true, accurate, faithful
copia - true copy
cumplimiento - faithful performance *or* observance
fieldad - guaranty, surety
fijación de la litis - joinder of issue
fijar - to fix, to settle, determine
los daños y perjuicios - to assess damages
filiación - filiation, relationship
finado - deceased, decedent, dead
financiar - to finance
financiero - financier, financial
finca - plot, farm, real estate
colindante - adjoining property
raíz - real estate
rústica - rural property
finiquitar - to settle and close an account, to extinguish
finiquito - release, quittance, quitclaim, discharge
firma - signature, firm, concern, firm name
autógrafa - autograph signature
autorizada - authorized signature
comercial - commercial house, firm signature
de favor - accommodation endorsement
en blanco - blank signature
entera - signature of full name
media - signature of surname only
sancionada - authorized signature
social - corporate *or* firm signature, firm name
firmada - signature, signed
firmado de puño o **de propio puño** - signed in person
firmador - signer, maker of a note
firmante - signer, maker of a note
conjunto - cosignatory, cosigner
por acomodación - accommodation maker
firmar - to sign, execute
firme, en - definitive, final, outright, unconditional
firmó y selló el presente - hereunto set his hand and affixed the seal
firmón - one who is officially authorized to sign, signer of something written by someone else
fiscal - prosecutor, district attorney, auditor, controller, pertaining to the treasury *or* the government, fiscal, financial
de cuentas - auditor
de distrito - district attorney
de estado - government attorney
general - attorney general
fiscalía - government attorney's office, inspector's office, office of the auditor or controller, district attorney's office
fiscalista - watchdog of the treasury, pertaining to the treasury
fiscalización - control, supervision, inspection, financial direction
fiscalizador - inspector
fiscalizar - to control, to inspect
fisco - national treasury, national government
municipal - city government *or* treasury
provincial - provincial government *or* treasury
físico - physical
flagrante - flagrant
delito - crime detected in the act
, en - in the very act, flagrante delicto, red-handed
fletador - freighter, charterer
fletamento, fletamiento - charter, affreightment, freightment
con operación por cuenta del arrendador - gross charter, contract of affreightment
con operación por cuenta del arrendatario - net charter, time charter party
por tiempo o **a plazo** - time charter
por viaje - trip charter
por viaje redondo - voyage charter
requisitorio - requisition charter
fletante - one who owns any means of transport for hire, affreighter, charterer
fletar - to charter, hire, to freight, affreight
flete - freight, freightage, freight rate, freight charges, price of charter
bruto - cost of gross charter
común - captain having interest in profits of voyage
eventual - freight contingency, collectible freight
marítimo - ocean freight *or* freight rate
neto - cost of net charter
fletero - freight carrier, freighter, one who owns any means of transport for hire
flotar un empréstito - to float a loan
flujo de fondos - cash flow
flujo y reflujo - ebb and flow

foja - sheet, page, folio
útil - page of text
foliar - to number pages
folio - page, folio
fomentador - booster, promoter, backer, developer
fomentar - to promote, back, boost, to found, launch, organize, to develop
fomento - development, promotion
fondo - base, depth, fund, down payment, merit
acumulativo - sinking fund
amortizante - sinking fund
común - common fund
de amortización - sinking fund
de cambios o **de conversión** - fund for control of foreign exchange
de comercio - stock in trade, goodwill
de la cuestión - merits of the case, heart of the matter
de igualización o **de estabilización** - equalization fund
de previsión - pension *or* welfare fund, contingency fund, reserve fund
de reserva - reserve fund
especial - special fund
fiduciario irrevocable - irrevocable trust fund
jubilatorio - pension fund
mutualista - mutual fund, open-end investment company
reservado - reserve fund
social - capital of a corporation, assets of a partnership
Fondo Monetario Internacional - International Monetary Fund
fondos - funds
congelados o **bloqueados** - blocked *or* frozen funds
disponibles - cash and bank deposits
en plica - escrow funds
fiduciarios o **de fideicomiso** - trust funds
forajido - fugitive from justice
foral - statutory, legal
foralmente - judicially
forense - forensic, pertaining to the law
forista - jurisconsult
forjador - forger, counterfeiter
forjar - to counterfeit, forge
forma - format, blank form
de proceso legal - due legal process
legal - legal form
formas de acción - forms of action
formación de causa - process of law
formal - formal, reliable
formalidad - sincerity, dependability, red tape
formalidades - formalities
formalismo - formalism
formalizar - to legalize, execute, to formalize
protesto - to protest
formar - to form, to draw up
artículo - to except
proceso - to bring suit
fórmula - formula
de propuesta - form of proposal
formular - to formulate, draw up, make out
cargos - to bring charges
denuncia - to make an accusation
oposición - to object
una reclamación - to file a claim
un reparo - to file an objection
formulario - blank form, formulary
de contrato - contract form
de fianza - form of surety bond
de propuesta - bidding blank, proposal form
valorado o **timbrado** - stamped form, stamped paper
formulismo - red tape
fornicación - fornication
fornicio - fornication
foro - rental, leasehold, the bar, legal procession, forum
fortuito - accidental, fortuitous, casual
forzoso - compulsory, unavoidable
fotostatar - to photostat
fotostático - photostatic
fotóstato - photostat
fracasar - to fail, be unsuccessful
fracaso - failure, ruin
fragante - flagrant, notorious
, en - in the very act
fraguar - to falsify, to plot, scheme
una firma - to forge a signature
franco - franc, leave of absence, free, exempt, clear
a bordo (FAB) - free on board (FOB)
al costado vapor - free alongside (FAS)
de avería recíproca - free of reciprocal average
de avería simple - free of particular average
de derechos - duty-free

en almacén - ex-warehouse
en el muelle - free on dock, ex-quay
fuera del buque - free overside, ex-ship
sobre rieles o **sobre vagón** - FOB cars
franquear - to prepay, to exempt, to clear, to overcome, to dispatch, send, to affix proper postage
franqueo - postage, prepayment, clearance
franquía - clearance
franquicia - franchise, grant, privilege, exemption, franchise
aduanera - exemption from customs duties
arancelaria - exemption from duties
del voto - right to vote
impositiva - tax exemption
postal - franking privilege, permit for postage-metering machine
tributaria - tax exemption
fratricida - fratricide (criminal)
fratricidio - fratricide (crime)
fraude - fraud, double-dealing
de acreedores - fraud against creditors
de hecho - fraud in fact
extrínseco - extrinsic *or* collateral fraud
flagrante - actual fraud
implícito o **legal** - constructive *or* legal fraud, fraud in equity *or* in law
justiciable - actionable fraud
positivo - positive *or* actual fraud, fraud in fact
presuntivo - constructive fraud
fraudulencia - fraud
fraudulento - fraudulent
frente - front, face of a document
obrero - labor front
patronal - employer's front *or* association
frívolo - trivial, frivolous
fructuario - usufructuary
fructuoso - successful, profitable, productive
frustración - frustration
frustrado - frustrated
frustráneo - ineffective, useless, nugatory
frutos - fruits, products, commodities
civiles - civil fruits (interest, rent)
cultivados - emblements
del país - national products, domestic commodities
industriales - fruits of industry, fructus industriales, emblements
menores - vegetables and fruits
naturales - natural fruits, fruits of the land
fuego - fire
perjudicial - hostile *or* unfriendly fire
útil - friendly fire
fuente - source
confiable - reliable source of information
de ganancia - source of profit
de ingresos - source of income
, en la - at the source
fidedigna - reliable source
informativa - source of information
productora - source of supply
rentística - source of revenue
fuentes
jurídicas o **de derecho** - sources of the law
jurídicas explícitas - laws, statutes
jurídicas implícitas - custom, usage, implied laws
fuera - out, outside
de audiencia - out of court
del buque - overside, landed
de duda razonable - beyond reasonable doubt
de juicio - extrajudicial
de litigio - out of court
de lugar - out of place, uncalled for, irrelevant
de matrimonio - out of wedlock
de orden - out of order
de razón - unreasonable, extortionate
de rueda - on the curb *or* outside market *or* after hours on the exchange
de término - not within the time fixed by law
fuero - privilege, exemption, jurisdiction, tribunal, forum, court, code of laws, common law
auxiliar - ancillary jurisdiction
comercial - commercial code
común - court of equity
concurrente - concurrent jurisdiction
, de - de jure
de atracción - right of a court to hear cases outside of its regular jurisdiction
de los concursos - jurisdiction in bankruptcy, bankruptcy court
de las sucesiones - probate jurisdiction
del trabajo - labor laws, jurisdiction in labor cases
exclusivo - exclusive jurisdiction
externo o **exterior** - court of law

objetivo o **real** - jurisdiction in real actions
sindical - legal rights of organized labor
fuerza - force, power
cancelatoria - legal tender
del descuento - force of discount
del interés - force of interest
legal - force of law
liberatoria, de - legal tender
mayor - force majeure, vis major, act of God
probatoria - value as evidence
pública - police power
fugarse - to jump bail, to abscond
fugitivo - fugitive, brief
fulana de tal - Jane Doe
fulano de tal - John Doe
fulminar la sentencia - to pronounce judgment
fullería - swindling
fullero - crook, swindler
funcionario - official, officer, executive, functionary
corporativo - corporation executive
fiscal - financial official
público - public official
funcionarismo - bureaucracy
fundabilidad - admissibility
fundación - foundation, founding, establishment, endowed institution, endowment
fundado - well-founded, admissible
fundador - founder, organizer, promoter, incorporator
fundar - to found, establish, float, to endow
un agravio - to cause damage, to make a complaint
recurso - to file an appeal
fundir - to merge, to cast, to smelt
fundirse - to fail, be unsuccessful
fundo - land, fundus, rural property
madarero - timberland
minero - mining claim
sirviente - servient tenement
fungibilidad - fungibility
fungible - fungible, consumable, expendable
fungir - to act as deputy *or* substitute
fusión - merger, amalgamation
de títulos - confusion of titles
horizontal - merger of competing companies
vertical - merger of companies controlling successive steps in production of an article
fusionar - to consolidate, merge, unite
fusionista - promoter of mergers

Notes

G

gabela - tax, profit, winnings
  de consumo - excise tax
gabinete - cabinet
gajes - perquisites
  del oficio - customs of the trade
galería demalhechores - mug book
galería de sospechosos - lineup
gallero - pilferer of goods in transit
gallo - pilfering of goods in transit
ganado (adj) - earned, won
ganado (n) - livestock
ganancia - profit, earnings, gain, commission, kickback, gratuity
  bruta o **en bruto** - gross profit
  en operaciones - operating profit
  especulativa - operating profit
  esperada - anticipated products
  líquida o **neta** - net profit
  según los libros - book profit
gananciales - property held in community by husband and wife, all that is acquired or increased during marriage by onerous title
ganancias
  de capital - capital gains
  de coyuntura - unearned profits
  excesivas - excess profits
  extraordinarias - excess profits
  gravables - taxable profits
  no distribuídas o **para repartir** o **a dividir** - undivided profits
  previstas - anticipated profits
  provenientes de la enajenación de bienes - capital gains tax
  y pérdidas - profit and loss
ganancioso - lucrative, profitable
ganar - to gain, to earn
  dinero - to make money
  interés - to draw interest
  un pleito - to win a suit
  vecindad - to establish legal residence
ganga - gang, bargain
gangsterismo - gangsterism
garante - guarantor, warrantor, bondsman, surety, guarantee, responsible
garantía - guaranty, warranty, guarantee, security, backing, covenant
  afirmativa - affirmative warranty
  afirmativa solemne - affirmative covenant
  colateral - collateral guaranty, covenant collateral
  continua - continuing guaranty, continuing warranty
  contra desviación - deviation warranty
  de crédito - guaranty of a loan
  de firma - guaranty of a signature
  de petición - right of petition
  de la prueba - right to submit evidence
  en avería gruesa - general average guaranty
  eventual - conditional guaranty
  flotante - collateral which may be changed, pledge of all assets present and future as security for a bond issue
  hipotecaria - real security, mortgage security
  incondicional - absolute guaranty, absolute covenant
  mancomunada - joint guaranty
  particular - special guaranty
  personal - personal guaranty
  prendaria - collateral
  procesal - bond for court costs
  promisoria - promissory warranty
  provisional - binder
  real o **formal** - collateral
  solidaria - joint and several guaranty
garantías
  concurrentes - concurrent covenants
  constitucionales - consitutional guarantees
  escritas - expressed warranties
  implícitas - implied warranties
  procesales - procedural due process
  usuales - covenants for title, usual covenants
garantir - to guarantee, warrant
garantizado - warrantee, warranted
garantizador - guarantor
garantizar - to guarantee, warrant
gastos - charges, costs, expenses
  a repartir - undistributed expense
  administrativos - administration expense
  aduanales - customhouse expense
  bancarios - bank charges
  causídicos - expense of a lawsuit
  , con - with protest
  contenciosos - cost of litigation
  de capital - capital expenditures

de constitución - organization expense
de dirección - administration expense
de escribanía - notary's fees
de establecimiento - organization expense, capital *or* fixed charges
de explotación - operating expenses
de fomento o **de desarrollo** - development costs
de funcionamiento - operating expenses
de iniciación - organization expense
de justicia - legal expenses
de operación - operating costs
de organización - organization expense
de protesto - protest charges
de situación - transfer charges
entre compañías - intercompany expense
especulativos - operating expenses
fijos o **constantes** - fixed charges, indirect cost, constant costs
financieros - finance charges, financial expense
generales o **indirectos** - general expense, overhead, burden, undistributed *or* indirect cost, oncost
jurídicos o **legales** - legal expenses
preparatorios - development costs
, sin - without protest
generales - customs official
generales de la ley - personal circumstances as to which all witnesses must be questioned
genocidio - genocide
genuino - genuine, legitimate
gerencia - management
gerente - manager
gestión - effort, action, handling, negotiation, administration, management, step, measure
de negocios ajenos - business services rendered without a formal contract
, en - in process, under negotiation, in process of collection by legal means
judicial - legal action, judicial proceeding
oficioso - officiousness
procesal - court proceeding
gestionar - to negotiate, handle, take up, deal with
en juicio - to litigate
en nombre de - to act in the name of
fondos - to raise money
el pago - to demand payment
un empréstito - to negotiate a loan
una patente - to apply for a license
gestor - promoter, agent, representative, negotiator, managing partner, managing, promoting, negotiating
afecto - agent of one company only
del negocios - business representative, business manager
judicial - legal representative, attorney
oficioso - one who acts for another without authority
girada - draft
girado - drawee
girador - drawer, maker
girante - drawer, maker
girar - to draw, to do business, trade, to turn over, to remit
a cargo de - to draw against
un cheque - to draw a check
dinero - to draw cash
en descubierto - to overdraw
un oficio - to issue an official communication
giro - draft, business, enterprise, turnover, trade, line of business
a plazo - time draft
a la vista - sight draft
bancario - bank draft *or* money order, banking business
comercial - commercial *or* trade draft
documentario - documentary draft
económico - finance bill
en descubierto - overdraft
postal - postal money order
renovado - redraft
simple - clean draft
glosa - explanatory note, annotation, gloss, audit
glosador - auditor, commentator
glosar - to audit, to annotate, gloss
glose - audit, annotation
gobernación - government, administration, governor's office, governor's jurisdiction
governador - governor
gobernantes - governing body, managers, directors
gobernar - to govern, to manage, direct, to run, steer, control
gobierno - government, control, management, direction
goce - enjoyment, possession

gozar - to enjoy, have possession, to have a right to
de un derecho - to have a right
de una rebaja - to get a discount
de una renta - to have an income
de un voto - to have a right to vote
intereses - to draw interest
gracia - favor, gift, remission of debt, pardon, commutation of sentence, mercy
, de - gratis, free, de gratia, by favor
, por - gratuitously
gracioso - gratuitous, free, liberal
a título - gratuitously
grado - stage *or* step in legal proceedings, grade *or* degree of a crime
graduación - classification, marshaling, grading, appraisal
de cauciones - marshaling securities
del crédito - credit rating
de créditos - order of preference of the creditors
gran jurado - grand jury
gratificación - reward, gratuity, fee
gratis - free, gratuitous, gratuitously
gratuidad - gratuitousness, gratuity
gratuito - gratuitous, free
gravable - taxable, assessable, dutiable
gravado - aggrieved, encumbered, pledged
gravamen - lien, encumbrance, tax, assessment
agrícola - agricultural lien
bancario - banker's lien
cancelado - satisfied lien
continuado - floating lien
de aduana - import duty
de constructor - mechanic's lien
de factor - factor's lien
de hotelero - innkeeper's lien
del timbre - stamp tax
de transportador - carrier's lien
de valorización - assessment for improvements
de vendedor - vendor's lien
equitativo - equitable lien
específico - particular *or* specific lien
estatutario - statutory lien
fiscal - federal tax
general - general lien
hipotecario - mortgage lien
liquidado o **cancelado** - satisfied lien
marítimo - maritime lien
por fallo o **por juicio** - judgment lien
posesorio - possessory lien
precedente o **prior** - prior lien
real - mortgage, real lien
sobre bienes muebles - chattel mortgage
sobre una cosecha - agricultural lien
sucesorio - estate tax, inheritance tax
gravar - to assess, to mortgage, encumber, pledge, to tax
gravoso - extortionate, expensive, offensive
gremializar - to unionize
gremio - labor union, guild
gruesa, a la - bottomry
guardador - guardian
guardajurado - private police officer
guardar decisión - to reserve decision
guardia - protection, custody, police force
guardián - custodian, guardian, policeman
guarentigio, cláusula de - warranty clause
guarismo - figure, number
y por extenso, en - in figures and in words
guarismos
y letra, en - in figures and in words
y leyendas - figures and the amount in writing
gubernamental - governmental
gubernativo - gubernatorial, governmental, administrative
gubernista - relating to government
guerra - war
guerras, rebeliones, insurrecciones, revoluciones, motines, saqueos, movimientos sediciosos - civil war, revolution, rebellion, insurrection, *or* civil strife arising therefrom
guía - directory, handbook, permit, receipt, waybill, timetable
aérea - air waybill, air bill of lading
de campaña - waybill, certificate of ownership of cattle
de carga - waybill, manifest
de carga aérea - air waybill, consignment note
de consumo - permit issued by Treasury for processing tobacco
de depósito - warehouse receipt *or* certificate
de embarque - ship's receipt, bill of lading
de encomienda - express receipt, parcel receipt

de exportación - export permit, export waybill
de extracción - drawback certificate
de internación - import permit
de transporte - permit for local movement of tobacco, air waybill
limpia del piloto - clean mate's receipt
tachada de carga por avión - foul air waybill

guiar - to guide, to drive
un pleito - to conduct a lawsuit
sin licencia - to drive without a license

Notes

H

ha lugar - upheld
habeas corpus - habeas corpus
haber - credit, property, salary, credit balance, to have
  jubilatorio - pension
  lugar - to lie, be acceptable
  social - assets of a partnership
  y deber - assets and liabilities
haberes - property, assets, resources, wages
habiendo prestado juramento - being duly sworn
hábil - capable, qualified, competent, working
habilitación - authorization, qualification for participation in profts, partnership in which some furnish capital and other services
habilitado - merchant financed by someone else, official who handles money, paymaster, representative, sharing in profits
habilitador - one who finances a commercial enterprise
habilitar - to equip, fit out, to validate, to enable, qualify, to finance, to provide, furnish
  los libros - to affix the required revenue stamps to the books
hacedero - feasible, practicable
hacendístico - financial, economic
hacer - to make, to do
  acto de presencia - to be present
  balance - to take off a trial balance, to balance an account
  bancarrota - to go into bankruptcy
  capaz - to enable, qualify
  cesión - to assign, make an assignment
  constar - to show, to put on record
  contrabando - to smuggle
  cumplir - to enforce
  diligencia - to take measures
  efectivo - to cash, negotiate, collect
  empeño - to give a pledge
  un empréstito - to raise a loan, to make a loan
  fe - to certify, evidence
  la guerra - to make war
  juramento - to take an oath
  una libranza - to draw a bill of exchange
  lugar - to justify, support, approve
  notificar - to notify
  protestar - to protest
  quiebra - to go into bankruptcy
  responsable - to hold responsible
  saber - to advise, notify, to make known
  trance - to seize legally
  uso de la palabra - to make a speech, take the floor
  valer - to enforce, put into effect, assert
hacerse
  garante de - to become surety for
  rico - to get rich
hacienda - treasury, finance, property, wealth, landed estate, works, plant, stock farm, cattle ranch, cattle, livestock
  particular - private property
  pública - public treasury, government finance, public property, national economy
  social - property of a partnership or corporation
hágase saber - let it be known, know all men
hampón - gangster
hecho - fact, act, deed, event, done, made
  ajeno - res inter alios acta, act of another
  contrario a la ley - done in violation of law
  , de - de facto, in fact
  de enemigos - act of public enemy
  de guerra - act of war
  fabricado - simulated fact
  jurídico - juristic fact
  operante - principal fact
  tangible - physical fact
hechos
  encontrados - findings
  esenciales - essential facts
  evidenciales - evidentiary facts
  influyentes - material facts
  justificativos - evidentiary facts
  pertinentes - material facts
  probados - proved facts
  procesales - incidents of the trial
  sobrevenidos - events after the trial is under way
hegemonía - hegemony
heredable - inheritable
heredad - farm, country property, tenement, estate, homestead

dominante - dominant estate *or* tenement
materna - maternal estate
residual o **residuaria** - residuary estate
sirviente - servient tenement
yacente - inheritance not yet taken over
heredado - heir, inherited, owning landed property
heredamiento - tenement, landed property
heredar - to inherit, to deed property
heredera - heiress
heredero - heir, legatee, inheritor
absoluto o **libre** - heir unconditional
adoptivo - heir by adoption
beneficiario - heir beneficiary
colateral - heir collateral
convencional - heir conventional
del remanente - residuary legatee
en expectativa - heir expectant
en línea recta - lineal heir
fideicomisario - fideicommissary heir
fiduciario - fiduciary heir
forzoso - heir entitled by law to a fixed portion of the estate, heir apparent, forced heir
instituido - heir testamentary
legal - heir at law, legal heir
legítimo - heir at law, forced heir
necesario - forced heir
particular - legatee
por consanguinidad - heir of the blood
por estirpe - heir per stirpes
póstumo - posthumous heir
presunto - heir presumptive
pretérito - legal heir omitted from will
substituto - heir substitute
testamentario - heir testamentary
único - sole heir
universal - residuary legatee, universal heir
voluntario - heir testamentary
hereditable - inheritable
hereditario - hereditary
herencia - inheritance, legacy, hereditaments, estate, heredity
conjunta - coparcenary, parcenary
vacante - estate of a deceased person without known heirs *or* none that are competent, unclaimed estate
yacente - undivided estate *or* one which the heir has not yet taken over, unsettled estate
herencial - concerning a legacy
herida - physical injury
hermenéutica legal - legal hermeneutics
higiene pública - public health
hija - daughter
hijo - son, child, junior
adoptivo - adopted child
adulterino - adulterine bastard, illegitimate child at least one of whose parents was married
bastardo o **espurio** - illegitimate child
de bendición - legitimate child
de crianza - adopted child
de la cuna - foundling
de ganancia - illegitimate child
de la piedra - foundling
ilegítimo - illegitimate child
legitimado - legitimated child
legítimo - legitimate child
natural - natural child, child born of unmarried parents who were free to marry
natural reconocido - recognized natural child
póstumo - posthumous child
hijuela - one of the portions formed in dividing an estate, document stating portions formed in the division
hijuelar - to divide an estate
hipomania - hypomania, mild insanity
hipoteca - mortgage, hypothecation
a la gruesa - bottomry bond
abierta - open-end mortgage
cerrada - closed mortgage
colectiva - blanket mortgage
convencional - conventional mortgage
de bienes muebles - chattel mortgage
de inquilinato - leasehold mortgage
en derecho consuetudinario - common-law mortgage
en primer grado - first mortgage
en primer lugar - first mortgage
en segundo grado - second mortgage
equitativa - constructive mortgage
fiduciaria - trust mortgage
general - general *or* blanket mortgage
indeterminada - open-end mortgage
legal - legal mortgage, statutory mortgage lien
moratoria - mortgage subject to special legislation regarding liquidation and rate of interest
naval - mortgage on a vessel

posterior o **secundaria** - junior *or* second mortgage
prendaria - chattel mortgage
refundente o **de reintegración** - refunding mortgage
superior o **precedente** - underlying *or* prior mortgage
voluntaria - conventional mortgage
hipotecable - mortgageable
hipotecante - mortgagor, hypothecator
hipotecar - to mortgage, hypothecate, bond, pledge
hipotecario - mortgagee, hypothecary, mortgage
hipótesis - hypothesis
hipotético - hypothetical
historial - record, history, antecedents, data
hoc loco - hoc loco, in this place
hogar - homestead, home
seguro - a homestead right secured by law
hoja sellada o **timbrada** - sheet of stamped paper
hológrafo - holograph, holographic
hombre bueno - arbitrator, referee
homicida - murderer, homicidal
homicidio - homicide
accidental o **involuntario** - homicide by misadventure, involuntary manslaughter
culposo - felonious homicide
imperfecto - homicidal attempt
impremeditado - murder in the second degree
inculpable - justifiable homicide
por negligencia - negligent homicide
premeditado - murder in the first degree
preterintencional - excusable homicide
voluntario o **por culpa** - culpable *or* felonious homicide, voluntary manslaughter
homologación - homologation, approval, confirmation
homologar - to homologate, confirm, ratify, allow
homologatorio - approving, confirming
honestidad - honesty
honesto - honest, fair, just, chaste
honorabilidad - good repute
honorable - reputable, honorable, reliable
honorario - fee, honorarium, honorary
condicional - contingent fee
definido o **fijo** - fixed fee
facultativo - professional fee
honorarios de los directores - directors' fees
honradez - honesty, integrity
honrado - honest, honorable, reputable, honored
honrar - to honor, meet, pay
horario de trabajo - work schedule
horas de oficina - business hours
horas extraordinarias - overtime
hospitalización - hospitalization
hostil - hostile
hostilidades - hostilities
huelga - strike
de brazos caídos - unauthorized strike, sit-down strike
de brazos cruzados - sit-down strike
de solidaridad - sympathetic strike
general - general strike
ilegal - illegal strike
intergremial - jurisdictional strike
pasiva o **de ocupación** - sit-down strike
patronal - lock-out
huelgas, motines, y disturbios civiles - strikes, riots and civil commotions
huellas digitales - fingerprints
huérfano, huérfana - orphan
huída de capitales - flight of capital
hurtador - thief
hurtar - to rob, steal, to plagiarize
hurtarse - to abscond
hurto - robbery, larceny, theft, stealing, burglary, pilferage
con circunstancias agravantes - compound *or* aggravated larceny
en derecho consuetudinario - common-law larceny
implícito - constructive larceny
mayor - grand larceny
menor - petty larceny
mixto o **complicado** - mixed *or* compound *or* aggravated larceny
sencillo - simple larceny

Notes

I

id est - id est, that is
ídem - idem, the same
identidad - identity
del litigio - identity of causes of action
de las partes - identity of parties
identificación - identification
identificar - to identify
idiotez - idiocy
idoneidad - competence, genuineness
idóneo - competent, qualified, genuine
ignorado - unknown
ignorancia - ignorance
culpable - culpable ignorance
de las leyes no sirve de excusa - ignorance of the law is no excuse
esencial - essential ignorance
involuntaria - involuntary ignorance
no esencial - nonessential ignorance
no excusa de cumplir la ley - ignorance of the law is no excuse
ignorantia facti excusat - ignorantia facti excusat, ignorance of fact is a ground of relief
ignorantia non excusat legem - ignorantia juris non excusat, ignorance of the law is no excuse
iguala - fee, retainer, agreement, contract for services
igualar - to equalize, to adjust, to be equal, to retain by yearly fee
igualdad - equality, equation
ante la ley o **frente a la ley** - equal protection of law
igualitario - equitable
ilegal - illegal, unlawful
ilegalidad - illegality, unlawfulness
ilegitimidad - illegitimacy, illegality
ilegítimo - illegitimate, illegal, unlawful
ilícito - illicit, unlawful
ilicitud - illegality
ilíquido - unliquidated, illiquid
imbecilidad - imbecility
imitación - imitation
imitado - false, bogus, spurious
impagable - not payable, unpayable
impago, impagado - unpaid
imparcial - impartial, fair
impedido - disabled, disqualified
impedimento - encumbrance, opposition, handicap, impediment, hindrance, estoppel, disability
absoluto - absolute impediment
de escritura - estopped by deed
de registro público - estoppel by record
dirimente - condition that annuls a marriage, diriment impediment
impediente - prohibitive impediment, condition that makes a marriage illegal
judicial - judicial estoppel
legal - legal impediment
por hechos externos - estoppel in pais *or* by conduct
por registro público - estoppel by record *or* by judgment
por tergiversación - estoppel by representation
promisorio - promissory estoppel
relativo - relative impediment
técnico - technical *or* legal estoppel
impedir - to hinder, prevent, to estop
impeditivo - impeding, impeditive
impensas - costs
imperativo legal - legal requirement
imperdonable - irremissible
imperfecto - faulty, defective
impericia - lack of expertise, inexperience
imperio - judicial authority, jurisdiction, imperium
imperitia culpae adnumeratur - want of skill is considered negligence, imperitia culpae adnumeratur
impersonal - impersonal
impertinencia - irrelevancy
impertinente - impertinent, irrelevant
impetración - impetration
impignorable - not pledgeable
implantar - to introduce, establish, set up
implicar - to implicate, involve
implícito - implicit, constructive, tacit
imponedor - assessor
imponente - investor, contributor, depositor
imponer - to assess, levy, impose, to invest, to deposit, to inform, advise
contribuciones o **impuestos** - to levy *or* impose taxes
una multa - to impose a fine
imponibilidad - taxability
imponible - taxable, assessable, dutiable, excisable, leviable
importante - material, important
importunar - to dun, demand payment

imposibilidad - impossibility, disability
material - physical impossibility
moral - relative impossibility
imposibilitar - to make impossible, to disable
imposible - impossible
imposición - tax, taxation, assessment, contribution, deposit
de ahorro - deposit in savings account
de costas - taxation of costs
del patrimonio - capital levy
de la renta - income tax
fiscal - federal tax
progresiva - progressive taxation
real - property tax
sobre capitales - capital tax
impositivas - taxes
impositivo - relating to taxation
impostergable - not postponable
impostura - calumny, libel, imposture, false pretense
impotencia - impotence
impotentia excusat legem - impotentia excusat legem, impossibility of doing excuses from performance
impremeditación - unpremeditation
impremeditado - not premeditated, unpremeditated
imprescindible - essential, indispensable
imprescriptible - imprescriptible
impresión digital - fingerprint
imprevisible - unforeseen, contingent
imprevisión - lack of foresight
imprevisto - unforeseen, casual
imprevistos - contingencies
imprimátur - imprimatur
improbación - disapproval, rejection, nonapproval
improbar - to reject, disapprove
improbidad - dishonesty
ímprobo - dishonest, corrupt
improcedencia - illegality
improcedente - contrary to law
improrrogable - not extendible, not postponable
imprudencia - negligence
concurrente - concurrent *or* contributory negligence
criminal - criminal negligence
culpable - culpable negligence
profesional - malpractice
simple - ordinary *or* slight negligence
temeraria - wanton *or* hazardous *or* gross negligence
imprudente - careless, negligent, imprudent, indiscreet
impúber - below the age of puberty
impuesto - tax, assessment, impost
a los beneficios extraordinarios - excess-profits tax
al consumo - excise *or* consumption tax
a la estiba - stevedore tax
a las ganancias eventuales - tax on occasional income such as capital gains, lottery prizes, gambling
a las herencias - inheritance tax
a la renta o **a los réditos** o **a las útilidades** - income tax
a las transacciones - excise tax
a la venta - sales tax
adicional - surtax
aduanal - customs duties
alcabalatorio - excise tax
arancelario - customs duties
básico - normal tax
complementario - surtax
de ausentismo - absentee tax
de capitación - poll tax
de derechos reales - tax on transfer of real estate
de estampillado o **de timbres** o **de sellos** - stamp tax
de explotación - royalty, exploitation tax
de herencias - inheritance tax
de inmuebles - real-estate tax
de internación - import tax *or* duty
de justicia - stamp tax on legal proceedings
de legado - inheritance *or* legacy tax
de mejora - assessment for improvements
de patente o **de privilegio** - franchise tax
de patrimonio - capital tax, inheritance tax
de plusvalía - municipal tax on increased value of real estate, property-increment tax
de ruedo - automobile tax
de soltería - tax on bachelors
de superposición - surtax
de testamentaría o **de sucesión** - estate tax
de timbres - stamp tax
de tonelaje - tonnage dues *or* duty

de transferencia - transfer tax
de valorización - assessment on real estate for local improvements
electoral - poll tax
estatal - state tax
fiscal - national tax
hereditario - inheritance tax
hipotecario - tax on mortgages
indirecto - indirect *or* excise tax
individual sobre la renta - individual income tax
inmobiliario - real-estate tax
normal - normal tax
para previsión social - social-security tax
patrimonial - capital tax
por cabeza - head tax, capitation
portuario - port duties *or* charges
predial - real-estate tax
pro defensa nacional - national defense tax
real - property tax
sobre beneficios - profits tax
sobre beneficio extraordinario- excess-profits tax
sobre bienes - property tax
sobre capital declarado - capital-stock tax
sobre compraventa - sales tax
sobre concesiones - franchise tax
sobre diversiones - amusement tax
sobre donaciones - gift tax
sobre los edificios - tax on buildings
sobre elaboración - processing tax
sobre entradas o **sobre espectáculos** - admissions tax
sobre exceso de ganancias - excess-profits tax
sobre extracción - severance tax
sobre franquicias - franchise tax
sobre ganancias por negocios de capital - capital-gains tax
sobre incremento del patrimonio - capital-gains tax
sobre incremento de valor - property-increment tax
sobre el ingreso - income tax
sobre ingresos de sociedades - corporation income tax
sobre ingresos individuales - individual income tax
sobre el lujo - luxury tax
sobre planillas de pago - payroll tax
sobre producción - production tax
sobre la renta corporativa - corporation income tax
sobre riqueza mueble - personal-property tax
sobre las sociedades - corporation tax
sobre los sueldos elevados - tax on higher salaries
sobre superprovecho - excess-profits tax
sobre transferencias o **transmisiones** - transfer tax
sobre utilidades excedentes - excess-profits tax
sobre ventas - sales tax, excise tax
sucedáneo - supplementary tax
sucesorio o **de sucesión** - estate *or* inheritance tax, succession duty
suntuario - luxury tax
territorial o **terrestre** - land tax
único - single tax

impuestos
de rentas internas - excise *or* internal revenue taxes
nacionales - federal taxes
retenidos - taxes withheld

impugnabilidad - exceptionableness, legal vulnerability
impugnable - exceptionable, legally vulnerable
impugnación - objection, exception, refutation, contradiction, impugning, legal attack
impugnador, impugnante - objector
impugnar - to oppose, object, dispute, take exception, impugn, to attack as a nullity
por nulidad - to make a peremptory exception
un testamento - to contest a will
impugnativo - objecting, impugning, disputing
impugnatorio - objecting, impugning
impulso - impulse
de parte - instance of one party to the action
procesal - expediting a court action
impunidad - impunity
imputable - imputable, chargeable
imputación - charge, accusation
imputar - to impute, to credit on account
in
absentia - in absentia, in absence

articulo mortis - in articulo mortis, at the point of death
capita - in capita, per capita, by heads
diem - in diem, for a day
extenso - in extenso, from beginning to end
extremis - in extremis, in the last illness
fraganti - in the very act
jure - in jure, according to law
pari causa - in pari causa, in an equal cause
personam - in personam, with reference to a person
rem - in rem, with reference to property
solidum - in solidum, joint and several
statu quo - in statu quo, in the condition in which it was
stirpes - in stirpes, per stirpes
terminis - in terminis, in express terms, definitely
inabrogable - indefeasable, not annullable
inacción - omission, inaction
inaceptable - unacceptable
inaceptado - not accepted
inactuable - not actionable
inacumulable - noncumulative
inadmisible - inadmissible, incompetent
inadmisión - nonadmission, rejection
inafectable - that cannot be encumbered
inajenable - inalienable
inalienable - inalienable
inamovible - not removable from office
inapelable - unappealable
inaplazable - not postponable
inaplicable - irrelevant
inasistencia - nonattendance, absence
inasistente - not present
inatacable - incontestable, inattackable, irrefutable
incaducable - nonforfeitable
incapacidad - incompetence, incapacity, disability
absoluta permanente - permanent total disability
física - physical disability
jurídica o **legal** - lack of legal capacity
laborativa - disability
mental - mental incapacity
parcial - partial disability
particular - personal disability
perpetua - permanent disability
relativa - partial disability
total - total disability *or* incapacity
transitoria - temporary disability
incapacitado - disabled, legally incompetent, disqualified
incapacitarse - to become disabled
incapaz - not qualified, incompetent, incapable
incautación - attachment, seizure, levy
incautar - to impound, attach, to confiscate, expropriate
incendiar - to set fire to
incendiario - incendiary, arsonist, incendiary
incendiarismo - arson
incendio - fire, hostile *or* unfriendly fire
malicioso o **doloso** o **intencional** o **premeditado** - arson, incendiarism
incesto - incest
incestuoso - incestuous
incidencia - burden, tax, charge, assessment, incident, consequence, incidents *or* events of a trial
del impuesto - incidence of taxation
incidental - incidental
incidente - incident, occurrence, case, incidental
de nulidad - motion for dismissal
de oposición - exception
incidentes de previo - questions to be settled before trial can proceed
incipiente - inchoate, incipient
inciso - paragraph, subsection, clause
incitador - abettor, instigator
incitar - to incite, instigate
incitativa - order from a higher court to insure justice done in a lower court
incluir - to include, to incorporate, to enclose
inclusio unius exclusio alterius - inclusio unius est exclusio alterius, the inclusion of one is the exclusion of another
inclusión - incorporation, inclusion
por referencia - incorporation by reference
incoación - filing suit
incoado - inchoate, filed
incoar pleito - to bring suit
incobrable - uncollectible, irrecoverable, non-collectible
incomparecencia - failure to appear
incompatibilidad - incompatibility, inconsistency
incompatible - inconsistent, contradictory, incompatible

incompetencia - incompetence, incompetency
incompetente - incompetent, disqualified, unfit, unqualified
incomunicación - incommunication
incomunicado - incommunicado
inconcluso - inconclusive
inconcluyente - inconclusive
inconcuso - incontrovertible, incontestable
incondicionado, incondicional - unconditional, absolute
inconducivo - irrelevant, immaterial
inconexo - irrelevant
inconfirmado - unconfirmed
inconforme - dissenting
inconformidad - nonapproval, disagreement, dissent
inconmutable - incommutable
inconsecuente - inconsistent
inconstitucional - unconstitutional
inconstitucionalidad - unconstitutionality
incontestabilidad - incontestability
incontestable - incontestable, nontraversable, indisputable, incontrovertible
incontestación - not answering
incontrovertible - incontrovertible, indisputable
incorporación por referencia - incorporation by reference
incorporador - incorporator
incorporal - incorporeal
incorporar - to incorporate, to merge, absorb, amalgamate
incorpóreo - incorporeal
incorruptible - incorruptible
incosteable - that cannot be financed, the cost of which cannot be met, unprofitable
incriminar - to incriminate
inculpabilidad - innocence
inculpable - innocent, not guilty, not due to negligence
inculpado - accused, defendant
inculpar - to accuse, inculpate, incriminate
inculpatorio - incriminating
incumbencia - duty, obligation
incumbir a - to be the duty of
incumplido - defaulted, unfulfilled
incumplimiento - noncompliance, nonfulfillment, default, nonfeasance, failure of performance
  con anticipación - anticipatory breach of contract
  de condición - breach of contract
  de contrato - breach of contract
  de promesa matrimonial - breach of promise
  de representación - breach of representation
  implícito - constructive breach of contract
incuria - negligence, laches
incurrir - to incur
  en una deuda - to incur a debt
  en mora - to become delinquent on a debt
  en una multa - to incur a penalty
  en responsabilidad - to become liable
incurso - liable
indagación - investigation, inquest, inquiry, request for bids
indagador - investigator, examiner
indagar - to investigate, inquire into
indagatoria - investigation, inquiry, inquest, questioning
  de pesquisidor - coroner's inquest
indagatoriar - to question, examine
indagatorio - investigatory
indebido - undue, illegal, unlawful
indecencia - indecency, obscenity, nuisance
indecente - indecent, obscene
indeciso - inconclusive
indeclinable - undeclinable, unrefusable, unwaivable
indefendible - indefensible
indefensible - indefensible
indefensable - indefensible
indefensión - lack of proper defense, defenselessness
indefenso - without defense
indelegable - that cannot be delegated
indemnidad - indemnity
indemnizable - compensable
indemnización - indemnity, indemnification, compensation
  compensatoria - compensatory damages
  de perjuicios - damages
  de preaviso - indemnity for not having advance notice of discharge
  doble - double damages, double indemnity
  insignificante - nominal damages

justa o **razonable** - adequate compensation
obrera - workmen's compensation
por accidente - accident benefits
por desahucio o **por despido** o **por cesantía** - dismissal *or* severance pay
por enfermedad - sick benefits
por muerte - death benefit
indemnizado - indemnitee
indemnizador - indemnitor
indemnizar - to indemnify, compensate
indemnizatorio - compensating, indemnifying
independiente - independent
inderogable - not cancelable, unrepealable
indeterminado - indeterminate
indicatorio - alternate drawee *or* acceptor, referee in case of need
índice - index
de criminalidad - crime rate
del costo de vida - cost of living index
indiciar - to inform against, to draw conclusions, to cross-index
indicio - indication, sign, clue, presumption, circumstantial evidence
claro o **grave** o **indudable** - absolute *or* conclusive *or* irrebuttable presumption
de prueba - scintilla of evidence
dudoso o **oscuro** o **remoto** - disputable *or* inconclusive *or* rebuttable presumption
leve - light *or* rash presumption
mediano - probable presumption
próximo - relevant presumption
violento o **vehemente** - violent presumption
indicios - indicia, indications
vehementes - circumstantial evidence
indiferente - indifferent, disinterested, unbiased
indignidad - indignity
indigno de confianza - untrustworthy
indiligencia - carelessness, negligence
indirecto - indirect
indispensable - necessary, essential, indispensable
indisputable - incontestable
individual - individual
individuo - individual, indivisible
indivisible - indivisible, entire
indivisión - indivision, entirety
indiviso - undivided
indocumentado - lacking documents, not documented
indubitable - unquestionable, undoubted
indulgencia - forbearance, leniency, clemency
indultar - to pardon, to exempt
indulto - pardon, amnesty, exemption
industria - industry
naciente o **en ciernes** - infant industry
industrial - industrialist, manufacturer, industrial
ineficacia - inefficiency, inefficacy, nullity
jurídica - nullity, invalidity
ineficaz - ineffective, inoperative, invalid
ineficiente - inefficient, invalid
inejecución - failure to execute, nonperformance
inejecutivo - not subject to collection by legal process
inembargable - not attachable
inenajenable - inalienable, not to be sold
inepcia - incompetence
ineptitud - incompetence
inepto - incompetent, unfit, incapable, inadmissible
inequitativo - unfair, inequitable
inequívoco - unequivocal, unambiguous
inescrupuloso - unscrupulous
inestimado - unvalued, not appraised
inevacuable - that cannot be furnished
inevitable - unavoidable, inevitable
inexcusable - obligatory, necessary, inexcusable
inexigible - not demandable
inexistencia - absolute nullity
de hecho - nullity of substance
jurídica - nullity
inexistente - null, void
inexpugnable - indefeasible
infalsificable - forgery-proof
infamación - defamation, slander
infamador - defamer, slanderer
infamante - infamous, defaming
infamatorio - defamatory, slanderous
infame - infamous
infamia - infamy
infanticida - infanticide (criminal)
infanticidio - infanticide (crime)
inferencia - inference, implication
legal - legal conclusion *or* inference
lógica - logical inference
inferior - inferior, lower
inferiorizar - to prejudice, impair

inferir daños y perjuicios - to cause damages
infidelidad - infidelity, unfaithfulness
infidencia - disloyalty, unfaithfulness
infidente - disloyal, unfaithful
infiel - unfaithful, inaccurate
infirmante - infirmative
infirmar - to invalidate, annul
infligir una multa - to impose a fine
influencia - influence
  indebida - undue influence
influenciar - to influence
influyente - influential
información - information, report, brief, investigation, inquiry, inquest
  ad perpetuam - deposition, ad perpetuam rei memoriam, perpetuating testimony
  de crédito - credit report
  de dominio - petitory action
  posesoria - possessory action
  sumaria - summary proceeding
  testimonial - attestation of witnesses
informador - informer, reporter
informal - informal, unbusinesslike, unreliable, informal
informante - one who furnishes information
informar - to report, to brief, to plead, to inform, advise
informarse - to find out
informativo - investigation
informe - report, information, pleading
  al jurado - address to the jury
  crediticio o **de créditio** - credit report
  de auditoría - auditor's report
  en estrados - plea on appeal
  sobre accidente - accident report
infortunio - mishap, misfortune
infortunios del trabajo - occupational injuries
infra - infra, below
infracción - infringement, breach, infraction, violation, contravention
  penal - misdemeanor, felony
infractor - infringer, transgressor, violator, infringing, violating
infractorio - violating
infraestructura - infrastructure
infrapetición - judgment for less than demand
infrascripto - undersigned, subscriber
infrascrito - undersigned, subscriber
infringir - to infringe, violate, breach
infungible - not fungible, not expendible
ingerencia - intervention, interference
ingerencismo - intervention
ingreso - admission, entrance, income
  bruto - gross income
  imponible - taxable income
  neto - net income
  rental - income from investments
  tributable - taxable income
ingresos - revenue, receipts, earnings
  de explotación - operating income
  devengados - earned income, accrued income
  financieros - financial income
  interiores - internal revenue
  tributarios - tax receipts
inhábil - unqualified, incompetent, nonworking
inhabilidad - incompetence, disability, incompetency
inhabilitación - disability, disqualification
inhabilitado - disabled, disqualified
inherente - inherent
inhibición - inhibition, prohibition
inhibirse - to disqualify oneself
inhibitoria - writ of prohibition, restraining order
inhibitorio - inhibitory
inhumanidad - cruelty
iniciar - to initiate, begin
  una acción - to bring action
  el juicio - to open the case
  la sesión - to open court
iniciativa de ley - proposed law
inicuo - unjust, unfair, wrong
inimpugnable - not exceptionable
ininteligible - unintelligible
injuria - damage, injury, wrong, injustice
injuriador - aggressor, offender, tortfeasor
injuriar - to injury, damage, wrong
injurias por escrito - libel
injurias verbales - slander
injurídico - illegal
injurioso - injurious, libelous, slanderous, offensive
injusticia - injustice, hardship
injustificable - unjustifiable
injustificado - unjustified
injusto - unjust
inmaterial - immaterial
inmemorial - immemorial
inmobiliario - real estate

inmoderado - excessive, extortionate, immoderate
inmoral - immoral
inmovilaciones - real property, nonliquid investments
inmuebles - real estate, immovables
inmune - immune, exempt
inmunidad - immunity, exemption
innegociable - nonnegotiable, nontransferable
innominado - not bearing a name, innominate
innovación - innovation
inobservancia - nonobservance, violation
justificable - excusable neglect
inocencia - innocence
inocente - innocent, not guilty
inoficioso - ineffective, inofficious
inoponible - not opposable
inquilinato - leasehold, lease, tenancy
inquilino - tenant, lessee, sharecropper
inquisición - inquisition, inquiry, inquest
insacular - to ballot
insanable - that may not be corrected or overcome
insania - insanity, lunacy
congénita - congenital insanity
idiopática - idiopathic insanity
pelagrosa - pellagrous insanity
puerperal - puerperal insanity
traumática - traumatic insanity
volitiva - volitional insanity
insano - insane
insatisfecho - unsatisfied, unsettled, unpaid
inscribible - recordable, registrable
inscribir - to register, list, book, to record
inscribirse - to enroll, register
inscripción - inscription, registration, record, listing
creadora o **constitutiva** - registration of a new mortgage
de nacimiento - birth record
declarativa o **rectificadora** - registration of new holder of a mortgage
previa - prior record
inscrita o **inscripta como correspondencia de segunda clase** - entered as second class matter
inscrito - of record, recorded
insecuestrable - not seizable
inseparable - not separable
insinuación - insinuation, suggestion
ínsito - inherent
insobornable - unbribable
insoluto - unpaid
insolvencia - insolvency
culpable - bankruptcy due to bad management
notoria - notorious insolvency
insolvente - insolvent, bankrupt
insostenible - untenable, indefensible
inspección - inspection
judicial - production of evidence by physical examination of exhibits either by the judge himself or by someone under his instruction
inspector - inspector
instancia - petition, instance, process, action, filing and prosecution of a suit
de arbitraje - arbitration proceeding
de nulidad - plea in abatement
de oficio - official action
de parte, a - at the request of one party
dilatoria - dilatory plea
perentoria - plea in bar, peremptory plea
única - action in which there is no appeal from judgment rendered
instar - to prosecute
instigación - abetment, instigation
instigador - abettor, instigator
instigar - to abet, incite, instigate
institor - institor, factor
institución - institution, establishment
de derecho privado - private corporation
de fianzas - bonding *or* surety company
fiduciaria o **de fideicomiso** - trust company
hipotecaria - mortgage bank *or* company
penal - penal institution, penitentiary
sobre seguro - insurance company
instituciones nacionales de crédito - government lending institutions
institucional - institutional
instituir - to found, establish
instituta - institutes
instituto - institution
de emisión - bank of issue
financiero - financial institution
instituyente - founder
instrucción - instruction, proceedings
al jurado - instructions to the jury
criminal - criminal proceeding
de causa - preparation of the case

del proceso - hearing of the suit
sumaria - summary proceeding
instructivo - court order, rules, instructions, instructive, accusing, indicting
instructor - instructor, government attorney
instruir - to instruct, to inform, advise, to draw up, put in legal form
de cargos - to arraign
un expediente - to make up the file on a case
sumario - to draw up an indictment
instrumental - equipment, instruments, pertaining to legal instruments
instrumentar - to formalize, legalize
instrumento - instrument, document
al portador - bearer instrument
constitutivo - charter, incorporation papers
de deber - evidence of indebtedness
de título - document of title
de venta - bill of sale
negociable - negotiable instrument
privado - document not officially recorded
público - document recorded with official notary, notarial deed
instrumentos
de crédito - credit instruments
liberatorios - circulating medium
negociables - commercial paper, negotiable instruments
insubsanable - that may not be corrected or overcome
insubsistente - baseless, without justification
insuficiencia - insufficiency
de la prueba - lack of proof
evidente - gross inadequacy
insuficiente - insufficient, inadequate
intachable - unimpeachable
intangible - intangible, not subject to seizure
intangibles - intangibles
integración - integration, payment
integrantes - members, partners
integrar - to integrate, to fill, complete, to reimburse, pay
intempestivamente - without due notice, inopportunely
intención - intention, intent, purpose
criminal - criminal intent
legislativa - legislative intent
intencional - intentional
intencionalidad - premeditation
intencionalmente - intentionally, advisedly, with premeditation
intendencia - headquarters, administration, intendency
de policía - police headquarters
de la provincia - office of the provincial government
municipal - city hall, mayor's office
intendente - intendant, governor of a state *or* province, mayor, commissioner, manager, superintendant
de liquidación - trustee in bankruptcy
de policía - chief of police
intentar - to attempt, to intend, to bring suit
contrademanda - to file a counterclaim
demanda - to bring suit
intento - intent, purpose
, de - knowingly
inter vivos - inter vivos, between the living
intercorporativo - intercorporate
interdecir - to interdict, to enjoin
interdicción - interdiction, prohibition, restraint, quarantine
interdictal - concerning injunction *or* interdiction
interdicto - interdict, interdiction, injunction, prohibition, restraining order, person subject to interdiction
de despojo - writ of possession
de obra nueva - prohibitory interdict against new construction
de obra vieja o **de obra ruinosa** - injunction against maintaining a dangerous building
de retener - restraining order
definitivo - final injunction
exhibitorio - exhibitory interdict
mandatario - mandatory injunction
permanente - permanent injunction
posesorio - writ of possession
preventivo - preventive injunction
prohibitorio - prohibitory interdict, injunction
provisorio - provisional *or* preliminary *or* temporary injunction
interés - interest
adverso - adverse interest
asegurable - insurable interest
autónomo - direct personal interest
beneficioso - beneficial interest
compuesto - compound interest
común - joint interest

convencional - conventional interest
de, en - on behalf of, in the interest of
de gracias o **de demora** - interest charged for delayed payment
de plaza - current rate of interest
dominante - controlling interest
inmediato - immediate interest
instrumental - interest of one acting for another
mayoritario - majority interest
mediato - mediate *or* indirect interest
minoritario - minority interest
moratorio - interest for delayed payment, penal interst
neto o **puro** - net *or* pure interest
penal o **punitorio** - penal interest
procesal - interest in a court proceeding
público - the public interest
interés-dividendo - interest-divided
intereses
accionarios - interest *or* dividends on capital stock
atrasados - arrears of interest
creados - vested interests
de mora - interest for delayed payment
demorados - arrears of interest
legales - legal interest
retrasados - arrears of interest
usurarios - usurious interest
interesado - interested party, party in interest
interesarse - to be interested
interestatal, interestadal, interestadual - interstate
interfecto - victim of murder, murdered
interinidad, en - ad interim, provisional, acting
interino - provisional, acting, pro tempore, ad interim
interior - national, domestic, internal
interlinear - to interline
interlocución - interlocutory decree
interlocutoria - interlocutory decree
interlocutorio - interlocutory
intérlope - fraudulent
intermediario - middleman, intermediary
intermedio - mesne, intermediate
interpelación - summons, citation, interpellation
interpelado - person on whom demand is made for payment of a draft
interpelar - to question, examine, to summon
interponer - to interpose, intervene, to mediate, to present
demanda contenciosa - to bring suit
excepción - to file an exception
recurso de apelación - to file an appeal
interposición - intervention, mediation, interference
interpósita persona - intermediary, agent
interpretación - interpretation
auténtica - authentic interpretation
declarativa - close interpretation
doctrinal - doctrinal interpretation
extensiva - liberal *or* extensive interpretation
gramatical - grammatical interpretation
judicial - legal interpretation
legislativa - authentic interpretation
literal - literal interpretation
lógica - logical interpretation
privada - doctrinal interpretation
razonable - reasonable interpretation
restrictiva - limited *or* restricted interpretation
restringida - close interpretation
técnica - technical interpretation
usual - customary *or* usual interpretation
interpretativo - interpretative
intérprete - interpreter, commentator
interrogador - questioner
interrogante - questioner, interrogating, questioning
interrogativo - interrogatory
interrogatorio - interrogatory, examination
cruzado - cross examination
directo - direct examination
interrogatorios - interrogatories
interrupción - interruption
de la prescripción - interrupting the statute of limitations
del proceso - stay of proceedings
interruptivo - staying, interrupting
intervención - auditing, intervention
adhesiva - intervention to join one of the parties
bajo protesto - supraprotest
forzosa o **necesaria** - compulsory intervention
principal - intervention with an independent claim
voluntaria - voluntary intervention
intervenir - to audit, to control, to supervise, to inspect, to intervene, to mediate
en juicio - to join in an action

judicialmente - to attach, levy on
el pago - to stop payment
interventor - auditor, controller, inspector, supervisor, referee, intervener, interventor, special endorser, conservator
de averías - average surveyor
de concurso - official similar to referee but appointed by creditors
por honor - acceptor supraprotest
interventoría - office of an interventor
interviniente - intervener
intestado - intestate, estate of an intestate
intimación - notification, intimation
a la persona - personal demand
de pago - demand for payment
intimar - to suggest, indicate, intimate, to notify
el pago - to demand payment
intimatorio - giving notice
intimidación - intimidation
intimidar - to intimidate
intraestatal - intrastate
intransferible - not transferable, unassignable, not negotiable
intransmisible - not transferable
intraspasable - not transferable
intrusarse - to encroach
intrusión - encroachment, intrusion
intruso - intruder
inutilidad - uselessness
física - physical disability
invalidación - voidance, nullification, avoidance
invalidar - to nullify, invalidate, void, annul, quash, avoid
invalidarse - to become disabled
invalidez - disability, invalidity
absoluta o **total** - total disability
definitiva - permanent disability
relativa o **parcial** - partial disability
transitoria o **provisoria** - temporary disability
inválido - null, void, invalid, disabled, sick
invasión - invasion
de derechos - infringement of rights
invención - invention
inventariar - to inventory
inventario - inventory, list of all assets and liabilities of which the balance sheet is a summary
constante - perpetual inventory
en libros - book inventory, perpetual inventory
extracontable - physical inventory
físico - physical inventory
general - balance sheet
instantáneo - perpetual inventory
intracontable - perpetual *or* book inventory
perpetuo o **continuo** - perpetual inventory
real - physicial inventory
simple - inventory of the estate of a decedent without formality
solemne - inventory of an estate certified by notary or court clerk
inventario-balance - schedule of all assets and liabilities
invento - invention
inventor - inventor
inversión - investment, outlay, expenditure
dominante - controlling interest
legal - legal investment
neta - net investment
reproductiva - productive investment
inversionista - investor
inversor - investor
invertir - to invest, to spend
investigación de título - title search
investir - to vest, invest, confer
inviolable - inviolable
invocar - to invoke
involuntario - involuntary
ipso
facto - ipso facto, by the mere fact
jure - ipso jure, by the law itself
ir a la quiebra - to go into bankruptcy
irrazonable - unreasonable
irrecuperable - irrecoverable, uncollectible, irretrievable
irrecurrible - not appealable
irrecusable - unchallengeable, unimpeachable, irrecusable
irredimible - irredeemable
irrefragable - irrefutable
irrefutable - irrefutable
irregular - irregular, not legally correct
irregularidad - irregularity
irreivindicable - not recoverable
irreivindicación - nonrecovery
irrelevante - irrelevant
irremediable - inevitable, that cannot be remedied
irremisible - irremissible, unpardonable
irrenovable - not renewable
irrentable - unproductive

irrenunciable - that may not be waived, nontransferable
irreparable - irreparable, irretrievable
irresponsabilidad - irresponsibility
irresponsable - irresponsible, not liable
irretroactivo - not retroactive
irreversible - not reversible
irrevisable - not revisable, not reviewable
irrevocable - irrevocable, indefeasible
irritable - voidable
irritar - to annul
írrito - invalid, void
irrogar - to cause, occasion
  gastos - to incur expense
  perjuicio - to cause damages
ítem - item, clause, article
ius distrahendi - jus distrahendi, right of sale of goods pledged in case of nonpayment

Notes

J

jactancia - jactitation
jefatura - headquarters, the chief executives, division, department
  de policía - police headquarters
  de rentas - internal revenue department
jefe - chief, head, boss
  de familia - head of a family
  de rentas - collector of internal revenue
  ejecutivo - chief executive
  político - Central American police official, formerly in Mexico right-hand man of state governor
jornada - day's work, day's wages, session of the stock exchange
juanillo - bribe, graft, kickback
jubilación - retirement, pensioning, pension, (**jubilación** properly refers to the pension of a retired worker and **pensión** to the annuity of his widow or orphans)
  de vejez o **por ancianidad** - old-age pension
  por invalidez - retirement for disability
jubilado, jubilada - pensioner
  por antigüdad - service pensioner
  por vejez - pensioner for age
jubilar - to pension, retire
jubilarse - to retire on a pension
judicatura - judicature, judgeship, court
  del trabajo - labor court
judicial - judicial, juridical
judiciario - judiciary, judicial
juego - gambling
juez - judge
  a quo - judge from whom appeal is taken, lower-court judge
  ad quem - judge to whom appeal is taken
  administrativo - judge of an administrative court
  apartado - judge specially appointed to hear certain cases
  arbitrador - umpire, arbitrator
  asociado - associate justice
  avenidor o **de avenencia** - arbitrator
  cantonal - judge of a local or district court
  civil - judge of a civil court
  competente - judge having jurisdiction
  compromisario - arbitrator
  correccional - judge of a correctional court
  de aduanas - judge of a customs court
  de alzadas - judge of an appeals court
  de apelación - judge to whom appeal is taken
  de la causa - trial judge
  de circuito - circuit judge
  de lo civil - judge of a civil court
  de comercio - judge who hears cases under the commercial code
  de comisión - judge especially appointed to hear certain cases
  de competencia - judge who decides a conflict of jurisdiction
  del conocimiento - presiding judge
  de lo criminal - judge of a criminal court
  de derecho - judge who considers only questions of law
  de distrito - district judge
  de fondo - trial judge
  de hecho - lay judge, juryman
  de instrucción - trial judge
  de paz - justice of the peace, magistrate
  de policía - police judge *or* justice *or* magistrate
  de primera instancia - judge of the first instance
  de quiebra - referee in bankruptcy
  del trabajo - judge of a labor court
  de turno - judge whose turn it is to sit
  en propiedad - permanent judge
  especial o **extraordinario** - judge specially appointed to hear one case
  exhortado - judge receiving letters rogatory
  exhortante - judge issuing letters rogatory
  inferior - judge of a lower court
  instructor - trial judge
  interino - judge pro tempore
  lego - lay judge
  letrado o **de letras** - judge who is a member of the bar
  menor - justice of the peace
  mixto - judge who tries both civil and criminal cases
  municipal - judge of a municipal court
  nocturno - judge of night court
  ordinario - judge ordinary
  parroquial - judge of a parish court
  penal - judge of a criminal court

ponente - judge who delivers the opinion of the court
popular - lay judge, magistrate
presidente - presiding judge, chief justice
primero - chief justice
privativo - special judge
promiscuo - judge who tries both civil and criminal cases
provincial - judge of a provincial court
superior - judge of a superior court, supreme court justice
tercero - umpire, arbitrator

jueces
de conciencia - jurors
de hecho - jury
populares o **del pueblo** - jury (usually three)

juicio - judgment, wisdom, sanity, reason, decision, judgment, proceeding, trial, lawsuit, action, process, opinion, jurisdiction
administrativo - suit against the government
adversario - contested *or* adversary proceeding *or* suit
ante jurado - trial by jury
arbitral o **de árbitros** o **de tercería** - arbitration award, arbitration proceedings
atractivo - bankruptcy proceeding designed to absorb all pending actions against the debtor
cautelar - suit for provisional remedy
civil - civil suit
coactivo - compulsory process
colectivo - joint suit
contencioso - lawsuit, contested trial
contradictorio - contested proceeding, interpleader proceeding
convenido - amicable action
criminal - criminal trial
de alimentos - suit for alimony
de amparo - action *or* proceeding for relief, writ of relief, constitutional provision peculiar to Mexico which resembles United States writs of prohibition, certiorari, injunction, and habeas corpus
de apelación - appeal proceedings
de apremio - suit for collection of a debt of record
de avenencia - arbitration proceedings
de cognición - declaratory proceeding
de conciliación - conciliation proceedings
de concordato - plan for handling the estate of a bankrupt
de concurso - bankruptcy proceedings
de condena - prosecution
de consignación - action of a debtor to have judicial deposit ordered
de convocatoria - action for calling a creditors' meeting
de desahucio o **de desalojo** - dispossess proceedings, action of unlawful detainer, eviction proceedings
de divorcio - divorce suit
de embargo - attachment proceeding
de enajenación forzosa - condemnation proceeding
de estimación - appraisal proceedings
de exequátur - proceeding to determine enforceabilityof a foreign judgment
de faltas - police-court action in minor offenses
de inquisición - inquest
de insolvencia - bankruptcy proceedings
de jactancia - action in jactitation
de lanzamiento - dispossess proceedings
de mayor cuantía - suit for more than a limiting amount
de menor cuantía - suit for less than a limiting amount
de mensura, deslinde, y amojonamiento - action to determine and mark a property line
de novo - new trial
de nulidad - proceeding for annulment
de quiebra - action to handle the affairs of a bankrupt
de rehabilitación - action for discharge
de residencia - impeachment proceedings
de responsabilidad - suit for damages
de retracto - action under equity of redemption
de trabajo - action under labor laws
declaratorio o **declarativo** - declaratory judgment, declaratory action
divisorio - suit for partition of property
doble - friendly suit
ejecutivo o **de ejecución** - levy, executory process

en los méritos - trial on merits
en rebeldía - action for contempt of court in not appearing to answer a summons, action in default
escrito - proceeding on documentary evidence
extraordinario - summary proceeding, extrajudicial proceeding
general - action on behalfof all creditors or all heirs
hipotecario - foreclosure of a mortgage
intestado - proceeding for settling the estate of an intestate
laboral - action under labor laws
mortuario - proceedings for settling the estate of a decedent
nulo - mistrial
oral - oral proceeding, presenting evidence in a criminal prosecution
ordinario - plenary suit
penal - criminal action
pericial - expert opinion
petitorio - petitory action
plenario - plenary suit
plenario de posesión - possessory action
por jurado - jury trial
por tribunal de derecho - trial without a jury
posesorio - possessory action
preservativo - suit for provisional remedy
reivindicatorio - action for replevin *or* for recovery
secundario - ancillary suit
singular - proceeding on behalf of a singular successor
sucesorio o **de sucesión** - proceeding for settling the estate of a decedent
sumario - summary proceeding
sumarísimo - summary proceeding for prompt decision
testamentario - probate proceeding
universal - action on behalf of all creditors or all heirs
verbal - hearing, verbal argument

juicios acumulados - joinder, consolidated actions

junta - commission, council, board, meeting, session
arbitral - arbitration board
asesora - consulting board
consultiva - consulting board
de accionistas - stockholders' meeting
de acreedores - creditors' meeting
de amillaramiento - board of assessors
de amnistías - board of pardons
de apelación de impuestos - board of tax appeals
de arbitraje - arbitration board
de comercio - board of trade
de conciliación - conciliation board
de control de cambios - exchange-control board
de dirección - board of governors
de directores - board of directors
de gobierno - board of governors *or* directors
de igualamiento - board of equalization
de libertad bajo palabra - parole board
de patronos - board of trustees
de retiro - pension board
de revisión - board of equalization *or* of review, board of audit
de síndicos - board of trustees
directiva - board of directors
electoral o **de elecciones** - board of elections
escrutidora - board of elections
extraordinaria - special meeting
general ordinaria - regular stockholders' meeting
marítima - shipping conference
planificadora o **de planificación** - planning board
revisadorada avalúos - board of review *or* of equalization
sindical - board of governors *or* of trustees

Junta
Americana de Aceptaciones - American Acceptance Council
de Estabilización de Salarios o **de Jornales** - Wage Stabilization Board
de Estabilización de Sueldos - Salary Stabilization Board
de la Reserva Federal - Federal Reserve Board
de Salario Mínimo - Minimum Wage Board
Nacional de Relaciones del Trabajo - National Labor Relations Board

jura - taking an oath

jurada - jurywoman

jurado - jury, juror, juryman, sworn
de acusación - grand jury

de conciencia - trial jury in criminal cases (usually three jurors)
de juicio - petty *or* trial jury, petty juror
de pesquisidor - coroner's jury
de votación - board of elections, tellers
especial - special jury
, gran - grand jury
ordinario - common jury
popular - trial jury
procesal - petty jury
subrogante - alternate juror
suplente - talesman, alternate juror
juraduría - jury service
juramentar - to swear, swear in
juramentarse - to take an oath
juramento - oath, swearing
afirmativo - assertory oath
asertórico - assertory oath
asertorio - assertory oath
, bajo - under oath
condicional - limited *or* qualified oath
de cargo - oath of office, official oath
de decir verdad - oath of a witness
de fidelidad - oath of allegiance, oath of office
de la mancuadra - oath of calumny
decisorio - decisory *or* decisive oath
estimatorio - sworn appraisal
extrajudicial - extrajudicial oath
falso - perjury, false oath
indecisorio o **indeferido** - oath referring to only a part of the case
judicial o **legal** - judicial oath
necesario - suppletory oath
político - oath of office, official oath
promisorio - promissory oath
purgatorio - purgatory oath
solemne - solemn *or* corporal oath
supletorio - suppletory oath
voluntario - voluntary oath
jurar - to swear, declare under oath
cargos - to swear the charges
el cargo - to take the oath of office
en falso - to commit perjury
juratorio - juratory
jure et facto - in law and in fact
jurídicamente - legally
juridicidad - legality
jurídico - juridical, legal, jural
jurídico-laboral - concerning labor legislation
juris et de jure - juris et de jure, of law and of right
jurisconsulto - jurist, lawyer, jurisconsult
jurisdicción - jurisdiction, venue, district
acumulativa - concurrent *or* co-ordinate jurisdiction
administrativa - jurisdiction in cases involving administrative law
civil - civil jurisdiction
coactiva - summary jurisdiction
común - ordinary jurisdiction
concurrente - concurrent *or* co-ordinate jurisdiction
contenciosa - contentious jurisdiction
contenciosa-administrativa - jurisdiction for suits under administrative law
coordinada - co-ordinate *or* concurrent jurisdiction
correccional - jurisdiction in petty cases
criminal - criminal jurisdiction
de la equidad - equity jurisdiction
de primera instancia - original jurisdiction
del trabajo - labor jurisdiction
delegada - jurisdiction assigned from one judge to another
disciplinaria - jurisdiction for disciplinary action in the judicial system
en apelación - appellate jurisdiction
en equidad - equity jurisdiction
en primer grado - original jurisdiction
especial - special *or* limited jurisdiction
extraordinaria - special jurisdiction
forzosa - summary jurisdiction
general - general jurisdiction
judicial - jurisdiction of the courts
marítima - admiralty jurisdiction
mercantil - jurisdiction for actions under commercial law
natural - summary jurisdiction
ordinaria - ordinary jurisdiction
original - original jurisdiction
penal - criminal jurisdiction
plenaria - plenary jurisdiction
preventiva - taking of jurisdiction in a case where concurrent jurisdiction exists
privativa - exclusive jurisdiction
privilegiada - special jurisdiction
propia - ordinary jurisdiction
prorrogada - voluntary jurisdiction
sobre la sucesión - probate jurisdiction
sumaria - summary jurisdiction
territorial - territorial jurisdiction
voluntaria - voluntary jurisdiction

jurisdiccional - jurisdictional
jurispericia - jurisprudence
jurisperito - jurist, legal consultant
jurisprudencia - jurisprudence, law, body of laws, court decisions
  administrativa - administrative law
  consuetudinaria - common law
  del derecho-equidad - equity jurisprudence
  de la equidad - equity jurisprudence
  interpretiva - rule that civil actions must be decided on the letter of the law as already interpreted, analytical jurisprudence
  judicial - judge-made law
  mercantil - commercial law
  procesal - law of procedure
  sentada - established judicial precedent
  substantiva - substantive law
jurisprudencial - legal
jurista - jurist, lawyer
jury - jury
jus - right, law, justice
  gentium - jus gentium, international law
  sanguinis - jus sanguinis, the right of blood
  soli - jus soli, law of the place of birth
justicia - justice, court, jurisdiction, death penalty
  común - common law
  conmutativa - commutative justice
  criminal - criminal jurisdiction
  de paz - court for trial of small civil cases
  del trabajo - labor court
  distributiva - distributive justice
  federal - federal courts
  ordinaria - provincial courts
  retributiva - retributive justice
  sustancial - substantial justice
justicia - judge, justice
  asociado - associate justice
  de paz - justice of the peace
  mayor - chief justice
  ordinario - judge ordinary
justiciable - justiciable
justicial - pertaining to justice
justiciar - to execute
justiciazgo - judgeship, justiceship
justiciero - equitable, just, fair
justificable - justifiable
justificacíon - proof, authentication, verification, justification
justificador - justifier, avowant, warrant
justificante - voucher, proof
justificantes - credentials
justificar - to justify, to prove
justificativo - voucher, verifying, proving
justipreciador - appraiser
justipreciar - to appraise, rate
justiprecio - appraisal
justo - correct, fair, just
juvenil - juvenile
juzgado - court, tribunal, court of law, the judiciary, courtroom, territorial jurisdiction of a court, court of one judge
  consular - consular court
  correccional - correctional court, police court, magistrate's court
  criminal - criminal court
  de aduanas - customs court
  de circuito - circuit court
  de circulación - traffic court
  de lo civil - civil court
  de conciencia - court of equity *or* of chancery
  de distrito - district court
  de guardia - police court
  de instrucción - trial court
  de jurisdicción original - court of first instance *or* of original jurisdiction
  de letras - court of first instance
  de noche - night court
  de paz - office of justice of the peace
  de lo penal - criminal court
  de policía - police court
  de primera instancia - court of first instance
  de relaciones familiares - court of domestic relations
  de sustantación - trial court
  del trabajo - labor court
  en lo criminal - criminal court
  federal - federal court
  instructor - trial court
  mayor - higher court
  menor - lower court
  municipal - municipal *or* police court
  promiscuo - court which tries civil and criminal cases
juzgador - judge, judge of a superior court, judge *or* court that pronounces judgment, trial judge
juzgamiento - trial, judgment
juzgar - to judge, to try a case, to decide a case

K

kártell - cartel

Notes

L

LAB - FOB, free on board
labor - labor
laboratorio forense - laboratory of forensic chemistry
labrar una acta - to draw up a record *or* memorandum
lacrar - to seal with wax
lacre - sealing wax
lacrear - to seal with wax
ladrón - thief, robber, burglar
ladrona - woman thief
ladronerío - series of robberies, gang of thieves
ladronicio - larceny, theft, robbery
laguna - blank space, lacuna, an important omission
lagunas de derecho o **de la ley** - questions not covered by statute law
lámina de deuda - evidence of indebtedness
lanza - swindler, usurer
lanzamiento - dispossession, ouster, eviction
lanzar - to dispossess, evict
lapso - lapse, period of time
  para terminación - contract time
largo plazo - long-term
lastimado - injured
lastimadura - injury
lasto - voucher
latifundio - large landed estate
latifundismo - ownership of land in great estates
lato - liberal
latrocinante - larcenous
latrocinio - theft, robbery, larceny, racketeering
laudar - to award, render a decision
laudemio - laudemium
laudo - award, finding
  arbitral - decision of an arbitrator
leal saber y entender, a mi - to the best of my knowledge and belief
lealtad - loyalty, fidelity, allegiance
  natural o **por nacimiento** - natural *or* implied allegiance
  por naturalización - acquired allegiance
  por residencia - local *or* actual allegiance
lectura de acusación - arraignment
lectura del testamento - reading of the will
legación - legation, embassy
legado - bequest, legacy, devise, representative, deputy
  a título universal - universal legacy
  condicional - conditional bequest, contingent devise
  de bienes raíces - devise
  de cosa cierta o **determinada** - specific bequest
  de cosa indeterminada - indefinite *or* general legacy
  de cosas alternativas - alternate legacy
  demostrativo - demonstrative legacy
  específico - specific bequest *or* devise
  incondicional - absolute bequest
  modal - modal legacy
  remanente - residuary legacy *or* devise
  universal - universal legacy
legajo - bundle of papers, file
  de sentencia - judgment roll
legal - legal, awful
legalidad - legality
legalista - legalistic
legalístico - legalistic
legalizar - to legalize, to execute, to certify, authenticate
legalmente - legally
legar - to bequeath, devise, to depute, delegate
legatario, legataria - legatee, beneficiary, devisee, legatary
  de alimentos - one to whom an allowance is bequeathed
  de bienes raíces - devisee
  residual - residuary legatee
  universal - universal legatee
legislación - legislation
  de fondo - fundamental law
  judicial - judge-made law
  obrera o **de trabajo** - labor laws
legislador - legislator, lawmaker
legislar - to legislate, enact
legislativo - legislative
legislatura - legislature, session of the legislature
  extraordinaria - special session
legisperito - legisperitus, jurisconsult
legista - lawyer, jurisconsult
legítima - legitim, legitime
  defensa - self-defense

legitimación - making legal *or* legitimate, giving legal standing *or* competency
procesal o **para obrar** - competency to sue either as principal or as attorney
legitimar - to legalize, to legitimate
legitimario - one who inherits a legitim
legitimidad - genuineness, legality, legitimacy
legítimo - legitimate, lawful, genuine, authentic
lego - layman
leguleyo - shyster lawyer, pettifogger
leonino - one-sided, unfair
lesión - injury, wound, damage, injury arising from breach of an onerous contract, especially a sale
corporal - bodily injury
de trabajo - occupational injury
enorme - gross violation, heavy damage
jurídica - damage, tort
mortal - fatal injury
no mortal - nonfatal injury
lesionado - injured man
lesionar - to injure, to damage, impair
lesivo - injurious, damaging, prejudicial
letal - lethal
letra - draft, bill, handwriting
, a la - literally
a plazo o **a día fijo** - time bill
a presentación - sight draft
a término - time bill
a la vista - sight draft
aceptada - accepted draft, acceptance bill
bancaria o **de banco** - bank *or* banker's bill *or* draft
cambiaria - bill of exchange
de acomodación - accommodation bill
de cambio domiciliada - domiciled bill of exchange
de cambio extranjera - foreign bill
de crédito - letter of credit, credit instrument
de largo plazo - long *or* long-time bill
de la ley - letter of the statute
de plaza - local draft
de recambio o **de resaca** - redraft
documentada o **documentaria** - documentary draft
financiera - finance bill
limpia - clean bill of exchange
manuscrita - handwriting, longhand
no atendida - dishonored bill
patente - letters patent
perjudicada - bill not presented when due
protestada - protested bill
rechazada - dishonored bill
letras, en - in words
letrado - lawyer, counselor
consultor o **asesor** - legal adviser
criminalista - criminal lawyer
levantar - to raise, lift, to take up, deal with
acta - to write up the minutes, to draw up a memorandum of agreement, to issue a notarial certificate
capital - to procure capital
el embargo - to release the attachment
la garantía - to release the guaranty
la letra - to meet a draft
un pagaré - to pay off a note
un protesto - to prepare a notice of protest
la sesión - to adjourn
lex - law
fori - lex fori, law of the forum
loci contractus - lex loci contractus, law of the place where the contract was made
non scripta - lex non scripta, unwritten *or* common law
rei sitae - lex rei sitae, law of the place
scripta - lex scripta, written law
ley - law, statute, act
adjetiva - adjective law, procedural law
cambiaria - law of negotiable instruments
civil - civil statute, civil law
común - common law
constitucional - corporation charter, constitutional law
del caso - law of the case
del congreso - act of congress
de edificación - building code
de enjuiciamiento civil - code of civil procedure
del foro o **del tribunal** - law of the forum, lex fori
de fraudes - statute of frauds
de hogar seguro - homestead act *or* law
de indemnidad - act of indemnity
de la legislatura - act of the legislature
del lugar - lex loci, law of the place
del lugar del contrato - lex loci contractus, law of the place where the contract was made

del lugar de la cosa - lex rei sitae, law of the place
de póliza valuada - valued-policy law
del precedente - common law
de prescripción - statute of limitations
de procedimientos - procedural law
de quiebras - bankruptcy law
de sociedades - corporation law
del talión - lex talionis, law of retaliation
del timbre - stamp-tax law
del trabajo - labor statute
declaratoria - declaratory statute
escrita - written law
explicativa - expository statute
fiscal - tax law
formal - statute
fundamental - organic *or* constitutional law
hipotecaria - law of mortgages
marcial - martial law
mercantil - commercial code
natural - natural law
negativa - negative statute
no escrita - unwritten law
orgánica - organic law, organic act, constitution, charter
penal - criminal law, penal statute
permanente - perpetual statute
positiva - positive law
procesal - law of procedure
punitiva - punitive statute
real - real statute
reparadora - remedial statute
retroactiva - retroactive law
substantiva - substantive law
suntuaria - sumptuary law

Ley
Internacional sobre Propiedad Intelectual - International Copyright Law
Uniforme de Asociaciones - Uniform Partnership Act
Uniforme de Instrumentos de Crédito Negociables - Uniform Negotiable Instruments Act

ley-decreto - decree law

leyes - laws
clasistas - class legislation
contributivas - tax *or* revenue laws
del país - laws of the land
de previsión - social-insurance laws
de trabajo - labor legislation *or* code
impositivas - tax laws
laborales - labor laws
obreras - labor laws
puritánicas - blue laws
revisadas o **refundidas** - revised statutes
tributarias - tax laws

libelar - to file a complaint, start suit, to libel

libelista - one guilty of libel

libelo - petition, complaint, libel

liberación - release, exoneration, quittance, exemption
aduanera - customs release
condicional - parole
de obligaciones - discharge of obligations

liberar - to free, release, exempt, to discharge, to issue
acciones - to issue stock
de derechos - to exempt from duty
de responsabilidad - to free from liability

liberatorio - releasing, discharging

libertad - liberty, freedom, right
a prueba - probation
bajo fianza - freedom on bail
bajo palabra - parole
caucional - freedom on bail
condicional - parole, probation
contractual o **de contratar** - freedom of contract
de conciencia - liberty of conscience
de cultos - freedom of religion
de desahucio - right to discharge
de empresa - freedom of enterprise
de imprenta - freedom of the press
de los mares - freedom of the seas
de pactar - freedom of contract
de palabra - freedom of speech
de prensa - freedom of the press
de reunión - freedom of assembly
de trabajo - right to work
de tránsito - right of way
provisional - parole, release on bail
religiosa - freedom of religion
sin fianza - freedom without bail
vigilada - parole

libertar - to release, liberate, to exempt, excuse, to acquit

librado - drawee

librador - drawer

libramiento - warrant, order of payment, draft, bill of exchange

librante - drawer

librancista - holder of a draft
libranza - draft, bill, treasury note
librar - to issue, to draw, to release
sentencia - to pronounce judgment
libre - free, exempt
a bordo - free on board, FOB
al costado vapor - FAS vessel, free alongside
de contribución - tax-free
de derechos - duty-free
de gastos - free of charges, without protest
de gravamen - free and clear, free from encumbrance
de impuesto - tax-exempt
libro - book
de actas o **de minutas** - minutes book
de asiento original o **de primera entrada** - book of original entry
de caja - cash receipt book
de derecho - law book
de inventario - inventory book
de inventarios y balances - book required by law containing all inventories and balance sheets
de presentación - journal for recording real-estate mortgages
diario - journal
mayor - ledger
libros - books
de a bordo - ship's papers, books of an airplane
facultativos - books not required by law
obligatorios - books required by law
licencia - license, permit, leave of absence
de alijo - unlading permit
de cambio - exchange permit
de conductor - driver's license
de construcción - building permit
de fabricación - manufacturing rights, building permit
de guiar - driver's license
de importación - import permit
de patente - patent license
marital - license to take independent legal action which law requires a married woman to get from her husband
matrimonial - marriage license
para casarse - marriage license
para edificar - building permit
profesional - license to practice a profession
licenciado - lawyer, professional man, licentiate
en comercio - certified public accountant
en derecho - duly licensed attorney at law
licenciar - to license, to grant leave of absence, to discharge from service
licitación - bidding, taking bids, competitive bids, licitation
licitador - bidder
licitante - bidder
licitar - to bid in competition, to take bids
lícito - legal, lawful, legitimate
licitud - legality
líder - leader
limitado - limited
limitar - to qualify, to limit
linaje - lineage
linchar - to lynch
linde - boundary, border, property line
lindero - boundary, property line
lipemanía - melancholia
liquidación - liquidation, extinguishment, settlement, statement, dissolution
de sentencia - execution of judgment
de sociedad - liquidation of partnership
intervenida o **forzosa** - forced liquidation
liquidador - liquidator, trustee in bankruptcy, disbursing officer, paymaster
de averías - average adjuster *or* stater
judicial - receiver
liquidar - to settle, liquidate, extinguish, close out, to clear checks, to strike a balance, to dissolve
una cuenta - to settle an account
un giro - to honor a draft
un negocio - to liquidate a business
liquidatario - liquidator
liquidez - liquidity
líquido - balance, net, clear, liquid, liquidated
imponible - taxable income
lista - list
de jurados - jury panel
de litigios - trial list, calendar of causes
de pleitos - court calendar
lite - lawsuit
pendente - lite pendente, pending the suit
literal - literal, conforming to law
literalidad - literality

litigación - litigation
litigador - litigant
litigante - litigant, litigator
vencedor - successful party to a suit
vencido - unsuccessful party
litigar - to litigate
litigio - lawsuit, litigation, cause
litigioso - litigious, in litigation
litis - process, lawsuit, lis
denunciatio - litis denunciatio, process by which a third person is notified of a suit and demand is made that he join and defend
expensas - costs of a suit
litisconsorcial - concerning joint litigation
litisconsorcio - joint litigation
litisconsorte - associate in a lawsuit
litiscontestación - litiscontestation
litispendencia - lis pendens, same case pending in another court
litoral - littoral
locación - lease, bailment, employment
concurrente - concurrent lease
de servicios - employment
implícita - constructive bailment
informal - parol lease
locador - lessor, bailor, employer, contractor
de servicios - employer
local - place of business, local
locatario - lessee, bailee
locativo - rentable
loco - lunatic, insane
locura - insanity, lunacy
congénita - congenital insanity
locus
delicti - locus delicti, the place of the offense
regit actum - locus regit actum, the place governs the act
logrear - to profiteer
logrería - usury, profiteering
logrero - money lender, usurer, profiteer
lucro - profit
cesante - loss of profits, business interruption
esperado - anticipated profits
naciente - profit earned by borrowed money
lucros y daños - profit and loss
lugar - space, room, site, reason, motive
, con - admitted, accepted, granted
del delito - locus delicti, place of the offense
del sello - locus sigilli, place of the seal
, hacer - to justify, support, approve
, no ha - no cause, case dismissed
, sin - denied, rejected
luir - to pay off
lunático - lunatic

Notes

LL

llamada - call
  a licitación o **a propuestas** - call for bids
llamado en garantía - petition by defendant that third party be summoned to furnish guaranty
llamamiento - call
  a juicio - summons, citation, indictment
  a licitación - call for bids
llamar - to call, summon, to call, name, to call up
  a concurso - to call for bids
  a juicio - to bring to trial
  a junta - to call a meeting
  al orden - to call to order
  autos - to summon records
  el caso - to call the case
  para redención - to call for redemption
llave - goodwill
llegar a un arreglo - to reach an agreement
llevar - to carry, convey, to produce, yield
  a efecto - to put into effect
  a protesto - to protest
  a remate - to put up at auction
  fecha de - to bear the date of
  intereses - to bear interest
  una memoria - to make a report
  un pleito - to conduct a lawsuit
  un registro - to keep a record

Notes

M

macular - to defame
macero - sergeant-at-arms
machote - blank form, memorandum of agreement
magisterial, magistral - magisterial
magistrado - magistrate, justice, judge, magistracy
 ponente - judge who writes the opinion of court of appeals
 semanero o **de semana** - presiding judge for one week
 sustanciador - trial judge
magistratura, magistradura - magistracy, the bench
 de pie - officials of the government
 del trabajo - labor court
 sentada - the judiciary
mala - mail, mailbag
 conducta - misconduct
 declaración - false declaration
 fe - bad faith, mala fides
 inteligencia - misunderstanding
malbaratador - spendthrift, underseller
maldad - malice
maldecir - to defame, to curse
maléfico - malicious
malentendido - misunderstanding
malhecho - malefaction, misdeed
malhechor - criminal, malefactor
malicia - malice
 expresa o **de hecho** - actual *or* express malice, malice in fact
 implícita - constructive *or* legal malice, malice in law
 particular - special *or* particular malice
 premeditada - preconceived *or* premeditated malice
malicioso, maligno - malicious
malignidad - malice
malo - bad, difficult, cunning, artful
 entendido - misunderstanding
malparir - to abort, give birth prematurely
malum
 in se - malum in se, a wrong in itself
 prohibitum - malum prohibitum, wrong prohibited
malversación - misappropriation, malversation, embezzlement, malfeasance
malversador - embezzler, defaulter, defalcator
malversar - to misappropriate
manceba - concubine
mancebía - house of prostitution
mancomún - a single obligation in which there is the concurrence of two or more creditors or two or more debtors
 , de - coupled with others in a single obligation
mancomunada y solidariamente - jointly and severally, liable in a single obligation both individually for a proportional part and solidarily for the whole
mancomunadamente - concurrently, united with, in association with, conjointly
mancomunar - to oblige two or more persons in a single obligation, either for the whole or for a proportional part of the liability
mancomunidad - union, association, joint *or* concurrent liability
 a prorrata - concurrent liability for a proportional part of the debt
 solidaria o **total** - joint and several liability
manda - bequest, offer, proposal
mandamiento - writ, warrant, mandamus, mandate, order
 afirmativo - mandatory injunction
 de arresto - warrant of arrest
 de desalojo - writ of ejectment
 de ejecución - writ of execution
 de embargo - writ of attachment
 de prisión - warrant of arrest
 de registro - search warrant
 final - final injunction
 perpetuo - perpetual injunction
 preceptivo - mandatory injunction
 provisional - preliminary injunction
mandamus - mandamus
mandante - principal, constituent, mandator
mandar - to send, to order, enjoin, decree, to bequeath
 pagar - to have paid, order paid
 protestar - to protest
mandatario - agent, attorney, mandatory, proxy, president, governor
 general - general agent
 judicial - attorney, judicial, representative
 real y verdadero - true and lawful attorney
 singular - special agent

mandato - mandate, power of attorney, charge, commission, writ
de pago - order for payment
especial - special power of attorney
general - general power of attorney
interlocutorio - provisional injunction
jurídico - court order, injunction
postal - postal note *or* money order
mandatorio - mandatory
mangoneada - graft
mangoneador - grafter, one who uses an official position for personal gain
mangonear - to graft, to exploit an official job
mangoneo - trickery, graft
manía - mania
manifestación - statement, declaration, public demonstration
de impuesto - tax return
de quiebra - declaration of bankruptcy
manifestante - deponent
manifestar - to show, to state, declare, to enter on the manifest
manifiesto - public declaration, manifest, patent, evident
de embarque - ship's manifest
de emisión - prospectus
mano - hand, down payment, earnest money
de obra - labor
muerta - mortmain
manoteo - peculation, graft
mansesor - executor of a will
mantenidos - dependents
mantenimiento - maintenance, support, subsistence
manuscribir - to write in longhand
manuscrito - manuscript, written, longhand
manutención - maintenance, support
aparte - separate maintenance
maquinación - machination
marca - brand, make, mark
colectiva - mark of a trade association
commercial o **de comercio** - merchant's trade name *or* trademark
de calidad - trademark with official approval as to quality
de fábrica - manufacturer's trademark
de timbre - official stamp, especially for taxation
derivada - supplementary trademark
figurativa - symbol used as trademark
industrial - trademark
nominal - name used as trademark
registrada - trademark, tradename
marcario - relating to trademarks
marchante - merchant, mercantile, commercial
marido - husband
marital - marital, matrimonial
márshal - marshal
martillador - auctioneer
martillar - to knock down, sell at auction
martillero - auctioneer
martillo - auction room
más adelante - hereinafter
más allá de duda razonable - beyond a reasonable doubt
masa - mass, volume, assets, means, wealth, estate
acreedora de la avería común - total of general average charges
contribuyente - total subject to general average contribution
de averías - general average
deudora en la avería común - total of general average contributory values
fallida o **de la quiebra** - assets of a bankruptcy
hereditaria - assets of the estate of a decedent, corpus
imponible - total contributory value
social - assets of a corporation *or* partnership, capital and surplus, net worth
materia - matter, affair, subject, material
de registro o **de autos** - matter of record
impositiva - tax matters
monetaria - money matters
material - material
procesal - subject of a suit
matricida - matricide (criminal)
matricidio - matricide (crime)
matrícula - license, register, list, register
matricular - to register, enroll, list, enter, to license
matrimonial - matrimonial
matrimonio - marriage, married couple, matrimony
canónico - marriage by a clergyman
civil - civil marriage
consensual o **de hecho** - common-law marriage
de uso - concubinage
morganático - morganatic marriage

natural - common-law marriage
polígamo - plural marriage
por poder - marriage by proxy
putativo - putative marriage
matute - smuggling, smuggled goods
matutear - to smuggle
matutero - smuggler
máxima - established legal principle, maxim
mayor - ledger, superior, chief executive, chief clerk, principal, larger, greater, older
cuantía, de - involving more than a certain sum
de edad - of age, of full age
edad - majority, legal *or* full age
valía - unearned increment, goodwill
mayorazgo - eldest son, family estate, entailed estate, right of primogeniture
mayoría - majority, full age
mayoridad - majority, full age
mayoritario - concerning a majority
meaja - court charges for execution of judgment
media firma - signature of surname only
mediación - mediation, trading
mediador - mediator, broker, middleman
medianero - mediator, partner, middleman, jobber
medianería - partnership, party wall
medianía - partnership, party wall
mediante - by means of
entrega - on delivery
escritura - by deed
el pago de - on payment of
mediar - to mediate, to intervene as a broker *or* middleman
medible - measurable, appraisable
medicina legal - medical jurisprudence, forensic medicine
médico - doctor, physician
forense - coroner
legista - expert in medical jurisprudence
medida - measure, measurement, step, means
cautelar - precautionary measure
de los daños - measure of damages
medidas
de previsión - precautionary measures
legales o **jurídicas** - legal steps
preventivas - preventive measures
mediería - partnership, sharecropping
medios - means, resources, facilities
compulsorios - compulsory process
de derecho - legal steps
de prueba - means of proof
económicos - financial resources, means
fraudulentos - false pretenses
legales - legal measures *or* steps
monetarios - circulating medium
y arbitrios - ways and means
megalomania - megalomania
mejor - better, best
postor, el - lowest *or* highest bidder
mejora - improvement
patrimonial - beneficial improvement
permanente o **útil** - beneficial improvement
mejorador - one who makes an improvement
mejorante - one who makes an improvement
mejorar - to improve, to outbid, to increase an inheritance above the legal share
el embargo - to extend an attachment to additional property
mejorero - one who builds on leased land
melancolía - melancholia
memorándum - memorandum, certificate of deposit
de costas - bill of court costs
memoria - report
de accidente - accident report
memorial - petition, record, brief
menor - minor, infant, less, smaller, younger
cuantía, de - involving less than a certain sum
de edad - under age, minor
edad - minority, infancy
emancipado - emancipated minor
menoría - minority
menos - less, least
menoscabar - to damage, deteriorate, impair
menoscabo - damage, impairment, loss
menoscuenta - partial payment
menospreciar - to undervalue, underrate, under-estimate
menosprecio - undervaluation, contempt
de mercancías - disparagement of goods
mens rea - mens rea, criminal intent
mensual - monthly
mental - mental
mente sana, de - of sound mind

mentir - to lie, to deceive, to falsify, to break an agreement
mentira - lie, falsehood
mercader - merchant, dealer
mercadería - merchandise, goods, wares, commodities
mercaderías y servicios - goods and services
mercado - market
  a término - futures market
  abierto - open market
  de crédito - credit market
  de dinero - money market
  de valores - securities *or* stock market
mercancía - merchandise, goods, trade
mercante - merchant, mercantile
mercantil - commercial, mercantile
mercar - to buy, to trade
merced - concession, grant, gift
  de tierras - land grant
mercedatario - grantee
mercenario - venal, purchasable
mérito - merit
  ejecutivo - right of execution
  probatorio - value as evidence, probative value
  procesal - ground of action, theory of the case
méritos de la causa - merits of the case
meritorio - meritorious
mero - mere
mesa - table, management, executive personnel, board, commission
  de entradas - office in every government department where all documents are received for subsequent distribution
  de jurados - jury panel
  de votación - polling place, board of elections
  directiva - board of directors
  ejecutiva - board of governors *or* directors *or* managers
  electoral o **escrutidora** - board of elections
  receptora - polling place
  redonda - round table
mestización - miscegenation
mestizaje - miscegenation
metálica - specie
metedor - smuggler
metedurία - smuggling
mi leal saber y entender, a - to the best of my knowledge and belief
mi nombre y en lugar de mí, en - in my name, place, and stead
miembro - member
  constituyente - founding *or* charter member
  del congreso - congressman, member of congress
  de la firma - member of the firm
  en propiedad - regular member
  nato - ex officio member
  originario o **fundador** - charter member
  suplente o **subrogante** - alternate member
  titular o **propietario** o **principal** - regular member
  vitalicio - life member
militar - military
ministerial - ministerial
ministerio - ministry, government department, instrumentality, agency
  de la ley, por - by operation of law
  de ultramar - department that has change of overseas possessions
  público - office of a government attorney
Ministerio
  de Comercio - Department of Commerce, Board of Trade
  de Estado - Department of State
  de Fomento - Department *or* Ministry of Development
  de Gobernación - in most countries corresponds closely to US Department of the Interior
  de Hacienda - Treasury Department
  de Negocios Extranjeros - Department of State
  de Relaciones Exteriores - Ministry of Foreign Relations, Department of State
  de Salubridad - Health Department
  del Trabajo - Labor Department
  Fiscal - Attorney General's office
ministril - marshal, bailiff, sheriff
ministro - minister, cabinet minister, justice, judge
  del despacho - cabinet minister
  de sustanciación - trial judge
  delegado - deputy *or* assistant minister
  ejecutor - marshal, sheriff, constable
  exterior - foreign minister
  revisor - judge who prepares the court's opinion
  secretario - cabinet minister

semanero o **de semana** - presiding judge for one week
sin cartera - minister without portfolio
Ministro de Estado a Cargo de Asuntos Exteriores - Secretary of State for Foreign Affairs
ministros del poder ejecutivo - cabinet ministers
minoría - minority
minoridad - minority, nonage, infancy
minoritario - minority
minutas - minutes
minutar - to make a rough draft
minutario - minute book
mitigación - mitigation
mitigador - abator
mitigar - to mitigate, abate
mitin - meeting
mobiliario - movables, movable, unregistered, concerning personal property
y equipo o **y útiles** - furniture and fixtures
mobiliarios - personal property, chattels
moblaje - furniture and fixtures
moción - motion, proposition
de dejar sin efecto - motion to set aside
de nuevo juicio - motion for new trial
para levantar la sesión - motion to adjourn
mocionante - one who offers a motion *or* makes a proposal
mocionar - to offer a motion
modalidades - formalities, routine
modelo - model, standard, blank form
de bono - form of bond
de la firma - specimen signature
de proposición - bidding form
impreso - blank form
modificable - revisable, amendable
modificación - revision, amendment, modification
modificar - to modify, revise, amend
modificativo - modifying
mohatra - fraud
mohatrar - to defraud
mohatrero - defrauder
mojadera - graft
molestia pública - common nuisance
moneda - money, currency, coin, specie
bloqueada - blocked currency
controlada - managed currency
de curso legal - legal tender
de fuerza liberatoria - legal tender
de poder liberatorio - legal tender
dirigida - managed currency
falsa - counterfeit money
floja - unstable currency
legal - legal tender
metálica o **sonante** - specie
nacional - national currency
sana - sound money
sonante - specie
monedaje - coinage, seigniorage, brassage
monedería - mintage
monedero falso - counterfeiter
monetaje - coinage, seigniorage, brassage
monición - admonition, warning
monitorio - monitory
monomanía - monomania
monopólico - monopolistic
monopolio - monopoly, trust, cartel
fiscal - government monopoly
monopolista - monopolist, monopolistic
monopolístico - monopolistic
monopolizador - monopolist, monopolistic
monopolizar - to monopolize, corner
montante - sum, amount, total
cierto - sum certain
montepio - pension fund, pension, pawnshop
mora - delay, fault, mora
, en - overdue, in default
moratoria - moratorium
moratoriar - to subject to a moratorium
moratorio - moratory
mordelón - grafter
mordida - graft
morganático - morganatic
morosidad - slowness, delay in payment, delinquency
moroso - slow-pay, in default, delinquent
mortis causa - mortis causa, in expectation of death
mostrar causa - to show cause
mostrenco - having no known owner
motín - mutiny, riot
motines y perturbaciones civiles - riots and civil commotions
motivo - motive, reason, cause, count
fundado - probable cause
indirecto - remote cause
motu propio - on his own initiative
móvil - motive
muebles - furniture, movables, personal property
corporales - personal property

y útiles o **y enseres** - furniture and fixtures
muerte - death
accidental - accidental death
civil - civil death
natural - natural death
presunta - presumptive death
violenta - violent death
mujer - woman
casada - married woman, feme covert
soltera - spinster, unmarried woman, feme sole
multa - penalty, fine, amercement
fiscal - tax penalty
y bonificación - bonus and penalty
multable - finable
multar - finable
multiplicidad de acciones - multiplicity of actions *or* of suits
municipal - policeman, alderman, municipal, city
municipalidad - municipality, subdivision of a province, town hall, city hall, municipal government
municipalizar - to municipalize
munícipe - member of the city council
municipio - municipality, city hall
murmurar - to slander, to gossip
mutatis mutandis - mutatis mutandis, necessary changes having been made
mutilación - mutilation
criminal - mayhem
mutilar - to reduce, cut down, to mar, deface, mutilate
mutua petitio - counterclaim
mutual - mutual
mutualidad - mutuality, mutual association
mutualismo - mutual organization
mutualista - member of a beneficial association, mutual
mutualizar - to mutualize
mutuante - lender
mutuario - mutuary, borrower on mutuum
mutuatario - mutuary, borrower on mutuum
mutuo - mutuum, loan for consumption, mutual
, a - on loan
consentimiento - mutual consent
mutuo disenso - mutual rescission

Notes

N

nacido fuera de matrimonio - born out of wedlock
nacimiento - birth, descent, origin
nación - nation, country
  más favorecida - most favored nation
Naciones Unidas - United Nations
nacional - native citizen, national, domestic
nacionalidad - nationality, citizenship
nacionalizar - to naturalize, to nationalize, to import and pay the duty
nada jurídica - nullity
natalidad - birth rate
nativo - native, natural, domestic
nato - ex officio
natural - natural, native
naturaleza - nature, nationality, naturalization, citizenship
naturalización - naturalization
neblina - fog
nebuloso - nebulous
necesidad - necessity
  natural o **física** - physical necessity
  pública - public convenience
necrocomio - morgue
necropsia - autopsy, post-mortem examination
necroscopia - necropsy, autopsy
negable - deniable, traversable
negación - denial, traverse
  de derecho - traverse on a question of law
  de hecho - traverse on a question of fact
negador - denier, disclaimer
negante - traverser, one who denies
negar - to deny, disaffirm, to refuse, to refute, to disclaim, reject
negarse a pagar - to refuse payment
negativa - refusal, negative
  a firmar - refusal to sign
negativo - negative
negatorio - negatory
negligencia - negligence, carelessness, laches
  comparativa - comparative *or* ordinary negligence
  concurrente - concurrent negligence
  conjunta - joint negligence
  contribuyente - contributory negligence
  crasa - gross negligence
  criminal - criminal negligence
  culpable o **inexcusable** - culpable *or* active negligence
  derivada - imputed negligence
  evidente o **según criterio común** - legal negligence
  grave - gross negligence
  incidental o **subordinada** - collateral negligence
  procesable - actionable negligence, negligence in law
  profesional - malpractice
  sobreviniente - supervening negligence
  subsecuente - subsequent negligence
  temeraria - gross *or* wanton negligence
negligente - negligent, careless
negociabilidad - negotiability
negociable - negotiable, assignable
negociación - negotiation, transaction, dealing, commercial house, business concern, business
  , en - being negotiated, under discussion
  en giro - going concern
negociado - bureau, department, division, office
  de aduanas - bureau of customs
  de patentes - patent office
  de viviendas - housing authority
Negociado de Investigación Federal - Federal Bureau of Investigation
negociador - negotiator
negocial - pertaining to negotiation
negociar - to negotiate, trade, bargain, deal
  documentos - to discount bills
  un empréstito - to negotiate a loan
  un giro - to negotiate a draft
negocio - business, transaction, commerce, store, place of business
  ajeno - another's business
  andando o **en marcha** - going concern
  con el extranjero - foreign trade
  jurídico - juristic act
negocios
  discrecionales - legal provisions leaving discretion to the judge
  procesales - procedural acts
  vinculados - legal provisions leaving no discretion to the judge
negotiorum gestio - negotiorum gestio, handling another's business without authority
nema - seal

nemine discrepante - nemine contradicente, unanimously
nemo dat quod non habet - nemo dat qui non habet, he who hath not cannot give
nepotismo - nepotism
nesciente - witness who professes ignorance
neutralidad - neutrality
neutralización - offset, neutralization
ninfomanía - nymphomania
niñez - childhood
niño - child
  cuasipóstumo - quasi-posthumous child
  expósito - foundling
  espurio - illegitimate child
  ilegítimo - illegitimate *or* natural child
  natural - natural child
  póstumo - posthumous child
no
  culpable - not guilty
  incluído en otra parte - not included elsewhere, not otherwise specified
  obstante veredicto - notwithstanding the verdict
  provisto en otra forma en este - not otherwise herein provided
  transferible - non-transferable
no-caducidad - nonforfeiture
no-lucrativo - nonprofit
no-ser jurídico - nullity
nocturnidad - aggravation of an offense because committed at night
nolens volens - nolens volens, whether willing or not
nolo contendere - I will not contest it
nombradamente - expressly
nombrado - appointee
nombramiento - appointment to office
nombrar - to appoint, designate, name, to constitute, to nominate
  nuevamente - to reappoint
nombre - name, reputation
  comercial o **de comercio** - tradename, firm name
  de, en - on behalf of, in the name of, by authority of
  de bautismo - Christian name
  de fábrica o **de marca** - tradename
  de negocio - firm name
  de propiedad - proprietary name
  de pila - Christian name
  ficticio o **supuesto** - alias
  postizo - fictitious name
  social - firm name
nomenclador - technical glossary, list
nomenclatura - nomenclature, list
nómina - payroll, list
  de pagos - payroll
nominación - nomination, appointment
nominador - appointor
nominal - face amount, nominal, registered
nominalidad - quality of a document that is signed *or* that bears a name
nominar - to nominate, to name
nominatario - nominee
nominativo - nominative, bearing a person's name, registered
nómino - nominee
non - odd, uneven
  bis in idem - non bis in idem, not twice in jeopardy for the same offense
  compos mentis - non compos mentis, not sound of mind
  est - is not
norma - norm, standard, rule
  corriente - current practice
  de valor - measure of value
normas
  contables - accounting standards
  contractuales - general specifications for construction contracts
  de integración - rules in aid of judicial decisions where law is wanting
  del procedimiento - rules of procedure
  instrumentales - rules of adjective
  procesales - rules of court *or* procedure
normativo - normative
normas contables - accounting standards
normas de integración - rules of construction
normas de trabajo - labor standards
normas del procedimiento - rules of procedure
normas procesales - rules of procedure
nota - note, memorandum
  de consignación - consignment note
  de conversión - proceeding to change a possessory title to one in fee simple
  de excepciones - bill of exceptions
  de pago - due bill, note
  de recepción - receipt
  marginal - marginal note (important in property recording system of Puerto Rico)
notaría - notary's office

notariado - work of a notary, notarial, notarized
notarial - notarial
notario - notary, official notary
  autorizante - attesting notary
  fedante - attesting notary
  público - notary public
  que subscribe - undersigned notary
noticia - advice, notice
  de rechazo - notice of dishonor
noticiar - to notify, inform
notificación - notice, notification, advice, summons, service
  de apelación - notice of appeal
  de la demanda - service of the complaint
  en estrados - notice of default that is read out in courtroom
  implícita - legal *or* implied *or* constructive notice
  personal - personal service *or* notice
  por cédula - substituted service
  por edicto - service by publication
  por expediente o **por nota** - service by mail
  presunta - presumptive notice
  preventiva - service of notice of intention
  previa - prior notice
  sobrentendida - constructive service
notificador - process server
notificar - to notify, advise, to notice, to serve
  un auto - to serve a writ *or* warrant
  una citación - to serve a subpoena
notoriedad - notoriety, state of being well-known
notorio - notorious, well-known, evident
novación - novation, substitution
novar - to substitute, make a novation
novatorio - novative, novatory
nube sobre un título - cloud on title
núbil - nubulis, nubile, of proper age for marriage
nuda propiedad - bare legal title
  condicional - contingent remainder, executory remainder
  intrínseca - vested remainder
nudo - nude
  pacto - nude pact, nudum pactum, contract without consideration
  propietario - owner subject to usufruct *or* without right to beneficial use
nueva audiencia - rehearing, new trial
nuevo - new
  juicio - new trial
  otorgamiento - re-execution
nugatorio - nugatory, ineffectual, invalid
nulidad - nullity, invalidity, incompetency, defeasance
  ab initio - nullity from inception, nonexistence
  absoluta - absolute nullity
  autónima - nullity of substance
  consecuencial - consequent nullity
  de fondo - fundamental nullity, nullity of substance
  de forma - nullity of form, procedural nullity
  de interés privado - relative nullity
  de matrimonio - nullity of marriage
  de orden público - absolute nullity
  de pleno derecho - absolute nullity
  de los procedimientos - nullity of proceedings
  derivada - derivative *or* consequent nullity
  implícita - implied nullity
  intrínseco - intrinsic nullity
  legal - nullity by law without judicial action
  manifiesta - absolute nullity
  original - primary nullity
  originaria - consequent nullity
  procesal - procedural nullity
  radical o **total** - absolute nullity
  relativa - relative nullity
  sustantiva - nullity of substance
  virtual - implied nullity
nulificar - to annul, nullify
  un testamento - to break a will
nulo - null, void, invalid, of no legal force
  de derecho - having no legal force
  y de ningún efecto - null and void
  y sin valor - null and void
numerata pecunia - ready money
números y en letras, en - in figures and in words
numo - money
noncupativo - noncupative

Notes

Ñ

ñapa - bonus, tip

Notes

obediencia - obedience
óbito - death, demise
objeción - objection, demurrer, challenge
  a todo el jurado - challenge to the panel
  denegada - objection overruled
  ha lugar - objection upheld
  por parcialidad - challenge to the favor
objetable - objectionable
objetante - objector, demurrant
objetar - to object, oppose, take exception to, contest
objetivo - objective
objeto de la acción - object of the action
objetos sociales - corporate purposes
oblación - payment
oblar - to pay off, satisfy
oblea - wafer
obligación - obligation, engagement, bond
  a plazo o **a día** - conditional obligation
  accesoria - accessory obligation
  alimentaria - obligation to provide support
  alimenticia - obligation to provide support
  alternativa - alternative obligation
  bajo condición resolutoria - obligation with resolutory obligation
  bajo condición suspensiva - obligation with suspensive condition
  cambiaria - liability on a bill of exchange
  cartular - credit instrument
  civil - civil obligation
  colectiva - joint obligation, several obligation
  con cláusula penal - obligation with penal clause
  condicional - contingent obligation *or* liability
  contributiva - tax liability
  convencional - contractual obligation
  copulativa - conjunctive obligation
  crediticia - debt obligation
  de dar cosa cierta - determinate obligation
  de dar cosa incierta - indeterminate obligation
  de fideicomiso - trust bond
  de hacer - obligation to do something
  de probar - burden of proof, onus probandi
  de regreso - obligation of endorser when principal defaults
  de sindicatura - receiver's certificate
  divisible - divisible obligation
  ética - natural *or* moral obligation
  eventual - contingent liability
  expresa - express obligation
  facultativa - alternative obligation
  garantizada - secured obligation
  hereditable - hereditable obligation
  hipotecaria - mortgage bond, real obligation
  implícita - implied obligation
  incondicional - absolute obligation
  indivisible - indivisible obligation
  legal - legal *or* perfect obligation
  mancomunada - concurrent obligation
  natural - natural *or* moral obligation
  obedencial - obedential obligation
  penal - penal obligation
  personal - personal obligation
  preferente - prior-lien bond
  primitiva - primitive obligation
  principal - principal obligation
  pura - pure obligation
  real - real obligation
  registrada - registered bond
  simple - simple obligation
  sin garantía - debenture bond, unsecured liability
  solidaria - joint-and-several *or* solidary obligation, obligation for the whole of the debt *or* thing to be given
  tributaria - tax liability
obligaciones - liabilities, bonds, debenture bonds, equities
  a corto plazo - short-term liabilities
  a dos firmas - two-name paper
  a plazo fijo - obligations with fixed date of maturity
  al portador - bearer paper
  a la vista - demand liabilities
  beneficiarias - securities issued for services
  cambiarias de favor - accommodation bills
  contingentes - contingent liabilities
  de capital - capital liabilities
  de renta - bonds, fixed-income securities
  fuera del balance - nonledger liabilities
  inmediatas - short-term liabilities (30 days or less)
  matrimoniales - marital obligations

mercantiles o comerciales - commercial paper
nominativas - registered bonds
pasivas - funded debt
seriadas - serial bonds

obligacional - obligatory
obligacionista - bondholder
obligado - obligor, debtor, covenantor, indebted, under obligation, committed
mancomunado - concurrent obligor (may be for the whole or for a pro rata portion thereof)
solidario - obligor for the whole of the debt *or* thing to be given
tributaria - tax liability
obligados de regreso - antecedant parties to a bill
obligador - binder
abierto - open binder
automático - automatic binder
obligante - obligee
obligar - to compel, oblige
obligarse - to undertake, bind oneself, make a commitment
obligatorio - compulsory, obligatory, binding
obrar en juicio - to be a party to a suit
obscenidad - obscenity, indecency
obsceno - obscene, indecent
obstante, no - nevertheless
obstar - to obstruct
obvenciones - perquisites
ocasión próxima - proximate cause
ocasión remota - remote cause
occiso - murdered
ocultación - concealment
ocupación - occupation, business, job, employment, occupancy, possession, seizure, attachment
remunerada o **lucrativa** - gainful employment
ocupar - to occupy, to employ, to seize, take possession of
occurrencia de acreedores - creditors' agreement for dealing with a bankrupt, creditors' meeting, bankruptcy proceedings
ocurrir - to happen, occur, to have recourse to, to appear
a, - to make application to
ocurso - petition, claim
ofendedor - offender
ofender - to infringe, violate, to offend
ofendido - victim of an offense
ofensa - offense, crime
premeditada - crime, overt act
ofensor - offender
oferente - offerer
oferta - bid, proposal, tender, offer
de trabajo - offer of employment
en firme - firm offer
pública de valores - public offering of securities
y aceptación - offer and acceptance
y demanda - supply and demand
ofertante - bidder
ofertar - to offer, bid, tender
oficial - officer, official, journeyman, worker at a trade, clerk, official
a cargo - official in charge
de custodia o **de plica** - escrow officer
del juzgado - clerk of the court
de posesiones - official charged with swearing in public employees
probatoria - probation officer
oficialismo - bureaucracy
oficialista - official, officious, bureaucratic
oficializar - to make official, to nationalize
oficialmente - officially, ex officio
oficiar - to officiate, to give official notice
de - to act as
oficina - office, bureau, workshop
central - headquarters, main office
de compensaciones - clearinghouse
de control de cambios - exchange-control agency
de entradas - office in every government department where all documents are received for subsequent distribution
de marcas - trademark bureau *or* office
de patentes de invención - patent office
matriz - home office
Oficina
de Derechos Aduaneros - Bureau of Customs
Interamericana de Marcas - Inter-American Trademark Bureau
oficio - trade, craft, occupation, business, office, official letter
, de - officially, at the government's initiative
de hipotecas - registry of mortgages
de remisión - letter of transmittal
oficioso - officious, official, formal, diligent
ofrecedor - offerer
ofrecer - to offer, bid, quote

ofrecido - offeree
ofrecimiento - offer, proposal
de pago - offer of payment
oídas, de - by hearsay
oídas, por - by hearsay
ológrafo - holograph, holographic
omisión - omission
omitir - to omit
el dividendo - to pass the dividend
onerosidad - onerousness
oneroso - onerous
onomástico - onomastic
onus - burden, burden of proof
probandi - onus probandi, burden of proof
opción - option, refusal
de compra - option to purchase
opcional - optional
operación - operation, transaction
bancaria - banking transaction
de bolsa - stock exchange transaction
de crédito - credit transaction
fiscal - government operation
operaciones
activas - investment of funds
pasivas - receiving deposits and all operations that create liabilities
operar - to operate, carry on, to transact, trade
en los libros - to record, enter in the books
opinión - opinion, belief
consultiva o **asesora** - advisory opinion
de acuerdo con la mayoría - concurring opinion
disidente - dissenting opinion
en disconforme - dissenting opinion
jurídica - legal opinion
mayoritaria - majority opinion
per curiam - opinion by the court
oponente - opposer, opponent
oponer - to object, oppose, resist, take exception
oponerse - to object, oppose, resist, take exception
excepción - to file an exception
oponible - exceptionable
oposición - opposition, objection, exception, competitive examination for employment
oposicionista - opponent, opposing
opositor - opposer, objector, competitor for a position
optativo - optional
orador - speaker, orator
oral - oral, parol
oralidad - orality
orden - order, command, writ
de allanamiento - search warrant, order for inspection
de arresto - warrant of arrest
de citación - subpoena, summons
de comparecer - summons
de detención - warrant of arrest
de ejecución - death warrant
de estafeta - postal money order
de registro - search warrant
judicial - judicial *or* court order
orden - order, sequence, succession
común - common law
del día - agenda of a meeting, order of the day, docket
jurídico - jurisprudence, system of laws
para mostrar causa - show cause order
público - public order
ordenación - arrangement, planning, ordinance, edict
ordenador - principal, adviser, controller
ordenamiento - law, ordinance, legal code, regulation, edict, putting in order
de gravámenes - marshaling of liens
de leyes - code of laws
judicial - mandamus
tributario - tax laws
ordenante - principal, adviser
ordenanza - statute, ordinance
de edificación - building law
municipal - municipal *or* city ordinance
ordenanzas
de aduana - tariff law
de circulación - traffic regulations
de construcción - building code
de tráfico - traffic regulations
ordenar - to order, to put in order, arrange
bienes - to marshal assets
leyes - to codify laws
ordinario - ordinary, judge ordinary
organismo - organization, association, institution
administrativo - administrative agency
crediticio - credit institution
cuasijudicial - quasi-judicial body
obrero - labor union
oficial - government bureau *or* department
patronal - employers' association

rector - governing body, directors
organizador - organizer, incorporator, organizing
organizar - to organize, constitute
órgano - agency, medium, body, appliance
de vigilancia - committee for control and inspection
directivo o **rector** o **de alta dirección** - executive committee *or* council
ejecutivo - governing body, executive committee
legal - legal representative *or* agent
órganos de administración - administrative agencies
órganos de dirección - administrative agencies
órganos de gestión - administrative agencies
origen, en el - at the source
original - original
originario - natural, native
orillar - to settle, to skirt
oriundez - origin
oriundo - originating
ortografía - orthography
ortográfico - orthographic
osadía - audacity
ostensible - ostensible
otorgadero - in proper shape for execution
otorgador - grantor
otorgamiento - granting, authorization, will
notarial - notarial authorization
otorgante - grantor, maker, party executing, incorporator, granting, executing
otorgar - to grant, to execute
ante notario - to execute a document before a notary
un contrato - to award a contract, to execute a contract
crédito - to give credit
fianza - to furnish a bond
garantía - to furnish a guaranty
una patente - to grant a patent
un préstamo - to make a loan
otrosí - each petition after the principal one, moreover

Notes

P

p. p. - (por poder), by authority, by power of attorney in fact
pacificador - peacemaker
pactado - stipulated, agreed
pactante - contracting party, covenantee
pactar - to agree, covenant, contract, to stipulate
pacto - agreement, pact, compact, bargain, deal, treaty, covenant, contract
comisorio - agreement that may be rescinded within a certain time
constitutivo - organization agreement
de adición - sale with right of redemption in case of a better offer
de caballeros - gentlemen's agreement
de cada uno por sí - several agreement
de comercio - commercial treaty
de cuota litis - lawyer's agreement for a contingent fee
de mejor comprador - sale with right of redemption in case of a better offer
de no hacer algo - negative covenant
de preferencia - sale with preferential right to repurchase
de retroventa - repurchase agreement
de reventa - repurchase agreement
de trabajo - employment contract
en contrario - agreement to the contrary
mancomunado - covenant with multiple obligors *or* obligees, the former bound to the latter either solidarily *or* individually pro rata, as stipulated
restrictivo - restrictive covenant
social - partnership agreement
pactos usuales - usual covenants
padre - father
de crianza - father of an adopted child
de familia - head of a family
putativo - putative father
padres - parents, parentage
paga - pay, payment, compensation
efectiva - net pay
indebida - wrongful payment
mínima - minimum wage
neta - net pay
por cesantía - severance pay
retenida - retained wages
pagable - payable
pagadero - payable, due
a la demanda - payable on demand
a la orden - payable to order
al portador - payable to bearer
a presentación - payable at sight
a la vista - payable at sight
pagado - paid
integramente - paid in full
totalmente - paid in full
pagador - disburser, payer, paymaster, paying teller
de impuestos - taxpayer
por honor - payer by intervention
pagar - to pay, discharge
a cuenta - to pay on account
a plazos - to pay by installments
al contado - to pay cash
bajo protesta - to pay under protest
daños - to pay damages
por cuotas - to pay by installments
una condena - to serve a sentence
pagaré - note, promissory note, note of hand, bill
a la orden - negotiable note
al portador - bearer note
a la vista - demand note
con garantía prendaria - collateral note
con resguardo - collateral note
domiciliado - domiciled note
fiscal - treasury bill, government note
hipotecario - mortgage note
mancomunado - joint note, promissory note with multiple obligors who may be bound either individually pro rata or for the whole in solidum, as stipulated
nominativo - negotiable note
prendario - collateral note
quirografario - note without collateral
solidario - joint and several note
pago - payment, paid
a cuenta - payment on account
a plazos - payment in installments
anticipado - prepayment
bajo protesta - payment under protest
contra entrega - cash on delivery
de deudas ajenas - payment of the debts of another
del arrendamiento - rent payment
detenido - payment stopped
diferido - deferred payment, late payment
judicial - payment forced by legal means
por consignación - payment into court
por entrega de bienes - payment in kind
por honor - payment by intervention

suspendido - payment stopped
total - payment in full
páguese a la orden de - pay to the order of
pais - country, nation
de origen - country of origin, country of birth
palabra - word
, de - verbally
de matrimonio - promise of marriage
por palabra - word for word
palabras
, en - in words
valederas - operative words
palacio - palace, courthouse
de justicia - courthouse
de los tribunales - courthouse
municipal - city hall, seat of government of a municipality
pandectas - pandects, compilation of Roman law
pandilla - gang of criminals
pandillero - racketeer, gangster
panel - panel (jury)
papel - paper
bancario - bank paper
comercial - commercial paper
corriente - ordinary paper
de comercio - commercial paper
de crédito - credit instrument
del estado - government bonds
de garantía - safety paper
de renta - investment securities
de seguridad - safety paper
eligible - eligible paper
ministro - official paper, foolscap
mojado - worthless paper, document of no importance
moneda - paper money
moneda representativo - paper money with metallic backing
oficio - official paper, foolscap
sellado - stamped paper
simple - unstamped paper
timbrado - stamped paper
valorado - stamped paper
papeles - documents, papers, securities
bursátiles - listed securities
papeleo - excessive paperwork, red tape
paquero - swindler, crook
par - par
parafernales - paraphernal property, separate property of a married woman
paranoia - paranoia, species of insanity
parcelero - sharecropper, parcel owner
parcial - partial
parcialidad - bias, partiality, prejudice
parcionero - partner
paridad - parity, par
cambiaria - par of exchange
parientes - relations, relatives
colaterales - collateral kinsmen
más próximos - next of kin
paritario - relating to a joint board of employers and employees
parlamentario - member of parliament *or* of congress, parliamentary
parlamento - parliament, legislative body
paro - stoppage, strike, lockout, unemployment
forzoso - unemployment, lockout
obrero - strike
patronal - lockout
párrafo - paragraph
parrágrafo - paragraph
parricida - parricide (criminal)
parricidio - parricide (crime)
parte - part, share, interest, party
acomodada - accommodated party
actora - plaintiff
beneficiada - accommodated party
contendiente - adversary in a suit
, de - by one of the parties to the action
de interés adverso - adverse party
demandada - defendant
demandante - plaintiff
en un contrato - party to a contract
en un proceso - party to a suit
inculpable - innocent party
interesada - interested party
perjudicada - aggrieved party
por acomodación - accommodating party
por acomodamiento - accommodation endorser *or* acceptor
querellada - defendant
social - interest of a partner
partes
contratantes - contracting parties
de fundador - founders' *or* management shares
titulares de la acción - parties to a suit
parte - report, communication, dispatch
del accidente - accident report
policíaco - police report
partible - divisible, severable
partición - division, distribution, partition

de comunidad - partition of property held in common
de herencia - partition of a succession
particional - pertaining to division of an estate
particionero - participant, part-owner
participación - share, participation, interest, partnership, communication, equity
de control - controlling interest
de los beneficios - profit sharing
de utilidades - profit sharing
residual - residual participation *or* share
participante - participant
participar - to share, participate, to inform, notify, advise, announce
partícipe - sharer, participator, partner, sharing
particular - particular, private, personal
particularizar - to detail, itemize, to specify
partida - departure, item, lot, shipment, consignment, entry, certificate
arancelaria - item of tariff
de defunción - death certificate
de nacimiento - birth certificate
partido - political party, district, territory agreement
judicial - judicial district
partidor - partitioner
partija - partition, division
partitorio - pertaining to division of property
parvifundio - small parcel of land, especially in division of larger tract
pasador - smuggler, ferryman
pasante - student, apprentice, lawyer's clerk
pasantía - clerkship, apprenticeship
pasaporte - passport
del buque - sea letter, ship's passport
pasar - to pass, to transfer, convey, to post
al mayor - to post the ledger
a orden - to make payable
ante el notario - to execute before a notary
la factura - to render the bill
un inventario - to take inventory
la lista - to call the roll
una multa - to suffer a penalty
pasavante - permit
pase - permit, pass
de lista - roll call
pasividad - liabilities
pasividades - pensions and retirement allowances
pasivo - liabilities, passive, pertaining to pensions
a largo plazo - long-term liabilities
circulante - current liabilities
consolidado - funded debt
contingente - contingent liability
corriente - current liabilities
de capital - capital liabilities
de contingencia - contingent liability
del impuesto - subject to tax
de valuación - contingent liability
diferido - deferred liabilities
estricto - liabilities (not capital)
eventual - contingent liability
exigible - current liabilities
exigible a la vista - demand deposits
exigible a plazo - time deposits
fijo - fixed *or* funded liability, capital liabilities
lato - liabilities and capital
patrimonial - capital liabilities
transitorio - accrued *or* deferred liabilities
paso - way, passage
judicial - legal steps
patentable - patentable
patentado - patentee, proprietary, patented
patentar - to patent
patentario - relating to patents
patente - patent, grant, permit, license, concession, franchise, patent, manifest
acordada - patent granted
básica - basic patent
concedida - patent granted
de ejercicio profesional - professional license
de invención - letters patent
de mejora - patent granted for an improvement
de nacimiento - birth certificate
de navegación - sea letter, ship's passport
de operador - driver's license
de privilegio - letters patent
de rodado - vehicle license
de sanidad - bill of health
de vehículo - vehicle license
en tramitación - patent pending *or* applied for
municipal - municipal business license

original - basic patent
pendiente - patent pending *or* applied for
precaucional - temporary letters patent
primitiva - basic patent
registrada - registered patent
solicitada - patent pending *or* applied for
patentes y marcas - patents and trademarks
patentizar - to make evident, to patent
paternidad - paternity
paterno - paternal
patria potestad - patria potestas, paternal authority
patrimonial - patrimonial, proprietary
patrimonio - proprietorship, proprietary equity, patrimony, capital, net worth, inheritance
de la explotación - working capital
económico - net worth
fideicomisario - trust estate
jurídico - total assets
líquido - net worth
nacional - national wealth
neto - net worth
social - capital of a firm *or* company
patrocinador - sponsor
patrón - employer, landlord
patronato - trusteeship, board of trustees, league, association
patrono - employer, landlord
paz y salvo, en - paid-up
peculado - peculation, graft, embezzlement
peculio - private resources, peculium
estatal - national economy
pedáneo - inferior (judge or court)
pederastia - pederasty
pedida - petition
pedido - request, order, petition
de anulación - petition for annulment
de invalidación - petition for annulment
pedimento - petition, application, motion, bill, claim
de aduana - customs declaration
de avocación - bill of certiorari
de importación - customs declaration
de prevención de litigios - bill of peace
de restablecimiento - bill of revivor
de revisión - bill of review
de tercero - bill of interpleader
pedir - to request, to demand, claim, to order, requisition, to charge
licitaciones - to invite tenders, call for bids
prestado - to borrow
préstamo - to borrow
propuestas - to invite tenders, call for bids
pegujal - peculium
pegujar - peculium
peligro - danger, jeopardy
pelotera - riot
pena - penalty, punishment
accesoria - cumulative penalty
arbitraria - arbitrary punishment
capital - death penalty, capital punishment
convencional - contract penalty
corporal - corporal punishment
cruel y desusada - cruel and unusual punishment
de muerte - capital punishment, death penalty
infamante - infamous punishment
pecuniaria - fine
penado - convict, prisoner
penal - prison, penal, punative
penalidad - penalty, hardship
penalista - criminal lawyer
penalizador - penalizing
penalizar - to penalize
penar - to penalize
pendencia - pendency, lis pendens
pendente lite - pendente lite, during litigation
pendiente - outstanding, pending, unsettled, in abeyance
de pago - unpaid
de resolver - pending decision
penitenciaría - prison, penitentiary
penitenciario - penitentiary
pensado - deliberate, premeditated
pensión - annuity, pension
alimenticia - allowance for board, alimony
alimenticia provisional - alimony pendente lite
conductiva - rental
de arrendamiento - rent
de invalidez - disability benefit
de jubilación - retirement pension
de montepío - pension to widow *or* orphans of public official
de retiro - retirement pension *or* annuity
de vejez - old-age pension
dotal - endowment annuity
pensionar - to pension
pequeño jurado - petty jury

per se - per se, in itself, inherently
perdedor - loser
perder - to lose, to forfeit
pérdida - loss, waste, forfeiture
arreglada - arranged *or* compromised total loss
consiguiente - consequential loss
constructiva - constructive loss
convenida - constructive loss
efectiva - direct *or* actual loss
parcial - average loss, particular average
total absoluta - absolute total loss
total concertada - arranged *or* compromised total loss
pérdidas e intereses - damages direct and indirect
perdido - lost
perdimiento - loss
perdón - pardon, remission of debt
de la deuda - forgiveness of the debt
perdonar - to pardon, to exempt
una deuda - to remit a debt
perención - prescription
de instancia - lapsing of a legal action
perentorio - peremptory
perfección - perfection, legal validity
perfeccionar - to improve, perfect, to formalize, to consummate
perfecto - perfect, legally correct, binding, valid
perfidia - perfidy
pergamino - parchment
pericia - skill, expertness, services of an expert
caligráfica - opinion of handwriting expert
pericial - expert
perimir - to lapse, become outlawed
período - period, term
contable - fiscal *or* accounting period
de capitalización - compounding *or* conversion period
de gracia - period of grace
de juicios - trial term
de pleitos - trial term
de prueba - time allowed for producing evidence
de la renta - rent period
de servicios - term of office
de las sesiones - term of court
dotal - endowment period
económico - fiscal *or* accounting period
extraordinario - special term
fiscal - accounting period
presidencial - president's term of office
peritación - work of an expert
peritaje - expert testimony, expert appraisal, work of an expert
aduanal - expert appraisal of imports
censal - testimony of a real-estate expert
perital - expert
peritar - to work as an expert
peritazgo - work of an expert
peritear - to work as an expert
perito - expert, appraiser, skilled, expert
calígrafo - handwriting expert
catastral - real-estate expert
comercial - expert accountant
contador - expert accountant
de averías - average adjuster
de contabilidad - expert accountant
mercantil - expert accountant
tasador - expert appraiser
testigo - expert witness
valuador - expert appraiser
perjudicado - injured party, damaged, aggrieved
perjudicial - prejudicial, injurious
perjuicio - damage, injury, impairment, loss, prejudice, nuisance, tort
de capital - capital punishment
de hecho - nuisance in fact
de propiedad - property damage
económico - pecuniary loss
en sí mismo - nuisance at law *or* per se
patrimonial - money loss, impairment of resources
perjuicioso - damaging
perjurar - to perjure
perjurarse - to perjure
perjurio - perjure, false oath
perjuro - perjurer, perjured
permanencia - continued occupation *or* possession
permisible - permissable, licensable
permisión - permit, concession, grant, permission
permisionario - holder of a permit *or* license
permisivo - permissive
permiso - permit, license, leave of absence
de cambio - exchange permit
de circulación - driver's license
de conducción - driver's license
de construcción - building permit
de declaración - entry permit

de edificación - building permit
de exportación - export permit
de operación - driver's license
de paso - right of way
de reimportación - bill of store
permitir - to permit, allow
perpetrador - perpetrator
perpetrar un delito - to commit a crime
perpetuación de una prueba téstimonial - perpetuating testimony
perpetuidad - perpetuity
perpetuo - perpetual
persona - person
a cargo - dependent
ausente con presunción de fallecimiento - missing person presumed dead
de existencia ideal - juristic person
de existencia visible - natural person
, en - in person
física - natural person, individual
interpuesta - intermediary agent
jurídica - corporation, company, juristic *or* juridical *or* conventional person, body corporate
moral - corporation, company, juristic *or* juridical *or* conventional person, body corporate
natural - natural person, individual
privada - private person
personal a jornal - labor, workmen
personalidad - legal status *or* capacity, personality
jurídica - juristic person
procesal - capacity to be party to a suit
personarse - to appear
personería - representation, personality, capacity
gremial - status of a labor union
jurídica - legal capacity
personero - official representative, attorney in fact, a city official who frequently directs most of the city's business
personeros del estado - government officials
pertenencia - ownership, property, claim
metalífera - mining property
salitrera - ownership of nitrate deposit
pertenencias - appurtenances, accessories, belongings
pertinencia - relevancy, pertinency
pertinente - relevant, germane, pertinent, material
perturbación del orden público - breach of the peace
perturbador - agitator
pesar sobre - to encumber
peso de la prueba - burden of proof
pesquisa - inquiry, investigation
pesquisante - investigator, investigating
pesquisidor - investigator, coroner
petardista - crook, swindler
petente - petitioner, applicant
petición - petition, claim, demand, application, motion, inquiry
concluyente - plaintiff's final brief
de concordato - petition for arrangement
de herencia - demand to be declared heir to an estate
de patente - patent application
de propuestas - call for bids
de quiebra - petition in bankruptcy
por nueva audiencia - petition for rehearing
por nuevo juicio - motion for new trial
voluntaria - voluntary petition
peticionante - applicant, petitioner, movant
peticionar - to solicit, petition, move
peticionario - applicant, petitioner, petitionary
petitorio - petitory
picapleitos - shyster lawyer, pettifogger, ambulance chaser
picardía - trickery, deceit
pícaro - crook, swindler, petty thief
pie - foot, down payment
de la letra, al - literally, verbatim
pieza - piece, part, room
contable - financial statement
de autos - record of a court case
de convicción - material evidence for the prosecution
justicativa - voucher
pignorable - pledgeable
pignoración - pignoration, hypothecation, collateral, collateral loan, chattel mortgage
pignorar - to hypothecate, pledge, pignorate, affect
pignoraticio - pignorative, pledging, secured
pillaje - pillage, plunder, depredation
pillar - to plunder
piratear - to pirate
piratería - pirating, robbery, piracy

piromanía - pyromania
pista - clue, runway, landing strip
pistolero - gunman, gangster
placa - badge, license plate
plagiar - to pirate, plagiarize
plagiario - plagiarist
plagio - plagiarism, pirating
planilla de costas - bill of costs
plantear - to establish, found, setup, to state
  una apelación - to file an appeal
  un caso - to present a case
  demanda - to bring suit
  excepción - to file an exception
  una huelga - to call a strike
  una moción - to offer a motion
plata - silver, money
plausible - plausible, colorable
plaza - small park, yard, market, commercial center, position, job
  bancable - town having banking facilities, location of a branch of the Bank of Spain
  bancaria - town having banking facilities, location of a branch of the Bank of Spain
  bursátil - securities market
  de cambios - foreign-exchange market
  semibancable - town with branch of any bank not Bank of Spain
plazo - time, period, duration, term, date, due date, installment
  , a - on time, in installments, on credit
  breve, de - short-term
  convencional - time for court action as agreed between the parties
  del contrato - contract time
  de gracia - period of grace
  de patente - life of a patent
  de prescripción - time limit for legal action
  determinado - fixed term
  de validez - date of taking effect
  de vencimiento - expire date
  es de esencia - time is of the essence
  fatal - deadline
  fijo - fixed term
  final - deadline
  judicial - time fixed by the judge for court action
  límite - deadline
  legal - time allowed by law for court action
  medio - average due date
  prudencial - reasonable time
plebiscito - plebiscite
pleiteador - litigator, litigant
pleiteante - litigant
pleitear - to litigate, sue
pleito - lawsuit, litigation
  civil - civil suit
  criminal - criminal prosecution
  de acreedores - bankruptcy proceeding
  ejecutivo - executory process
  ordinario - plenary suit
  posesorio - possessory action
  viciado - mistrial
plena vigencia, en - in full effect
plenaria - full meeting, joint committee
plenario - plenary proceeding, plenary
plenipotenciario - plenipotentiary
pleno - full meeting, retained line, full, complete
  de la comisión - full committee
  del tribunal - full court
  derecho, de - as a matter of law
  dominio - fee simple, absolute ownership
  interés concedido - full interest admitted
  poder - full power
  tribunal, en - at bar, before the court, in open court
plica - escrow
pliego - folder, file of papers, document, sheet of paper
  de aduana - bill of entry
  de condiciones - specifications, general specifications, bidding conditions
  de costas - bill of costs
  de excepciones - bill of exceptions
  de licitación - bidding form, information for bidders
  de petición - statement of petition
  de posiciones - interrogatory, question sheet
  de propuestas - proposal, bidding form
plural - plural
pluralidad - plurality, majority
  absoluta - majority
  relativa - plurality
plus - bonus
  petición - plus petitio, demand for excessive damages
plusvalía - goodwill, unearned increment
  adquirida - acquired goodwill

de consolidación - goodwill from consolidation
plusvalor - unearned increment
pobre - pauper
pobreza - poverty
poder - power, faculty, warrant, authority, procuration, power of attorney, proxy, tenure, possession
a bordo - authority of a ship captain
aparente - apparent authority
beneficioso - beneficial power
cancelatorio - legal tender
de imposición - taxing power
de substituir - power of substitution
ejecutivo - executive power
, en el - in power
especial - special power of attorney
general - general power of attorney
impositivo - taxing power
judicial - the judiciary
legislativo - legislative power
liberatorio, de - legal tender
, por - by proxy, by authority, per power of attorney
unilateral - naked *or* collateral power
poder-deber - legal duty
poder-derecho - legal right
poderes accesorios o **concomitantes** - incidental powers
poderdante - constituent, principal, grantor of power
poderhabiente - attorney, proxy holder
poderío - power, jurisdiction, wealth
poliandria - polyandry, possession of more than one husband
policía - rules and regulations, police force
de circulación - traffic squad
estatal - national police, state constabulary
judicial - judiciary police
secreta - secret police
vial - highway police
policía - policeman
cívico - civilian acting as special police officer
de tránsito - traffic officer
policíaco - police
policial - policeman
policiano - policeman
policitación - pollicitation, offer not yet accepted
poligamia - polygamy, plural marriage
polígamo - polygamist, polygamous
polineurítica - polyneuritic
política - policy, politics
aduanal - tariff policy
arancelaria - tariff policy
comercial - trade policy
contributiva - tax policy
económica - national economy, applied political economy
exterior - foreign policy
impositiva - tax policy
pública - public policy
político - politician, political, politic
politiqueo - political operations
politiquería - politics
politiquero - politician (a crooked one), political
politiquismo - politics
póliza - policy, warrant, permit, scrip, ticket, voucher, receipt
abierta - open *or* floater policy, blanket policy
avaluada - valued policy
de aduana - customhouse permit
de anticipo - agreement for loan against goods in warehouse
de carga - bill of lading, cargo policy
de compra - bill of sale, disbursement voucher
de consumo - consumption-entry permit
de contrato - form of contract
de crédito en cuenta corriente - overdraft authorization
de crédito sobre valores - collateral-loan agreement
de embarque - export permit, bill of lading
de fianza - surety bond
de fidelidad - fidelity bond
de fletamento - charter party, contract of affreightment
de prenda - hypothecation agreement
de reembarque - reshipment permit
de trasbordo - transshipment permit
de valor declarado - valued policy
limpia de fletamento - clean charter
prefijado - valued policy
polizonte - policeman
ponencia - decision, judgment, award, arbitration, statement, opinion, proposition, motion, proposal, chairmanship, committee, board of arbitration

ponente - referee, arbitrator, proposer, one who offers a motion, judge who prepares opinion of the court, chairman of a committee
  de la quiebra - referee in bankruptcy
poner - to put, place
  una demanda - to file a claim, to make demand
  en conocimiento - to make known
  la firma - to affix the signature
  una objeción - to raise an objection
  pleito - to sue, file suit
  por escrito - to put in writing
ponerse de acuerdo - to come to agreement
por - for, through, by, via
  avalúo - ad valorem
  cabeza - per capita
  ciento - per cent
  cuanto - whereas
  cuantos, los - whereas clauses
  encargo - by authority, by proxy
  estirpe - per stirpes
  mayor - wholesale
  menor - retail
  oídas - hearsay
  pagar - payable
  poder - by authority, by proxy, per power of attorney, per procuration
  procuración - per procuration, by authority
  sí mismo - per se
  tanto - therefore
porcentaje - percentage
porciento - percentage
porción - part, portion, lot, share, allotment, interest in a partnership
  hereditaria - legacy, distributive share
  legítima - portio legitima, portion of a forced heir
porcionero - participant, partner
pormenorizar - to itemize
portadocumentos - briefcase, portfolio, attaché case
portador - bearer, payee, beneficiary, carrier
  , al - to bearer
  de buena fe - innocent holder for value, holder in due course
  de seguros - insurance carrier
  inocente - innocent holder for value, holder in due course
  legítimo - innocent holder for value, holder in due course
portafolio - portfolio, briefcase
portapliegos - briefcase, messenger
portar armas - to bear arms
portazgar - to charge a toll
portavoz - spokesman, megaphone
porte - freight, carriage, burden, carriage charges, postage
  pagado - freight prepaid, postpaid
porteador público - common carrier
porter de estrados - bailiff
posdatar - to postdate
poseedor - holder, owner, possessor
  de acciones - stockholder
  de buena fe - holder in due course, possessor bona fide
  de mala fe - possessor mala fide
  de obligaciones - bondholder
  de patente - patentee, holder of a patent
  originario - natural possessor
poseer - to own, hold, possess
posesión - possession, tenure, ownership, seizin, taking office
  actual - actual possession
  artificiosa - constructive possession
  civil - natural possession coupled with intent of holding
  contingente - qualified estate
  corporeal - corporeal possession
  de buena fe - holding without being aware of any flaw in title
  de jure - constructive possession
  derivada - derivative possession
  efectiva - actual possession
  exclusiva - exclusive possession
  extensible - estate from year to year
  física - natural possession
  hostil - hostile possession
  ilegítima - unlawful possession
  imaginaria - constructive possession
  inmemorial - immemorial possession
  legal - constructive possession
  limitada - qualified estate
  manifiesta - open possession
  material - corporeal possession
  patente - open possession
  natural - natural possession
  notoria - notorious possession
  nuda - naked possession
  originaria - natural possession
  pacífica - quiet enjoyment

por años determinados - estate for years
por tolerancia - estate at sufferance, tenancy by sufferance
precaria - precarious possession
real - actual possession *or* ownership
simbólica - constructive possession
viciosa - possession without proper title
violenta - violent possession
posesiones - property, wealth
posesionarse - to appropriate, take possession, to take office
posesor - possessor, holder
de buena fe - bona fide possessor, holder not aware of any flaw in title
de mala fe - mala fide possessor, possessor holding with knowledge of flaw in title
posesorio - possessory
posfechado - postdated
posibilidad - possibility
posición - position, location, standing, item
legal - legal contention *or* position
posiciones - questions and answers, interrogatory, depositions
de la tarifa - tariff items
positivo - positive
post data - after date
postdatar - to postdate
postefectivo - posteffective
posteridad - posterity
posterioridad - posteriority
postliminio - postliminium
postor - bidder
favorecido - successful bidder
postulación - request, petition, nomination
postular - to demand, request, postulate, petition, to nominate for office *or* for employment
postumidad - posthumousness
póstumo - posthumous, after-born
postura - bidding, bid, agreement
potestad - jurisdiction, power, authority, imperium
discrecional - discretionary authority
libre - full *or* absolute authority, optional authority
obligada - obligatory *or* mandatory authority
regulada - controlled authority
potestativo - facultative, optional
práctica - experience, practice, policy, method, routine
comercial - commercial usage
desleal - unfair competition
forense - code of procedure
parlamentaria - parliamentary law
practicable - feasable, workable
practicar - to practice, to perform, carry out
un balance - to prepare a balance sheet
una decretada - to issue a decree
inventario - to take inventory
una liquidación - to make a settlement
una necropsia - to perform an autopsy
una pedida - to file a petition
el protesto - to protest
prueba - to submit evidence
una tásación - to make an appraisal
pragmática - decree, decree-law
preámbulo - preamble
precario - precarious
precarista - one who has precarious possession
precaucional - preventive, precautionary
precautorio - preventive, precautionary
precedencia - precedence, priority, preference
precedente - precedent, preceding
preceptivo - mandatory
precepto - rule, order, provision, stipulation, precept
constitucional - constitutional provision
de ley - rule of law, legal principle
perceptuar - to provide, dispose, establish
preciador - appraiser
preciar - to appraise, value
precio - price, charge, consideration
alzado - lump sum
corriente - current *or* market price
de avaluo - assessed valuation
de demanda - offer price
de dinero - rate of interest
de mercado - current *or* market price
de oferta - bid price
de paridad - parity price
de plaza - current *or* market price
global - lump sum
líquido - net price, cash price
mínimo fijado - upset price
reservado - upset *or* reservation price
sostenido - support price
techo - ceiling price
precios dirigidos o **intervenidos** - controlled prices
preclusión - estoppel, preclusion
precontractual - precontractual

predecesor - predecessor
predial - predial, real-estate
predio - real estate, landed property, tenement
  dominante - dominant tenement
  edificado - improved property
  enclavado - landlocked property
  rural - farm, rural property
  rústico - farm, rural property
  sirviente - servient tenement
  urbano - city property
predisponer - to prejudice
predisposición - bias, prejudice
preefectivo - pre-effective
prefecto - prefect, chairman
prefectura - prefecture, superintendency
  de policía - police headquarters
  de puerto - office of harbor master
preferencia - preference
preferente - preferential, preferred, prior
pregón - publication, proclamation
pregonero - auctioneer, crier, announcer
pregunta - question
  categórica - categorical question
  hipotética - hypothetical question
  que insinúa la respueta - leading question
  sugestiva - leading question
preguntas añadidas - second interrogatory
preguntar - to question
preindicado - before-mentioned
prejudicial - pre-judicial, requiring prejudication
prejuicio, prejudicio - prejudgment, prejudice
prejuzgar - to prejudge
prelación - preference, priority, marshaling
prelativo - preferential
preliminar - preliminary
premeditación - premeditation, malice aforethought
premeditado - deliberate, premeditated
premisas - premises
premoriencia - predecease
premorir - to predecease
premuerto - predeceased
premura - urgency, dunning
preñada - pregnant
prenda - security, pledge, chattel mortgage
  agraria - pledge of farm equipment *or* crops *or* livestock as security for a loan
  flotante - variable collateral
prendador - pledger
prendar - to pledge, pawn
prendario - collateral, security
prender - to detain, to arrest, to secure
prenombrado - aforesaid, above-mentioned
preparado - ready
preparar - to prepare
prepararse - to prepare
prerrogativa - prerogative
prescribir - to prescribe, outlaw, to specify, dispose, prescribe
prescripción - prescription, extinguishment, legal principle
  adquisitiva - acquisitive prescription, adverse possession
  de acción - limitation of action
  de delito - limitation of power to prosecute
  extintiva - extinctive prescription
  liberatoria - outlawing of a debt by failure of creditor to demand payment
  negativa - laches
prescriptible - prescriptible, lapsable
prescriptivo - prescriptive
prescrito - barred by statute of limitations
presencia - attendance, presence
  de, en - in the presence of
presenciar una reunión - to attend a meeting
presentación - presentation, introduction, presentment, filing
  , a - on presentation, at sight, on demand
  de la letra de cambio - presentation of the bill of exchange
presentante - one who submits *or* presents anything
presentar - to present, to file a document in court
  al pago - to present for payment
  una moción - to move, offer a motion
  prueba - to produce proof, furnish evidence
  reclamación - to file a claim
  un recurso - to file an appeal
  la renuncia - to tender a resignation
  una solicitud - to file an application
presente - present, current
  , por la - hereby, by these presents
preservativo - preventive
presidario - convict
presidencia - presidency, chairmanship
  municipal - executive office of municipality

presidenta - chairwoman, forewoman
presidente - president, chairman, presiding officer
  actuante - acting president
  de la junta - chairman of the board
  de la mesa - chairman of the board
  del consejo - chairman of the board
  del jurado - chairman of the board
  electo - president-elect
  en ejercicio - acting president *or* chairman, president now in office
  interino - acting president
  municipal - chief executive of a municipality
Presidente
  de la Cámara - Speaker of the House
  del Tribunal Supremo - Chief Justice
presidio - prison, imprisonment
  perpetuo - life imprisonment
presidir - to preside
preso - prisoner
prestación - prestation, fulfillment of an obligation, lending, a loan, aid, assistance, benefits, contract consideration, furnishing, service, contribution, payment, remittance
  de servicios - rendering of services
  específica - specific performance
  pecuniaria - a loan
  social - social service, relief
prestaciones
  asistenciales - social service, welfare work
  económicas - benefit payments
prestador - lender
  a la gruesa - lender on bottomry
prestamista - money lender, money broker
préstamo - loan, accommodation
  a cambio marítimo - bottomry
  a descubierto - unsecured loan
  a la gruesa - maritime loan, bottomry
  a riesgo marítimo - maritime loan, bottomry
  a sola firma - unsecured loan
  a vista - demand *or* call loan
  de consumo - mutuum, loan for consumption
  de uso - commodatum, loan for use
  diario - day loan
  hipotecario - mortgage loan
  quirografario - unsecured loan
  y arriendo - lend-lease
prestar - to lend, loan, to borrow, to assist
  caución - to furnish security
  fianza - to give bond, to furnish bail
  garantía - to furnish *or* to offer a guaranty
  juramento - to take an oath
  un servicio - to render a service
  sobre hipoteca - to lend on mortgage
prestatario - borrower
presunción - presumption
  absoluta - absolute *or* conclusive presumption
  concluyente - conclusive presumption
  de derecho - presumption of law, legal *or* artificial presumption
  de fallecimiento - presumption of death
  de hecho - presumption of fact
  de hombre - presumption of fact
  de inculpabilidad - presumption of innocence
  de supervivencia - presumption of survivorship
  dudosa - disputable presumption
  humana - presumption of fact
  juris et de jure - presumptio juris et de jure, presumption of law and of right
  juris tantum - legal but rebuttable presumption
  legal - presumption of law, legal *or* artificial presumption
  razonable - natural presumption
  rebatible - rebuttable presumption
  refutable - rebuttable presumption
  relativa - rebuttable *or* inconclusive presumption
  simple - presumption of fact
  violenta - violent presumption
presuncional - presumptive
presuntivo - presumptive
presunto heredero - heir presumptive
presupuesto - presupposition, estimate, budget, estimated, presumed
presupuestos procesales - prerequisites *or* rules of procedure
pretender - to try, to solicit, to aspire to, to claim
pretendiente - applicant, claimant
pretensión - claim, pretensión, cause of action
  litigiosa - subject of a suit
preterición - preterition, omission by testator of a forced heir from will
preterintencional - unpremeditated

preterir - to omit, to except
pretermitir - to pretermit
pretexto - pretext
pretor - judge of a lower court
pretorio - courtroom
prevaricación - betrayal of trust, breach of official duty, prevarication, misfeasance in office
prevaricar - to prevaricate
prevaricato - prevarication
prevención - prevention, foresight, precaution, warning, prevenience, anticipated assumption of jurisdiction that another judge has equal right to assume
  de accidentes - accident prevention
  social - social security
prevenir - to provide for, prepare, to avoid, prevent, to overcome, to estop, to warn
prevenirse - to take precautions
preventivo - cautionary, preventive, prevenient
preventorio - reformatory
previo, previa - previous, anticipated, estimated, subject to, after certain conditions are fulfilled
  a resolución - pursuant to resolution
  acuerdo - subject to agreement
  informe - after receipt of report
  pago - against payment
  requerimiento - after summons
prima - premium, bonus, bounty, subsidy
  y multa - bonus and penalty
primario - primary
primer - first
  gravamen - first lien
  magistrado - chief magistrate
primera
  de cambio - first of exchange
  delincuencia - first offense
  hipoteca - first mortgage
  instancia - first instance, first trial of a suit
  parte - party of the first part
primogénito - first-born son, first-born
primogenitura - primogeniture
primordial - original, primary, fundamental
principal - principal, capital, constituent, employer, head of a business, main, chief, head
principio - rule, principle, theory
  de adaptación del proceso - principle that form of procedure must be suited to subject of suit
  de adquisición procesal - rule that evidence produced by one party may be used by the other
  de concentración - rule that all questions at issue must be decided in one final judgment
  de controversia - rule that parties must furnish the evidence necessary to a decision
  de consumación procesal - rule that steps in procedure may not be repeated
  de convalidación - rule that nullity may be cancelled by failure to claim it
  de derecho - legal principle, rule of law
  de economía procesal - rule that procedure must economize time and cost
  de eficacia procesal - rule that trial must proceed in an efficient manner
  de igualdad - principle of equality before the law
  de inmediación - rule that exceptions to judgment must be taken at once
  de impulsión procesal - rule that parties must push case to conclusion
  de iniciativa de las partes - principle that action must be initiated by a party and not by the court
  de la libertad de las formas - principle of freedom to chose form of action
  de probidad - principle that action must be in good faith
  de publicidad - rule that parties may have access to all evidence
  dispositivo - rule that parties must furnish all necessary evidence
  inquisitivo - principle that court may initiate action
prioridad - priority, preference, preemption, seniority
prisión - prison, seizure, imprisonment
  estatal - state *or* state's prison
  ilegal - false imprisonment
  incomunicada - solitary confinement
  perpetua - life imprisonment
  preventiva - preventive custody
  vitalicia - life imprisonment
prisionero - prisoner
privado - personal, private
privar - to deprive
  de los derechos civiles - to disfranchise

privatista - expert in private law
privatístico - private
privativo - exclusive, special, privative
privilegiado - patentee, privileged, proprietary, patented, preferred
privilegiar - to patent, to grant a patent, to grant a privilege *or* preference
privilegio - franchise, concession, patent, copyright, privilege, preference
  absoluto - absolute privilege
  civil - right of preference in settlement with a bankrupt
  condicional - conditional privilege *or* preference
  de introducción - exclusive rights to a foreign product
  de invención - patent
  de no caducidad - nonforfeiture privilege
  marítimo - maritime lien *or* privilege, right of preferred creditor under admiralty law
  particular - special privilege
  privilegios e inmunidades - privileges and immunities
pro - profit, benefit
  forma - pro forma
  indivisión - state of being still undivided
  indiviso - undivided, pro indiviso
  tempore - pro tempore, provisionally, temporarily
probabilidad - probability
probable - probable
probanza - proof, evidence
  en juicio - legal proof, proof in court
  procesal - evidence in court
probar - to test, to prove, establish, to deraign
probatoria - time allowed for producing evidence, probation
probatorio - probatory term, probatory, proving, probative, evidential, evidentiary, probationary
probidad - honesty, integrity
probo - honest, upright
procedencia - origin, source, point of departure, justification, legal basis
procedente - according to law *or* rule, in order, correct
proceder - procedure, action, to proceed, take action, to be lawful, to be in order *or* according to rule
procedimental - procedural
procedimiento - process, method, system, procedure, proceeding
  adjetivo - procedure
  anómalo - anomalous proceeding
  civil - civil procedure
  coactivo - compulsory process
  comercial - commercial usage
  criminal - criminal procedure
  de oficio - action initiated by the court without request of either party
  ejecutivo hipotecario - foreclosure
  judicial - judicial proceeding
  ordinario - ordinary proceeding
  oral - oral proceedings
  penal - criminal procedure *or* proceeding
  sumario - summary procedure *or* proceeding
  sumario ejecutivo - summary foreclosure suit
  tributario - procedure for collecting taxes
  verbal u **oral** - oral proceedings
procesable - actionable, suable, indictable, triable
procesado - defendant, prosecuted, indicted
procesal - pertaining to legal process, procedural, processal
procesalista - authority on adjective law
procesamiento - indictment, prosecution
procesar - to sue, prosecute, to arraign, to indict, to process
proceso - process, action, proceeding, trial, arraignment, prosecution, file of papers in an action
  acumulativo - joinder, consolidated actions
  administrativo - action under administrative law
  anormal - irregular process
  atractivo - bankruptcy proceeding designed to absorb all pending actions against the debtor
  auxiliar - ancillary proceedings
  caucionable - bailable process
  cautelar - preventive action, provisional remedy
  civil - civil action
  congnoscitivo - action to determine a legal principle
  colectivo - joint action
  concursal - bankruptcy proceeding
  constitutivo - test action, action to establish a legal principle

contencioso - lawsuit
corporativo - action under corporation law *or* under labor law
criminal - criminal prosecution
de cobro, en - in process of collection
de cognición - action to determine a legal principle
de condena - prosecution
de ejecución - execution of judgment
de ejecución concursal - bankruptcy proceedings
de ejecución singular - foreclosure by one creditor
de residencia - impeachment proceedings
declarativo - declaratory action
dispositivo - test action, action to establish a legal priciple
ejecutivo - executory process *or* proceeding
hipotecario - foreclosure suit
inicial - original process
judicial - judicial proceeding
jurídico - judicial process
laboral - action under labor code
mixto - mixed action
ordinario - lawsuit, ordinary proceeding
para secuestro - attachment proceedings
penal - criminal action
preventivo - proceeding for provisional remedy
secundario - ancillary proceedings
simple - ordinary proceeding, action involving a single issue between two persons
simulado - simulated proceeding, action in bad faith
singular - proceeding on behalf of a singular successor
sumario - summary proceeding
sumario hipotecario - foreclosure suit
sumarísimo - summary proceeding for prompt decision
testamentario - probate proceeding
tributario - proceeding for tax collection
verbal - hearing, report of proceedings
voluntario - proceeding in court of voluntary jurisdiction

proclamación - proclamation
proclamar - to proclaim, promulgate
procumún - public property *or* interest
procura - power of attorney
procuración - procuration, practice of law, proxy, power of attorney, mandate
, en o **por** - by proxy, by authority
expresa - express procuration
implícita - tacit *or* implied procuration

procurador - attorney, attorney in fact, counselor, proctor, procurator, solicitor, buyer, procurer, procuratory
del condado - county attorney
de instrucción pública - public prosecutor
delegado - assistant prosecutor
en juicio - attorney, trial lawyer
extrajudicial - legal adviser, attorney in fact, private attorney
fiscal - prosecutor, government attorney
general - attorney general
judicial - attorney at law, counsel, representative in court
público - prosecutor, district attorney, attorney at law, public attorney

procuraduría - law office, agency, attorneyship
general - attorney general's office
gestora - executive agency

procurar dinero - to raise money
procurarse efectivo - to raise money
pródigo - prodigal
producir - to produce, exhibit, to yield, return
un beneficio - to yield a profit
efecto - to take effect, be effective
intereses - to bear interest
prueba - to produce evidence

productivo - profitable, productive
producto - product, yield, profit, proceeds, avails
equitativo - fair return
neto de la operación - operating income

profano - layman, lay, not expert
profecticio - profectitious, by direct inheritance
proferir una decisión - to announce a decision
profesar - to practice a profession
el comercio - to trade

profesión - profession, occupation, trade, calling, declaration, statement
profesional - professional man *or* woman, professional, trade
de la contabilidad - expert accountant
en derecho - lawyer

profesionista - professional man *or* woman
profesor - professional man, professor
proforma - preliminary draft of a document, pro forma
prófugo - absconder, fugitive from justice
progenie - offspring, issue
prohibición - prohibition, embargo
 judicial - injunction
prohibir - to prohibit, to enjoin, interdict, restrain
prohibitivo - prohibitive, prohibiting
prohibitorio - prohibitive, prohibitory
prohijamiento - adoption
prohijar - to adopt
prole - issue, offspring
promesa - promise, pledge
 colateral - collateral promise
 de pago - promise to pay
 de venta - option, contract for installment sale
 formal - formal promise
 implícita - implied promise
 pura o **simple** - simple promise
 sin causa - naked promise
 unilateral - unilateral contract
prometedor - promissor, promising, propitious
promisorio - promissory
promitente - one who makes a commitment, one who submits an offer
promoción - promotion, plea, motion, demand, advancement, promotion
promotor - promoter, promotional
 fiscal - government attorney, prosecutor
promovedor - promoter, promotional
promovente - plaintiff, petitioner, promoter
promover - to promote, back, float, to demand
 una acción - to bring suit
 demanda - to bring suit
 el recurso - to take an appeal
 juicio - to bring suit
 pruebas - to call for proof
promoviente - proposer, plaintiff
promulgar - to promulgate, publish, proclaim
pronunciamiento - pronouncement
pronunciar - to pronounce
 el juicio - to pronounce judgment
 sentencia - to pronounce judgment
 un auto - to issue a writ
 un discurso - to make a speech
 verdicto - to return a verdict
propiedad - property, ownership, estate, proprietorship, real estate
 absoluta - absolute estate
 condicional - conditional estate
 contingente - contingent estate
 convencional - conventional estate
 de renta - income-producing property
 , en - in fee, regular
 en dominio limitado - estate less than freehold
 en dominio pleno - estate in fee simple
 ex expectativa - expectant estate
 horizontal - proprietary interest in a cooperative apartment house
 industrial - industrial property such as patents and trademarks
 inmobiliaria - real estate
 inmueble - real estate
 intangible - intangible asset
 intelectual - copyright
 limítrofe - abutting property
 literaria - copyright, literary property
 mancomunada - joint ownership, estate in common
 mueble - personal property, personalty
 neta - net worth
 raíz - real estate
 raíz sin mejorar - unimproved real estate
 real - real estate
 rústica - country property, farm land
 territorial - real estate
 urbana - city real estate
 útil - usufract, beneficial ownership, dominium utile
 vitalicia - life estate
propietario - owner, proprietor, freeholder, proprietary
 aparente - reputed owner
 beneficioso - beneficial owner
 de casa - homeowner, landlord
 de inmuebles - landowner
 en derecho - legal owner
 equitativo - equitable owner
 por prescripción - prescriptive owner
 registrado - owner of record
 vitalicio - life tenant
proponente - bidder, applicant, proponent
proponer - to propose, offer, bid
 demanda - to file a complaint
 una moción - to offer a motion
 una transacción - to offer a settlement
proponerse - to plan, intend

proposición - proposal, bid, proposition, motion
contraria - countermotion
de compra - bid
de ley - introducing a bill in legislative body
introductiva - complaint, petition
propósito - purpose, object
, a - pertinent, on purpose
criminal - criminal intent
propósitos sociales - corporate purposes
propuesta - bid, proposal, tender, offer, proposition
a precios unitarios - unit-price bid
a suma alzada - lump-sum bid
en firme - firm offer
y aceptación - offer and acceptance
propuestas selladas o **cerradas** - sealed bids, closed bids
prorrata - pro rata, prorate
prorratear - to prorate, apportion
prorrateo - prorating, apportioning
prórroga - extension, postponement, ampliation
de competencia - extension of a judge's jurisdiction
de jurisdicción - extension of a judge's jurisdiction
de plazo - extension of time
prorrogable - extendible, postponable
prorrogar - to extend, prolong, defer, put over
prosapia - lineage
proscribir - to proscribe
proscripción - proscription
y confiscación - attainder
proscriptor - proscriptive
prosecretario, prosecretaria - assistant secretary
prosecución - prosecution
proseguir - to prosecute, to proceed, continue
prospecto - prospectus, prospect
prostíbulo - house of prostitution
prostitución - prostitution
prostituta - prostitute
protección - protection
protesorero - assistant treasurer
protesta - protest
, bajo - under protest
de avería - master's protest
de mar - ship's *or* master's protest
del capitán - ship's *or* master's protest
protestable - protestable
protestado - drawee of a protested bill, protested
protestador - protester
protestar - to protest, take exception, to affirm, to announce, declare, publish
un giro - to protest a draft
protesto - protest
protocolar, protocolario - protocolar, protocolary
protocolar, protocolizar - to record officially, to register with the official notary
protocolo - registry, official record, protocol
notarial - notarial protocol
protonotario - prothonotary
protela - protutory
protutor - protutor
provecho - benefit, advantage, profit
provechoso - profitable, useful, beneficial
proveer - to furnish, supply, provide, to decide
proveido - judgment, decision, writ
proveimiento - decision, judgment
cautelar - provisional decision
ejecutivo - levy, execution
instructorio - judge's instructions for proceeding
jurisdiccional - final decision
satisfaciente - writ of execution
provenir de - to arise from
proveyendo - provided
providencia - judgment, verdict, decision, order, resolution, instructions, general orders, provision, measure, means
de lanzamiento - writ of ejectment
de secuestro - writ of attachment
ejecutoria - writ of execution
judicial - judicial order *or* decision
motivada - order with judge's opinion
precautoria - preventive injunction
preventiva - writ of prevention
providenciar - to rule, decide, decree, pronounce judgment
provincial - provincial
provisión - furnishing, supplying, provision, remittance by drawer to drawee, allowance, reserves
de fondos - financing, provision of funds by drawer to meet bill of exchange
para cuentas dudosas - reserve for bad debts

para depreciación - depreciation reserve
provisional, provisorio - provisional, temporary
provocación - provocation
justificante - adequate provocation
próximo - proximate, close, next
proyecto - project, development, design, plan, scheme
de contrato - draft of contract
de decreto - proposed decree
de ley - bill, proposed law
de sentencia - provisional decision, proposed judgment
prudencia razonable - reasonable care
prudencial - reasonable
prueba - test, proof, evidence
absoluta - full proof
admisible - competent *or* admissible evidence
anticipada - evidence produced during preliminaries to trial
circunstancial - circumstantial evidence
civil - real evidence
concluyente - conclusive evidence
concurrente - corroborative evidence
confesional - reply to interrogatories
conjetural - presumption evidence
convencional - evidence admitted by agreement of the parties
corroborativa - corroborating evidence
cumulativa - cumulative evidence
de cargo - evidence for the prosecution
de contabilidad - accounting evidence
de descargo - evidence for the defense
de oficio - evidence which the judge calls for
de oídas - hearsay evidence
de referencia - hearsay evidence
decisiva - conclusive evidence
demostrativa - demonstrative evidence
derivada - secondary evidence
directa - direct evidence
diversa - refutation, counterevidence
documental - documentary evidence
en substitución - substitutionary evidence
escrita - documentary evidence, literal proof
fortuita - casual evidence
idónea - conclusive proof
impertinente - irrelevant evidence
incidental - casual evidence
indirecta - indirect evidence
indisputable - absolute proof, conclusive evidence
ineficaz - inconclusive evidence
inmediata - direct evidence
innominada - evidence of a kind not specifically provided for by law
instrumental - documentary proof
intrínseca - intrinsic evidence
judicial - legal evidence
legal - legal evidence
literal - documentary evidence
material - real evidence
mediata - indirect evidence
moral - moral evidence
negativa - negative evidence
nominada - legal evidence
oral - parol evidence
original - original evidence
pericial - expert testimony
personal - evidence of witnesses
pertinente - material evidence
plena - full proof
por constituir - evidence developed during the trial
por indicios - presumptive *or* circumstantial evidence
preconstituída - evidence existing before trial
presuncional - presumptive evidence
presunta - presumptive evidence
prima facie - prima facie evidence
primaria - primary evidence
privilegiada - evidence that may be used only in case of felony
procesal - evidence in a trial
real - real evidence
semiplena - half proof
testifical - oral evidence
testimonial - proof by witnesses, oral evidence
verbal - parol evidence
vocal - parol evidence
psicíatra - psychiatrist
psiconeurosis - psychoneurosis
pubertad - puberty
publicación - publication
publicista - publicist
público - public
publíquese - be it known
puerto - port, harbor
aduanero - port of entry
de arribada forzosa - port of refuge

de aduana - port of entry
de armamento - home port, port of registry
de matrícula - home port, port of registry
de salida - port of departure
final - port of delivery
franco - free port
habilitado - port of entry
libre - free port
terminal - port of delivery
pugna - disagreement, conflict
puja - bid
pujar - to bid up, raise the offer
punible - punishable
punición - penalty, punishment
punitivo - punitive
punto - point, issue
legal - legal question *or* issue
puntualizar - to itemize, detail
pupilaje - guardianship
pupilar - pupillary, pupilar
pupilo, pupila - ward
purgación - purgation
purgar - to clear of a criminal charge
de contumacia - to purge of contempt
purgativo - purgatory
putativo - putative, reputed, commonly esteemed

Notes

Q

quanti minoris - quanti minoris, action for reduction of price for defects in article sold
quebrada - ravine, deep pass
quebrado - bankrupt, broken
quebrantador - lawbreaker, one who violates *or* infringes
quebrantamiento - violation, breach
  de condena - violation of court order imposing an obligation
  de forma - breach of procedural form
quebrantar - to violate, breach, to weaken, to annul
  el arraigo - to jump bail
  un testamento - to break a will
quebranto - loss, damage, expense
quebrar - to break, crush, to fail, become bankrupt
quedan - promissory note, provisional customs release
queja - complaint, charge
quejarse - to complain
quejoso - complainant
querella - complaint, dispute, contest, charge, accusation
  criminal - prosecution, criminal charge
  de nulidad - appeal for annulment
  penal - criminal charge
querellado - accused, defendant
querellante - complainant, plaintiff
querellar, querellarse - to accuse, to bring suit
quid pro quo - quid pro quo, something for something
quiebra - bankruptcy, failure, loss, damage
  aparente - lack of liquid assets to meet liabilities
  casual - fortuitous bankruptcy
  culpable - bankruptcy due to bad management
  culposa - bankruptcy due to bad management
  de derecho - legally declared bankruptcy
  de hecho - de facto bankruptcy
  fortuito - fortuitous bankruptcy
  fraudulenta - fraudulent bankruptcy
  involuntaria - involuntary bankruptcy
  real - insolvency
  voluntaria - voluntary bankruptcy
quien calla, otorga - silence shows consent
quien concierna, a - to whom it may concern
quien corresponda, a - to whom it may concern
quien pueda interesar, a - to whom it may concern
quieta y pacífica posesión - quiet enjoyment, peaceful possession
quirografario - unsecured (debt), general (creditor)
quirografía - handwriting
quirógrafo - IOU, promissory note, chirograph, unsecured
quita - acquittance, release, rebate, allowance, scaling down a debt
quitas y esperas - reduction of amount and extension of time, arrangement with creditors
quitación - release, quitclaim
quitamiento - discharge, acquittance
quitanza - discharge, receipt in full
quito - free, exempt
quo warranto - quo warranto, proceeding to test right to a corporate *or* government office
quórum - quorum

Notes

R

rábula - shyster lawyer, pettifogger
rabulería - work of a shyster lawyer
radicar - to be established
  apelación - to appeal, file an appeal
  una acusación - to accuse
  una causa - to bring suit
  una moción - to file a motion
  una propuesta - to present a bid
  una solicitud - to file an application
radicarse - to become established
ramera - prostitute
ramplón - vulgar
rapiña - robbery, rapine
raptar - to rob, to kidnap, abduct
rapto - abduction, rape, kidnapping
  de niño - kidnapping
raptor - kidnapper, abductor, thief
raqueterismo - racketeering, gangsterism
raquetero - racketeer, gangster
ratear - to prorate, to pilfer, to rate
rateo - prorating, rating
ratería - petty theft, pilferage
  de tiendas - shoplifting
raterismo - thieving, robbery
ratero - pilferer, sneak thief, pickpocket
  de tiendas - shoplifter
ratificación - ratification, confirmation, affirmance
ratificar - to ratify, confirm, approve
ratihabición - ratification, approval, confirmation
raza, color o condición previa de esclavitud - race, color, or previous condition of servitude
razón - ratio, rate, explanation, reason, information, fairness, equity
  comercial - firm name, commercial house
  social - firm name, tradename, concern, firm, partnership
razonable - fair, reasonable
razonamiento - reasoning
rea - woman defendant
reabrir - to reopen
reaceptación - reacceptance
readquirir - to reacquire
reafirmar - to reaffirm
reajustar - to readjust, renegotiate
reajuste - readjustment, renegotiation
realizable - marketable, liquid assets
realizar - to realize, turn into cash, to perform, carry out
  una asamblea - to hold a meeting
  gestiones - to take steps, to negotiate
realquilar - to sublease
reanudar los pagos - to resume payment
reapertura - reopening
reargüir - to reargue
reavaluar - to reappraise
reavalúo - reappraisal
rebatir - to deduct, to refute, rebut
rebelde - defaulter, person in contempt of court, contumaceous, in contempt
rebeldía - default, nonappearance, contempt of court, contumacy
  , en - by default, in default
rebelión - rebellion
recambiar - to redraw
recambio - redraft, re-exchange
recapacitar - to rehabilitate
recapitalización - recapitalization, refinancing
recapitulación - summary, recapitulation
recapturar - to recapture
recargo - surcharge, extra charge, markup, overcharge, surtax
  impositivo - surtax, penalty for delayed payment
  tributario - surtax, penalty for delayed payment
recatar - to conceal
recaudable - collectible
recaudación - collection
  en el fuente - collection at the source
  en el origen - collection at the source
recaudaciones - revenues, collections
recaudador - collector
  de aduana - collector of customs
  de impuestos - collector of taxes
  de rentas internas - collector of internal revenue
recaudar - to collect
recaudatorio - collection
recaudo - collection, bond, surety
receptador - accessory, one who conceals a crime
receptar - to abet *or* conceal a crime
receptor - receiver, consignee
  de rentas - tax collector, receiver of taxes
  pendente lite - receiver pendente lite
receptoría - office of tax receiver *or* collector of customs, receivership

recesar - to adjourn, recess, to take a holiday
receso - recess, intermission, separation, depression, hard times
recetoría - office of collector *or* treasurer
recibí - received payment
recibido - graduated, admitted to practice
recibir - to receive, take in, accept
  a prueba - to admit as evidence
  el juramento - to administer an oath
recibirse de abogado - to be admitted to the bar, to receive the degree of Ll. B.
recibo - receipt
  confidencial - trust receipt
  de almacén - warehouse receipt
  de bordo - ship's receipt
  de carga - freight *or* cargo receipt
  de confianza - trust receipt
  de embarque - ship's receipt
  de finiquito - full receipt
  de muelle - dock receipt
  fiduciario - trust receipt
  por saldo - receipt in full
recidivista - recidivist, habitual criminal
reciprocidad - reciprocity
recíproco - reciprocal, mutual
reclamable - claimable
reclamación - claim
  condicional - contingent claim
  judicial - judicial claim
  suplementaria - supplemental claim
  tributaria - claim for tax refund
reclamante - claimant
reclamar - to claim, to reclaim, to oppose
  daños y perjuicios - to claim damages
  perjuicios - to claim damages
  por daños - to claim damages
reclamo - claim, protest, bill, advertisement, catchword, slogan
  por fraude - bill for fraud
  por muerte - death claim
recluir - to imprison
reclusión - imprisonment
  perpetua - life imprisonment
recluso - prisoner, imprisoned
reclusorio - prison, penitentiary
recobrable - recoverable
recobrar - to recover, regain, recoup, to collect
recobro - recovery
recogedor - collector
recoger - to retire, withdraw, to collect, to take up
  fondos - to raise money
recogida - withdrawal, collection
recomendado - registration
  en caso de necesidad - alternate payer *or* acceptor, referee in case of need
recomendar - to recommend, to entrust
recomendatario - alternate drawee *or* acceptor, referee in case of need
recompensa - compensation, remuneration
recompensable - remunerable
recompensar - to remunerate, recompense
recompra - repurchase
recomprar - to repurchase
reconciliar - to reconcile
reconducción - renewal
reconducir - to renew
reconocer - to examine, inspect, to verify, to acknowledge, recognize, avow, to honor, to pass to the credit
  una firma - to acknowledge a signature
  el gremio - to recognize the union
  un hijo - to acknowledge one's child
reconocimiento - canvass, survey, inquiry, inspection, examination, investigation, exploration, admission, confession, acknowledgment, recognizance
  aduanal - customs inspection, customs appraisal
  de avería - average survey
  de créditos - marshaling the claims
  de deuda - acknowledgment of debt
  de la deuda - confession of indebtedness
  de firma - authentication of signature
  de hijo natural - acknowledgment of an illegitimate child
  tácito - implied acknowledgment *or* confession
reconsiderar - to reconsider
reconstituir - to reorganize
reconvención - reconvention, recoupment, counterclaim, counterplea, countercharge
reconvencional - reconventional
reconvenir - to counterclaim, to countercharge, recriminate
reconversión - reconversion
recopilador - compiler, reporter
recopilar - to compile, to summarize, brief
récord - record
  delictivo - criminal record
recriminación - countercharge, recrimination

recriminador - recriminator
recriminar - to recriminate, countercharge
rectamente - honestly
recuperable - recoverable
recuperación - recovery, recapture, salvage
recuperaciones - recovery of bad debts
recuperar - to recover, recapture, recoup, to repossess
recupero - recovery
recurrente - petitioner, appellant, recurring
recurrible - appealable
recurrido - party against whom appeal is taken, appealed
recurrir - to resort to, have recourse to, appeal to
recurso - recourse, appeal, remedy, petition, motion, proceeding
  administrativo - administrative remedy, appeal to execute authority
  civil - civil remedy
  contencioso - appeal to the courts
  contencioso-administrativo - appeal to the courts against acts of the government
  de aclaración - petition for clarification of certain points
  de amparo - action *or* proceeding for relief, writ of relief, a constitutional provision peculiar to Mexico which resembles United States writs of prohibition, certiorari, injunction, and habeas corpus
  de alzada - remedy of appeal
  de apelación - remedy of appeal
  de casación - motion to vacate, appeal for dismissal *or* reversal, proceeding for review by a higher court of a judgment on the ground of errors of law *or* breach of some procedural right
  de habeas corpus - petition for habeas corpus
  de hecho - appeal for review of facts as well as law
  de homologación - appeal to court against award of arbitrators
  de nulidad - appeal for annulment
  de oposición - right of exception
  de queja - petition in error, complaint appeal
  de reforma - appeal for amendment
  de reposición - motion to set aside, appeal from judgment of appellate court
  de rescisión - appeal for annulment
  de responsabilidad - action to hold judge responsible for damage due to this error
  de revisión - appeal for review
  de revocación - appeal for annulment or for reversal
  de segunda instancía - first appeal
  de súplica - right of petition, petition for reconsideration
  de tercera instancia - second appeal
  de tercero - rights of third party
  extraordinario - appeal after execution of judgment, appeal to the president in a criminal case
  exclusivo - exclusive remedy
  gubernativo - appeal from decision of registrar of deeds
  interino - provisional remedy
  judicial - judicial remedy *or* proceeding
  justo - adequate remedy
  ordinario - appeal before execution of judgment
  pleno - adequate remedy
  por causa de error - writ of error
  preventivo - preventive measure
recursos
  extraordinarios - extraordinary remedies
  financieros - funds, means, resources
  legales - legal remedies
recusable - subject to challenge, recusable
recusación - challenge, objection, exception, recusation
  a jurados individualmente - challenge to the poll
  a todo el jurado - challenge to the panel
  con causa - challenge for cause
  general con causa - general challenge
  perentoria - statutory *or* peremptory challenge of a juror
  por causa principal - principal challenge
  por parcialidad - challenge proper affectum, challenge to the favor
  sin causa - peremptory challenge
recusante - objector
recusar - to challenge, except, to recuse
  al jurado - to challenge a juror
rechazable - refusable, rejectable

rechazar - to reject, refuse, decline, to disaffirm
rechazo - rejection, refusal
redaccional - written
redactar - to edit, to draw up, draft, make out
  el balance - to prepare a balance sheet
  un contrato - to draw up a contract
  un pedido - to write an order
redada - police raid, gang
redargüir - to impugn
redención - redemption, ransom
  de acciones - retirement of stock
  de la deuda - retirement of debt
  de la propiedad - redemption of property sold for taxes
redhibición - redhibition, avoidance of sale by hidden defects
redhibitorio - redhibitory
redimible - callable, redeemable
redimir - to redeem, call in, pay off
rédito - proceeds, revenue, return
  imponible - taxable income
réditos extraordinarios - excess profits
redituable o **reditual** - revenue-yielding, profitable, interest bearing
redituar - to yield, to draw
reducción - reduction
reducción al absurdo - reduction ad absurdum, showing that an argument leads to an absurd consequence
reembargo - reattachment
reembolsable - reimbursable, repayable
reembolsar - to reimburse, refund, to recover, collect
reembolso - reimbursement, refund, repayment, drawback
reemplazante - alternate
reencarcelar - to remand, recommit temporarily
reenvío - remand, remanding to lower court
reexaminación - re-examination
refacción - financing, backing, loan
  agrícola - farm loan, crop loan
  sobre bienes muebles - chattel mortgage
refaccionado - creditor for money advanced to a farmer *or* merchant *or* builder, crop-loan creditor
refaccionador - financial backer
refaccionar - to finance, to repair
refaccionario - financial backer, financing
  , credito - loan for financing a farmer *or* businessman
refaccionista - financial backer
referencia - reference, report, narration
referéndum - referendum
refinanciación - refinancing
refinanciar - to refinance
refletar - to recharter
reforma - amendment, revision
reformar - to amend, revise, reform
reformatorio - reformatory, house of correction, amending, correcting
refrenda - authentication, countersignature, validation
refrendar - to countersign, to authenticate
refrendata - countersignature
refrendo - countersignature
refundir - to refund
refutable - refutable, rebuttable
refutación - refutation, disproof, rebuttal, rebutter
refutar - to refute, rebut, disprove
regalía - right, privilege, bonus, commission, royalty, goodwill
  y penalidad - bonus and penalty
regalista - one who pays royalty
regente - magistrate, general manager, foreman
regicida - regicide (criminal)
regicidio - regicide (criminal)
regir - to be in force, to manage, direct
régimen conyugal de bienes - community property system
régimen de comunidad limitada - limited community property system
registrable - registrable, recordable
registración - registration
registrado - of record, registered
  como artículo de segunda clase - entered as second class matter
  para curso libre de porte - admitted to franking privilege
  únicamente en cuanto al principal - registered as to principal only
registrador - registrar, recorder, register
  de la propiedad - register of deeds
  de testamentos - register of wills
  suplente - deputy registrar
registraduría - registration office
registral - concerning registration
registrante - registrant
registrar - to record, file, register, enter, book, to inspect
  comparecencia - to enter an appearance

una hipoteca - to record a mortgage
una sentencia - to enter judgment of record
registro - record, file, docket, inspection, search, booking, registration, office for official registration
de marcas de fábrica - trademark registry office
de la propiedad - real-estate record office
de sufragio - voting list
demográfico - registry of vital statistics
e incautación - search and seizure
mercantil - government registry of commercial concerns
tributario - tax roll *or* list
y embargo arbitrario - unreasonable search and seizure
reglamentación - regulation
del trabajo - labor laws *or* regulations
de tránsito - traffic rules
urbanística - zoning rules
reglamentar - to regulate, establish rules
reglamentario - standard, regulation, regulatory, relating to rules *or* bylaws
reglamento - bylaws, rules, regulations
aduanero - customs regulations
de circulación - traffic rules
de edificación - building code
del trabajo - labor laws
parlamentario - parliamentary law *or* practice
procesal - rules of procedure
reglamentos interiores - bylaws
reglar - to regulate
reglas - rules
de evidencia - rules of evidence
procesales - code of procedure
regreso - return, recovery
anticipado - action of recourse before maturity
rehabilitación - reinstatement, restoration, rehabilitation
del fallido - discharge of bankrupt
rehabilitar - to rehabilitate, reinstate, to discharge from bankruptcy
rehén - hostage
rehipotecar - to rehypothecate
rehuir - to avoid, to reject, refuse
rehusar - to decline, refuse, to reject
el pago - to refuse payment
reincidencia - repetition, recurrence, second offense
reincidente - second offender
reincorporar - to reincorporate, to reinstate
reiniciar - to reopen
reinstalar una causa - to restore a case
reintegrable - refundable, reimbursable
reintegrar - to refund, to repay, reimburse, to restore, rehabilitate
reintegro - refunding, reimbursement, payment
reiteración - offense of habitual criminal
reiterante - habitual criminal offender
reivindicable - recoverable, repleviable
reivindicación - claim, replevin, recovery
reivindicador - replevisor
reivindicante - replevisor
reivindicar - to recover, regain possession of, to replevy, replevin
reivindicativo - relating to recovery
reivindicatoria - action for recovery
reivindicatorio - replevying
relación - report, statement, brief, recital, relation
de mar - logbook
de reserva - reserve ratio
jurada - sworn statement
pormenorizada - itemized statement
sintética - summary, digest
relaciones
circulares - circular relationship
de negocios - business relations
del trabajo - labor relations
laborales - labor relations
obreras - labor relations
públicas - public relations
relacionar - to state, report
relativo - relative
relato - report, statement
de la actuación - record of the case
de la audiencia - record of the case
relator - reporter, relator, spokesman
relevación - exemption, remission, pardon
relevamiento - survey, report, statement
relevancia - relevance
relevante - substitute, relief, relevant
relevar - to release, to substitute, relieve, to acquit
relictos - estate of a deceased person
remanente - residuary
rematador - auctioneer
rematar - to auction, to knock down at auction, to take bids
rematario - successful bidder

remate - competitive bidding, auction, session of the stock exchange
al martillo - auction sale
remediable - correctible, remediable, reparable
remediar - to remedy, repair, to avoid
remedio - remedy, recourse, appeal
en derecho - remedy at law
equitativo - equitable remedy
remesa - remission, remittance
remesar - to send, remit
remisión - remission, remittance, remittal, waiver, sending, shipping
de deuda - cancellation of debt
remisor - shipper, consignor
remisoria - remand
remisorio - remitting
remitente - shipper, sender, remitter
remitir - to remit, to forward, transmit, dispatch, to remit to another court
una deuda - to remit *or* cancel a debt
remojada - tip, bribe, graft
remojar - to bribe, to give a tip
remojo - tip, bribe, graft
remunerable - remunerable
remuneración - remuneration, compensation, pay
razonable - just compensation
valiosa - valuable consideration
remunerar - to remunerate, compensate, pay
remunerador - remunerative, profitable, onerous
remunerativo - remunerative, profitable, onerous
remuneratorio - remunerative, profitable, onerous
rendición - yield, product, profit, rendering, submission
de la cuenta - rendering the account
rendimiento - efficiency, output, yield, revenue, earnings
al vencimiento - yield to maturity
corriente - current yield
de capital - return on capital
decreciente - diminishing returns
rendir - to produce, yield, to render, to submit, to return, restore
confesión - to make a confession
cuenta - to render an account
un fallo - to return a verdict, to render a decision
indagatoria - to submit to questioning
un informe - to submit a report
interés - to bear interest
pruebas - to adduce evidence
utilidad - to show a profit
veredicto - to return a verdict
renegociable - renegotiable
renegociar - to renegotiate
reniego - blasphemy
renovación de un pagaré - renewal of a note
renta - income, revenue, fixed income, rent, tax, ground rent, annuity
del capital - interest
de la tierra - ground rent
estancada - income from government monopoly
ganada - earned income
gravable - taxable income
imponible - taxable income
imputada - imputed rent
inmediata - immediate annuity
líquida - net income
nacional - national income
perpetua inmediata - perpetuity due
por invalidez - disability benefit
presunta - imputed rent
territorial - internal revenue, ground rent
vitalicia - life annuity
rentable - income-producing
rentado - commercial, for money, having a regular income
rentar - to yield, produce an income, to rent
rentas - income, rents, government bonds
consulares - proceeds of consular fees
de aduanas - customs receipts
del trabajo - earned income
fiscales - government revenues
interiores - internal revenue
internas - internal revenue
terrestres - internal revenue
rentista - bondholder, one who lives on the income from investments, annuitant
rentístico - pertaining to revenues (especially government)
rentoso - income-producing
renuncia - resignation, waiver, disclaimer, abandonment, relinquishment, abjuration, disaffirmance
de agravio - waiver of a tort
de aviso de rechazo - waiver of notice of dishonor
de citación - waiver of notice

de exención - waiver of exemption
de inmunidad - waiver of immunity
expresa - express waiver
implícita - implied waiver
tácita - implied waiver
voluntaria - express waiver
renunciable - renounceable
renunciar - to resign, to waive, to relinquish, renounce, disclaim, abjure
reo - convict, criminal, defendant
reorganización - reorganization
en equidad - equity reorganization
reorganizar - to reorganize
repagable - repayable
repagar - to repay
reparación - repair, indemnity, redress, relief, reparation, restoration
de agravios - redress of grievances
del daño - indemnity
reparaciones ordinarias - maintenance
reparador - remedial
reparar - to repair, to restore, recoup, to compensate, indemnify, redress
reparo - repair, protection, defense, obstruction, objection
repartidor - distributor, assessor
de averías - average adjuster
repartimiento - distribution, allotment, apportionment, assessment
repartir - to distribute, share, to dispense, to assess, to allot, apportion
un dividendo - to declare a dividend
reparto - distribution, assessment
de avería - average adjustment
de utilidades - profit sharing, distribution of profits
repertorio - digest
repetición - repetition, redress, recovery, action for recovery, right of recovery
repetir - to repeat, to demand, claim restitution
repetitivo - repetitive
réplica - reply, rejoinder, replication
general - general replication
replicante - respondent, repliant
replicar - to answer a plea
replicato - replication
reponer una causa - to restore a case
reportado - lender of securities
reportador - borrower of securities
reporte - report
de accidente - accident report
repórter - court reporter
reporto - borrowing of securities. The borrowed stock is paid for and title transferred. At expiration of agreed term equivalent certificates are delivered to the lender and paid for at a slightly higher price.
activo - borrowing securities
pasivo - lending securities
reportorio - digest
reposesión - repossession
reposición - replacement, rehabilitation, reinstatement, reversal, reformation
repositorio - repository, depository
repregunta - cross-examination
repreguntar - to cross-examine, cross-question
reprender - to reprimand
reprensión - reprimand, admonition
represalia - reprisal
, de - retaliatory
representación - representation
falsa - false representation
importante - material representation
legal - counsel
material - material representation
promisoria - promissory representation
representado - principal, one who is represented
representante - representative, agent
acreditado - authorized representative
autorizado - authorized representative
común de los obligacionistas - trustee of a bond issue
de comercio - commission man, broker
por acumulación - representative at large
representar - to represent, to declare, state
representativo - representative
represión - repression, check
del comercio - restraint of trade
represivo - restrictive
reprobar - to disapprove, reject, take exception to
repudiar - to repudiate, to disaffirm, to disavow, to renounce, relinquish
repudio - repudiation
repugnancia - repugnance
repugnante - repugnant
repulsa - refusal, rejection
repulsar - to refuse, reject, decline
requerimiento - requirement, demand, summons, requisition, injunction
, al - on demand

de pago - demand for payment
definitivo - permanent injunction
imperativo - mandatory injunction
interlocutorio - interlocutory *or* provisional injunction
permanente - permanent *or* perpetual injunction
precautorio - preventive injunction
preliminar - preliminary injunction
prohibitivo - prohibitory injunction
provisional - provisional injunction
requerir - to notify, to summon, to investigate, to require, need, to enjoin
requiriente - enjoiner, process server
requisa - requisition, confiscation, inspection
requisar - to commandeer, requisition, conscript, to inspect
requisición - demand, requisition, inspection, requisition for purchase of material
requisitar - to fill out a form, to requisition
requisito - requisite, necessary condition
requisitorio - requisition, requisitory
res - thing, subject matter, res
inter alios acta - res inter alios acta, a thing done between others
judicata - res judicata, a thing judicially decided
nullius - res nullius, property of nobody
resaca - redraft, cross bill
resacar - to redraw
resarcimiento - indemnity, compensation
resarcir - to indemnify, compensate
rescatable - redeemable, callable
rescatar - to salvage, recover, to retire, recapture, redeem, to ransom, to barter, exhange
rescate - redemption, recapture, ransom, barter
rescindible - rescindable, annullable, cancelable
rescindir - to rescind, cancel, annul
rescisión - rescission, annulment, cancellation
en equidad - equitable rescission
tácita - implied rescission
rescisorio - rescinding, annulling, rescissory
reseña - description, review, account
reserva - exception, reservation, reserve
de derechos, con - without prejudice, with reservation of rights
en efectivo - cash reserve
estatutaria - legal reserves, reserve required by corporation charter
mental - mental reservation
para cuentas malas o **para cobros dudosos** - reserve for bad debts *or* for doubtful accounts
para eventualidades - contingency fund
tácita - mental reservation
reservas
bancarias - bank reserves
contractuales - reserves stipulated in a loan contract
de superávit - surplus *or* proprietary reserves
del excedente - surplus *or* proprietary reserves
de utilidades - undistributed profits, unappropriated surplus
forzosas - legal reserves
reglamentarias - legal reserves
reservados todos los derechos - all rights reserved
reservar - to reserve, to exempt, to retain, to defer
decisión - to reserve decision
resguardo - security, collateral, voucher, dock warrant, duplicate of a collateral agreement, receipt, counterfoil
de acciones - temporary stock certificate
de almacén - warehouse receipt
de depósito - certificate of deposit, warehouse receipt
de rentas - body of revenue officers
de subscripción - subscription warrant
fronterizo - frontier customhouse and its personnel
provisional - temporary certificate, binder
residencia - residence, domicile, hometown, office of a resident official *or* representative, impeachment
residenciado en - residing in
residenciamiento - impeachment of an official
residenciar - to impeach, to indict, to arraign
en juicio - to arraign
residente - resident
residir en - to be vested in
residual - residual
resistencia a la autoridad - resisting an officer, resistance to arrest
resolución - resolution, cancellation, annulment, decision, opinion

conjunta - joint resolution
constitutiva - decision that establishes a legal principle
del contrato - cancellation of the contract
definitiva - final decision *or* determination
judicial - judicial decision *or* opinion
resolutivo - resolutory, resolutive
resolutorio - resolutory, resolutive
resolver - to resolve, determine, to decree, to agree, to annul, rescind
sin lugar - to dismiss
respaldo - security, guaranty, backing
de oro - gold reserve
económico - financial backing
responder - to answer, reply, respond
a - to protect, hold harmless, be responsible to
a las especificaciones - to meet specifications
a una obligación - to meet an obligation
de - to vouch for, answer for, to guarantee
del daño - to be responsible for damage
por - to guarantee, be responsible for
respondiente - responsive
responsabilidad - responsibility, accountability, liability
civil - civil liability, public liability
contingente - contingent liability
criminal - criminal liability
de patrones - employers' liability
del almacenero - warehouseman's liability
del naviero - shipowner's liability
definida - direct liability
económica - financial liability
emergente - indirect *or* consequential liability
eventual - contingent liability
hacia terceros - public utility
limitada - limited liability
neta - net worth
patronal - employers' liability
penal - criminal liability
por daños corporales - personal-injury liability
por daños materiales - property-damage liability
sin límite - unlimited liability
solidaria - liability in solidum, joint and severally liability
subsidiaria - secondary liability
responsabilidades ante terceros - public liability
responsabilizarse - to assume responsibility
responsable - one who is liable, responsible party, responsible, reliable, liable, accountable, answerable, amenable, guilt
responsiva - liability, surety bond
, dar la - to guarantee, be responsible for
respuesta - answer, reply, response, rejoinder
a la tríplica - rebutter
restablecer - to reinstate, re-establish, revest
restante - remainder, residual
restitución - return, restitution, remitter
in integrum - restitutio in integrum, restitution to the previous state
restituir - to restore, return, to refund, pay back, to reinstate
restitutorio - restitutory, restitutive
restricción - restriction, limitation
del comercio - restraint of trade
restrictivo - restrictive
resto - remainder, residual
resuelve, se - resolved
resuélvese - be it resolved
resultandos - paragraphs of the court's decision, whereas clauses (**considerandos** usually refers to conclusions of law and **resultando** to findings of fact)
resumen - digest, summary, abstract
de título - abstract of title
resumiendo - summing up
resumir - to sum up, brief, to summarize, abstract
retasa - reappraisement
retención - withholding, detention
en el fuente - withholding at the source
en el origen - withholding at the source
retener - to withhold, retain
judicialmente - to attach
retentor - withholding agent
retirable - callable
retirar - to call in, retire, to withdraw, to revoke
acusaciones - to withdraw charges
beneficios - to take profits
efectivo - to draw cash
retirarse - to withdraw

retiro - withdrawal, retirement
retorción - retortion, retorsion
retractación - retractation, redemption, retraction
retractar - to retract, to redeem
retracto - right of redemption
  y tanteo - right of repurchase at the same price
retraer - to redeem
retransferir - to reconvey
retransmisión - retransfer
retrasado - in arrears
retrasos - arrears
retrato - right of redemption
retribución - fee, compensation, remuneration, royalty, salary, wages
retributivo - income-producing, retributive
retribuyente - retributive
retroactividad - retroactivity
retroactivo - retroactive
retrocesión - retrocession, giving back
retrotraer - to date back
retrovender - to sell back, to sell with option to repurchase
retrovendición - repurchase by seller
retroventa - sale back to original seller
reunión - meeting, assembly, pool, syndicate
  de accionistas - stockholders' meeting
  de acreedores - meeting of creditors
  de la directiva - directors' meeting
  de instalación - organization meeting
  extraordinaria - special meeting
  ilegal - unlawful assembly
reunirse - to meet, assemble, convene
  de nuevo - to reconvene
reválida - revalidation, bar examination
revalidación - revalidation
revalorizar - to reappraise
revaluar - to reappraise
revalúo - revaluation
reventa - resale, subsale, agreement by seller to repurchase at same price
rever - to retry, to review
reversible - reversionary, revertible, returnable
reversión - reversion
  al estado - escheat
reverso - back of a document
revertir - to revert
revisable - revisable, reviewable
revisador - searcher
revisar - to inspect, examine, to audit, check, to revise, to review
  la acción - to reopen the case
  cuentas - to audit accounts
revisión - inspection, review, examination, revision, rehearing
  contable - audit
  de la causa - rehearing
  de título - title search
  judicial - judicial review
revisor - inspector, auditor
  contable - auditor
revisoría - inspector's office, auditor's office, audit
revista - rehearing, new trial, magazine
Revista Jurídica - Law Journal
revocabilidad - revocability
revocable - revocable, defeasible, repealable, reversible
revocación - annulment, cassation, ademption, vacation, revocation, reversal, repeal
  de contratos - rescission of contracts
revocar - to revoke, annul, repeal, abrogate, countermand, vacate
  la sentencia - to reverse *or* vacate the judgment
revocatoria - repeal, annulment
revocatorio - revoking, repealing, abrogative
revolución - revolution
revolucionario - revolutionary
revuelta - revolt, rebellion
rezago de la corte - pending cases
riberanos - riperian owners
reibereños - riperian owners
riesgo - risk, hazard, jeopardy, venture, adventure
  colectivo - joint adventure, collective hazard
  del comprador - caveat emptor, buyer's risk
  del porteador - carrier's risk
  del vendedor - caveat venditor, seller's risk
  emergente - indirect *or* contingent risk
  marítimo - marine risk, maritime adventure
  profesional - occupational hazard, occupational accident
riesgos del mar - maritime perils, marine *or* sea risks
riguroso - strict
ritualidad - formality

robacoche - automobile thief
robar - to rob, steal, plunder
robo - robbery, theft, larceny
rogatorio - rogatory
rollo - roll, record
romanista - one versed in the Roman law
romper - to break
  el contrato - to break the contract, to breach the contract
  la huelga - to break a strike
  las relaciones - to break relations
rompimiento - break, rupture, breach, violation, infringement
rotura - breaking, breakage
  del contrato - breach of contract
  de huelgas - strikebreaking
rúbrica - paraph, flourish after a signature, official stamp of approval, notarial flourish on a deed
rubricado - stamped with official approval
rubricar - to sign and seal, to place a title *or* heading, to paraph, to initial
rubro - title, caption, heading, subheading
rueda - session of the stock exchange
ruego - request, petition
rumor - rumor, hearsay

Notes

S

S.A. - (sociedad anónima), corporation, stock company, Inc.
S. de R. L. - (sociedad de responsabilidad limitada), limited-liability company
S. en C. - (sociedad en comandita), commandite, limited partnership
saber y entender - knowledge and belief
sabiendas, a - knowingly
sabotaje - sabotage
saboteador - saboteur
sabotear - to sabotage
saca - certified copy of a document
sacadineros - petty swindler
sacado - drawee
sacador - drawer, maker
sacar - to extract, take out, withdraw, to get, obtain
  a licitación pública - to call for bids
  a remate - to call for bids, to auction
  a subasta - to call for bids, to auction
  a la suerte - to draw by lot
  a la venta - to offer for sale
  beneficio - to make *or* derive a profit
  dinero - to draw cash
  el protesto - to protest
  ganancia - to make *or* derive a profit
  patente - to take out a patent
  provecho - to reap a benefit
  utilidad - to make a profit
sala - room, court, tribunal, division of a court, chamber
  de apelación - court of appeals, appellate court
  de audiencia - courtroom
  de casación - court of cassation *or* of appeal
  de lo civil - civil court
  de lo contencioso - trial court
  de lo contencioso-administrativo - court for handling suits under administrative law
  de lo criminal - criminal court
  de justicia - court, tribunal
  de sesiones - board room, assembly room
  de tránsito - traffic court
  de vacaciones - special court for vacation season
  del tribunal - courtroom
  penal - criminal branch of a court
  plena, en - in open court
Sala
  de la Corte del Rey - King's Bench Division of the High Court of Justice
  del Fisco - Exchequer Division of the High Court of Justice
saldado - paid, settled
saldar - to pay off, to sell off, to settle
saldo - payment, balance, settlement, remnant
  acreedor - credit balance
  deudor - balance due
  disponible - available balance
  pendiente - balance due
salir - to come out, to project, to occur, to dispose of, to appear
  fiador - to become surety, give bond *or* bail
  garante de, - to go bond for, be guaranty for
salón de audiencia - courtroom
salteador - holdup man, stick-up man, robber
saltear - to hold up, rob
salteo - highway robbery, holdup, stick-up
salva - oath, greeting
salvador - salvor
salvamento civil - civil salvage
salvar - to save, salvage, to make an exception of, to certify corrections made in a document
salvedad - exception, reservation, qualification
salvo - excepting
  aviso - unless notified
  buen cobro - under reserve, subject to final collection
  contraorden - unless countermanded
  error u omisión - errors and omissions excepted
  indicación contraria - unless otherwise noted
  los domingos y días de fiesta - Sundays and holidays excepted
  revocación - unless countermanded
  pacto en contrario - unless otherwise provided
sanción - sanction, authorization, penalty, punishment
  procesal - penalty for breach of rules *or* procedure
  penal - penalty

punitiva - penalty
sancionable - penalizable, sanctionable
sancionar - to authorize, approve, sanction, to penalize
sancionatorio - punishing, penalizing
saneado - free of encumbrance, net, clear, guaranteed
saneamiento - reparation, indemnification, guaranty, security, warranty, disencumbrance
de título - clearing title
en caso de evicción - warranty of title and right of possession
sanear - to free of encumbrance, to warrant, guarantee, to eliminate doubtful assets
sanidad pública - public health
sano de juicio - of sound mind
saqueo - stealing, theft, pillage
sargento de armas - sergeant at arms
satisfacción - satisfaction, settlement, reparation
satisfacer - to satisfy, pay in full, settle, indemnify
satisfecho - satisfied, paid
se acuerda - resolved
secretaria - woman secretrary
secretaría - secretary's office, executive department of government
del despacho - ministry, executive department
del juzgado - office of court clerk
Secretaría
de Estado - State Department
de Hacienda - Treasury Department
de Negocios Extranjeros - State Department, Department of Foreign Affairs
secretariado - secretaryship, secretariat
secretarial - secretarial
secretario - secretary
actuario - court clerk
del despacho - cabinet minister
del juzgado - clerk of the court
interino - acting secretary
provisorio - acting secretary
secreto profesional - trade secret, profesional secret
secuela - proceeding, prosecution, handling
secuestrable - sequestrable, attachable
secuestración - sequestration, attachment
secuestrador - sequestrator, receiver, kidnapper, abductor
secuestrar - to seize, attach, sequester, to kidnap, abduct
secuestre - depositary
secuestro - depositary, sequestration, seizure, attachment, abduction, kidnapping, umpire, arbitrator
de bienes - attachment of goods
de dinero - robbery
judicial - attachment, lien, embargo
precautorio - preventive attachment
secundario - secondary
sede - headquarters, central office, court, jurisdiction of a court
central - main office
de gobierno - seat of government
general - main office
principal - main office
social - main office
sedición - sedition
sedicioso - sedicious
seducción - seduction
seducir - to seduce, to corrupt
seductor - seducer
seguir pleito - to file suit
según - according to, as per, pursuant to
convenido - as agreed
interés - as interest may appear
mi leal saber y entender - to the best of my knowledge and belief
toda consta - as is all set forth
segunda
de cambio - second of exchange
hipoteca - second mortgage
instancia - trial on first appeal
parte - party of the second part
repregunta - recross-examination
segundo - second
emplazamiento - resummons
interrogatorio directo - redirect examination
seguridad - safety, security, warranty, guaranty
colateral - collateral
social - social security
seguridades - securities
seguro - insurance, safe
contra accidentes - accident insurance
contra casualidades - casualty insurance
contra compensación legal - compensation insurance
contra desempleo - unemployment insurance

contra desfalco - embezzlement insurance
contra falsificación - forgery insurance
contra incendio - fire insurance
contra responsabilidad civil - liability insurance
contra robo - theft *or* burglary *or* robbery insurance
de compensación - compensation insurance
de cumplimiento - performance bond
de escalo - burglary insurance
de fidelidad - fidelity insurance, corporate bonding
de indemnización - indemnity insurance
de manejo - fidelity bonding
de responsabilidades del transportador - carrier's liability insurance
de responsabilidad patronal - employers' liability insurance
de título - title insurance
social - social insurance, social security

sellado - stamping, stamp tax, sealed
de actuación - stamp tax on documents in a lawsuit
y firmado por mí - under my hand and seal

sellar - to seal, to close, to stamp, to affix stamps, to coin

sello - seal, stamp
de incorporación - corporate seal
de la corporación - corporate seal
corporativo - corporate seal
de lacrar - wax seal
de lacre - wax seal
de rentas internas - revenue stamp
de timbre - revenue *or* documentary stamp
documental - documentary *or* revenue stamp
fiscal - revenue stamp
forense - forensic stamp
notarial - notarial seal
particular - private seal
social - corporate seal

semanero - judge who presides for one week

semicapacidad - semicompetence

semifiscal, empresa - semipublic enterprise

semimonopolio - semimonopoly

seminario - convention, assembly, meeting, conference

semioficial - semiofficial

semiplena prueba - half proof

senado - senate

senador - senator

sentencia - judgment, verdict, award, opinion, sentence, act
absolutoria - acquittal, dismissal
acordada - consent judgment
acumulativa - cumulative sentence
alternativa - alternative judgment
arbitral - award of an arbitrator
cancelada - judgment satisfied
cerrada - sealed verdict
complementaria - judgment on appeal amplifying that of lower court
con reserva - judgment with reservation of rights
condenatoria - verdict of guilty
condicional - conditional judgment
confirmatoria - judgment of affirmance
constitutiva - judgment that establishes a legal principle
contra la cosa - judgment in rem
contra la persona - judgment in personam
contradictoria - contested proceeding, interpleader proceeding
contumacial - sentence for contempt of court
de alzada - judgment on appeal
de anulación - annulment
de condena - judgment for the plaintiff, verdict of guilty
de confirmación - judgment of affirmance
de divorcio - decree of divorce
de fondo - judgment that decides the question at issue
de forma - opinion deciding a procedural question
de meríto - judgment that decides the question at issue
de muerte - death sentence
de prisión vitalicia - life sentence
de rehabilitación - discharge in bankruptcy
de segunda instancia - judgment on appeal
decisoria - final judgment
declarativa - declaratory judgment
definitiva - final judgment

desestimatoria - disallowance, rejection, judgment of dismissal
determinativa - decision that establishes a precedent
dispositiva - decision that establishes a precedent
ejecutoriada - judgment that may be appealed to the executive but not to a higher court
en contumacia - judgment by default
en rebeldía - judgment by default
especial - special verdict
estimatoria - affirmative judgment
final - final judgment
firme - judgment not appealed *or* nonappealable
general - general verdict
grave - heavy sentence
guardada - decision reserved
incidental - interlocutory judgment
indeterminada - indeterminate sentence
interlocutoria - interlocutory judgment
liquidada - judgment satisfied
motivada - judgment with opinions given
nula - judgment reversed
ordenatoria - opinion that decides a question of procedure
parcial - partial verdict
posesoria - possessory judgment
preservativa - judgment approving a preliminary proceeding
procesal - opinion that decides a question of procedure
provisoria - interlocutory judgment
registrada - judgment entered *or* filed
resolutiva - reversal of judgment
sellada - sealed verdict
sobre las alegaciones - judgment on the pleadings
sobre excepción previa - judgment on demurrer
sumaria - summary judgment
suspendida - suspended sentence
total - final judgment

sentencias
concurrentes - sentences to run concurrently
consecutivas - cumulative sentences

sentenciador - judge who pronounces judgment *or* sentence
sentenciar - to decide, pass judgment, to sentence
sentido - meaning, direction, sense
lato - liberal interpretation
popular - popular sense

señal - mark, brand, earnest money, handsel
señalar - to mark, to name, appoint, to sign
por la ley - to provide by law

señores del jurado - gentlemen of the jury
separable - separable
separación judicial - judicial separation
separar - to separate, to discharge, dismiss
sépase - be it known
por la presente - know all men by these presents

serio - reliable, trustworthy
servicio de abogado - legal services
servicio profesional - legal services
servicios prestados - services rendered
servidumbre - easement, right of way, servitude, servants, employees
accesoria - appurtenant easement
activa - positive servitude
afirmativa - affirmative easement *or* servitude
aparente - apparent easement *or* servitude
continua - continuing *or* continuous easement
de acceso - easement of access
de aguas - water rights
de camino - right of way
de desagüe - servitude of drainage
de luces y vistas - servitude of light and view
de medianería - servitude of party walls and fences
de paso - right of way
de tránsito - right of way
de pastor - common of pasture
de utilidad pública - servitude imposed by law for public purposes
de vía - right of way
discontinua - discontinuous easement, intermittent easement
intermitente - intermittent easement
negativa - negative easement *or* servitude
pasiva - negative servitude
personal - easement in gross, personal servitude
por prescripción - easement by prescription
positiva - affirmative *or* positive servitude

predial - appurtenant easement, real *or* predial servitude
real - appurtenant easement, real *or* predial servitude
recíproca - reciprocal easement
rústica - rural servitude
sobre edificio - urban servitude
sobre terreno - rural *or* rustic servitude
tácita - implied easement, easement by implication
urbana - urban servitude
servir el pago - to meet a payment
sesión - session, sitting, meeting
a puerta cerrada - closed session
conjunta - joint session
constitutiva - organization, meeting
de la directiva - board meeting
ejecutiva - executive session
extraordinaria - special meeting *or* session
ministerial - cabinet meeting
ordinaria - regular session
plenaria - full meeting
sesionar - to hold a meeting, to be in session
sevicia - extreme cruelty, saevitia
sicario - hired murderer
siempre, de - usual
siempre, que - provided that, whenever
siglas - initials
signatario - signatory, signer, maker of a note, signatory
signo notarial - notary's mark
silencio - silence
silla de los testigo - witness stand
simbólico - symbolic
simple - simple, single
simulación - simulation
simuladamente - by misrepresentation
simulado - false, sham, simulated
simular - to simulate, sham
sin - without
causa - without cause, without consideration
cancelar - unpaid
compromiso - without obligation
día fijo - sine die, without a fixed day *or* date
dividendo - ex dividend
efecto ni valor - null and void
fijar fecha - sine die, without a fixed day *or* date
gastos - without protest
interés - ex interest
justa causa - without justification
lugar, declarar - to deny, reject, declare unfounded
menoscabo - without prejudice
mi responsabilidad - without recourse
pagar - unpaid
perjuicio - without prejudice, without detriment *or* impairment
prole - without issue
protesto - without protest
recurso - without recourse
salvedades - unqualified, without exceptions
sellar - unstamped, unsealed
testamento - intestate
valor - without value, worthless
sinalagmático - synallagmatic, imposing reciprocal obligations
sinarquismo - Fascism
sinarquista - Fascist
sindicado - syndicate, accused person
sindicalismo criminal - criminal syndicalism
sindicalizar - to syndicate, to unionize
sindicar - to syndicate, pool, to unionize, to accuse
sindicato - syndicate, pool, association, union
bancario - bank syndicate
de oficio - trade-union
de suscripción - underwriting syndicate
industrial o **de industria** - industrial *or* vertical union
obrero - labor union
patronal o **de patrones** - employers' association
vertical - vertical *or* industrial union, vertical merger *or* combination
sindicatura - receivership, syndicating, office of a syndic or of a receiver
amigable - friendly receivership
de acciones - depositing stock in a voting trust
, en - in receivership
síndico - trustee, syndic, auditor, receiver, corporation official who keeps check on the management and on the directors in the interestof all stockholders and to see that laws are complied with
auxiliar - ancillary receiver

de quiebra - receiver, trustee in bankruptcy
definitivo - trustee
liquidador - trustee
pendente lite - receiver pendente lite
provisional - receiver
suplente - alternate *or* deputy official
titular - regular official
sine qua non - sine qua non, indispensable condition
sinecura - sinecure
síngrafa - memorandum of agreement
singular - individual, sole, exclusive, singular
siniestrado - damaged, injured in an accident
siniestralidad - loss
siniestro - damage, loss, disaster, shipwreck, accident
por incendio - fire loss
sinopsis - synopsis, summary
sinrazón - wrong, injury, injustice
sirviente - servant, servient
sisa - excise tax, cut, reduction, pilfering
sisar - to pilfer, steal, to collect excise taxes
sisero - collector of excise taxes
sitial - chair of presiding officer, bench in courtroom
situación - site, location, condition, statement, appropriation, assignment of funds, transfer, remittance
cablegráfica - cable transfer
financiera - financial standing *or* position
legal - legal status
metálica - cash position
situar - to place, locate, to remit, to earmark, appropriate
so pena de - under penalty of
soberanía - sovereignty
sobornador - briber, suborner
sobornar - to bribe, suborn
soborno - subornation, graft, bribe
de jurados - jury fixing
sobreasegurado - overinsured
sobrecapitalizar - to overcapitalize
sobregirar - to overdraw
sobregiro - overdraft
aparente - technical overdraft
real - bank overdraft
sobreimposición - surtax
sobreimpuesto - surtax
sobreinterés - increased rate of interest
sobreinversión - overinvestment
sobrelínea - correction written above the line
sobrentendido - understood, implicit, constructive
sobreplazo - extra time, extension
sobreprecio - surcharge
sobrepuja - higher bid
sobrepujar - to outbid
sobreseer - to stay, to dismiss, supersede, to annul, to discontinue
sobreseimiento - supersession, stay, dismissal, discontinuance, nonsuit
definitivo - dismissal
involuntario - involuntary *or* compulsory non-suit
peretorio - peremptory nonsuit
provisional - temporary stay
temporal - temporary stay
voluntario - voluntary nonsuit
sobresello - second seal
sobresuscripción - oversubscription
sobretasa - surtax, supertax, surcharge
progresiva - progressive surtax
sobreutilidad - excess profits
sobrevencido - overdue
sobreviniente - supervening
sobreviviente - survivor
sobrevivir - to survive
socaliñero - swindler, racketeer
social - social, pertaining to a partnership or a corporation
sociedad - society, association, company, corporation, partnership
accidental - temporary association for commercial purposes without incorporation or formal partnership, joint venture
en participación - temporary association for commercial purposes without incorporation or formal partnership, joint venture
anónima - stock company, corporation, chartered company
caritativa - eleemosynary corporation
cerrada - closed corporation
civil - civil partnership, civil corporation
colectiva - general partnership
comanditaria - limited partnership, commandite
comanditaria especial - particular *or* special partnership
controlada - subsidiary
conyugal - joint ownership of property by husband and wife

cooperativa de edificación y préstamos - building and loan association
de ahorro y préstamo - savings and loan association
de beneficencia - ellemosynary corporation, fraternal *or* beneficial association
de capital e industria - partnership in which some put in money and others furnish services
de habilitación - partnership in which some put in money and others furnish services
de capital variable - corporation with varying amount of capital
de capitalización - bank for capitalization of savings. It guarantees a principal amount at a fixed time in return for deposits at fixed intervals. It issues certificates and holds periodic drawings for anticipated payment of principal.
de cartera - investment trust
de control - holding company
de crédito - credit union *or* institution *or* company
de derrama - assessment association
de economía mixta - corporation partly public and partly private
de fideicomiso - trust company
de gananciales - property of a couple acquired after marriage, community property, property of conjugal partnership, joint ownership of property by husband and wife
de hecho - temporary association for commercial purposes without incorporation or formal partnership, joint venture
de interés público - public-service company
de inversiones - investment trust *or* company
de préstamos para edificación - building and loan association
de responsabilidad limitada - limited-liability company
de responsabilidad suplementada - company with stockholders liable to assessment
de seguros mutuos - mutual insurance company
de servicio personal - personal service corporation
de sustitución de valores - investment trust
deméstica - domestic corporation
económica mixta - corporation in which both government and private enterprise furnish capital and participate in management
en comandita por acciones - joint-stock company
en comandita simple - commandite
en nombre colectivo - general partnership
familiar - family partnership
fiduciaria - trust company
filial - subsidiary company
financiera - finance *or* credit company
financiera de cartera - investment trust
gremial - trade association
impersonal - stock company, corporation
inversionista - investment trust *or* company
irregular - temporary association for commercial purposes without incorporation or formal partnership, joint venture
leonina - leonine partnership
matriz - parent company
mercantil - business *or* mercantile partnership
mercantil en nombre colectivo - trading partnership
mutua - mutual company
mutualista - mutual company
no especulativa - nonprofit organization
obrera - labor union
para fines no pecuniarios - nonprofit association
particular - private corporation
personal - partnership
por acciones - stock company, corporation
regular colectiva - general partnership

Sociedad
Americana de Aseguradores de Créditos Exteriores - American Foreign Credit Underwriters Corporation
Panamericana - Pan American Society

sociedades en cadena - holding company organization

societario - member, associate, association
socio - partner, member, associate
  administrador - managing partner
  aparente - ostensible partner
  capitalista - special *or* silent partner, partner who furnishes capital but no services
  colectivo - partner with unlimited liability
  comanditado - active partner
  comanditario - silent *or* special partner
  de responsabilidad limitada - special partner
  general - general partner
  gerente - managing partner
  gestor - managing partner
  industrial - industrial partner, partner who furnishes services but no capital
  liquidador - liquidating partner
  menor - junior partner
  nominal - nominal partner
  oculto - secret *or* dormant partner
  principal - senior partner
  regular - general partner
  responsable - active partner
  secreto - secret *or* dormant partner
  solidario - general partner
  vitalicio - life member
socolor - pretense, under color
sodomía - sodomy
sola firma, de - unsecured, single-name
solariego - held in fee simple
solemne - formal, legal, complete
solemnidad - solemnity
solemnidades - formalities
solemnizar - to solemnize
solicítanse postores - bids invited
solicitante - petitioner
solicitud - demand, petition, request, application
  de nulidad - petition for annulment
  de patente - patent application
solidariamente - with solidarity, in solidum, severally
solidaridad - solidarity, several liability
solidario - solidary, liable solidarily for the whole debt
solidum - solidum, entire thing
soltura - release from prison
solutio indebiti - solutio indebiti, payment of what is not due
solvencia - solvency, responsibility, financial standing, freedom from tax obligation
  económica - financial responsibility
  moral - good reputation
solventar - to settle, satisfy, to finance, pay the cost of
solventarse de deudas - to pay debts
solvente - solvent, responsible, sound, substantial, free of debt
someter - to submit, to accuse, indict
  al arbitraje - to submit to arbitration
  a votación - to put to a vote
someterse a - to abide by
sorteo - drawing by lot
  de amortización - drawing bonds for sinking fund
  de jurados - impaneling a jury
sostener - to maintain, to assist, to advocate, to sustain
  los cargos - to sustain the charges
  la objeción - to sustain the objection
sostenible - tenable, maintainable
  , estar - to lie
status quo - status quo, existing state of things
sub júdice - sub judice, under judicial consideration, undetermined
subagente - subagent
subalcaide - assistant warden
subalquilar - to sublet, sublease
subalquiler - sublease
subarrendador - sublessor
subarrendar - to sublet, sublease
subarrendatario - subtenant, sublessee
subarriendo - sublease, underlease
subasta - competitive bidding, auction
  flingida - mock *or* sham auction
subastador - auctioneer
subastar - to take bids, to auction
subcabecera - subheading
subcapitalización - undercapitalization
subcomisario - deputy commissioner
subconcepto - subheading
subconsejero - assistant adviser
subcontratar - to subcontract
subcontratista - subcontractor
subcontrato - subcontract
subdelegado - subdelegate
subdirectiva - board of directors of a subsidiary
subdirector - assistant director
súbdito - subject
subempresario - subcontractor
subfiador - secondary bondsman
subfletamento - subcharter

subfletante - subcharterer
subfletar - to sublet part of a chartered vessel, to subcharter
subgobernador - lieutenant governor
subhipoteca - submortgage
subinciso - subparagraph
subinquilino - subtenant
sublicencia - sublicense
sublicenciar - to sublicense
sublocación - sublease
sublocador - sublessor
sublocatario - sublessee
submárshal - deputy marshal
subordinado - subordinate, ancillary, secondary
subpoena duces tecum - subpoena duces tecum, order to appear and produce documents
subprocurador general - assistant attorney general
subregistrador - deputy registrar
subrepción - subreption, fraudulent concealment of facts
subrepticio - subreptitious, surreptitious
subresponsable - secondarily responsible
subragación - subrogation
  convencional - conventional subrogation
  legal - legal subrogation
  personal - substitution of a person
  real - substitution of a thing
subrogante - alternate
subrogar - to subrogate, substitute
subrogativo - subrogating
subrogatorio - subrogating
subrubro - subtitle
subsanable - that may be corrected *or* overcome
subsanar - to repair *or* excuse
subscribir - to subscribe, to underwrite, to sign
subscriptor - subscriber, signer, undersigned, underwriter
subscrito, el - the undersigned
subsecretaria - assistant secretary, undersecretary
subsecretario - assistant secretary, undersecretary
subsidiario - subsidiary, ancillary
subsidio - subsidy, evaluation
substancial - substantial, material, substantive
substanciar - to substantiate, to try a case
substantivo - substantive
substitución - substitution, subrogation
substituidor - substitute, substitutional, substitutionary
substituto - substitute
substracción - subtraction, withdrawal, theft, robbery
substraer - to subtract, to withdraw, to misappopriate
subterfugio - subterfuge
subtesorero - assistant treasurer
subvención - subvention, grant, bounty, subsidy
  para exportación - export bonus
subvencionar - to subsidize
subversivo - subversive
sucesión - succession, estate, issue, offspring
  hereditaria - hereditary succession
  intestada - intestate succession
  legítima - legal succession
  natural - natural succession
  particular - singular succession
  por cabeza - inheritance per capita
  por estirpe - inheritance per stirpes
  per líneas - lineal inheritance
  por tronco - inheritance per stirpes
  testada - testamentary succession
  testamentaria - testamentary succession
  universal - universal succession
sucesor - successor
  a título particular - particular successor
  irregular - irregular successor
  particular - singular successor
  singular - singular successor
  universal o **a título universal** - universal successor
sucesores y cesionarios - successors and assigns
sucesoral - successoral
sucesorio - successoral
sucumbir - to lose a suit
sucursal - branch
sueldo - salary, stipend
suero de la verdad - truth serum
sufragio - suffrage
  de la mujer - woman suffrage
  femenino - woman suffrage
  universal - universal suffrage
sufragista - suffragist
sui
  generis - sui generis, unique, peculiar, in a class by itself

juris - sui juris, of his own right
suicida - suicide, one who kills himself
suicidarse - to commit suicide
suicidio - suicide, self-murder
sujetarse a - to abide by, observe
sujeto - person, individual, subject, liable
a derechos - dutiable
a impuesto - taxable, subject to tax
a recurso - appealable
del derecho - legal person
pasivo - obligor
simple - sole party
sujetos
compuestos - plurality of parties
de la acción - parties to the suit
del litigio - parties to the suit
sumaria - preliminary proceedings in a criminal case, courtmartial
información - summary proceeding
sumarial - summary
sumariamente - summarily
sumariante - prosecutor
sumariar - to prosecute
sumario - summary, digest, abstract, proceeding, summary proceeding, indictment
del fallo - abstract of judgment
sumarísimo - summary and urgent
sumisión - submission
superávit - surplus, excess
aportado - paid-in surplus
de capital - capital *or* paid-in surplus
de operación - earned surplus
disponible - unappropriated *or* free surplus
no repartido - undivided surplus
pagado - paid-in surplus
reservado - surplus reserves
superbeneficios - excess profits
supercapitalismo - big business, concentration of capital, supercapitalism
supercapitalizar - to overcapitalize
superchería - fraud
superioridad - superior officers, high authority, higher court
superprovecho - excess profits
superrédito - increased return, excess profit
superrenta - increased return, excess profit
supérstite - surviving
superutilidad - excess profit
superviniente - supervening
supervivencia - survival
superviviente - survivor
suplantación - falsification
suplemental - supplemental
suplementario - supplemental
suplente - deputy, alternate, acting, provisional, alternate
supletorio - suppletory, supplemental
súplica - petition, request, prayer for relief
suplicable - appealable
suplicación - petition, petition for rehearing *or* review
segunda - second appeal
suplicante - petitioner, precatory
suplicar - to request, apply for, to appeal for consideration
suplicatoria - letters rogatory
suplicatorio - letters rogatory, supplicatory
suposoción - supposition
supra - supra, above, preceding
supradicho - above-mentioned
supraprotesto - supraprotest
suprema
corte - supreme court
instancia - last resort
Suprema Corte de la Judicatura - Supreme Court of Judicature
suprimible - abatable, that may be done away with
suprimir - to cancel, annul, extinguish, to abate, to strike out, to write-off, to delete
supuesto - assumption, supposition
surtir - to furnish, supply, provide
efecto - to become effective, take effect
un pedido - to fill an order
suscitar - to cause
suscribiente - undersigned
suscripción - subscription
suscriptor - subscriber, signer
suscrito - undersigned, subscribed
suscritor - subscriber, signer, underwriter
susodicho - above-mentioned, aforesaid, aforenamed, aforementioned
suspender - to suspend, discontinue, to stay, to lay off
pago - to stop payment
la sesión - to adjourn
suspensión - suspension, cessation, adjournment, suspense, layoff
de la instancia - stay of proceedings
de la sentencia - suspension of sentence
de pagos - suspension of payments

del procedimiento - stay of proceedings
de rendimientos - loss of profit, business interruption
, en - in suspense
sin fijar día - adjournment sine die, adjournment without setting a new date

suspensivo - suspensive
suspenso, en - in suspense, in abeyance
sustancial - substantial
sustanciar - to substantiate, to try a case
sustantivo - substantive
sustentable - sustainable, defensible
sustentar - to advocate, assert, to support, maintain
sustento - maintenance, support
sustitución - substitution
sustituto - substitute
sustracción - subtraction, withdrawal, theft, robbery

Notes

T

tácita reconducción - extension of lease term by operation of law
tácito - implicit, tacit, implied, constructive
tacha - defect, flaw, impeachment, objection, challenge, disqualification
tachable - challengeable
tachar - to strike out, cancel, delete, to challenge, object to, to blue-pencil
tachón - erasure, crossing out
tagarote - notary's clerk
taha - district, jurisdiction
tal que, con - provided that
talón - stub, coupon, receipt, check
  bancario - cashier's check
  de expreso - express receipt
  registrado - certified check
talón-resguardo - railroad bill of lading
tanteo - payment of a bid price, examination, inspection, approximate estimate
tanto - so much, so long, just as much as
  come se ha merecido - quantum meruit, as much as deserved
  como valía - quantum valebat, what it was worth
taquígrafo repórter - court stenographer
tarde - late, afternoon
tarifa - tariff, rate, fare, toll
  aduanera - schedule of customs duties, tariff
  arancelaria - schedule of customs duties, tariff
  consular - scale of consular fees
  de aduana - schedule of customs duties, tariff
  de carga - freight rate, cargo rates
  de correo - postage rates
  de tributación - tax rates
tarificación - rate making
tarjeta de crédito - credit card
tasa - rate, valuation, rating, tax, ceiling price
  de cambio - rate of exchange
  de impuesto - tax rate
  de interés - rate of interest
  de mortalidad - death rate
tasable - appraisable, ratable, taxable, assessable
tasación - appraisal, valuation, rating, assessment
  de costas - assessment of costs, taxation of costs
  de perito - expert appraisal
  oficial - assessed valuation
  pericial - expert appraisal
tasador - appraiser, assessor
  de avería - cargo surveyor, average adjuster
tasar - to appraise, value, to tax, assess, to rate, grade, to adjust
  en exceso - to overvalue
  en menos - to undervalue
taxabilidad - taxability
taxativo - restricted, limited, conditioned
técnico contable - expert accountant
tela de juicio, en - being studied, under consideration, disputed
temario - agenda, order of the day
temerario - rash, baseless, malicious
temeridad - recklessness, temerity
  , con - temere, rashly, inconsiderately
temperamento - arbitration, compromise
tenedor - holder, payee, beneficiary
  de acciones - stockholder
  de bienes - property owner
  de bonos - bondholder
  de buena fe - innocent holder for value, holder in due course
  de cupón - holder of a fractional share of stock
  de letra - billholder
  de obligaciones - bondholder
  de pagaré - noteholder
  de póliza - policyholder
  de prenda - pledgee
  de valor - holder for value
  de reversión - reversioner
  en debida forma - holder in due course
  en debido curso - holder in due course
  inscrito - registered holder
  legítimo - holder for value
  por endoso - endorsee
teneduría de libros - bookkeeping
tenencia - holding, tenure, occupancy, tenancy, possession, term of office
  conjunta - cotenancy, tenancy in common
  en común - tenancy in common
  vitalicia - tenancy for life
tener - to have, hold, own
  derecho - to have a right, be entitled to
  lugar - to be admitted or granted, to lie, to take place

la palabra - to have the floor
por no puesto - to disregard, to annul
responsable - to hold responsible
vigencia - to be in force, to attach
y poseer - to have and to hold
tenga cuidado
el actor - caveat actor
el vendedor - caveat venditor
tenida - meeting, session
teniente - subordinate official, deputy
de alcalde - deputy mayor
de rentas - collector of internal revenue
fiscal - assistant district attorney *or* prosecutor
tentativa - attempt
de fuga - attempt to escape
teoría del caso - theory of the case
terapia - therapy
tercer poseedor - third possessor
tercera - third party, arbitrator, mediator, arbiter, umpire, intervener, procurer, pimp
de cambio - third of exchange
instancia - trial on second appeal
tercería - arbitration, mediation, intervention
coadyuvante - intervention in support of one party
de dominio - third-party claim to ownership
de mejor derecho - third-party intervention with a paramount right
excluyente - intervention in opposition to both parties
tercerista - intervener
tercero - third party, arbitrator, mediator, arbiter, umpire, intervener, procurer, pimp
demandado - third-party defendant
en discordia - third arbitrator
pretendiente - third-party claimant
terciar - to arbitrate
terminable - terminable
término - terminus, terminal, district, term, duration, deadline, completion
cierto - fixed time
convencional - time fixed by agreement between parties
de cortesía - days of grace
de distancia - time allowed for distance traveled
de encarcelamiento - term of imprisonment
de gracia - days of grace
de prueba - time allowed for producing evidence
fatal - deadline, time which cannot be extended
hábil - term of court
judicial - time *or* deadline fixed by the judge
legal - time *or* deadline fixed by law
municipal - municipal district
perentorio - time limit, deadline
probatory - probatory term, time allowed for producing evidence
regular - regular term
resolutorio - time the expiration of which discharges an obligation
supletorio de prueba - extension of time to introduce evidence
suspensivo - waiting period
términos de venta - terms of sale
terrateniente - landowner
terreno lindante - abutting property
territorial - territorial
territorialidad - territoriality
tesoro - public treasury
testado - testate, having made a will
testador - testator, devisor
testadora - testatrix
testadura - erasure, crossing out
testamentaria - executrix
testamentaría - testate proceedings, administration of an estate, estate of the deceased
testamentario - executor, testamentary
público - public administrator
testamento - will, testament
abierto - noncupative will
cerrado - sealed *or* mystic will
inoficioso - inofficious will
mancomunado - joint will
militar - military testament, noncupative will
místico - mystic will *or* testament
mutuo - mutual *or* reciprocal will
noncupativo - noncupative will
ológrafo - holographic will
solemne - will complying with all legal formalities
testar - to erase, cross out, to make a will
testificador - testifier, witness
testifical - proving, witnessing, attesting
testificante - attesting, witnessing
testificar - to witness, testify, attest
testificata - affidavit

testificativo - attesting, witnessing
testigo - witness, attestor, testimony, evidence, sample
auricular - earwitness
certificador - attesting witness
de cargo - witness for the prosecution
de descargo - witness for the accused
de la defensa - witness for the defense
de la parte actora - witness for the plaintiff
de vista - eyewitness
desfavorable - hostile *or* adverse witness
exento - privileged witness
hostil - hostile *or* adverse witness
falso - false witness
idóneo - competent witness
instrumental - attesting witness
judicial - witness in court
negante - witness who denies, negative witness
nesciente - witness who professes ignorance
ocular - eyewitness
perito - expert witness
presencial - attesting witness, eyewitness
privilegiado - privileged witness
subscriptor - subscribing witness
testamentario - witness to a will
testimonial - by testimony, testimonial
testimoniar - to attest
testimoniero - person giving false testimony
testimonio - testimony, evidence, affidavit, certified copy, official transcript
de lo cual, en - in witness whereof
de oídas - hearsay evidence
de referencia - hearsay testimony
notarial - notarial certificate
pericial - expert testimony
texto legal - law *or* code of laws
tiempo - time
extra - overtime
hábil - time allowed to take action
inmemorial - time immemorial, time out of mind, time of legal memory
timador - swindler
timar - to swindle, cheat
timbrar - to seal, stamp
timbre - stamp, seal, stamp tax
de correo - postage stamp
de impuesto - revenue stamp
de ley - tax stamp
fiscal - revenue stamp
móvil - documentary stamp
patriótico - national-defense stamp
timo - swindle, cheating
tinterillo - shyster lawyer, pettifogger
tipo - standard, rate, type, kind
básico - normal rate
de cambio - rate of exchange
de flete - freight rate
de interés - rate of interest
de seguro - insurance rate
de subasta - upset price, assessed value of which upset price is a percentage
impositivo - tax rate
tira - detective
tirador - drawer of a bill of exchange
titulación - title documents
titulado - licensed, registered, certified
titular - holder of an office, security holder, owner of record, title, headline, to take title, titular
de licencia - holder of a permit
titularidad - ownership, title
título - title, right, certificate of title, degree, diploma, bond, license, caption, heading, reason, cause, foundation
a la orden - order instrument
al portador - bearer instrument, bearer bond
absoluto - absolute title
colorado - color of title, apparent title
constitutivo - charter
corporativo - stock certificate
de, a - acting as, in the capacity of, in the way of
de acciones - stock certificate
de adquisición - bill of sale
de constitución - trust deed, mortgage deed
de crédito - credit instrument
de deuda - evidence of indebtedness
de dominio - title deed, title in fee simple
de hipoteca - trust deed, mortgage deed
de patente - letters patent
de propiedad - title deed
de transporte - original bill of lading
de la demanda - basis of the claim
de la deuda nacional - government bond

ejecutivo - plaintiff's right of execution, document proving this right
en equidad - equitable title
gratuito - title acquired gratuitously, lucrative title
hipotecario - mortgage bond
lucrativo, a - commercially, for profit
mobiliario - unregistered *or* bearer bond
nominativo - registered bond, credit instrument bearing a name
oneroso - title acquired by purchase or otherwise than gratuitously
por prescripción - prescriptive title
precario - precarious right
presunto - presumptive title
propio, a - in one's own right
remunerativo - title acquired by purchase or otherwise than gratuitously
seguro - clear, good, or marketable title
singular - singular title
traslativo de dominio - conveyance, title deed
vicioso - defective title

títulos - securities, documents
a la orden - bearer securities
bancarios - bank paper
bursátiles - listed securities
cambiarios - bills of exchange
de bolsa - listed securities
del estado - government bonds, state bonds
de goce - certificates giving certain rights to holders of stock retired
provinciales - bonds of the provinces
sorteables - securities subject to retirement by lot

todos y cada uno - all and singular
tolerancia - tolerance
toma - taking, receiving
de posesión - entry, taking possession, taking office
de razón - notation, recording

tomador - drawee, payee
a la gruesa - borrower on bottomry
de crédito - borrower

tomar - to take
a préstamo - to borrow
el acuerdo - to agree, resolve, decide
el juramento - to administer an oath, to take an oath
en cuenta - to take into account
la palabra - to take the floor, make a speech, to take at one's word
razón - to record, register, make an entry
una resolución - to adopt a resolution

torpeza - turpitude, infamy
torticero - unlawful, illegal, unjust, unfair, arising through fault *or* negligence
tortuguismo - slowdown, organized obstruction of production
totalmente pagado - full-paid
toxicomanía - toxicomania
traba de ejecución - attachment, distraint, seizure
trabajador asalariado - salaried employee
trabajador asociado - fellow workman
trabajo - labor, work
esclavo - slave labor
forzado - hard labor
organizado - organized labor

trabar - to join, to seize, to initiate
ejecución - to distrain, seize
un embargo - to attach

tracalería - fraud, cheating
tracalero - tricky, crooked
tradente - transferor, alienor
tradición - delivery, tradition, transfer
absoluta - absolute delivery
condicional - conditional delivery
efectiva - actual delivery
real - actual delivery
simbólica - symbolic *or* constructive delivery

tradicional - traditionary, traditional
traducción - translation
traducir - to translate
traductor - translator
público - official *or* sworn public translator

tráfago - commerce, trade
traición - traitor, treasonable
traidor - traitor, treasonable
tramitación - action, carrying out, handling, procedure, practice
sumaria - summary proceeding
sumarísima - summary proceeding for prompt decision

tramitar - to carry out, transact, handle
un juicio - to prosecute a suit

trámite - step, procedure, handling, proceeding
coactivo - compulsory process
penal - criminal proceeding

trámites judiciales - court proceedings
trampa - fraud, bad debt

trampeador - swindler, crook
trampear - to swindle, cheat
trampería - trickery
tramposo - swindler, chiseler, tricky, crooked
trance - legal seizure
transacción - transaction, business, settlement, compromise, accord and satisfaction
transaccional - transactional
transar - to settle, adjust, compromise, to transact
transcribir - to transcribe
transcripción - transcription
  de los autos - transcript of the record
  estenográfica - stenographic record
transcrito - transcribed
transeúnte - transient
transferencia - transfer, transference, conveyance, assignment
  cablegráfica - cable transfer
transferibilidad - assignability, transferability
transferible - transferable, assignable
transferidor - transferor, assigner
transferir - to transfer, convey, make over
transfundir - to transmit
transgredir - to transgress, be guilty of a misdemeanor or crime
transgresión - violation, breach, trespass, offense
  de facultades - exceeding authority
  premeditada - overt act, premeditated breach
transgresor - infringer, trespasser, transgressive
transigencia - compromise, tolerance
transigible - settleable, compoundable
transigir - to compromise, settle, compound
transitivo - transitive, transferable
tránsito, en - in transit
transitorio - transitory
translimitación - trespass
transmisibilidad - transferability
transmisible - transmissible, transferable
transmisión - transmission, transmittal, transfer
  de propiedad - transfer of title
transmitente - sender, transferor, seller
transmitir - to transmit, forward, to transfer
tranza - attachment
trapacería - fraud, cheating
trapacero - swindler
trapacista - swindler
trapalear - to cheat
trapalero - tricky, crooked
trapazar - to swindle
trapera - shoplifter
traslación de dominio - transfer of title
traslado - transcript, copy, transfer, notification
  de jurisdicción - change of venue
traslaticio - transferring, conveying
traslativo - transferring, conveying
traspasar - to assign, to transfer, alienate, convey, cede, negotiate, abalienate, to set over, to trespass
  de nuevo - to reconvey
traspaso - assignment, cession, conveyance
trasunto - certified copy, official transcript
tratadista - commentator
  de compensación - clearing agreement
  multilátero - convention, multilateral treaty
trato colectivo - collective bargaining
tratos - negotiations
tribuna - rostrum
  del jurado - jury box
tribunal - court, tribunal, court of equity, board, commission
  aduanal - customs court
  arbitral - court of arbitration
  civil - civil court
  colegiado - court composed of several judges
  consuetudinario - court of law
  consular - consular court
  correccional - correctional part
  de aduanas - customs court
  de alzadas - court of appeals
  de apelación - appellate court
  de apelación en materia aduanal y de patentes - court of customs and patent appeals
  de arbitraje - court of arbitration
  de autos - court of record
  de casación - court of cassation *or* of appeal, court for review of judgments solely on the basis of alleged errors of law or of procedure as distinguished from courts reviewing errors of fact
  de circuito - circuit court
  de circuito de apelación - circuit court of appeals

de competencia - court that decides questions of jurisdiction
de conciencia - jury
de conciliación - council of conciliation
de condado - county court
de conocimiento - court that tries and decides cases but does not execute its judgments
de lo criminal - criminal court
de cuentas - office of the Controller of the Currency *or* Chancellor of the Exchequer
de derecho - court of law
de derecho marítimo - admiralty court
de distrito - district court
de elecciones - board of elections
de equidad - court of equity *or* of chancery
de garantías - tribunal of social and constitutional guarantees
de hacienda - customs court
de jurados - jury
de jurisdicción original - court of original jurisdiction *or* of first instance
de litigios ordinarios - court of common pleas
de menores - juvenile court
de origen - court of first instance
de policía - police court
de presas - prize court
de primera instancia - court of first instance, trial court
del pueblo - jury
de quiebras - court of bankruptcy
de reclamaciones - Court of Claims
de registro - court of record
de secunda instancia - court of appeal *or* of second instance
del trabajo - labor court
de última instancia - court of last resort
de urgenica - provisional court
económico - office of the Controller of the Currency *or* Chancellor of the Exchequer
electoral - board of elections
en pleno - the full court
estatal - state court
federal de apelaciones - circuit court of appeals
fiscal - office of the Controller of the Currency *or* Chancellor of the Exchequer
inferior - lower court
marítimo - admiralty *or* maritime court
municipal - municipal court
nocturno - night court
penal - criminal court
provisorio - provisional court
seccional - district or departmental court
superior - superior court
supremo - supreme court
testamentario - probate court
unipersonal - court of one judge
Tribunal de Justicia Internacional - Court of International Justice
tributable - taxable, subject to tax
tributación - system of taxation
tributante - taxpayer
tributar - to pay taxes
tributario - taxpayer, taxation
tributo - tax, contribution, payment
de mejoría - assessment for improvements
de la renta - income tax
estatal - state tax
patrimonial - capital levy
sobre compraventa - sales tax
suntuario - luxury tax
tribuyente - taxpayer
tríplica - surrejoinder, plaintiff's answer to defendant's rejoinder
triplicar - to reply to defendant's rejoinder
trust - trust
de votar - voting trust
trustificación - formation of trusts
tuerto - tort, injury
tuición - protection, custody
tuitivo - protective
turno - turn, shift, session
, de - sitting, on duty
tutela - guardianship, tutelage
dativa - guardianship by court appointment
de la ley - legal protection
jurídica - protection of the law
testamentaria - office of a testamentary guardian
tutor - guardian
ad litem - guardian ad litem
dativo - guardian named by the court
general - general guardian
legítimo - tutor at law
testamentario - guardian named in a will, testamentary guardian
tutoría - guardianship

Notes

U

ujier - doorman, usher, court officer, bailiff, process server
ulteriores procedimientos - further proceedings
última
instancia - last resort
voluntad - last will
ultimar - to murder
ultra vires - ultra vires, transcending authority, beyond the powers of a corporation
ultrajador - rapist
ultrajar - to offend, insult, to rape, violate
ultraje - outrage, abuse, offense, rape
ultrapetición - petition for ruling that decides questions not involved in the case
una voz, a - unanimously
unánime - unanimous
unanimidad, por - unanimously
única
de cambio - sole copy of a bill of exchange
instancia - action in which there is no appeal from judgment rendered
unicameral - unicameral
unilateral - unilateral
unión - consolidation, merger, union
aduanera - customs *or* tariff union
arancelaria - customs *or* tariff union
de acciones - joinder of actions
de crédito - credit union
de las partes - joinder of parties
errónea - misjoinder
gremial - labor union *or* federation
indebida - misjoinder
obrera - labor union *or* federation
sindical - labor union *or* federation
unionar - to unionize
unir - to merge, amalgamate, combine, consolidate, to join, connect
universalidad - universality
de derecho - universitas juris, totality of the rights and liabilities of a person
de hecho - universitas facti, plurality of corporeal things
jurídica - universitas juris, an estate corporeal and incorporeal
usanza - tenor, usance, terms, custom, usage
uso - use, custom, practice, usance
beneficioso - beneficial use
contrario - adverse use *or* user
de la firma social - authority to sign the firm name
hostil - adverse use
indebido - infringement
pasivo - passive *or* permissive use
provechoso - beneficial use
secundario - shifting *or* secondary use
sin derecho - adverse use
y ocupación - use and occupancy
y tenencia - use and occupancy
usos
de los comerciantes - commercial usage
de los tribunales - rules of court
forenses - rules of court
públicos - public purposes
usual - usual, customary, familiar, common, everyday
usuario - user, usufructuary, holder of a concession
usucapión - usucapion, usucapio, usucaptio
usucapir - to acquire by usucapion
usufructo - usufruct, enjoyment, the right to use and enjoy the fruits of property
imperfecto - imperfect usufruct
perfecto - perfect usufruct
por disposición legal - legal usufruct
vidual - widow's right of usufruct in husband's estate
viudal - widow's right of usufruct in husband's estate
usufructuador - usufructuary
usufructuar - to have the usufruct, to enjoy, possess
usufructuario - usufructuary
usura - usury, profit, interest
usurar - to practice usury
usurario - usurious
usurear - to practice usury, to profiteer
usurero - usurer
usurpación - usurpation
usurpador - usurper, disseizor
usurpar - to usurp, to encroach, accroach, to disseize
uterino - uterine, born of the same mother by a different father

uti possidetis - uti possidetis, as previously held
utilidad - utility, profit, usefulness
  de explotación - operating profit
  decreciente - diminishing returns
  gravable - taxable profit
  pública - public utility
utilidades - earnings, returns, profits
  a distribuir - undivided profits
  de capital - capital gains
  esperadas - anticipated profits
  impositivas - taxable profits
  incorporadas - corporate *or* earned surplus, retained profits
  indivisas - undivided profits
uxoricida - uxoricide
uxoricidio - wife, murder, uxoricide

Notes

vacación - vacation of court
vacar - to be on vacation
vagabundo - vagrant, vagabond
vagancia - vagrancy
vago - vagrant, vagabond
vale - voucher, IOU, promissory note, due bill, warrant, scrip
  a la orden - negotiable note
  aduanal - warrant for drawback
  de prenda - warehouse receipt
  de tesorería - treasury note
valedero - valid, binding
valer - worth, value, to cost, to be worth, to produce, yield, to amount to
valía - worth, value
validar - to validate
  un testamento - to probate a will
validez - validity, force
válido - valid, legal, binding
valioso - valuable
valor - value, worth, price, amount, item of the balance sheet
  , al - ad valorem
  a la par - par value
  al vencimiento - value at maturity
  actual - present value *or* worth
  catastral - assessed valuation
  de adquisición - first cost
  de balance - book value
  de costo o **costo en plaza** - cost *or* market
  de empresa en marcha - going-concern value
  de paridad - par value
  de reemplazo - replacement cost
  de renovación - replacement cost
  de reposición - replacement cost
  de tasación - assessed valuation, appraisal value
  del mercado - actual *or* market value
  ejecutivo - validity, effectiveness, authority
  en cuenta - value in account
  en garantía - value secured
  en liquidación - liquidating value
  en plaza - actual *or* market value
  en prenda - value secured
  entendido - value agreed upon
  equitativo de venta - fair market value
  extrínseco - goodwill
  gravable - taxable value, assessed valuation
  impositivo - taxable value, assessed valuation
  liberatorio, de - legal tender
  liquidable - liquidating value
  líquido de propiedad - proprietary equity, equitable interest
  neto - net worth
  nominal - face *or* nominal value, par value
  nominativo - face *or* nominal value, par value
  probatorio - value as evidence, probative value
  razonable - fair *or* reasonable value
  recibido - value received
  retenido - value retained
  según libros - book value
valores - securities, bonds, assets, valuables
  al portador - bearer securities
  bancarios - bank paper
  bursátiles - listed securities
  de bolsa - listed securities
  de especulación - equity securities
  de renta fija - fixed-income securities
  de renta variable - common stocks, equity securities
  fiduciarios - bonds
  fiscales - government bonds
  hipotecarios - mortgage bonds
  materiales - physical assets
  mobiliarios - bearer securities
  nominales - goodwill
  realizables - quick *or* liquid assets
  timbrados - stamped paper
  transmisibles - negotiable securities
valoración - appraisal, valuation
valorador - appraiser
valorar, valorear - to appraise, value, to realize on
  en menos - to undervalue
valorativo - appraising, estimating
valorización - appraisal, valuation, valorization
valorizar - to appraise, value, to cash in, to raise the price
valuable - valuable, appraisable
valuación - valuation, appraisal
  de convención - convention *or* commissioners' value

fiscal - appraised value, assessed valuation
preventiva - expert appraisal for use in expected court action
valuador - appraiser, valuer
valuar - to appraise, rate, to evaluate
en exceso - to overvalue
variación - variance
vecinal - local
vecindad - legal residence
veda - prohibition, interdiction, veto
vedar - to prohibit, to veto
venal - venal, corruptible, salable, marketable
venalidad - venality
vencedero - maturing, to mature
vencedor - winner in a lawsuit
vencer - to mature, to defeat
vencido - loser in a suit, due, accrued, broken down
y pagadero - due and payable
vencimiento - maturity, expiry, expiration, maturity date
aparente - apparent maturity
común - average due date, equated date
vendedor - seller, vendor
vender - to sell
a consignación - to sell on consignment
en remate - to sell at auction
vendí - bill of sale
vendible - marketable, salable, vendible
venduta - auction, vendue
vendutero - auctioneer
veneno - poison
venia - permission, special license *or* permit issued by a judge
del tribunal - leave of court
venta - sale
al martillo - auction sale
en almoneda - auction sale
ficticia - simulated sale
forzosa - forced sale
hipotecaria - foreclosure sale
incondicional - absolute sale
judicial - foreclosure sale, judicial sale
simulada - simulated sale
ver - to see, to consider, to hear in court
una causa - to try *or* hear a case
veracidad - veracity, truthfulness
verbal - verbal, oral, parol
verdad - truth
veredicto - verdict
absolutorio - verdict of not guilty
accidental - chance verdict
cerrado - sealed verdict
de culpabilidad - verdict of guilty
de inocencia - verdict of not guilty
injusto - false *or* unjust verdict
por acomodación - compromise verdict
sellado - sealed verdict
verificación - averment, execution, carrying out
verificar - to verify, check, prove, confirm, to carry out, effect
comicios - to hold an election
una convocatoria - to issue a call for a meeting
el pago - to make payment
una pesquisa - to make an enquiry *or* a search
el protesto - to protest
una reunión - to hold a meeting
vetar - to veto
veto - veto
vía - route, road, track, procedure, method
administrativa - executive action
contenciosa - legal action
de apremio - legal means for collection
de asentamiento - attachment proceedings
ejecutiva - execution
judicial - legal process, court action
ordinaria - ordinary proceedings
penal - criminal process
sumaria - summary proceeding
vicegobernador - lieutenant governor
vicesecretario - assistant secretary
vicetesorero - assistant treasurer
viciar - to invalidate, annul, vitiate, to counterfeit, to adulterate
de nulidad - to annul
vicio - defect, flaw, vice
de forma - defect of form
inherente - inherent defect
intrínseco - inherent defect
manifiesto - patent *or* apparent defect
oculto - hidden *or* latent defect
patente - patent *or* apparent defect
propio - inherent defect
redhibitorio - redhibitory defect
vicios procesales - mistakes of procedure
vicioso - defective
victorioso - winning
vigencia - term of contract, duration, life, operation, legal effect

de la garantía - life of the guaranty
de la ley - effectiveness of the law *or* statute
de la póliza - term of insurance
, en - in force, in effect, outstanding
fiscal - fiscal period
vigente - in force, outstanding
vigor, en - in force, in effect
vinculado - compulsory, obligatory, encumbered
vincular - to entail, to encumber
vínculo - tie, bond, relationship, entail
del derecho - legal obligation
familiar - family relation
matrimonial - vinculo matrimonii, bonds of matrimony
vindicatorio - vindicatory
violación - violation, breach, trespass, infringement, rape
de contrato - breach of contract
de garantía - breach of warranty
de patente - patent infringement
de promesa - breach of promise
de las reglas - infraction of the rules
violador - infringer, trespasser, rapist
violar - to violate, infringe, to rape
la ley - to break the law
violatorio - infringing, violating, breaching
violencia - violence
carnal - assault with intent to rape
física - actual violence
violentar - to break in to, to do violence to
virtual - virtual
visa - visa, visé
consular - consular visa
visación - approval, certification
visado - visa, visé
visar - to countersign, to visé, to certify
visitar - to call on, to inspect, examine, to search with a warrant
vista - sight, view, interview, opinion, judgment, trial, hearing
, a la - at sight
completa - full hearing
de, a - in the presence of
de, en - considering, whereas, in view of
oral - hearing
preliminar - preliminary hearing
vista - customs inspector
aforador - customs appraiser
vistas - hearing, interview, conference
visto - whereas
bueno - approval, approved
que - whereas, considering that
viuda - widow
viudedad - widow's pension
viudez - widowhood
viudo - widower
viva voz - viva voce, live voice
vivac - police station
vocal - member of a board *or* commission, director
principal - regular member
suplente - alternate member
titular - regular member
vocalía - members of a committee
vocero - spokesman, lawyer
voluntad - will, disposition, consent
, a - optional
común - meeting of minds
libre - free will
voluntario - voluntary, noncontentious
volver - to turn, to return
a casarse - to remarry
a detener - to rearrest
a girar - to redraw
a pagar - to resume payment
votación - voting, balloting
condicional - contingent voting
cumulativa - cumulative voting
por lista - yea-and-nay vote
votador - voter, elector
votar - to vote, ballot
una ley - to pass *or* enact a law
voto - vote, ballot
de calidad - casting *or* deciding vote
voz - voice, vote, authority to speaking, word, term
vulnerar - to injure, damage, to violate, breach

Notes

warrant - certificate of deposit

Notes

ya - already, now
  dicho - aforesaid
  mencionado - above-cited, above-mentioned, before-mentioned
  que - since
yerro - error
  de cuenta - accounting error
yusión - precept

Z

zona fiscal - tax district

Notes